Dr. h.c. Michael Grandt

Schlachtfeld Deutschland?

Wie die Regierung unser Land in den Krieg führt

Die Chronik des Verschwiegenen

Eine Sonderausgabe des
Deutschland-Magazins

DEUTSCHLAND magazin

ISBN: 978-3-98987-003-1

1. Auflage November 2024

Alle Rechte und Herausgeber:
DIE DEUTSCHEN KONSERVATIVEN e. V.
Beethovenstraße 60 - 22083 Hamburg
Telefon: 040 - 299 44 01 - Telefax: 040 - 299 44 60
E-Mail: info@konservative.de - www.konservative.de

Druck:
SZ-Druck & Verlagsservice GmbH
Urbacher Straße 10 - 53842 Troisdorf

Gestaltung des Umschlags:
Murat Temeltas & Timo Berka

Heute sind „Die Deutschen Konservativen e.V." unbestreitbar die bedeutendste demokratische, konservative Bewegung in Deutschland.

Wir finanzieren unsere Arbeit ausschließlich aus Spenden. Am besten helfen Sie uns mit einer Überweisung, aber auch PayPal-Spenden sind möglich.

Spendenkonto: Die Deutschen Konservativen
DE 86 2001 0020 0033 3332 05 - BIC: PBNKDEFFXXX

SICHER SPENDEN
PayPal

info@konservative.de

= Para Maria: Minha Vida =

***

Wichtige Vorbemerkungen des Autors

☒ Die Aussagen in diesem Buch entsprechen meiner freien Meinung und sind alleine meine Ansichten. Meine Werturteile stellen daher eine bloße Meinungsäußerung dar. Fremdbehauptungen werden durch Quellen belegt.

Um den Umfang dieser Publikation nicht zu überstrapazieren, können die rund 1700 Endnoten und Quellen jederzeit auf unserer Internetseite www.konservative.de/schlachtfeld-quellen überprüft werden.

☒ Die Links in den Quellenangaben wurden zum Zeitpunkt der Recherche geprüft und verifiziert. Bei Redaktionsschluss waren die Quellen alle aufrufbar. Sollte dies nach der Drucklegung nicht mehr der Fall sein, so können Online-Artikel oft noch über die Wayback Maschine des Internetarchivs (https://archive.org/web/) aufgefunden werden. Für Links, die nach der Veröffentlichung von den Seitenbetreibern gelöscht oder verändert wurden, übernehmen ich und der Verlag keine Verantwortung.

☒ Die Partei *Bündnis90/Die Grünen* wird in dieser Publikation vereinfacht als *Die Grünen* bezeichnet.

Distanzierungserklärung

☒ Das Landgericht Hamburg hat mit Urteil vom 12.05.1998 entschieden, dass man durch die Anbringung bzw. Ausbringung von Links, die Inhalte der gelinkten Seite gegebenenfalls mit zu verantworten hat. Dies kann – so das Landgericht Hamburg – nur dadurch verhindert werden, dass man sich ausdrücklich von den Inhalten der gelinkten Seite, beziehungsweise des gesamten Internet distanziert.

☒ Wir haben in dieser Publikation Links zu anderen Seiten im Internet aufgeführt. Für alle diese Links gilt: Wir möchten ausdrücklich betonen, dass wir keinerlei Einfluss auf die Gestaltung und Inhalte der gelinkten Seiten haben. Deshalb distanzieren wir uns hiermit ausdrücklich von allen Inhalten aller gelinkten Internetseiten inklusive aller Unterseiten und deren Unterlinks oder anderer Weiterleitungsmechanismen. Diese Erklärung gilt für alle, in dieser Publikation verwendeten Links und für alle Inhalte der Seiten, zu denen Links, Banner oder sonstige Verknüpfungen führen.[1]

»Wir werden immer Friedenspartei bleiben«. [2]
(Omid Nouripour, Mitparteivorsitzender der Grünen)

*

»Grüne riskieren das Ende Deutschlands«. [3]
(Uli Gellermann, Journalist)

*

»Die Grünen sind kriegsbesoffen«. [4]
(Christian Klemm in: *Neues Deutschland*)

*

***»Aus Grün wird im September Gelb, aus Gelb wird im Oktober Braun.
Die Natur kann man nicht belügen«.*** [5]
(Anton Genzten, Journalist)

*

***»Sie können eine Atommacht nicht in die totale Niederlage zwingen,
ohne zu riskieren, die Welt in die Luft zu jagen«*** [6]***.***
(Alice Weidel, AfD)

*

***»Wer den Frieden will, der schickt Diplomaten.
Wer den Krieg will, liefert Panzer«.*** [7]
(Fragolin)

*

»Wer Grün wählt, wählt Krieg!«
(Michael Grandt)

*

***»Sie haben vergessen, was Krieg bedeutet.
Sie denken, das sei ein Zeichentrickfilm«.*** [8]
(Wladimir Putin)

*

***»Der effektivste Schutz gegen die russischen Luftangriffe
ist der Beschuss von Zielen auf russischem Territorium (...)«.*** [9]
(Sara Nanni, Sprecherin der Grünen im Deutschen Bundestag)

*

»Deutschlands Sicherheit wird auch in der Ukraine verteidigt«. [10]
(Lars Klingbeil, SPD)

*

»Der Weg zur Diplomatie führt über das Schlachtfeld«. [11]
(Dmytro Kuleba, ukrainischer Außenminister)

*

***»Die Ukraine bekommt Geld von Deutschland für Rüstung, Renten, Sozialleistungen und
Gehälter, hat aber die nötigen Gaslieferungen aus Russland nach Deutschland fast eingestellt.
Und die Deutschen schlucken das alles, weil sie was nicht haben? Souveränität«.*** [12]
(Wladimir Putin)

Inhaltsverzeichnis

❶ Einleitung

»Wer Waffen liefert, will keinen Frieden«

Vorbemerkung:

Man kann diese Publikation eigenständig lesen. Ich verweise allerdings auf die Vorgänger-Broschüre mit dem Titel *»Schlachtfeld Ukraine. Angriffs- oder Präventivkrieg? Analysen. Ursachen. Hintergründe«*. Darin erläutere ich ausführlich die **Vorgeschichte** zu diesem Konflikt (ebenfalls erhältlich bei den KONSERVATIVEN).

Darin beantworte ich Fragen wie etwa:

- ➔ Hat der Westen tatsächlich versprochen, keine NATO-Osterweiterung vorzunehmen?
- ➔ Warum wurde Putins ausgestreckte Hand zurückgewiesen?
- ➔ Warum wurde die ukrainische Armee schon *vor* dem Angriff von der CIA in einem »Geheimprogramm« ausgebildet? und vieles andere mehr.

Dieses Wissen ist wichtig, um die Hintergründe und die Vorgeschichte zu diesem Konflikt zu verstehen. Verlassen Sie sich nicht auf die westliche Propaganda. Verlassen Sie sich auch nicht auf die russische Propaganda. Lesen Sie meine beiden Publikationen mit knapp 2.000 (!) verifizierten Quellen, und bilden Sie sich selbst ein Urteil.

I.

Der Ukraine-Krieg bildet eine beispiellose Zäsur in der neueren Geschichte der Bundesrepublik. Es stehen unsere Energieversorgung und unsere innere und äußere Sicherheit auf dem Spiel. **Dabei geschehen die deutschen Kriegsverlängerungsaktionen *freiwillig*, für manche Kriegskritiker und Friedensbefürworter sogar *mutwillig*.**

Wenn Sie diese Publikation gelesen haben, verstehen Sie, dass unsere Regierung eine Geisel der NATO und eine Geisel der USA ist. Eine Figur in einem gnadenlosen Stellvertreterkrieg, der scheinbar »bis zum letzten Ukrainer« ausgefochten wird. Und so ist die »militärische Spezialoperation« (wie die Russen sagen), die am 24. Februar 2022 begonnen hat, tatsächlich eine »Zeitenwende«.

Hintergrund: Krieg oder Spezialoperation?

In Russland wird der Krieg deshalb *»militärische Spezialoperation«* genannt, weil die russische Armee nur mit begrenzten militärischen Mitteln kämpft, um – eigenen Angaben zufolge, so viele Zivilisten wie möglich zu schützen und nicht wie die USA beispielsweise im Irak oder in Afghanistan, Massenbombardements durchzuführen.[13]

II.

Seit Beginn der heißen Phase des Ukraine-Krieges, hat die ehemalige rot-grün-gelbe (wobei »Gelb« eine untergeordnete Rolle spielt und eigentlich gar nicht erwähnt werden müsste, da die FDP keinen Außenminister mehr stellt und seit dem 6. November 2024 durch den Bruch der Koalition keine Verantwortung mehr trägt) Regierung keine ernsthaften Friedensbemühungen unternommen, sondern ganz im Gegenteil, den Konflikt in enger Zusammenarbeit mit den USA und der NATO durch immer neue Waffenlieferungen und Versprechungen verlängert und verschärft. Schlimmer noch, sie nimmt sogar die Gefahr eines Nuklearkrieges in Kauf.

Soweit ist die Panik schon gediehen. Das verbliebene rot-grüne kriegshysterische Establishment samt ihren Medien sind voll auf Kurs.

»Schlachtfeld Deutschland« ist aufgrund des Kriegsverlängerungskurses und der vorbehaltlosen Unterstützung der Ukraine durch die deutsche Regierung leider keine Fiktion mehr.

III.

Die Grünen, die *»Partei des guten Gewissens«*, hat ihre Grundsätze in ihrer über 40-jährigen Geschichte immer wieder vergessen. Das habe ich in vielen meiner Publikationen dokumentiert und bewiesen.[14] Das aus der *»Friedensbewegung«* stammende pazifistische Bündnis, hat sich seit dem Jugoslawienkrieg in den 1990-er-Jahren genau ins Gegenteil verkehrt und militarisiert sich immer mehr.

Bei der SPD sieht es ähnlich aus. Die Sozis, die sich im Irak-Krieg (2003-2011) einst noch als *»Antikriegspartei«* profilierten,[15] bewilligen ebenfalls immer neue Waffenlieferungen an die Ukraine, ob es schwere Panzer oder Raketen sind, verlängern damit den Krieg und provozieren die Gegenseite in unverantwortlicher Weise.

IV.

Die größte Gefahr für den Frieden stellen meiner Meinung nach jedoch die Grünen dar. Mit Annalena Baerbock sitzt eine Frau im Außenministerium, deren fehlende diplomatische und fachliche Kompetenz[16] schnell zu einer Katastrophe führen kann. Baerbock, Habeck, Hofreiter & Co. treiben die SPD und den Kanzler mit ihrem Kriegsverlängerungskurs unerbittlich vor sich her. Sie gießen immer mehr Öl ins Feuer und die Gefahr, dass auch Deutschland zum Schlachtfeld wird, ist größer als in Zeiten des Kalten Krieges. **Noch** zögert Scholz mit der Lieferung von Taurus-Marschflugkörpern, aber der Druck, auch von den Grünen, nimmt täglich zu.

Vom alten Motto *»Frieden schaffen ohne Waffen«* ist bei den Grünen nicht mehr viel übriggeblieben. Ganz im Gegenteil scheint die Devise jetzt zu lauten: *»Frieden schaffen nur mit Waffen«*. Dazu kommt: Die Mehrheit der Grünen-Anhänger steht geschlossen hinter dem Kriegskurs von Baerbock & Co, was aus Umfragen hervorgeht.

So befürworten kriegsbesessene rotgrüne Politiker, angetrieben von Beifall klatschenden Medien, die Kriegsverlängerung durch immer neue Waffenlieferungen und verschärfen die Situation derart, dass Russland die Bundesrepublik bereits als Kriegspartei ansieht.

Rot-Grün spielt ein Spiel mit dem Feuer. Ein Feuer, das sich explosionsartig entzünden und sogar in den Dritten Weltkrieg führen kann. Die Gefahr, dass auch unser Land zum Schlachtfeld werden kann, ist »dank« Rot-Grün größer denn je.

V.

In dieser Publikation packe ich wieder heiße Eisen an, die im Mainstream entweder vertuscht, verschwiegen oder verfälscht werden. Ich werfe ein Licht auf die weitgehend unbekannte, kriegerische Vergangenheit der Grünen und der Genossen, aber auch auf ihr kriegstolles Gebaren in der Gegenwart.

Wussten Sie zum Beispiel, dass

- die SPD und die Grünen schon seit Jahrzehnten Aufrüstung und Kriege befürworteten?
- die grüne »Friedenspartei« mitverantwortlich für tausendfachen Tod und Zerstörung war?
- die Grünen das Leben deutscher Soldaten für Sozialreformen in Kauf nehmen wollten?
- die Grünen eine Ukraine-Regierung mit Antisemiten und Nazis unterstützten?
- die Grünen sogar den Einsatz von deutschen Bodentruppen gegen den IS forderten?
- wie Baerbock Scholz in die » Leopard-Falle « trieb?
- Deutschland auf Kriegswirtschaft umgestellt werden soll?
- Deutschlands wirtschaftliche Souveränität im Ukraine-Konflikt geopfert wird?
- wir gegen militärische Angriffe wehrloser sind als jemals zuvor?

Erfahren Sie außerdem:

- Wie Scholz von seinen amerikanischen »Freunden« hereingelegt wurde.
- Warum deutsche Steuerzahler die Renten der Ukrainer in der Ukraine bezahlen.
- Warum es für die Grünen »gute« und »schlechte« Kriege gibt.
- Wie Scholz seine eigenen Bürger mit Unwahrheiten täuscht.
- Wie Baerbock Russland ganz privat den Krieg erklärte.
- Wie Rot-Grün seinen Kriegskurs zu einem »Friedensakt« verklären will.
- Warum die NATO und Deutschland eine Mitschuld am Ukraine-Krieg haben.
- Warum Deutschland Streumunition »ächtet«, aber »Verständnis« für die Lieferung an die Ukraine zeigt.
- Warum die Bundesregierung die nazistischen Umtriebe in der ukrainischen Regierung toleriert.
- Weshalb die Ukraine für Rot-Grün wichtiger zu sein scheint als das eigene Volk.
- Warum Selenskij auf Teufel-komm-raus nicht mit Putin verhandeln will.

- Weshalb es in diesem Krieg nicht um die Ukraine geht.
- Warum der »Demokrat« Selenskij demokratische Wahlen in seinem Land verhindert.
- Warum verschwiegen wird, dass die NATO die ukrainische Armee befehligt.
- Weshalb Putin die ukrainische Hauptstadt nicht einnehmen wollte.
- Wie Baerbock von hochrangigen Diplomaten regelrecht »fertiggemacht« wurde.
- Weshalb die Notstandsgesetze von 1968 auch heute noch Gültigkeit haben.
- Warum Habeck in Kiew sichtlich verlegen »Abbitte« leistete.
- Weshalb Selenskijs Tage gezählt zu sein scheinen.
- Was hinter Paragraf 115h des Grundgesetzes steckt, den kein Mensch kennt.
- Was uns blühen kann, wenn Deutschland zum »Schlachtfeld« wird u.v.m.

In einem separaten Kapitel befasse ich mich mit dem Thema **»Nazis und Antisemiten im ukrainischen Militär, Parlament und in der Regierung«**, das hierzulande verschwiegen und vertuscht wird. Grundlage dafür bildet eine Kleine Anfrage der Fraktion DIE LINKE im Deutschen Bundestag und die mehr als skandalöse Antwort der Bundesregierung.

VI.

Ich kann Leser verstehen, wenn sie der Ukraine beipflichten und ihre Solidarität mit dem angegriffenen Land ausdrücken. Ich kann aber auch Leser verstehen, die der Russischen Föderation beistehen, weil der Ukraine-Krieg, aus ihren Augen gesehen, wegen der Bedrohung Russlands durch die unaufhörliche NATO-Osterweiterung und des Konflikts im Donbass (seit 2014) ausgebrochen ist.

Ich kann allerdings keinen verstehen, der dafür einen Dritten Weltkrieg riskieren will, der Millionen Menschenleben kosten und **auch** unser Land zerstören könnte. Genau das aber riskieren die politisch Verantwortlichen mit ihren unverantwortlichen Maßnahmen. Ganz vorn mit dabei: Die SPD, die Grünen – und in diesem Fall auch die FDP.

VII.

Wichtig ist für mich auch, die **russische Seite** darzustellen, die hierzulande keine Beachtung findet. Entsprechende Internetseiten werden blockiert und Beiträge zensiert. Ich frage mich schon länger, wie angeblich **objektive** Journalisten arbeiten wollen, wenn sie nicht **beide** Seiten kennen? Doch das scheint dem deutschen »Qualitätsjournalismus« nichts auszumachen. Aus diesem Grunde möchte ich hier, wie ich das bereits in meiner Publikation »Schlachtfeld Ukraine. Angriffs- oder Präventivkrieg« getan habe, auch die russische Seite zu Wort kommen lassen. Bilden Sie sich dann selbst ein Urteil.

VIII.

Ich habe mich wiederum für eine **chronologische Darstellung** entschieden. Dadurch erlebt der Leser die ungeheure Dynamik, die seit Beginn des Krieges entstanden ist, quasi »hautnah« mit. Er sitzt sozusagen »neben« den Protagonisten.

Nach dem Lesen dieser Publikation werden Sie die angeblich »pazifistischen« Grünen und die friedliebenden SPD-Genossen mit ganz anderen Augen sehen, nämlich demaskiert und reduziert zu dem, was sie sind: Kriegstreiber, die unser Land in immer größere Gefahr bringen. Außerdem kennen Sie die Hintergründe zum Ukraine-Krieg von **beiden** Seiten.

In diesem Sinne alles Gute in diesen schweren Zeiten.

Ihr
Michael Grandt

Anmerkung I: Die Publikation hat ein offenes Ende. Sie gibt den Sachstand zur Zeit der Drucklegung wieder.
Anmerkung II: Ich habe den umfangreichen »Nordstream-2-Komplex, der alleine ein ganzes Buch füllen könnte, weggelassen. Er ist Gegenstand in einer separaten Publikation.

❷
Rot-Grüne Kriegstreiber in der Vergangenheit

DIE SPD

I.
MIT der SPD: Die »geheime« Aufrüstung der Reichswehr

Seit 1933: Die roten Genossen geben sich seit 90 Jahren äußerst medienwirksam als **»Bollwerk gegen rechts«** und als **»Antikriegspartei«**. Doch das ist nicht richtig, wie meine aufwendigen Recherchen ergeben haben. Denn schon lange vor dem Ausbruch des Zweiten Weltkrieges hat sich die SPD an der Aufrüstung beteiligt. Was häufig unter den Tisch gekehrt wird, ist die Tatsache, dass die – sich heute so pazifistisch gebenden – Sozialdemokraten, die Kriegskredite für die Reichswehr im Jahr 1914 mitbewilligt hatten.

Ohne dieses Geld hätte Kaiser Wilhelm II. keine Feldzüge im Ersten Weltkrieg führen können.[17]

1919: Das 100.000-Mann-Heer, das Deutschland nach dem Ersten Weltkrieg durch den Versailler Vertrag gerade noch zugestanden wurde, war den meisten Militärs ein Dorn im Auge. Denn es gab lediglich eine Sieben-Divisionen-Armee, deren Waffen- und Munitionsvorrat gerade mal ausreichte, eine polnische Invasionstruppe eine Stunde lang aufzuhalten.[18]

1920-1927: Der Chef der Heeresleitung, General Hans von Seeckt, projektierte deshalb schon bald eine Armee in Stärke von 63 Divisionen. Dazu formierten sich illegal paramilitärische Organisationen der Rechten, verschiedene Rüstungsfirmen und zwielichtige Auslandsverbindungen zur sogenannten »Schwarzen Reichswehr«.[19]

Schon seit Mitte der 1920er-Jahre hatte die Reichswehr unter Umgehung des Versailler Vertrages aufgerüstet – und zwar mit Hilfe der Roten Armee, im Rahmen eines Geheimabkommens.[20]

Auf Betreiben des Reichswehrchefs von Seeckt und in Kooperation mit dem Zentrumskanzler Wirth richtete das Kriegsministerium 1922 eine »Sondergruppe R« (R=Russland) ein. Diese verfügte über ein Budget von unglaublichen 150 Millionen Mark und sollte künftig über einen »schwarzen« Haushalt finanziert werden.

Der damalige Reichspräsident Friedrich Ebert[21] (SPD) verzichtete auf eine Intervention, obwohl er von Anfang an über diese geheime Aufrüstung informiert war, und obwohl dies in seiner Stellung als Oberbefehlshaber der Reichswehr durch den Artikel 47 der Weimarer Verfassung durchaus möglich gewesen wäre.[22]

Hans von Seeckt, Chef der Heeresleitung hatte bereits im September 1922 in einer geheimen Denkschrift an den damaligen Reichskanzler gefordert, Deutschland solle sich seine *»Stärke auch aus dem Osten«*[23] holen. Dazu sollten private deutsche Unternehmen die russische Rüstungsindustrie entwickeln und andere russische Wünsche auf militär-technischem Gebiet erfüllen – und zwar unter weitgehender Ausschaltung der Regierung.[24]

Zur Tarnung dieses geheimen Aufrüstungs- und Kooperationsprogrammes mit den Russen war eine Firma mit dem Namen »Gesellschaft zur Förderung gewerblicher Unternehmungen« (GEFU) gegründet worden. Geführt wurde es von einem Vertrauensmann Seeckts, Major Tschunke. Fortan wurden auf russischem Boden Junkers-Flugzeuge gebaut und Artillerie-Munition gefertigt.[25] Die Militärs beider Länder unterhielten zudem gemeinsame Ausbildungsstätten: Ein »Zentrum für Fliegerausbildung und fliegertechnische Erprobung« in Lipsek, die Schule für Kampfgastechnik und -ausbildung in Tomka bei Saratow und die Schule für Kampfwagenausbildung und -technik in Kasan.[26]

Finanziert wurde diese geheime Militär- und Aufrüstungspolitik durch Mittel eines Geheimfonds, der größtenteils der Kontrolle der Regierung entzogen war. Die jährlichen Ausgaben betrugen rund 10 Millionen Mark.[27]

Auch als Generalleutnant Wilhelm Heye 1926 auf Hans von Seeckt folgte, wurde die illegale Rüstung gegenüber dem Reichstag verschleiert. Die Abwicklung der Gelder wurde intern durch einen Staatssekretärsausschuss geregelt, was eine klare Verletzung der Verfassung darstellte, denn das Kontrollrecht über den Staatshaushalt stand lediglich dem Reichstag zu.[28]

16. Oktober 1926: Philipp Scheidemann (SPD) enthüllte die illegale Zusammenarbeit der »schwarzen Reichswehr« mit Sowjetrussland im Reichstag und machte dazu genaue Angaben. Er machte klar, dass

➔ auch sozialdemokratische Abgeordnete durch die Bewilligung verschleierter Rüstungsausgaben die geheime Aufrüstungspolitik (sprich: einen Verfassungsbruch) ermöglichten;
➔ die sozialdemokratischen Abgeordneten die Mitschuld für eine umfassende Modernisierung der Reichswehr durch den Aufbau einer Luft- und Panzerwaffe und die Testung von Möglichkeiten für Giftgaseinsätze trugen.[29]

Auch SPD-Abgeordnete trugen die Mitschuld am Aufbau und der Modernisierung der Reichswehr mit der Möglichkeit der Testung von Giftgaseinsätzen.

Besonders galt das für die Luftwaffe, für die in Sowjetrussland zahlreiche Prototypen entwickelt wurden. Für den späteren raschen Aufbau einer Luftwaffe durch die NS-Regierung war außerdem von zentraler Bedeutung, dass sie auf mehr als 100 in der UdSSR hervorragend ausgebildete Fluglehrer zurückgreifen konnte. Gleiches galt für die Führung der Panzerwaffe. Der Bonner Historiker Manfred Zeidler listet detailliert auf, dass aus den in Sowjetrussland ausgebildeten Militärs mindestens 20 Generäle der Luftwaffe hervorgingen.[30] Zeidler resümiert:

»Dadurch hat die Republik von Weimar [mithilfe von SPD-Abgeordneten/MGR] *in stiller und systematischer Arbeit dem Dritten Reich (...) die Voraussetzungen dafür beschert, innerhalb weniger Jahre moderne Streitkräfte schaffen zu können«.*[31]

Auch SPD-Abgeordnete machten die spätere »schnelle« Aufrüstung durch Adolf Hitler möglich.

28. Juni 1928: Die Große Koalition aus SPD, DDP (Deutsche Demokratische Partei), Zentrum (Deutsche Zentrumspartei), BVP (Bayerische Volkspartei) und DVP (Deutsche Volkspartei) unter Reichskanzler Hermann Müller (SPD) wurde gebildet.

29. Juni 1928: Eine der ersten Amtshandlungen des sozialdemokratischen Regierungschefs Müller war die Genehmigung an die Reichswehrführung, 43 aktive Offiziere zur Fliegerausbildung nach Lipezk (Russland) zu entsenden.[32]

Die SPD-Parteiführung unterstützte die illegale Aufrüstungspolitik nicht nur, sondern half, diese auch noch zu verschleiern. Damit hat sie Hitlers Aufrüstung indirekt erleichtert.

Heutige »Sozis« wollen davon natürlich nichts wissen und verschweigen diese elementar wichtige Tatsache.

II.
MIT der SPD: Der Panzerkreuzerbau

1919: Der Versailler Vertrag gestattete dem Deutschen Reich lediglich, Schlachtschiffe von höchstens 10.000 Tonnen Wasserverdrängung zu bauen. Die Siegermächte des Ersten Weltkrieges hielten diese »Pocket Battleships« für harmlos. Doch damit unterschätzten sie die deutschen Ingenieure. Diese nämlich konstruierten einen völlig neuen Schiffstyp mit eminenter Kampfstärke, der sich innerhalb der vorgegebenen Begrenzung hielt. Natürlich verlangten die Reichsmarine und die Militärs sofort den Bau eines solchen Schiffes. Reichspräsident Hindenburg unterstützte sie mit ihrem Anliegen.[33]

14. März 1928: Auch Reichswehrminister Wilhelm Groener (parteilos) setzte sich vor dem Reichstag für den Bau eines solchen Schlachtschiffes ein.[34] Doch Sozialdemokraten und Kommunisten lehnten mit ihrem Antrag ab, dass neun Millionen Reichsmark, als erste Rate für den Panzerkreuzer-Bau, aus dem Staatshaushalt fließen sollten. Das änderte allerdings nichts an der Tatsache, dass der Reichstag den Etat mit den Stimmen der Regierungsparteien (Zentrum, Deutschnationale Volkspartei, Deutsche Volkspartei, Deutsche Demokratische Partei, Bayrische Volkspartei[35]) annahm.[36]

Die SPD führte daraufhin ihren Wahlkampf unter der Parole »*Keine Panzerkreuzer, sondern Kinderspeisung*«[37] und konnte damit breite Wählerschichten mobilisieren, was sich auch in den Wahlergebnissen abzeichnete.[38]

20. Mai 1928: Nach den Wahlen wurden die Sozialdemokraten mit 29,8 Prozent stärkste Partei und stellten dadurch auch den neuen Reichkanzler. Das Kabinett Müller II amtierte vom 28. Juni 1928 bis zum 27. März 1930. Es war die zweite Große Koalition der Weimarer Republik aus SPD, DDP (Deutsche Demokratische Partei), Zentrum (Deutsche Zentrumspartei), BVP (Bayerische Volkspartei) und DVP (Deutsche Volkspartei). **SPD-Reichskanzler Hermann Müller[39], nahm die Panzerkreuzer-Frage schließlich wieder auf.** Der Historiker Hans Georg Graf

Lambsdorff schreibt frei nach dem Motto »*Wer hat uns verraten? Die Sozialdemokraten!*«[40] durch die KPD und andere linke Kräfte, (Hervorhebungen durch mich):

»*Die Sozialdemokraten in der Regierung, Reichskanzler Müller und Finanzminister Hilferding, machten sich mit dem Kabinett die Sache entgegen dem Wahlversprechen ihrer Partei zu eigen*«.[41]

10. August 1928: Der sozialdemokratische Finanzminister Hilferding hatte Reichswehrminister Groener vorab mitgeteilt, er habe *keine* Bedenken gegen die Produktion des Panzerkreuzers, obwohl die Ablehnung im *Kabinett* möglich gewesen wäre, da SPD und DDP dort die Mehrheit besaßen:[42]

»Am 10. August 1928 beschloss das Kabinett mit seinen beiden sozialdemokratischen Mitgliedern dann tatsächlich die Bewilligung der 1. Baurate [für den Panzerkreuzer/MGR] ***von neun Millionen Reichsmark«.***[43] **Und das zu der Zeit, als die SPD-Wahlversprechungen noch in guter Erinnerung waren: *»Eure Kinder klagen euch an, wenn ihr den Panzerkreuzer-Parteien eure Stimmen gebt!«***[44]

Die Folge: Die SPD-Fraktion machte zwei sich vollkommen widersprechende Entschließungen:

1. Die Haltung der sozialdemokratischen Minister wurde getadelt.
2. Die Haltung der sozialdemokratischen Minister wurde »*mit Rücksicht auf das gesamte Interesse der Arbeiterschaft*« für notwendig erklärt.[45]

Die SPD-Minister antworteten mit vagen Ausflüchten und Scheinargumenten gegen die »*Panzerkreuzer-Sünde*«.[46] Aber auch die Behauptung, die Finanzmittel lägen dafür vor, war eine Verhöhnung der Arbeiterschaft, da gleichzeitig beantragte Mittel zur Erweiterung der Krisenfürsorge gestrichen wurden.[47] Der Historiker Heinz Niemann:

»*Daraus wurde aber sichtbar, dass die sozialdemokratischen Führer ihrer Koalitionspolitik mit der Bourgeoisie einen höheren Stellenwert einräumten als einer Politik gegen die Wiederaufrüstung und für den sozialen Fortschritt*«.[48]

Das bestätigte der ehemalige Reichskanzler und SPD-Mann Hermann Müller im Jahr 1928. Er meinte, die ganze Panzerkreuzerfrage sei ein Beweis für den neudeutschen Imperialismus, man habe zwischen 1920 und 1923 auch mehrere Ersatzbauten bewilligt. Jetzt (1928) hinge die Existenz der Koalition daran.[49]

Ende Oktober 1928: Nach grotesken Kämpfen innerhalb der SPD-Fraktion brachte die sozialdemokratische Fraktion schließlich den Antrag in den Reichstag ein, den Bau des Panzerkreuzers einzustellen, um die innerparteiliche Opposition zu beruhigen.[50] Doch das war – meiner Ansicht nach – nur ein Trick, denn die Parteiführung wusste um die Mehrheitsverhältnisse im Parlament und wusste, dass der Antrag somit sowieso abgelehnt und der Panzerkreuzer A gebaut werden würde.[51]

Durch den Fraktionszwang mussten dieses Mal Reichskanzler Müller und Finanzminister Hilferding *gegen* den Beschluss stimmen, den sie *selbst* im Kabinett eingebracht hatten.[52] Das hatte es in der deutschen Parlamentsgeschichte noch nicht gegeben: einen Kanzler, den die eigene Fraktion zwang, sich zum »*Gespött der Nation*« zu machen.[53] Doch der Antrag scheiterte mit 202 gegen 257 Stimmen der Mitte und der Konservativen.[54]

Wie schon erwähnt, der Antrag war für mich nur ein Scheingefecht, um die Mitglieder zu täuschen[55], oder wie es der Sozialdemokrat Wilhelm Keil später in seinen Memoiren ausdrückte:

»*Die anderen Regierungsparteien ersparten uns die Verlegenheit, in die sie uns gebracht hätten, wenn sie sich teilweise der Abstimmung entzogen hätten. Sie sorgten für ein beschlussfähiges Haus und lehnten den Antrag ab*«.[56]

Das unter dem SPD-Reichskanzler geführte *Kabinett* stimmte der Rüstungsplanung der Reichswehr ausdrücklich zu.[57]

Der Historiker Wilhelm Deist (Hervorhebungen durch mich):

»*Das Entscheidende dieses Vorganges liegt nicht in erster Linie in der Höhe der nunmehr für* ***geheime Rüstungszwecke*** *zur Verfügung stehenden Gelder aus dem Etat des Reichswehrministeriums und später auch anderer Ministerien, sondern in der* ***Aushöhlung des parlamentarischen Systems*** *auf dem Verordnungswege. In einer außen- wie innenpolitisch hochbrisanten Frage wurden die* ***Kontrollrechte und die Kontrollmöglichkeiten des Reichstages*** *durch die Zusammenarbeit der exekutiven Organe* ***außer Kraft gesetzt***«.[58]

Bereits 1928 setzte SPD-Reichskanzler Müller die Kontrollrechte des Reichstages in Sachen »geheime Aufrüstung« außer Kraft.

18. Juni 1929: Müller erklärte im Kabinett, die *sozialdemokratischen* **Minister** würden künftig die weiteren Raten für den Panzerkreuzerbau *mitbewilligen*, was sie am 18. Juni 1929 dann aber doch *nicht* taten. Die **SPD-Fraktion** stimmte der Bewilligung für die zweite Rate jedoch zu.[59]

Mit der Bewilligung der Finanzierung der Panzerkreuzer stellten sich die Sozialdemokraten als Befürworter einer Rüstungspolitik bloß. Zudem wurde die Partei Gehilfe bei der offenen und geheimen Aufrüstung.[60]

20. März 1931: Bei der Abstimmung über einen neuen Panzerkreuzerbau (»Panzerkreuzer B«) stimmten 70 Prozent der SPD-Abgeordneten dafür.[61] Der Vorstand der Fraktion folgte dabei den Empfehlungen ihres Vorsitzenden Otto Wels.[62] Die Sozialdemokraten widersprachen nicht einmal dem Plan, weitere Kreuzer folgen zu lassen.[63]

III.
Die Sozialdemokraten stimmten *für* Hitlers Außenpolitik

17. Mai 1933: In seiner Regierungserklärung griff Hitler den Versailler Vertrag scharf an, hob Deutschlands Wehrlosigkeit hervor, kündigte eine Aufrüstung an (wenn die anderen Staaten nicht, wie seit Jahren versprochen, abrüsteten), und warnte davor, Deutschland könne auch aus dem Völkerbund austreten[64] (siehe ausführlich in meinen Publikationen ➔ »Adolf Hitler, eine Korrektur, Band 2 und Band 3«).

Die Sozialdemokraten erhoben *keine* Stimme, obwohl manche Abgeordnete den Fraktionszwang scharf kritisierten.[65] So billigte der Reichstag folgende Regierungserklärung – und zwar *einstimmig*:

»*Der Reichstag, als die Vertretung des deutschen Volkes, billigt die Erklärung der Reichsregierung und stellt sich in dieser für das Leben der Nation entscheidenden Schicksalsfrage der Gleichberechtigung des deutschen Volkes geschlossen hinter die Reichsregierung*«.[66]

Auch die SPD stimmte *geschlossen dafür*.[67] Daraufhin distanzierte sich die Sozialistische Internationale von der sozialdemokratischen Reichstagsfraktion.[68]

Verschwiegen: Die SPD stimmte dem außenpolitischen Programm Hitlers zu, lehnte die deutsche Schuld am Ausbruch des Ersten Weltkrieges ab und wandte sich gegen die Reparationen der alliierten Siegermächte.

Auch hier erkennen Sie, dass die Genossen keine so weiße Weste haben, wie sie diese bis heute so gerne zur Schau tragen.

DIE GRÜNEN

I.

»Frieden schaffen ohne Waffen«

1978: Als sich Ende der 1970-er-Jahre die ersten grünen Listen bildeten, vermutete der damalige SPD-Bundesgeschäftsführer Egon Bahr *»eine Gefahr für die Demokratie«*.[69] Damals konnte er noch nicht wissen, dass seine Vermutung 45 Jahre später Realität werden würde. Dass ausgerechnet **seine** Partei mit den Grünen dann auch noch gemeinsame Sache machen würde, um unser Land möglicherweise an den Abgrund eines Weltkrieges zu bringen, hätte sich das SPD-Urgestein wohl nicht in den schlimmsten Albträumen vorstellen können.

1980: Die Grüne Partei wurde am 13. Januar 1980 in Karlsruhe gegründet. Sie bestand aus Frauen-, Friedens- und Umweltaktivisten, Linken und Kommunisten,[70] die neben Umweltthemen und Gleichberechtigung auch für Abrüstung und Gewaltfreiheit standen.[71] Die »Friedenspartei« forderte in ihrem Bundesprogramm die Auflösung der NATO, einseitig abzurüsten und die Bundeswehr abzubauen[72] (siehe dazu ausführlich mein Buch ➔ »Die Grünen. Zwischen Kindersex, Kriegshetze und Zwangsbeglückung«).

1981: Ein Jahr nach ihrer Gründung kämpften die Grünen mit dem Motto *»Petting statt Pershing«*[73] gegen den NATO-Doppelbeschluss, der den Westen atomar aufrüsten und amerikanische Pershing-II-Raketen in Deutschland stationieren wollte (1983 sollte sich der Bundestag dann für die Nachrüstung entscheiden).[74] Im sogenannten *»Friedensmanifest«* von 1981 lehnten die Grünen den Einsatz der Bundeswehr sogar dann ab, wenn die Bundesrepublik angegriffen werden würde.[75]

1983: In der Nähe der schwäbischen Gemeinde Mutlangen, *»Deutschlands erstem Pershing-Dorf«*, sollten 36 amerikanische Raketen stationiert werden. Drei Tage lang dauerte eine Sitzblockade, an der in der Hauptsache Grüne teilnahmen.[76]

Weil sie gegen die NATO-Aufrüstung kämpften, lud sogar DDR-Diktator Erich Honecker Grüne zum Gespräch nach Ostberlin ein.[77]

1987: Bei der Bundestagswahl forderten die Grünen den Austritt aus der NATO, weil es mit dem Militärbündnis *»keinen Frieden«* geben könne.[78]

1991: Viele grüne Anhänger gingen mit dem Slogan *»Frieden schaffen ohne Waffen«* auf die Straßen.[79]

1993: Die Grünen diskutierten auf der Bundesdelegiertenkonferenz (BDK) in Bonn, ob man Menschenrechte mit Waffen verteidigen könne und dürfe. *Damals* sprach sich die Mehrheit der Delegierten *dagegen* aus.[80]

1995: Die Grünen forderten die Abschaffung der Wehrpflicht und lehnten Kampfeinsätze zur Friedenserzwingung im Rahmen der Vereinten Nationen (UN) ab.[81]

II.

»Frieden schaffen mit Waffen«

Die Forderungen nach Abrüstung und Gewaltfreiheit haben sich bei den Doppel-Moral-Wendehals-Grünen seit 1995 radikal geändert. Das »JA« zu völkerrechtswidrigen Kriegen war plötzlich kein Tabu mehr.

➔ JUGOSLAWIEN (1990-1995)

Der jugoslawische Bürgerkrieg (in dem sich verschiedene frühere Teilrepubliken von Belgrad lösten und unabhängig werden wollten) kostete über 160.000 Menschenleben. Er war einer der brutalsten Kriege in Europa in der Nachkriegszeit.[82] Tausende ältere Menschen, Mütter und Kinder verloren dabei ihr Leben. Mir selbst wurden damals von Bürgerkriegsmilizen Videos[83] zugespielt, um sie im deutschen Fernsehen zu veröffentlichen. Doch die Szenen waren so grausam, dass sie nicht gesendet werden konnten.

August 1992: Die Europaabgeordnete Claudia Roth und Bundesvorstandsmitglied Helmut Lippelt forderten öffentlich und ziemlich früh, ein militärisches Eingreifen. DER SPIEGEL (35/1992) schrieb:

»Bundesvorstandsmitglied Helmut Lippelt und die Europaabgeordnete Claudia Roth hatten sich in Ex-Jugoslawien über den Bürgerkrieg informiert und kamen sinnesgewandelt zurück. Die in Lagern festgehaltenen Menschen müssten sofort befreit werden, forderten sie, wobei völlig klar sei, ‚dass das nicht ohne Gewalt geht'«.[84]

Kein politischer Beobachter, aber wohl auch die wenigsten Anhänger der Grünen selbst hatten sich bis dahin vorstellen können, dass ausgerechnet eine vormals pazifistische und antimilitaristische Partei der deutschen Beteiligung an diesem NATO-Krieg gegen Jugoslawien den Weg ebnen würde.

Die Diskussion schwappte auf die Partei über, und eine Sonder-Delegiertenkonferenz im Oktober 1993 musste die Wogen glätten.

Drei Parteien innerhalb der Grünen standen sich gegenüber: Die »Radikalpazifisten«, die jegliches *bewaffnetes Eingreifen* strikt *ablehnten*, die »Bellizisten«[85] (zu denen auch Joschka Fischer und Daniel Cohn-Bendit[86] gehörten)[87], die sich *für* Militärinterventionen aussprachen und die »politischen Pazifisten«, die Blauhelmeinsätze befürworteten. Fischer forderte offenbar *»Bomben auf Belgrad«*[88] und plädierte *»mit Leidenschaft (...) für eine militärische Intervention in Bosnien-Herzegowina«.*[89]

Schließlich wurde ein Antrag angenommen, der in Nebensätzen eine *»unspezifische Ermächtigung für Militärinterventionen«*[90] gab, in den Hauptsätzen diese aber wiederum ablehnte.[91]

Jutta Ditfurth, eine Mitbegründerin der Grünen, die später aus der Partei austrat, schrieb:

»Die grünen Realos wussten längst, dass sie niemals an die Regierung kommen würden, wenn sie nicht den Kapitalismus und die NATO akzeptierten. Dazu war auf allen Fronten ein bisschen Unterwerfung nötig«.[92]

Juli 1995: Das Massaker von Srebrenica, dem größten Massenmord in Europa nach dem Zweiten Weltkrieg, bei dem rund 8.000 Bosniaken – fast ausschließlich Männer und Jungen zwischen 13 und 78 Jahren – getötet[93] wurden, änderte schließlich die Einstellung vieler Grünen. Dennoch gab es wieder einmal zwei sich gegenüberstehende Meinungen: Linke und Fundis um Bärbel Höhn *»verharmlosten den Massenmord als beliebiges Element allgegenwärtiger Gewalt«*[94], wohingegen **Joschka Fischer nun Kampfeinsätze als *»realistische Aussicht auf Erfolg«*[95] deklarierte.**

Oktober 1996: Joschka Fischer besuchte Sarajevo. Gegenüber Journalisten machte er den »*Pazifismus*« (!) für die vergangenen Gräuel mitverantwortlich.[96] Fischer wörtlich: »*Wo deutsche Soldaten im Zweiten Weltkrieg gewütet haben, darf es keine Einsätze geben*«.[97]

Jochen Buchsteiner schrieb in der *ZEIT*: »*Lange leitete er* [Fischer, MGR] *aus der deutschen Schuld die Pflicht zur militärischen Enthaltsamkeit ab – nach dem Massaker von Srebrenica, Fischers ‚Damaskus-Erlebnis', warb er mit der gewaltsamen Befreiung von Hitler für die Notwendigkeit einer Militärintervention*«.[98]

➔ KOSOVO (1999)

Frühjahr 1996: Die albanische paramilitärische Organisation UÇK (für viele auch eine »Terrororganisation«), die für die Befreiung des Kosovo von den Serben kämpfte, begann zum bewaffneten Kampf überzugehen und unternahm Terroraktionen gegen staatliche Einrichtungen und die Zivilbevölkerung, inklusive Bombenattentate auf serbische Flüchtlingslager.[99]

Frühjahr 1996-Juli 1998: Die UÇK verstärkte ihre Offensive und kontrollierte wenige Monate später rund ein Drittel des Kosovo. Die Gebiete wurden als »*befreit*« deklariert.

April 1998: Die Grünen beschlossen in Magdeburg, Kampfeinsätze der Bundeswehr abzulehnen.[100]

August 1998: Die Serben holten zum Gegenschlag aus und eroberten die meisten der bis dahin von der UÇK gehaltenen Territorien zurück. Auf beiden Seiten gab es Massaker. Die serbische Regierung beklagte sezessionistische Tendenzen und berief sich auf das Recht, auf ihrem Staatsgebiet die mit Guerilla-Methoden agierende UÇK zu bekämpfen.

23. September 1998: Der Weltsicherheitsrat verurteilte in der Resolution 1199 den »*exzessiven Gebrauch von Gewalt*« durch serbisches Militär und Polizeikräfte, forderte aber auch die Führung der Kosovo-Albaner auf, »*alle terroristischen Handlungen* [die meist von der UÇK verübt worden waren/MGR] *zu verurteilen*«.[101]

Es entwickelten sich vielfache diplomatische Bemühungen zur Lösung des Konfliktes, auch um die Resolutionen des Sicherheitsrates umzusetzen. Die NATO drohte Luftangriffe an und ermächtigte ihren Generalsekretär Javier Solana zu Militäraktionen gegen Jugoslawien.[102] Als alle diplomatischen Bemühungen scheiterten, wurde das Eingreifen der NATO immer wahrscheinlicher.

16. Oktober 1998: 29 Grüne stimmten im Bundestag FÜR den NATO-Kriegseinsatz, 9 sagten Nein und 8 enthielten sich.[103] **Die Mehrheit der Grünen votierte für den Krieg! Auch die SPD stimmte mehrheitlich zu.**[104]

In der vorausgegangenen Bundestagsdebatte hatte Joschka Fischer, als deutscher Außenminister, den geplanten NATO-Luftangriff für »*legal*« und »*legitim*« gehalten.[105] Hätten die Grünen für ein »Nein« votiert, hätte die deutsche Weigerung das Militärbündnis erheblich geschwächt.

5.-7. März 1999: Bei der Bundesdelegiertenkonferenz in Erfurt stimmten die Grünen der Regierung dem Kriegseinsatz ebenfalls zu[106] und offenbarten erneut, dass sie ihre eigenen Werte aufgegeben hatten. Obwohl sie im April 1998 Kampfeinsätze der Bundeswehr abgelehnt hatten (siehe oben), sollten sie nach dem Willen Fischers und der Parteiführung einer deutschen Kriegsbeteiligung am Kosovo-Krieg zustimmen.

Der grüne Außenminister brachte sogar Auschwitz mit ins Spiel, um seine Parteianhänger zu einem »Ja« für den Krieg zu bewegen:

»Ich stehe auf zwei Grundsätzen: Nie wieder Krieg, nie wieder Auschwitz. Nie wieder Völkermord, nie wieder Faschismus«.[107]

DER SPIEGEL: »Fischer begründete seine Politik mit Lehren aus der deutschen Geschichte. Das Ziel könne nicht Frieden um jeden Preis sein. Wenn Völkermorde verhindert werden sollen, müsse man bereit sein, das Militär einzusetzen«.[108]

Jochen Buchsteiner schrieb in *DIE ZEIT: »Keiner der Großen scheint derzeit bereit, weiterzugehen und den Minister in eine ausweglose Lage zu manövrieren. Selbst die grimmigsten Kriegsgegner wollen den grünen Feldherrn nicht stürzen; sie regieren selbst zu gerne. Wenn der Kosovo-Konflikt in den nächsten zwei Wochen nicht eskaliert, werden die Delegierten daher eine weitere Urkunde grüner Unentschiedenheit unterschreiben, ein Stillhalteabkommen, das der Partei das Weiterwursteln sichert und Joschka Fischer den Job«.*[109]

24. März 1999: Die Bundesrepublik Deutschland nahm das erste Mal seit dem Ende des Zweiten Weltkrieges im Jahr 1945 *mithilfe* der Grünen und roten Genossen an einem Angriffskrieg teil. Er war zudem *ohne* UN-Mandat und demnach völkerrechtswidrig.

Die NATO griff die Bundesrepublik Jugoslawien an, ohne dafür ein UN-Mandat zu haben und ohne dass ein Mitgliedsland angegriffen und so der Bündnisfall der NATO ausgelöst worden wäre. Von den Befürwortern wurde der Angriffskrieg als »***humanitärer Kriegseinsatz***« bezeichnet, eine Verharmlosung und Irreführung, die bis heute seinesgleichen sucht.

NATO-Streitkräfte begannen, serbische Ziele zu bombardieren, um mutmaßlich ethnische Säuberungen im überwiegend von Albanern bewohnten Kosovo zu verhindern. Deutsche Tornados hatten die Aufgabe, serbische Radarstationen »auszuschalten«. Doch bei den NATO-Bombardements auf Belgrad wurden auch Krankenhäuser, Fernsehsender und auch die chinesische Botschaft »versehentlich« getroffen.[110]

Hintergrund: NATO-Bomben auf Jugoslawien

Am 24. März 1999 bombardierten NATO-Luftstreitkräfte um 20 Uhr Belgrad, Pristina, Novi Sad und Podgorcia. In den darauffolgenden 78 Tagen des Krieges flog die NATO 38.000 Lufteinsätze, 9.160 Tonnen Bomben wurden abgeworfen.[111] Zeitweise setzte das westliche »Verteidigungsbündnis« 1.000 Flugzeuge ein.[112]

Bis zum Kriegsende wurden 3.500 Zivilisten durch Splitterbomben und Raketen getötet, mehr als 10.000 verletzt, 800.000 Menschen flohen.[113]

Das Fatale: Der Krieg begann – wie bei vielen Kriegen – mit einer **Lüge!**

Heinz Loquai, General a. D. – OSZE: *»Die Legitimationsgrundlage für die deutsche Beteiligung war die so genannte humanitäre Katastrophe, eine solche humanitäre Katastrophe als völkerrechtliche Kategorie, die einen Kriegseintritt rechtfertigte, lag vor Kriegsbeginn im Kosovo* ***nicht*** *vor«.*[114]

Der grüne Außenminister Joschka Fischer sagte scheinheilig: »*Es ist jetzt Krieg, ja, und ich hätte mir nie träumen lassen, dass Rot-Grün mit im Krieg ist*«[115], dabei hatte er sich bei jeder Gelegenheit und auch innerhalb seiner Partei **für** einen Angriff (damals nannte man das verharmlosend »*Intervention*«) eingesetzt.

Die nächste grüne Doppelzüngigkeit: Auch Jürgen Trittin hatte bis ins Wahljahr 1998 hinein die deutsche Beteiligung an Kampfeinsätzen abgelehnt – und zwar strikt! Als Minister im Kabinett Schröder stimmte er dem Kosovo-Angriffskrieg dann allerdings zu.[116]

Ludger Vollmer erinnert sich an die darauffolgenden Tage nach den Angriffen und das Doppelgesicht manch einer Parteikollegin: »*Christa Nickels, Claudia Roth – seit Jahren forderten sie, man müsse ‚etwas tun' gegen die serbische Kriegspolitik. ‚Tun', das war militärisch gemeint. Jetzt gehörten sie zu denen, die am lautesten ‚aufhören, aufhören' riefen. Sie hatten eine Militärintervention gefordert, also Waffengewalt, wollten sich jetzt aber vor den Konsequenzen davonstehlen*«.[117]

13. Mai 1999: Konfliktstifter Joschka Fischer bekam den Unmut der Basis zu spüren. Auf dem Parteitag in Bielefeld wurde ihm ein Farbbeutel ins Gesicht geschleudert.[118] Er erlitt einen Riss im Trommelfell.[119] Fischer erstattete Strafanzeige. Der »Farbattentäter« erschien in Frauenkleidern vor Gericht: 3.600 D-Mark Geldstrafe für den Beutelwerfer –wegen »*schwerer Körperverletzung in einem minder schweren Fall*«.[120]

11. Juni 1999: Nach 78 Tagen NATO-Bombardement lenkte der serbische Präsident Slobodan Milošević schließlich ein und zog seine Truppen aus dem Kosovo zurück. Der UN-Sicherheitsrat schickte 50.000 Soldaten zur Sicherung der Ordnung in das Gebiet, darunter befanden sich auch 5.000 deutsche Soldaten.[121]

Für mich sind die ehemaligen grünen »Friedensapostel« durch ihre Zustimmung zum Angriffskrieg jedenfalls mitverantwortlich für tausendfachen Tod und die Zerstörung des Kosovo.

➔ AFGHANISTAN (2001)

11. September 2001: Islamistische Terroristen entführten vier Flugzeuge und verübten mit ihnen Selbstmordattentate auf wichtige zivile und militärische Gebäude in den USA. Zwei Flugzeuge krachten in die Türme des World Trade Centers in New York und eines in das Pentagon in Arlington. Das vierte Flugzeug stürzte nach Kämpfen mit Passagieren und den Entführern bei Shanksville ab. Rund 3.000 Menschen starben an diesem Tag. Die Täter wurden der islamistischen Terrororganisation al-Qaida zugeordnet, die in Afghanistan ihre Hauptbasis hatte. Die USA reagierten mit einem Angriff auf Afghanistan, um die Terrororganisation zu zerschlagen.[122]

Die Worte der »*uneingeschränkten Solidarität*« kamen Bundeskanzler Gerhard Schröder und seinem Außenminister Joschka Fischer[123] viel zu schnell über die Lippen. Sie waren außenpolitisch zu versiert, um nicht zu wissen, was dies letztendlich bei dem US-Kriegspräsidenten Bush bedeuten würde. So kam es, wie es kommen musste, wenn die USA im Spiel sind: Ein erneuter Krieg mit deutscher Beteiligung.

24. November 2001: Die Mehrheit der Grünen votierte auf ihrem Bundesparteitag in Rostock für einen Verbleib in der rot-grünen Koalition (Machterhalt!) und *für* einen bewaffneten Bundeswehreinsatz in Afghanistan.[124]

Im Leitantrag des Vorstandes hieß es noch scheinheilig: »*Bündnis 90/Die Grünen bleiben eine militärkritische Partei mit hoher Friedenskompetenz*«.[125]

Claudia Roth glänzte – nach der linken Wochenzeitung *jungleworld* – wieder einmal mit einem Redeschmanckerl: »*Sind wir für oder gegen diesen Krieg – diese Frage stellt sich nicht* (...) *Wir sind und bleiben eine Antikriegspartei*«[126] (die gerade den Kriegseinsatz beschlossen hatte)!

Jutta Ditfurth über ihre frühere Parteikollegin: »*Wie immer weiß niemand, ob sie den Schwachsinn auch noch glaubt, den sie redet*«.[127]

22. Dezember 2001: Die rot-grüne Koalition unter Bundeskanzler Gerhard Schröder (SPD) und Bundesaußenminister Joschka Fischer (Grüne) stimmte im Bundestag der Entsendung von bis zu 1.200 Bundeswehr-Soldaten im Rahmen der ISAF (International Security Assistance Force, der internationalen Truppe unter NATO-Kommando in Afghanistan) zu.

Nachdem Rotgrün mit dem Kosovo-Angriffskrieg dem ersten Kriegseinsatz Deutschlands nach dem Zweiten Weltkrieg zugestimmt hatte, stimmte es nun auch erstmals in der Geschichte der Bundesrepublik für einen Kampfeinsatz von deutschen Soldaten außerhalb Europas zu.[128]

Doch damit nicht genug. Im Laufe der Jahre wurde der Einsatz ausgeweitet, die Personalobergrenze zunächst auf 3.000 Soldaten. Im Februar 2010 beschloss der Bundestag, das Kontingent auf bis zu 5.350 Soldaten zu erhöhen.[129]

Hintergrund: Menschenleben für Sozialreformen?

Ludger Vollmer entlarvte die Doppelmoral der damaligen grünen Parteioberen, jener Partei, der er selbst viele Jahre lang angehörte (Hervorhebungen durch mich):
*»Für den Afghanistan-Einsatz wollte der Kanzler Klarheit, eine eigene Mehrheit. Für die meisten Grünen, auch viele linke, eine klare Sache. Gegen den Terror musste man – wenn nötig – auch militärisch vorgehen, ohnehin galt die NATO-Verpflichtung. Aber auch wenn man wegen des Waffeneinsatzes Gewissensbisse hatte – das Gewissen erstreckte sich ebenso auf strategische Fragen wie das **Überleben der Koalition als Voraussetzung etwa für die geplanten Sozialreformen**«.*[130]

Diese Einschätzung von Ludger Vollmer ist ein Skandal für die Grünen:

Nur um die Koalition fortzuführen, also an der Regierung bleiben zu können und Sozialreformen durchzusetzen, wurden deutsche Soldaten in einen Krieg geschickt, den sie nicht gewinnen konnten.

Der Journalist Markus Bickel schrieb:
»Ihren intellektuellen Tiefpunkt aber erreichte die Bewegung, als ihre acht parlamentarischen Repräsentanten vor zwei Wochen das gemeinsame Vorgehen bei der Vertrauensfrage festlegten. Die Begründung lieferte der Abgeordnete Christian Simmert. ‚Die vier aus der Gruppe der acht, die mit Ja [für den bewaffneten Bundeswehreinsatz in Afghanistan/MGR] *gestimmt haben, haben auch für diejenigen gestimmt, die mit Nein stimmen, und umgekehrt'. ‚Das ist in gewisser Weise schizophren', kommentierte Ströbele den Vorgang«.*[131]

Jutta Ditfurth kennt noch andere Gründe, und die sind genauso skandalös (Hervorhebungen durch mich):
*»Viele Grüne hätten aus **Angst vor der ‚völligen politischen Existenzlosigkeit'**[132] **zugestimmt**, gestand Ludger Vollmer, der **nicht** zum ersten Mal für **seine materielle Existenz einen Krieg** gegen andere in **Kauf nahm**«.*[133]

Die Grünen stimmten also für Krieg aus Angst vor Existenzlosigkeit, wenn die rotgrüne Koalition dann platzen würde?

Markus Deggerich von *Spiegel online* gab einen Einblick, *wie* die Frage nach Krieg und Frieden bei den Grünen – und mit welchem unglaublichen *Machtkalkül* offenbar entschieden wurde:
»Dessen [gemeint war der damalige Kanzler Schröder, MGR] *Waffenbruder Joschka Fischer hatte sich zuvor wieder mal mit aller Kraft ins Zeug gelegt. Die **Schwankenden seiner Fraktion*** [die gegen den bewaffneten Einsatz waren/MGR] *baute er vorher mit persönlicher Seelenmassage auf. ‚Ich hatte 45 Minuten Privataudienz bei ihm', sagte die jüngste grüne Abgeordnete, Grietje Bettin. Mehr als andere in ihrem ganzen Leben mit ihm gesprochen hätten, wie altgediente Grüne ihr danach versichert hätten (...) Verbraucherschutzministerin **Renate Künast** gesellte sich zu Bettin und versuchte zu trösten. **Jetzt könne man selbstbewusst in die Haushaltsverhandlungen eintreten und Geld rausschlagen für grüne Projekte, versprach sie.** Möglichst noch kommende Woche sollen grüne Unterhändler die Summen festklopfen, **damit man auf dem Parteitag was vorzuweisen habe.** ‚Nein, das ist kein Schmerzensgeld, sondern der Versuch, grüne Politik durchzusetzen', redete sie der jungen Abgeordneten Mut zu. Es gehe weiter mit Rot-Grün«.*[134]

Wie Renate Künast dann offenbar auch noch versuchte, das »Ja« für den Kriegseinsatz mit Geld aus den Haushaltsverhandlungen zu vermengen, ist mehr als perfide und demaskiert die Grünen einmal mehr. Aus einer pazifistischen Oppositionspartei wurde an diesem Tag eine interventionalistische Regierungspartei.[135]

Die beschriebenen Szenen suggerieren, dass die Grünen mit der Zustimmung für den bewaffneten und brandgefährlichen Bundeswehreinsatz in Afghanistan das Leben deutscher Soldaten aufs Spiel setzten, nur um in der dann noch bestehenden Koalition grüne Projekte umsetzen zu können. Denn hätten die grünen Abgeordneten *nicht für* den deutschen Kriegseinsatz in Afghanistan gestimmt, wären die rotgrüne Koalition zerbrochen und die Grünen-Politiker ihre Ämter los gewesen!

Im Grandt-Klartext: Das »Überleben der Koalition«, bedeutet für mich, unbedingt an der »Macht« zu bleiben und an »Pöstchen« kleben zu wollen, koste es, was es wolle! Dazu zählt auch, tote Bundeswehrsoldaten in Afghanistan in Kauf zu nehmen (insgesamt gab es 59 Gefallene zu beklagen),[136] um in Deutschland Sozialreformen durchsetzen zu können. Das ist skandalös!

Übrigens wurde der ISAF-Einsatz in Afghanistan *dreimal verlängert* – mit den Stimmen der Grünen.[137]

2006/2007: Manche grüne Außenpolitiker erwogen, die deutschen »Stabilisierungskräfte« der ISAF zu »Kampfeinsätzen«[138] abzukommandieren. Ludger Vollmer:
»*Friedenspolitik als identitätsstiftender Imperativ der Parteigründung schien vergessen worden zu sein*«.[139]

Der Krieg in Afghanistan, der mit Einwilligung der Grünen für einen deutschen Militäreinsatz vom Bundestag »legitimiert« wurde, kostete – unterschiedlichen Schätzungen nach – rund 160.000 Menschen das Leben.[140]

Die einstige Friedens- und Umweltpartei ist für mich auch für die Folgen dieses Krieges durch zahlreiche Menschenrechtsverletzungen und die Einschränkung der Bürgerrechte in Deutschland (durch verschiedene Zensurgesetze, die seither eingeführt wurden) mitverantwortlich.

Zudem ist genau das, was die Grünen eigentlich ablehnen, eingetreten: Die Profiteure des Afghanistan-Krieges waren vor allem die Rüstungsindustrie und private Sicherheitsunternehmen.[141] Auch die Umweltbelastungen stiegen, denn »*im Krieg steigt der Treibstoffverbrauch, werden Gifte verbreitet, das Wasser mit Öl und Giften von Waffen belastet und nicht zuletzt angereichertes Uran durch die Munition in der Umwelt abgeladen*«.[142] Und das alles ausgerechnet mit Unterstützung durch die Grünen.

➔ ISLAMISCHER STAAT (2014)

Oktober 2014: Die Grünen würden einen Bundeswehreinsatz gegen die Terrorgruppe »Islamischer Staat« (IS) unterstützen, sogar am Boden! Das jedenfalls forderte die damalige Fraktionsvorsitzende der Grünen im Bundestag, Katrin Göring-Eckardt, wie die *Süddeutsche Zeitung* berichtete:
»*Deutschland muss initiativ werden bei den Vereinten Nationen. Es muss ein robustes Mandat geben, IS ist nur militärisch zu bekämpfen*«.[143] Im Fall eines solchen UN-Mandats müsse Deutschland »*gegebenenfalls bereit sein, sich mit der Bundeswehr an einem Einsatz zu beteiligen*«.[144] Die Völkergemeinschaft dürfe sich »*nicht wegducken*«: »*Wir brauchen eine gemeinsame Strategie. Wenn dabei herauskommt, dass* ***am Boden agiert werden muss****, würden wir das unterstützen*«.[145]

Auch die Grüne Jugend schien vom Militarismus angesteckt zu sein. Der *Tagesspiegel* berichtete:
»*Unterstützung erhielt sie* [Katrin Göring-Eckardt] *von der Grünen Jugend. ‚Der IS begeht in der Region Völkermord. Um ihn zu stoppen, halten wir ein militärisches Eingreifen unter UN-Mandat für notwendig‘, sagte die Vorsitzende Theresa Kalmer. ‚Wir müssen dann auch so ehrlich sein und sagen, dass das im Zweifel deutsche Soldaten sein können‘*«.[146]

Unglaublich, aber wahr, die grünen »Pazifisten« forderten sogar den Einsatz von Bodentruppen, auch mit deutscher Beteiligung!

➔ IRAK (2015)

29. Januar 2015: Im Deutschen Bundestag wurde über den »Irak-Einsatz« abgestimmt. Dabei ging es darum, 100 Soldaten der Bundeswehr zur Ausbildung kurdischer Kämpfer im Umgang mit Waffen und militärischer Taktik gegen die Milizen des Islamischen Staates in den Nordirak zu schicken. Das Mandat war bis zum 31. Januar 2016 befristet.[147] Die Mission war rechtlich höchst umstritten, da sie *nicht* im Auftrag der UN, EU oder NATO erfolgte.[148]

Wie verhielt sich die »Anti-Kriegs- und Friedenspartei« bei der Abstimmung im Bundestag? Votierten Sie *gegen* diesen völkerrechtswidrigen Einsatz? – Nein! Sie *enthielten*[149] sich, hatten also *nicht* einmal den Mut, *dagegen* zu stimmen.

➔ UKRAINE (2015)

17. März 2014: Im Beschluss des Bundesvorstands zu den Entwicklungen in der Ukraine hieß es:
»*Wir sind der Überzeugung, dass es nur eine friedliche Lösung geben kann. Es darf nicht zu einer militärischen Eskalation kommen. In diesem Konflikt verbieten sich alle militärischen Lösungen kategorisch*«.[150]

Februar 2015: Marieluise Beck, die Osteuropa-»Expertin« der Grünen, forderte mehr Mitgefühl mit den Opfern des Ukraine-Krieges und schloss Waffenlieferungen an die ukrainische Armee nicht aus.

Die *ZEIT* schrieb:
»*Die Grünen-Bundestagsabgeordnete Marieluise Beck hat sich dafür ausgesprochen, die Ukraine auch mit militärischer Ausrüstung zu unterstützen. Die ethische Frage, ob man einem klar Angegriffenen jede Aufrüstungshilfe grundsätzlich verweigern könne, beantworte sie ,mit einem klaren Nein*'«.[151]

Auch Werner Schulz, damaliger Grünen-Abgeordneter im Europäischen Parlament, Vizevorsitzender des parlamentarischen Kooperationsausschusses EU-Russland und Mitglied des Ausschusses für Auswärtige Angelegenheiten, forderte Ende Februar 2015 in der Sendung *Menschen bei Maischberger,* Waffenlieferungen an die Ukraine.[152]

Das war meiner Ansicht nach sehr doppelzüngig. Denn in der – von den Grünen so verteidigten Regierung und im Parlament in Kiew – saßen **Antisemiten und Nazis**. Nein, das ist keine »Russenpropaganda«, überzeugen Sie sich selbst:

Hintergrund:
Nazis und Antisemiten im ukrainischen Militär, Parlament und in der Regierung

Die antisemitischen und faschistischen Mitglieder der damaligen ukrainischen Übergangsregierung:

※ Oleksandr Sych (**Swoboda**, stellvertretender Ministerpräsident).

※ Serhiy Kvit (**Swoboda**, Bildungsminister).

※ Andriy Mokhnyk (**Swoboda**, Minister für Ökologie und natürliche Ressourcen).

※ Ihor Shvaika (**Swoboda**, Minister für Landwirtschaft und Ernährung).

※ Oleh Machnitzkij (**Swoboda**, Generalstaatsanwalt).

※ Dmitri Jarosch (**Rechter Sektor**, stellvertretender Sekretär des Komitees für nationale Sicherheit- und nationale Verteidigung der Ukraine, RNBOU.

※ Dmitro Bulatow (**UNA-UNSO**, Jugend- und Sportminister).

※ Tejana Tschernowol (**UNA-UNSO**, Vorsitzende des Antikorruptionsausschusses).[153]

✦ **Swoboda-Partei:**
Die im Jahr 1991 gegründete Partei nannte sich bis 2004 »Sozial-Nationale Partei der Ukraine«. Die Swoboda hatte bereits bei den Parlamentswahlen am 28. Oktober 2012 mit einem anti-russischen Kurs und *offener Hetze gegen Juden, Roma und Homosexuelle* 10,4 Prozent der Stimmen gewonnen.[154] Die *Berliner Zeitung* konstatierte, ich zitiere: »*Swoboda-Chef Tjahnybok zieht in seinen Reden über die ,russisch-jüdische Mafia' her, die aus seiner Sicht die Ukraine beherrsche. Seine rechten Anhänger forderte er auf: ,Schnappt Euch die Gewehre, bekämpft die Russensäue, die Deutschen, die Judenschweine und andere Unarten*'«.[155]

Laut dem Simon-Wiesenthal-Center (SWC) gehörte der Führer der Swoboda-Partei, Oleh Tjahnybok, zu den weltweit schlimmsten Antisemiten (2012, Platz auf der Liste des SWC5).[156]

Swoboda war/ist wiederum der Wahl-Arm neofaschistischer Organisationen in der Ukraine wie der UNA-UNSO.[157] Die Partei hat heute rund 15.000 Mitglieder, residiert noch in Kiew und ist noch mit einem Abgeordneten im Parlament vertreten.[158]

Am 28. April 2013 organisierte die Partei Swoboda unter Teilnahme eines Abgeordneten in Lwiw (Lemberg) eine Kundgebung anlässlich des 70. Jahrestages der Gründung der SS-Division »Galizien«.[159]

Die deutsche Bundesregierung schätzte Swoboda im August 2013 aufgrund einer Kleinen Anfrage der Fraktion Die Linke, als eine rechtspopulistische und nationalistische Partei ein, die zum Teil rechtsextreme Positionen vertrete.[160]

Nach einer Analyse der Konrad-Adenauer-Stiftung mobilisierte der Parteivorsitzende Tjahnybok »*antisemitische Ressentiments, Fremdenfeindlichkeit und ukrainischen Isolationismus*«.[161]

Mit Beginn der Proteste in der Ukraine 2013 bildete die Swoboda gemeinsam mit der UDAR von Vitali Klitschko und der Allukrainischen Vereinigung »Vaterland« von Julija Tymoschenko ein oppositionelles Dreierbündnis mit dem Ziel, den ukrainischen Präsidenten Wiktor Janukowytsch abzusetzen.[162]

Verschwiegen wird hierzulande, dass Klitschko damals mit Antisemiten[163] **und Neo-Nazis**[164] **in einem Boot saß.**[165] **Auch das gehört zur Wahrheit dazu. Immerhin ist Klitschko bis heute noch Bürgermeister in Kiew.**

Bei der letzten Parlamentswahl 2019 trat Swoboda in einem Wahlbündnis verschiedener nationalistischer Organisationen an und scheiterte mit 2,4 Prozent an der Fünf-Prozent-Hürde,[166] konnte aber mit Oksana Swatschuk ein Mandat gewinnen.[167]

Irritierend: Sawtschuk war Studentin am Open World Leadership Center des US-Kongresses, das sich 2019 sogar damit brüstete, dass sie ins Parlament gewählt worden war.[168]

✦ **Partei Rechter Sektor (Prawy Sektor):**
Eine Vereinigung von *radikalen nationalistischen Organisationen* der Ukraine. Die Bewegung fasste vereinzelte *extremistische Gruppen* zusammen. Der Rechte Sektor wurde auf der Basis der Partei »Ukrainische nationale Assemblee« (UNA) geschaffen. In den Bestand dieser Partei ist »UNA-UNSO« eingegangen, die sich als selbstständige politische Partei auflöste.[169]

Deutsche Rechtsextremismus-Experten bezeichneten den rechten Sektor als ein Sammelbecken von Chauvinisten, Neonazis und Hooligans.[170] Ihre Mitgliederzahl beträgt heute noch etwa 10.000.[171]

✦ **UNA-UNSO:**
Eine ultrarechte paramilitärische Organisation mit dem Namen »Ukrainische Nationalversammlung-Selbstverteidigung des Ukrainischen Volkes«.[172] Der Führer der ultrarechten UNA-UNSO, Andrij Schkil, war auch der Berater von Julija Tymoschenko,[173] die von Februar bis September 2005 und von Dezember 2007 bis März 2010 Ministerpräsidentin der Ukraine war. Die UNA-UNSO existiert heute noch und wird von Russland als Terrororganisation eingestuft.[174]

✦ **Radikale Partei Oleh Ljaschkos:**
Nationale, rechtsextreme Partei.[175] Auf der Kandidatenliste der Partei für die Wahl zum Stadtrat von Kiew standen nach Medienberichten Mitglieder der neonazistischen Gruppe Sozial-Nationale Versammlung.[176] Auch diese Partei existiert heute noch in der Ukraine.

Walerij Woschtschewskyj von der »Radikalen Partei Oleh Ljaschkos« war vom 2. Dezember 2014 bis zum 15. September 2015 der Erste Vize-Ministerpräsident der Ukraine im zweiten Kabinett Arsenij Jazenjuk.[177] Die Partei hatte bei der Wahl Anfang November 2014 immerhin 22 Mandate im Parlament errungen. Der Vorsitzende der nationalistischen Partei, Oleh Ljaschko, forderte unverhohlen die atomare Wiederbewaffnung der Ukraine und wollte Separatisten in der Ostukraine ohne Gerichtsurteil exekutieren lassen.[178]

Über Direktmandate schaffte auch die ultranationalistische Partei Swoboda mit sechs Abgeordneten den Einzug ins Parlament. Mit je einem Mandat waren noch drei weitere Parteien vertreten, darunter der rechtsextreme rechte Sektor.[179]

Das war also der antisemitische, nazistische Teil der Ukraine-Regierung, die die Grünen unbedingt mit Waffen unterstützten wollten. Verkehrte Welt!

Neonazis in der ukrainischen Führung und in der Armee?

März 2014: Nachdem in der Ukraine nun tatsächlich die Rechtsextremen der Swoboda-Partei auch für das Verteidigungsministerium zuständig waren, kündigte die Regierung an, dass sie amerikanische »Greystone Limited«, eine Firma, die mit der Söldnertruppe »Blackwater Security«[180] in Verbindung stand, anheuern möchte, weil der ukrainische Sicherheitsdienst anscheinend nicht in der Lage dazu wäre, die Proteststimmung im überwiegend prorussischen Osten unter Kontrolle zu halten.[181]

1. April 2014: Das Parlament in Kiew entschied schließlich, die paramilitärischen Kämpfer des rechten Prawyj-Sektors zu entwaffnen, die bei der Maidan-Revolution eine maßgebende Rolle gespielt hatten. Doch der Sekretär des Nationalen Sicherheits- und Verteidigungsrats der Ukraine, Andrij Parubij, (Mitbegründer der rechtsextremen »Sozial-Nationalen Partei der Ukraine«, des Vorläufers der »Swoboda-Partei«, auch zeitweise in der Führung der nationalistischen Organisation »Patriot der Ukraine« aktiv)[182] weigerte sich, die Entwaffnung umzusetzen. Im Gegenteil sogar, er gestattete den Neo-Nazis in geordneter Formation durch die Straßen zu ziehen.[183] Auch die bereits erwähnte ultrarechte UNA-UNSO hatte sich nun dem rechten Sektor angeschlossen.[184]

24. April 2014: Dmytro Jarosch, ein damals hochrangiger Funktionär des Rechten Sektors und später Berater des Generalstabs der ukrainischen Streitkräfte (!), verlegte sein Hauptquartier von Kiew in die Ostukraine. Er sagte: *»Ich habe heute mein Hauptquartier nach Dnipropetrowsk verlegt. Das hat den Zweck, die Ausbreitung der Kreml-Infektion zu verhindern«.*[185]

Außerdem bestätigte er auf dieser Pressekonferenz die Bildung einer neuen paramilitärischen Brigade mit dem Namen »Donbass«. Jarosch weiter:

»Wir koordinieren unser gesamtes Vorgehen mit der Führung des Nationalen Sicherheits- und Verteidigungsrats der Ukraine, dem Innenministerium und dem Sicherheitsdienst der Ukraine«.[186]

Die Asow-Kämpfer

Auch das berüchtigte ultranationalistische und offen rechtsextreme »Asow-Bataillon« oder »Asow-Regiment«, das nazistische Embleme verwendet und vom ukrainischen Innenministerium im Sommer 2014 den offiziellen Status als Bataillon der ukrainischen Nationalgarde erhalten hatte, agierte und agiert immer noch in der Ostukraine. Ihr Markenzeichen: schwarze Gesichtsmasken und schwarze Uniformen.[187]

Das Büro des Hohen Kommissars der Vereinten Nationen für Menschenrechte (OHCHR) dokumentierte verschiedene Menschenrechtsverletzungen durch das Bataillon. Es reicht von Erschießungen, Vertreibungen, Folterungen, Vergewaltigungen und sogar Vergewaltigung eines Behinderten. Ein anderer Bericht des OHCHR erwähnt außerdem »*Fälle von Verschwindenlassen, die möglicherweise zum Tod geführt haben*«.[188] Sogar der ORF musste zugeben:

»Tatsächlich gab und gibt es in der Ukraine Knotenpunkte für die internationale Neonazi-Szene. Und tatsächlich gab und gibt es in der ukrainischen Politik und dem ukrainischen Militär mehrere rechtsextreme Gruppierungen (...) *Der politische Arm der ultranationalistischen und großteils rechtsextremen Szene ist die Partei Swoboda, ein Sammelbecken für mehrere Gruppen«.*[189]

Die Asow-Einheiten kämpften auch in der Hafenstadt Mariupol ab dem 24. Februar 2022[190] und sind bis heute in den Kämpfen in verschiedenen Gebieten aktiv.

Mitten im Ukraine-Krieg 2022 war auch Dmitri Jarosch, der frühere Leiter des rechten Sektors, plötzlich wieder in der Öffentlichkeit aufgetaucht. Jarosch ist ein Anhänger von Stepan Bandera, dem Nationalhelden der Ukraine, der im Zweiten Weltkrieg zeitweise mit den Nazis kollaboriert hatte.

Jarosch war Berater des ukrainischen Militärs und bis 2019 Abgeordneter in der Duma. Er berichtete auf Facebook über die offenbar wieder von ihm befehligten Milizen, sogenannte »Freiwilligenverbände«, die die regulären Truppen unterstützen würden:

»Der Sieg wird uns gehören! Tod der Moskauer Horde!«[191]

Jarosch erklärte, dass seine Bataillone in Kiew, Odessa, Lemberg und Dnepr gegen die Russen kämpften. Es gebe noch weitere Kampfgruppen und ein Hauptquartier in Kiew.[192]

Am 20. Februar 2022 schrieb Jarosch, es gehe nicht nur um die Aufstellung, Bewaffnung und Koordination der Freiwilligenverbände, sondern auch um die »*systematische Reinigung ukrainischer Städte und Dörfer von Kollaborateuren und Abschaum*«.[193]

Ich folgere daraus, dass rechtsextreme und rechtsnationalistische Kampfverbände wie diese und die Asow-Einheiten auch weiterhin mit der ukrainischen Armee zusammenarbeiten, ja mehr noch, sogar ein Teil der ukrainischen Streitkräfte sind.[194]

Die Rolle des faschistischen rechten Sektors mit seinen paramilitärischen Einheiten wurde und wird von den Mainstreammedien nahezu ausgeblendet. Putin und sein Außenminister werden nach dem Einmarsch seiner Truppen in der Ukraine im Februar 2022 darauf zurückkommen und argumentieren, dass sie gegen »*Neo-Nazis*« kämpfen würden (siehe meine Broschüre ➔ »Schlachtfeld Ukraine. Angriffs- oder Präventivkrieg?«).

Der Journalist Aris Roussinos hat lange zu dem Thema recherchiert und meiner Meinung nach den besten Artikel darübergeschrieben. Er trägt den Titel: »*The truth about Ukraine's far-Right militias*«.
Roussinos schreibt, dass die *Regierung in Kiew mit rechtsextremen Kräften kooperierte und rechtsextreme Milizen auch förderte und mit Waffen ausstattete.* Dies zu negieren, wie es viele westliche Medien taten, sei, ebenfalls Desinformation und befördere damit indirekt das Kreml-Narrativ.[195]

Roussinos hat die rechtsextreme Miliz, das »Asow-Regiment«, selbst intensiv untersucht und auch besucht. Deren Führung betreibe eine klar rechtsextreme Propaganda und benutze auch nationalsozialistische Symbole. In den USA gab es sogar Bestrebungen, Asow als Terror-Organisation auf die schwarze Liste zu setzen.

Asow zähle zu seinen Zielen unter anderem eine Befreiung Europas von »*Liberalen, Homosexuellen und Migranten*«.[196]

Dass der ukrainische Staat aber solche rechtsextremen Gruppen unterstütze, ja sie in staatliche Strukturen einbinde, sei in der westlichen Hemisphäre einmalig und dürfe nicht verharmlost werden, so Roussinos.[197]

Im Falle der rechtsextremen und rechtsnationalistischen Kampfverbände von Jarosch und den Asow-Einheiten hat der Kreml also recht. Aber das wird hierzulande als »Verschwörungstheorie« abgetan.

******

2018: Der Gesetzentwurf zur Rehabilitierung der mit Nazideutschland verbündeten OUN als Organisation von »Freiheitskämpfern« wird vom ukrainischen Parlament angenommen.[198]

18. April 2019: Kurz vor seiner Amtseinführung sagt Selenskij, es sei *»in Ordnung und super«*, dass der frühere OUN-Anführer Stepan Bandera für einen gewissen Prozentsatz der Ukrainer ein Held sei.[199]

Januar 2021: Das regierungseigene *Ukrainische Institut des nationalen Gedächtnisses* (UINP) erinnert in einem Projekt mit dem Namen »*Virtuelle Nekropolis*« an Personen, zu denen ukrainische Nationalisten gehören, die für die Ermordung von Jüdinnen und Juden zwischen 1917 und 1923 und während des Zweiten Weltkrieges verantwortlich waren und zu denen, wie es in der *Jerusalem Post* heißt, auch Nazikollaborateure gehören. Darunter befinden sich Angehörige der sogenannten Schutzmannschaften im Dienst der Nazibesatzer, die an Ermordungen von Zivilisten beteiligt waren, sowie Stepan Bandera, mithin Personen, die nach Auffassung des Leiters der *Jerusalemer Simon-Wiesenthal-Instituts* Efraim Zuroff aufgrund ihrer Beteiligung an insbesondere antisemitischen Morden nicht als Freiheitskämpfer geehrt werden sollten.[200]

März 2021: In der ukrainischen Stadt Ternopil wird ein Stadion nach Roman Schuchewitsch benannt, dem früheren Kommandeur des Wehrmachts-Bataillons »Nachtigall« und der Ukrainischen Aufständischen Armee (UPA). Das ruft den energischen Protest des israelischen Botschafters hervor.[201]

2022 (I): Das regierungseigene *Ukrainische Institut des nationalen Gedächtnisses* (UINP) macht Vorschläge zur Umbenennung von Straßen, welche die Namen »Andrij Melnyk« (den Anführer der Minderheitsfraktion der OUN, OUN-M), »Wasil Galasa« (einen Oberst der UPA) und »Helden der UPA« enthielten.[202]

Die UINP, als offizielle Einrichtung der ukrainischen Regierung, unterstützt somit die Benennung von Straßen nach Protagonisten einer antisemitischen, rechtsextremen Organisation, auf deren Konto zehntausende Morde gehen.[203]

2022 (II): Kanada stimmt zusammen mit den Ländern der EU, den USA, der Ukraine und Deutschland (!) **gegen** die von Russland eingebrachte *»UN-Resolution* ***zur Bekämpfung der Verherrlichung des Nationalsozialismus, des Neonazismus*** *und anderer Praktiken, die zur Eskalation moderner Formen von Rassismus, Rassendiskriminierung, Fremdenfeindlichkeit und damit verbundener Intoleranz führen«*.[204]

September 2022: Arno Klarsfeld, der Sohn der »Nazijäger«-Beate, und Serge Klarsfeld, sagten mit Blick auf die Ukraine, wenn die Ukrainer zur Europäischen Union gehören wollen, *»müssen sie damit aufhören, Nationalisten, die mit den Nazis kollaborierten und ihnen bei der Vernichtung zehntausender jüdischer Familien in der Ukraine helfen, als Helden zu verehren«*.[205]

3. Dezember 2022: Der Oberkommandierende der ukrainischen Streitkräfte, Walerij Saluschnyi, posiert zusammen mit einem weiteren Armeeoffizier vor einem Porträt des früheren OUN-Führers, Massenmörders und Nazi-Kollaborateurs, Stepan Bandera.[206]

März 2023: Das ukrainische Parlament fordert **mit den Stimmen von Abgeordneten der Regierungspartei** »Diener des Volkes« ein **ehrendes Gedenken** für Iwan Poltawez-Ostrjanizja (den einstigen Assistenten von Alfred Rosenberg), Wolodimir Kubijowitsch (den Organisator der SS-Division »Galizien«), sowie weiteren NS-Verbrechern.[207] (Alfred Rosenberg (1893-1946) war ein einflussreicher Nationalsozialist und eine zentrale Figur in der NSDAP. Er spielte eine wichtige Rolle in der Ideologie und Propaganda des Nationalsozialismus und war bekannt für seine rassistischen und antisemitischen Theorien. Nach dem Ende des Zweiten Weltkriegs wurde Rosenberg im Nürnberger Prozess wegen Kriegsverbrechen und Verbrechen gegen die Menschlichkeit verurteilt und 1946 hingerichtet.)

19. April 2023 (I): Der Kampf gegen jegliche Erscheinungsformen des Nazismus, einschließlich derer, die in der Ukraine *»in voller Blüte«* stehen, ist äußerst wichtig, kommentiert Dmitri Peskow, der Pressesprecher des russischen Präsidenten.[208]

19. April 2023 (II): Das russische Außenministerium schreibt in einem Bericht:
»Das derzeitige Regime hat die Ideologie und die Praktiken der ukrainischen Nationalradikalen übernommen und ist im Wesentlichen zu einer neonazistischen Diktatur verkommen«.[209]

17. Mai 2023: Putin sagt, die historische Wahrheit über den Zweiten Weltkrieg müsse heilig bewahrt werden. Man müsse sich bewusst sein, wie zerstörerisch die Folgen einer Duldung des Nationalismus, Antisemitismus und der Xenophobie seien und ergänzt:
»Eben gegen direkte Nachfolger des Nationalsozialismus kämpfen unsere Soldaten und Kommandeure heute im Rahmen der militärischen Sonderoperation«.[210]

11. August 2023: Die damalige Linken-Politikerin Sevim Dağdelen (BSW) sagt in ihrem Video auf ihrem Youtube-Kanal, dass die Bundesregierung bewusst das massive Neonazi-Problem in der Ukraine ignoriere, während man sie zeitgleich mit Milliardengeldern unterstütze.[211]

Dağdelen betont, dass neben einer offenen Faschistenverehrung bis in staatliche Ebene auch aktiv Neonazi-Milizen in den vordersten Reihen der ukrainischen Armee kämpfen würden. Zeitgleich seien hierzulande die Warnungen und Mahnungen vor der »rechtsextremen« AFD allgegenwärtig.[212]

17. August 2023: Nikolai Urschalowitsch, ein Vertreter der ukrainischen Nationalgarde, erklärt, dass sich die Kämpfer des Nazi-Regiments Asow erholt haben und voll an Kampfeinsätzen teilnehmen.[213]

18. August 2023: Laut Alexander Fomin, dem russischen Vizeverteidigungsminister, führt der Westen einen *»sogenannten Zivilisationskrieg«* bei dem die *»ukrainischen Neonazis«* führend seien und faschistische Symbole weithin offen verwendet werden würden. Die neonazistische Ideologie sei in der Ukraine als eine Staatspolitik eingestuft worden, die von *»westlichen Kuratoren Kiews«* eifrig gefördert werde:

»In diesem Land sind Nachkommen der Nazi-Handlanger, der Bandera-Anhänger, aktiv geworden, die während des Großen Vaterländischen Krieges ihre eigene Bevölkerung vernichtet hatten«.[214]

23. August 2023: Der französische Menschenrechtsaktivist Arno Klarsfeld erklärt bei *Radio J*:

»Europa hat für den Sieg über den Nazismus gekämpft. Deswegen ist sein Schweigen so schwer zu verstehen, wenn das ukrainische Regime seit dem Jahr 2014 Denkmäler zu Ehren des Sieges über den Nazismus abreißt, Sportstadien und Prospekte mit Namen ukrainischer Nationalisten umbenennt – Namen von Menschen, die während des Zweiten Weltkrieges mit den Nazis gemeinsame Sache machten und zigtausende jüdischer Familien auslöschten. Diese Wahrheit kann nicht ewig totgeschwiegen und dieses Problem muss gelöst werden – wenn die Ukraine der EU beitreten will«.[215]

4. September 2023: Aus Sicht des russischen Präsidenten Wladimir Putin hat der Westen mit Wolodymyr Selenskij mit Absicht einen Präsidenten jüdischer Herkunft in der Ukraine installiert, um damit die Verherrlichung des Nazitums zu vertuschen. In einem TV-Interview sagt Putin, die Regierung in Kiew werde von Neonazis beherrscht und betreibe einen Völkermord an russischsprachigen Menschen. Deswegen sei die Invasion des Nachbarlandes notwendig gewesen.[216]

Putin sagt weiter, dass Russland nicht gegen das ukrainische Volk kämpfe, sondern gegen die *»Bandera-Unmenschen«* und ihre Nachkommen. Mit Verweis auf Berichte über die Opfer der Banderisten in der Ukraine, darunter auch die von ihnen ermordeten Juden, erklärt er:

»Es ist notwendig, [die Daten] zu erheben und zu präsentieren. Damit es keine Missverständnisse darüber gibt, gegen wen wir kämpfen. Damit es klar und deutlich ist, welche Ziele wir verfolgen und wer unser Feind ist. Nicht das ukrainische Volk, sondern diese Unmenschen und ihre Nachkommen. Es ist notwendig zu zeigen, dass es sie noch gibt«.[217]

5. September 2023: Im Gespräch mit einem Journalisten nennt Putin es *»extrem widerlich«*, dass der ukrainische Präsident Selenskij, der selbst ethnischer Jude sei, die Verherrlichung von ukrainischen Nazis, die maßgeblich am Holocaust beteiligt waren, in seinem Land decke und unterstütze.[218]

22. September 2023: Eklat im kanadischen Parlament. Die Nachrichtenagentur *AP* berichtet darüber:

»Der ukrainische Präsident Wolodymyr Selenskij und der kanadische Premierminister Justin Trudeau erkennen Jaroslav Hunka unter den Zuschauern, der im Zweiten Weltkrieg in der Ersten Ukrainischen Division gekämpft hat, bevor er später nach Kanada ausgewandert ist«.[219]

Hunka wird als »Kämpfer für die ukrainische Unabhängigkeit gegen die Russen« **bejubelt.**[220] Auch die deutsche Botschafterin in Kanada, Sabine Sparwasser, klatscht Beifall und sagt später, sie habe nichts von der Vergangenheit Hunkas gewusst.[221]

Was *AP* galant verschweigt: Hunka war ein Freiwilliger der Waffen-SS der Schützendivision »Galizien«, die im Mai 1943 gegründet und danach mehrmals umbenannt wurde, im April 1945 in »1. Ukrainische Division der Ukrainischen National-Armee«.[222] Entscheidend ist, dass die Division aus **ukrainischen Freiwilligen** gebildet wurde, die das Hitler-Regime fanatisch unterstützt haben. Die Division war für grausame Massaker an tausenden Juden und Polen bekannt.[223] Laut dem Beschluss des Nürnberger Kriegstribunals wurde die Waffen-SS, zu der auch die 1. Division gehörte, zur verbrecherischen Organisation erklärt.[224]

Selenskij, Trudeau und mit ihnen das gesamte kanadische Parlament applaudieren also einem überzeugten Nazi und Mitglied der Waffen-SS!

Der US-Sender *CBS*, der auch in Kanada ausgestrahlt wird, zieht folgendes Fazit: Wenn Parlamente der westlichen Demokratien heute SS-Mitgliedern stehend applaudieren, muss man sich nicht wundern, dass die russische Regierung (und auch viele Menschen in Russland) sich im Kampf gegen den Nazismus sehen, der im Westen gerade seine Wiederauferstehung feiert.[225]

Auf der Internetseite des Vereins »Friends of Simon Wiesenthal Center« ist zu lesen:

»Das Friends of Simon Wiesenthal Center (FSWC) ist zutiefst beunruhigt darüber, dass das kanadische Parlament einen ukrainischen Veteranen anerkannt hat, der während des Zweiten Weltkriegs in einer Nazi-Militäreinheit diente und in den Massenmord an Juden und anderen verwickelt war. FSWC ist darüber hinaus empört, dass die Parlamentarier im Unterhaus dem ehemaligen Soldaten am Freitag stehende Ovationen verliehen haben. Jaroslaw Hunka, ein 98-jähriger Einwanderer aus der Ukraine, wurde von Anthony Rota, Sprecher des Unterhauses, als ‚ein ukrainisch-kanadischer Kriegsveteran aus dem Zweiten Weltkrieg, der für die Unabhängigkeit der Ukraine gegen die Russen kämpfte' und als ‚ukrainischer Held und kanadischer Held' vorgestellt, wobei er die schreckliche Tatsache außer acht lässt, dass Hunka in der 14. Waffen-Grenadier-Division der SS diente, einer Nazi-Militäreinheit, deren Verbrechen gegen die Menschlichkeit während des Holocaust gut dokumentiert sind«.[226]

Die deutschen Lückenmedien schweigen zunächst.

24. September 2023: Der Druck wird zu groß. Anthony Rota, der Vorsitzende des Unterhauses, entschuldigt sich für die Würdigung des Mannes, dessen Einheit an der Seite der deutschen Nazis eingesetzt worden war und überwiegend aus ukrainischen Nationalisten und Kollaborateuren bestanden hat:

»In meiner Rede nach dem Anspruch des Präsidenten der Ukraine habe ich eine Person in der Galerie gewürdigt. Später habe ich weitere Informationen erhalten, die mich veranlassen, meine Entscheidung zu bedauern«.[227]

25. September 2023 (I): Warschau erwartet eine Entschuldigung für die Ehrung eines betagten ukrainischen Nationalisten im kanadischen Parlament, der in SS-Truppen gedient hat. Polens Botschafter Witold Dzielski, Polens Botschafter in Kanada schreibt in *X*:

»Die Führungen Kanadas und der Ukraine haben am 22. September im Unterhaus einem Mitglied der SS-Division Galizien applaudiert, jener berüchtigten ukrainischen Militärformation im Zweiten Weltkrieg, die für die Ermordung tausender Polen und Juden verantwortlich ist. Polen, der beste Verbündete der Ukraine, wird niemals zustimmen, solche Verbrecher zu beschönigen. Als Polens Botschafter in Kanada erwarte ich eine Entschuldigung«.[228]

25. September 2023 (II): Der Sprecher des Generalsekretärs der UNO, Stéphane Dujarric, sagt:

»Natürlich treten wir gegen jegliche Ehrung von Menschen ein, die aktiv an der Tätigkeit der Nazis während des Zweiten Weltkriegs teilnahmen«.[229]

26. September 2023 (I): Das volle Schuldeingeständnis: Trudeaus Partei versucht, den entsprechenden Passus aus dem Sitzungsprotokoll des Parlaments zu streichen. Doch das trifft auf Widerstand.[230]

26. September 2023 (II): Kanadas Premierminister Justin Trudeau erklärt scheinheilig am Rand einer Pressekonferenz:
»Wie ich schon sagte, war dies sehr peinlich für das Parlament und für Kanada. Es ist gut, dass sich Sprecher Rota persönlich entschuldigt hat, und ich bin sicher, dass er jetzt darüber nachdenkt, wie er die Würde des Hauses in Zukunft sicherstellen kann«.[231]

26. September 2023 (III): Der polnische Bildungsminister Przemystaw Czarnek sagt:

»Angesichts der skandalösen Ereignisse im kanadischen Parlament, bei denen ein Mitglied der verbrecherischen Nazi-SS Galizien in Anwesenheit von Präsident Selenskij geehrt wurde, habe ich Schritte zur möglichen Auslieferung dieses Mannes an Polen unternommen«.[232]

27. September 2023 (I): Da der internationale Druck so groß ist, sieht der Präsident des kanadischen Unterhauses, Anthony Rota, keine andere Möglichkeit mehr und tritt zurück.[233]

27. September 2023 (II): Auch der Druck auf Trudeau ist so groß, dass er um Verzeihung bitten muss:

»Es war eine schreckliche Verletzung des Andenkens an die Millionen von Menschen, die im Holocaust umgekommen sind«.[234]

Aber das sind offenbar nur Krokodilstränen, denn den **wahren** Grund schiebt Trudeau hinterher:

»Es ist sehr beunruhigend, dass dieser Fehler von Russland und seinen Unterstützern genutzt wird, um falsche Propaganda darüber zu verbreiten, für was die Ukraine kämpft«.[235] Gleichzeitig verhängt der kanadische Premier den Abgeordneten ein Sprechverbot zur Causa.[236]

29. September 2023: Russlands Außenamtssprecherin Maria Sacharowa stellt fest, dass insbesondere das Schweigen des israelischen Außenministeriums zur Ehrung eines SS-Manns im kanadischen Parlament schockierend sei: *»Eine größere Respektlosigkeit gegenüber dem Andenken an die Opfer des Holocaust kann es nicht geben«.*[237]

2. Oktober 2023: Bundesaußenministerin Annalena Baerbock gedenkt in Kiew der Opfer des Massenmordes an der jüdischen Bevölkerung unter der deutschen Besatzung 1941.[238] Welch ein Hohn! Ein paar Tage vorher beklatschte die deutsche Botschafterin in Kanada den ukrainischen Nazi Hunka, der Mitglied der SS-Division Galizien war, jener berüchtigten ukrainischen Militärformation im Zweiten Weltkrieg, die für die Ermordung tausender Polen und Juden verantwortlich war (siehe oben).

4. Oktober 2023: Die Sprecherin des russischen Außenministeriums, Maria Sacharowa, sagt:

»Berlin leugnet die allgemein anerkannte Tatsache, dass ukrainische Nationalisten mit Hitlers Drittem Reich kollaboriert haben«.[239]

20. Oktober 2023: Russlands Ermittlungskomitee beschuldigt den in Kanada lebenden Ex-SS-Kämpfer Jaroslaw Hunka des Völkermordes an Zivilisten während des Großen Vaterländischen Krieges:

»Die Ermittlungen im Staatsarchiv und im Zentralarchiv des Verteidigungsministeriums ergaben dokumentarische Beweise über die Einsatzorte und die Kampfhandlungen der SS-Division Galizien, in der Hunka diente«.[240] Vom 23. bis 28. Februar 1944 sollen Hunka und weitere Soldaten in der Ortschaft Guta Penjazkaja mindestens 500 Bürger der UdSSR getötet haben, darunter Juden und Polen. In Wohngebäuden und Kirchen seien Menschen erschossen und verbrannt worden.[241]

Hunka werde auf die internationale Fahndungsliste gesetzt, berichtet die Agentur *TASS*. Im Rahmen der Ermittlungen seien auch Rechtshilfeersuchen an Kanada, Polen und Weißrussland ergangen.[242]

3. November 2023: Der Dritte Ausschuss der UN-Generalversammlung (Ausschuss für soziale, humanitäre und kulturelle Fragen) verabschiedet eine Resolution über den **Kampf gegen die Verherrlichung des Nazismus**. Für die Resolution, in der von Russland vorgeschlagenen Version stimmten 112 Länder. 50 UN-Mitglieder, darunter die Ukraine, die USA, Großbritannien, **Deutschland** und Kanada, unterstützten die Resolution **nicht**.[243]

19. Dezember 2023: Nach dem Dritten Ausschuss verabschiedet nun auch die UN-Generalversammlung die von Russland eingebrachte Resolution über den Kampf gegen die Verherrlichung des Nazismus. Insgesamt 118 Länder unterstützen das Dokument und 49 lehnten es ab. **Gegen die Resolution stimmten** unter anderem **Deutschland**, Kanada, die Vereinigten Staaten, die Ukraine und Japan.[244] In den deutschen Lücken-Medien ist nichts, aber auch gar nichts darüber zu hören.

Unglaublich: Deutschland, das mit seinem fast schon hysterischen »Kampf gegen rechts« in vielen Ländern nur noch Kopfschütteln verursacht, unterstützt eine UN-Resolution über den Kampf gegen die Verherrlichung des Nazismus NICHT!

Über die Gründe dafür kann ich nur Vermutungen anstellen:

1. Der Resolution wurde nur deshalb nicht zugestimmt, weil sie von Russland eingebracht worden war.
2. Der Resolution wurde nicht zugestimmt, weil deutsche Amtsträger genau wissen, dass es Neo-Nazis in der Ukraine gibt und das wollte man nicht zugeben.

Ich persönlich halte BEIDE Gründe für wahrscheinlich.

6. Februar 2024: Kanadas Opposition fordert den Premierminister Justin Trudeau wegen des Skandals mit dem SS-Veteranen Hunka zum Rücktritt auf. Das Büro des Premierministers räumte ein, es habe Hunka persönlich eingeladen, bei dem Besuch Selenskijs in Toronto zu sprechen. Begründung:

»Anstatt zuzugeben, dass er und sein Büro persönlich einen Nazi zu einem offiziellen Empfang des Premierministers mit dem ukrainischen Präsidenten eingeladen haben, hat er das kanadische Volk monatelang belogen und allen außer sich selbst die Schuld gegeben«.[245]

13. Februar 2024: Kanada erteilt Auslieferung des SS-Veteranen an Russland eine Absage.[246]

27. August 2024: Auf Betreiben des russischen Innenministeriums und der russischen Generalstaatsanwaltschaft nimmt Interpol nach 10 Monaten (!) Hängepartie, Hunka endlich auf seine Fahndungsliste auf. Moskau will seine Auslieferung beantragen, sobald er Kanada verlässt.[247]

Skandal:
Gibt es für die Bundesregierung »gute« (ukrainische) und »schlechte« (deutsche) Nazis?

Die Kleine Anfrage der Abgeordneten Sevim Dağdelen, Andrej Hunko, Sahra Wagenknecht und der Fraktion DIE LINKE vom **31. August 2023** trägt den Titel *»Rechtsextreme Ausprägungen der ukrainischen Geschichtspolitik«*.[248]

FRAGESTELLUNG

Darin heißt es (Hervorhebungen durch mich):

»Nach Kenntnis der Fragestellerinnen und Fragesteller ***haben rechtsextremistische Kräfte einen erheblichen Einfluss auf die ukrainische Politik.*** *Vertreter* ***rechtsextremer Organisationen sind prominent in zahlreichen staatlichen, zivilgesellschaftlichen und militärischen Einrichtungen tätig.*** *Das gilt beispielhaft für das rechtsextreme Asow-Regiment, aber auch für weitere militärische Formationen. Die offiziöse Geschichtspolitik ist zudem von einer* ***Rehabilitierung von Akteuren der Organisation Ukrainischer Nationalisten (OUN) und der Ukrainischen Aufständischen Armee (UPA) geprägt, die eine wichtige Rolle bei der Kollaboration mit den NS-Besatzern während des Zweiten Weltkrieges und bei der Ermordung von Juden, Polen und Roma hatten*** *(...) Auch angesichts des russischen Angriffskrieges gegen die Ukraine darf es* ***keine Toleranz gegenüber Rechtsextremismus geben, erst recht keine Waffenlieferungen an Rechtsextremisten«.***[249]

Weiter: *»Tatsächlich sind* ***zahlreiche Straßen wie auch öffentliche Einrichtungen bereits nach diesen Akteuren benannt,*** *beispielhaft genannt seien der* ***›Stepan-Bandera-Prospekt‹ in Kyjiw und das ›Roman-Schuchewitsch-Stadion‹*** *in Ternopil, dessen Einweihung im Frühjahr 2021 den heftigen Protest des israelischen Botschafters hervorrief*[250]*, von der* ***ukrainischen Regierung aber mit dem Hinweis verteidigt wurde, man wolle »das nationale Gedächtnis« bewahren«.***[251]

Weiter: *»Bei der OUN handelt es sich um eine autoritäre, faschistische Bewegung, die sich an deutschen, kroatischen und italienischen Faschisten orientierte (...) Die Ideologie der OUN war eine ›Mischung aus Ultranationalismus, Patriotismus, Faschismus, Antisemitismus, Rassismus und revolutionär-aufständischem Geist. Zu ihren klar definierten Feindbildern zählten die Okkupanten (Polen und Russland bzw. die Sowjetunion) und die polnische, russische und jüdische Bevölkerung, die in den ›ukrainischen Territorien lebte‹, ihre* ***Akteure waren während der deutschen Besetzung aktiv an antijüdischen Pogromen und am Holocaust beteiligt.***[252]

So fassen die Wissenschaftlichen Dienste zusammen, es sei im Allgemeinen unbestritten, ›dass Angehörige der OUN und UPA ***mit den deutschen Besatzern zusammengearbeitet haben und einen Beitrag zur Vernichtung der Juden und der Ermordung von Polen und Roma geleistet haben‹****. Verwiesen wird in der Dokumentation unter anderem auf die* ***Ermordung von 50-60.000 Polen, aber auch auf verbreitete antisemitische Mordaktionen.***[253]

Ebendiese Akteure werden in der Ukraine zunehmend als vermeintliche Freiheitskämpfer, Vorbilder und Helden dargestellt *(...)«.*[254]

Weiter: *»Eine* ***profaschistische Orientierung ist auch in Teilen der ukrainischen Streitkräfte zu beobachten,*** *die sich ebenfalls positiv auf Protagonisten der OUN und UPA beziehen. So hat etwa die* ***Asow-Brigade ihre Militärschule nach dem OUN-Gründer Ewgen Konowalez benannt.***

Die Bundesregierung zeigt bislang aus Sicht der Fragestellerinnen und Fragesteller wenig Bemühungen, sich von der Verehrung rechtsextremer Kräfte in der Ukraine abzugrenzen, obwohl sich OUN- und UPA-Angehörige auch am Holocaust beteiligt haben«.[255]

VORBEMERKUNG DER BUNDESREGIERUNG

»Die Bundesregierung verurteilt jede Form von Rechtsextremismus, Antisemitismus, Antiziganismus oder andere Formen von Rassismus und tritt entsprechenden Äußerungen oder Verhaltensweisen in ihrer Arbeit ausnahmslos und nachdrücklich entgegen. Die Bundesregierung setzt sich für das Gedenken an die Opfer der Menschheitsverbrechen des NS-Regimes und die unabhängige wissenschaftliche Erforschung und Aufarbeitung der Geschichte ein.

Die Bundesregierung macht sich *die in der Vorbemerkung und den Fragestellungen enthaltenen rechtlichen Wertungen und Tatsachenbehauptungen, insbesondere hinsichtlich* ***der pauschalen Einordnung bestimmter (historischer) Gruppierungen oder Personen als rechtsextrem, antisemitisch, antiziganistisch oder sonst rassistisch, ausdrücklich nicht zu eigen.***

Die Bundesregierung verweist darauf, dass sich der parlamentarische Informationsanspruch nur auf Gegenstände erstreckt, die einen Bezug zum Verantwortungsbereich der Bundesregierung gegenüber dem Bundestag haben und die in der Zuständigkeit der Bundesregierung liegen. Eine Pflicht zur Beantwortung besteht dann, wenn Fragen einen konkreten Bezug zum Regierungshandeln haben und die Bundesregierung einen amtlich begründeten Kenntnisvorsprung gegenüber den Abgeordneten hat«.[256]

Mein Kommentar: Schwammiger und schmallippiger geht es nicht! Ein Skandal ist für mich, dass die Bundesregierung die »Einordnung« der LINKE über ukrainische Nazis und Massenmörder sich **nicht** zu eigen macht. Würde es sich um deutsche und nicht ukrainische Massenmörder handeln, wäre die Antwort 100 Prozent anders ausgefallen! Ich frage deshalb: Sind (ukrainische) Nazis »gut« und (deutsche) Nazis »schlecht«?

Die LINKE fragte weiterhin:

1. Ist sich die Bundesregierung des Umstandes bewusst, dass **Angehörige der Organisation Ukrainischer Nationalisten (OUN) und der Ukrainischen Aufständischen Armee (UPA) während des Zweiten Weltkrieges vielzehntausendfache Morde an Zivilisten, insbesondere an Polen, Juden und Roma, verübt, und zumindest zeit- und fallweise mit den Nazibesatzern kollaboriert haben,** und wenn ja, welche Verantwortung ergibt sich hieraus ihrer Auffassung nach für die deutsche Geschichtspolitik?
2. Ist sich die Bundesregierung des Umstandes bewusst, **dass die OUN unter Führung Banderas einen ‚Säuberungsauftrag' an ihre militärischen Einheiten erteilte, in dem die ‚Liquidierung unerwünschter polnischer, moskowitischer und jüdischer Aktivisten' erlaubt wurde und zudem vorgesehen war, Juden ‚beim kleinsten Verschulden' zu liquidieren**[257], und wenn ja, inwiefern hält es die Bundesregierung für geboten, affirmativen Darstellungen der OUN oder ihrer Protagonisten aktiv entgegenzutreten, weil antisemitische Bestrebungen als Lehre aus der deutschen Geschichte nirgends unwidersprochen hingenommen werden dürfen, und welche Schlussfolgerungen zieht sie daraus?«[258]

Die ANTWORT der Bundesregierung:
»Die Fragen 1 und 2 werden zusammen beantwortet. Es wird auf die Vorbemerkung verwiesen«.[259]

Die LINKE stellt viele weitere Fragen und dokumentiert die nazistischen Umtriebe in der heutigen Ukraine und das Gedenken an die ukrainisch-nazistischen Massenmörder.

Die überwiegende Antwort der Bundesregierung:
»Der Bundesregierung liegen hierzu keine eigenen, über Medienberichte hinausgehenden Erkenntnisse vor. Im Übrigen wird auf die Vorbemerkung verwiesen«.[260]

Frage 24 der LINKE lautet schließlich:
***»Stimmt die Bundesregierung der Auffassung** der Fragestellerinnen und Fragesteller **zu, dass eine positive Sichtweise auf historische Organisationen und Persönlichkeiten, die sich mitschuldig am Holocaust und an NS-Verbrechen gemacht haben, in keiner Weise hingenommen werden kann,** und dies auch unmissverständlich der ukrainischen Regierung angesichts der weitverbreiteten Bandera-, OUN- und UPA-Verehrung klargestellt werden muss, und wenn ja, wie kommt sie diesem Anspruch gegenüber der ukrainischen Regierung nach (bitte entsprechendes Engagement der Bundesregierung, Verbalnoten usw. anführen)?«*[261]

Die wiederum skandalöse Antwort:
»Es wird auf die Vorbemerkung verwiesen. Zu vertraulichen Gesprächen und vertraulicher Korrespondenz mit Vertreterinnen und Vertretern anderer Staaten äußert sich die Bundesregierung grundsätzlich nicht«.[262]

RT.de kommentiert:
»Damit geht aus der Verweigerungshaltung der Bundesregierung deutlich hervor, dass sie vor rechtsextremen Entwicklungen in der Ukraine die Augen mindestens verschließt. Wahrscheinlicher aber ist, dass sie in ihrem Wunsch, der Ukraine zu einem Sieg über Russland zu verhelfen, auch vor dem Pakt mit dem Rechtsextremismus und Faschismus nicht mehr zurückschreckt«.[263]

Der Journalist Gert Ewen Ungar schreibt:
»Die Bundesregierung schaut bei allen neonazistischen Umtrieben in der Ukraine absichtlich weg – bei den historischen ebenso wie den aktuellen (...) Das große rechte Problem Deutschlands ist die außenpolitische Offenheit für Bündnisse mit Ländern, in denen rechte Ideologie staatstragend ist. Zensur, Verbot der Opposition, die rassistische Ideologie der Ausmerzung alles Russischen – die Bundesregierung und die größte Oppositionspartei im Bundestag, die CDU, verschließen vor den ukrainischen Zuständen nicht nur die Augen, sondern billigen sie«.[264]

Mein Kommentar: KEINE Verurteilung der nazistischen Umtriebe in der Ukraine durch die Bundesregierung. Nicht einmal der Hauch einer Kritik!

❸

Rot-Grüne Kriegstreiber in der Gegenwart

DIE SPD

Aus dem Wahlprogramm der SPD für die Bundestagswahl 2021:

➔ Eine restriktive Rüstungsexportpolitik ist für die SPD zentral. Sie will sich dafür einsetzen, dass deutsche Rüstungsexporte an Drittstaaten eingeschränkt werden. Mit den anderen EU-Staaten wollen sich die Sozialdemokraten über eine Verschärfung der EU-Rüstungsexportvereinbarungen abstimmen.

➔ Die SPD betont, sie sei für eine Welt ohne Atomwaffen. Dafür will sie sich für Abrüstungsverhandlungen einsetzen – auch mit dem Ziel, die in Europa und in Deutschland stationierten Atomwaffen endlich abzuziehen und zu vernichten.

➔ Die SPD verspricht, auf Diplomatie, Dialog, zivile Krisenprävention und Friedensförderung zu setzen. Um die Führungsrolle Deutschlands bei der Vermittlung von Frieden auszubauen, will sie das Zentrum für internationale Friedenseinsätze (ZIF) stärken.

➔ Laut ihrem Wahlprogramm setzen sich die Sozialdemokraten dafür ein, dass Europa eine Vorreiterrolle bei internationaler Krisenprävention, Friedens- und Demokratieförderung sowie zum Schutz von Menschenrechten einnimmt.[265]

I.
Baerbock treibt Scholz in die »Leopard-Falle«

Die Grünen sind besonders eifrig, wenn es um Waffenlieferungen an die Ukraine geht. Wie im Kapitel ➔ »Ukraine (2015)« bereits beschrieben, plädierten sie schon damals *für* Waffenhilfe. Denn Putin steht für sie seit langem für alles, was sie verachten: Militarismus, Repression, Homophobie und traditionelle Familien.[266] Um den »Kreml-Tyrannen« zu besiegen, müssen deshalb schwere Waffen her – und zwar schnell.

September 2022: Im Gegensatz zu Bundeskanzler Scholz, der den Kampfpanzer Leopard nur an die Ukraine liefern will, wenn die Amerikaner parallel ihren Abrams schicken (siehe unten), fordert Baerbock öffentlich eine Panzerlieferung, egal, was die Amerikaner tun.[267]

Beinahe fanatisch versucht Baerbock die deutsche Panzerwende herbeizuführen.

Sie führt Telefonate mit US-Amtskollegen Antony Blinken, um die Regierung in Washington zur Abgabe von Schützen- und Kampfpanzern zu bewegen,[268] damit Scholz seine Meinung zu deutschen Lieferungen in die Ukraine schnell ändert.

Januar 2023: Baerbock gibt während eines Festakts zum 60. Jubiläum des Élysée-Vertrags in Paris ein TV-Interview. Darin macht sie klar, dass Berlin den Polen gestatten sollte, einen Teil ihrer Leopard-Panzer in die Ukraine zu schicken und treibt damit die polnische Regierung in die Enge.[269]

19. Januar 2023 (I): In Ramstein kommen Vertreter verschiedener Nationen zusammen, um über weitere Militärhilfen an die Ukraine zu beraten, auch über Kampfpanzer. Das US-Verteidigungsministerium hält die Lieferung amerikanischer Abrams-Kampfpanzer an die Ukraine zum jetzigen Zeitpunkt jedoch nicht für sinnvoll. Pentagon-Sprecherin Sabrina Singh sagt, der Abrams-Kampfpanzer benötige anderen Treibstoff als etwa der Leopard 2 oder der Challenger 2 und sei aufwendiger in der Instandhaltung.[270]

19. Januar 2023 (II): Der ukrainische Präsident Selenskij kritisiert Deutschlands zögerliche Handlung bei der Frage nach möglichen Kampfpanzer-Lieferungen scharf. In einem *ARD*-Interview sagt er in Richtung Berlin: *»Ihr seid doch erwachsene Leute. Sie können gerne noch sechs Monate lang so reden, aber bei uns sterben Menschen – jeden Tag. Im Klartext: Kannst du Leoparden liefern oder nicht? Dann gib sie her!«*[271]

20. Januar 2023: Noch immer zögern die USA mit einer *Zusage* von M1-Abrams-Panzern. Deutschland will hingegen 40 Marder-Schützenpanzer liefern.[272] Frankreich plant ungefähr 30 AMX-10 RC-Spähpanzer zu liefern. Zu sehr viel mehr ist das Land nicht fähig, heißt es aus französischen Militärkreisen.[273]

25. Januar 2023 (I): Scholz' große Stunde! Der Bundeskanzler kündigt – Wahlversprechen hin oder her – an, dass Deutschland jetzt doch 14 Kampfpanzer vom Typ Leopard 2 an die Ukraine senden wird. Aus Deutschland sollen im Laufe der Zeit insgesamt 30 bis 31 Panzer kommen, was einem Bataillon entspricht. Gleichzeitig soll die Lieferung für weitere Länder wie Polen und Finnland erlaubt werden. Die USA wollen jetzt ebenfalls 31 Abrams-Panzer an die Ukraine liefern, Großbritannien hat bereits 14 ihrer Challenger-Panzer zugesagt. Auch die Niederlande, Spanien, Norwegen und Finnland wollen die Ukraine mit Panzern unterstützen.[274]

Stolz spricht Scholz später von einer *»Panzer-Koalition«*, die geschmiedet worden sei.

Die Grünen scheinen zunehmend im Kriegstaumel zu sein!

Die stellvertretende Vorsitzende der Grünen-Fraktion im Bundestag, Agnieszka Brugger, twittert:

»Es ist die richtige Entscheidung«.[275]

Die grüne Bundestagsvizepräsidentin Katrin Göring-Eckardt schreibt ebenfalls auf Twitter fast triumphal, als wäre Krieg nur ein vergnügsamer Zirkus:

»Der Leopard ist befreit!«[276]

Der Vorsitzende des Europaausschusses im Bundestag, Anton Hofreiter, sagt:

»Natürlich wäre es besser gewesen, die Entscheidung schneller zu treffen, insbesondere für das Ansehen Deutschlands in Europa. Aber besser spät als gar nicht«.[277]

Grünen-Parteichef Omid Nouripour:

»Die Berichte, die wir sehen, sind erleichternd (…) Es ist heute ein Tag, an dem man sagen muss, wir haben ein sehr, sehr großes Problem gelöst«.[278]

25. Januar 2023 (II): Die AfD, eine der letzten verbliebenen Oppositionsparteien im deutschen Bundestag – da die CDU längst »vergrünt« ist und die Linken nichts mehr zu melden haben – sieht den Entschluss, Kampfpanzer an die Ukraine zu liefern, mit Besorgnis. Mariana Harder-Kühnel, stellvertretende Bundessprecherin der AfD:

»Waffenlieferungen in Kriegsgebiete tragen erfahrungsgemäß zur weiteren Eskalation von Konflikten bei, führen zu einer Verlängerung der Kampfhandlungen und damit zu weiteren Toten. Sie sind daher grundsätzlich abzulehnen. Es muss letztlich die Einsicht entstehen, dass es sich bei der Russischen Föderation um den flächengrößten Staat der Erde und geopolitisch nach wie vor um eine Großmacht handelt, die man militärisch nicht wird besiegen können. Es ist unverantwortlich, der Weltöffentlichkeit diese realitätsferne Hoffnung zu machen. Selbst Panzerlieferungen würden die Ukraine nicht in die Lage versetzen, die russisch besetzten Gebiete in einem nennenswerten Umfang zurückzuerobern«.[279]

Weiter:
»Davon abgesehen bergen Lieferungen gerade von schweren Waffen die Gefahr, selbst zur Kriegspartei zu werden und dementsprechend von der Russischen Föderation behandelt zu werden. Angesichts einer seit vielen Jahren unzureichend ausgestatteten Bundeswehr gingen wir damit ein unkalkulierbares Risiko für unser Land und unsere Bürger ein (…)«.[280] Siehe dazu auch das Kapitel ➔ »Katastrophaler Zustand der Bundeswehr, aber gendergerecht!«

Die österreichische FPÖ-Europa-Sprecherin Petra Steger redet ebenfalls Klartext zum grünen Licht Deutschlands zur Lieferung von Kampfpanzern an die Ukraine: Es sei auch erschütternd mitanzusehen, wie vor allem die deutschen Grünen eine gefährliche Transformation von einer Friedens- zu einer Kriegspartei durchlaufen hätten:

»Unüberlegte Äußerungen wie jene der deutschen Außenministerin Baerbock könnten zur Folge haben, dass der bewaffnete Konflikt auch auf andere Länder in Europa überschwappt. Ist europäischen Politikern wie Frau Baerbock bewusst, was sie da tun? Es wäre besser, wenn sich die Politiker zurückhalten und den Konflikt durch Wortspenden wie ‚Wir führen einen Krieg gegen Russland!' nicht auch noch weiter anheizen«.[281]

Weiter:
»Die Lieferung immer weiterer und schwererer Waffen wird den Konflikt nicht beenden, sondern noch weiter in die Länge ziehen. Denn kaum waren die Panzerlieferungen abgesegnet, kamen aus der Ukraine schon die nächsten Forderungen nach Kampfjets. Was kommt dann als Nächstes? Die EU hat 2012 den Friedensnobelpreis verliehen bekommen. Es ist höchst an der Zeit, dass die Europäische Union sich daran erinnert und endlich alle Kräfte bündelt, um die Konfliktparteien an einen Verhandlungstisch zu bringen, anstatt den Krieg mit Waffenlieferungen immer weiter zu befeuern«.[282]

8. Februar 2023: Alice Weidel (AfD) sagt im Deutschen Bundestag, Olaf Scholz habe sich von den »*Kriegstreibern in den eigenen Reihen und jenseits des Atlantiks*« nötigen lassen. Damit habe er Deutschland de facto zur Kriegspartei gemacht, »*in einem Krieg, der nicht der unsrige ist*«.[283] Der Krieg in der Ukraine werde durch die Panzerlieferungen verlängert:

> ***»Sie können eine Atommacht nicht in die totale Niederlage zwingen, ohne zu riskieren, die Welt in die Luft zu jagen«.***[284]

14. Februar 2023: Deutschland liefert bis zu diesem Zeitpunkt 32 Gepard-Panzer (nicht zu verwechseln mit den Leopard) an die Ukraine.[285]

17. Februar 2023 (I): In seiner Rede auf der Münchener Sicherheitskonferenz sagt Bundeskanzler Scholz, dass zu einer dauerhaften Unterstützung der Ukraine mit Kampfpanzern gehöre, »*dass alle, die solche Kampfpanzer liefern können, dies nun auch wirklich tun*«.[286]

> **Offensichtlich bekommt er jetzt Muffensausen, weil Deutschland mit Portugal, die drei Panzer zugesagt haben, alleine in der von ihm so vollmundig angepriesenen »Panzer-Koalition« steht.**

Schon fast verzweifelt wirkend, bietet er den Pakt-Brechern an, ihre Entscheidung zu »erleichtern«, etwa durch die Ausbildung ukrainischer Soldaten oder Unterstützung bei Nachschub und Logistik.[287]

17. Februar 2023 (II): Bundesverteidigungsminister Boris Pistorius (SPD) ist verwundert wegen ausbleibender Panzer-Zusagen der europäischen Partner. Er sagt, er habe etwas anderes erwartet:
»*Ich bin ja an meinem ersten Arbeitstag nach Ramstein* [siehe ➔ »19. Januar 2023«] *geflogen und habe erwartet, dass ich vielen Vertretern von Nationen gegenübersitze, die von mir ein Okay für die Lieferung von vielen Leoparden in die Ukraine haben wollen*«, stattdessen habe es bis auf Polen zunächst gar keine Zusagen für Panzerlieferungen gegeben. »*Das hat mich überrascht, denn ich hatte nach der öffentlichen Berichterstattung anderes erwartet*«.[288]

Deutschland kann jetzt nur 14 statt der angepeilten 31 Leopard-2A6-Panzer zur Ausstattung eines ukrainischen Panzerbataillons liefern.[289] Dazu kommen drei Panzer aus Portugal.[290]

> **Aufgrund massiven internationalen Drucks liefert Deutschland Panzer in die Ukraine, die anderen Verbündeten schlagen sich in die Büsche, und Berlin steht so gut wie alleine da. Die Amerikaner und die Mitglieder der von Scholz so vollmundig angekündigten »Panzer-Koalition« haben Deutschland ausgetrickst – und wie!**

Nur eine kann sich freuen – Außenministerin Baerbock, die schon lange Kampfpanzerlieferungen an die Ukraine fordert und sich auf diplomatischer Ebene beinahe fanatisch dafür eingesetzt hat (siehe ➔ »September 2022«).

18. Februar 2023: Der ukrainische Außenminister Dmytro Kuleba sagte bei der Münchner Sicherheitskonferenz, sein Land brauche: »*Munition, Artillerie, Panzer*«.[291] Annalena Baerbock erneuert ihre Forderung an die Verbündeten, der Ukraine Kampfpanzer zur Verfügung zu stellen.[292]

22. Februar 2023: Spaniens Regierung will sechs Kampfpanzer[293] in die Ukraine schicken. Die Zahl könnte noch steigen, sagt Verteidigungsministerin Margarita Robles vor den Parlamentariern in Madrid. Mehrere NATO-Staaten hatten zuvor bereits die Lieferung westlicher Kampfpanzer an die Ukraine angekündigt.[294]

23. Februar 2023: Finnland kündigt an, drei Leopard-Panzer liefern zu wollen. Das Land hat insgesamt 200 davon.[295]

24. Februar 2023 (I): Ein »Geschenk« zum einjährigen Einmarschtag der Russen in die Ukraine? Deutschland liefert vier weitere Kampfpanzer vom Typ Leopard 2A6 und erhöht damit seine Abgabeanzahl von 14 auf 18 Panzer.[296]

24. Februar 2023 (II): Der nationale Sicherheitsberater des US-Präsidenten, Jake Sullivan, erklärt gegenüber *CNN*, die Entsendung von US-amerikanischen Panzern und Kampfjets in die Ukraine sei **sinnlos**:
»*Joe Biden hat die Meinung des Militärs gehört, dass Abrams-Panzer für diese Kämpfe keinen wirklichen Sinn machen*«.[297]

Die Ukrainer bräuchten eigentlich nur Leopard-Panzer, ergänzt Sullivan. Dennoch würden die Abrams in die Ukraine geliefert werden, weil das die Bedingung sei, unter der Deutschland sich bereit erklärt habe, wiederum seine Panzer zu liefern.[298]

27. Februar 2023: Jake Sullivan tritt noch einmal in Erscheinung. Er sagt im US-Sender *ABC*, dass im Interesse *»der Einheit des Bündnisses« und »um sicherzustellen, dass die Ukraine bekommt, was sie will«*, habe Joe Biden der langfristigen Lieferung von Abrams-Panzern nun zugestimmt, obwohl die Abrams nicht das seien, was die Ukraine im Moment brauche.[299] Wörtlich:

»Der Präsident sagte: Okay, ich werde der Anführer der freien Welt sein. Ich werde langfristig Abrams schicken, wenn ihr jetzt Leopard-Panzer schickt«.[300]

Dass die Leopard-Panzer jetzt geschickt würden, sei ein Beispiel dafür, dass Biden ein weltweites Bündnis um sich schare, damit die Ukraine bekomme, was sie brauche, so Sullivan weiter.[301]

28. Februar 2023: Celeste Wallander, die Staatssekretärin für Internationale Sicherheitsfragen im US-Verteidigungsministerium, erklärt:

»Die Armee verfügt derzeit über keine Panzer, die in die Ukraine verlegt oder geschickt werden könnten«.[302]

Auf die Frage, warum die Lieferung von Panzern *anderthalb Jahre* dauern könnte, antwortete Wallander, die US-amerikanische Seite versuche, die Lieferung von Panzern an die Ukraine zu beschleunigen, aber eine Änderung des Zeitplans sei derzeit nicht in Sicht.[303]

Scholz und Deutschland werden also von den Amerikanern hereingelegt!

24. Mai 2023: Kiew könnte in nächster Zukunft aus Deutschland 110 Panzer des Typs Leopard 1A5 erhalten. Das jedenfalls twittert Alexei Makejew, der Botschafter der Ukraine in Deutschland.[304]

12. Juni 2023: Der ukrainische Vize-Außenminister Andrij Melnyk sagt:

»Die ukrainische Armee braucht am dringendsten viel mehr westliche Kampfpanzer, Schützenpanzer und weitere gepanzerte Fahrzeuge«. Die aktuelle Zahl könne »verdreifacht werden, ohne die Verteidigungsfähigkeit Deutschlands zu gefährden«.[305]

13. Juni 2023: Bundesverteidigungsminister Boris Pistorius (SPD) kündigt vor dem Hintergrund von Berichten über zerstörte Leopard-2-Panzer in der Ukraine weitere Militärhilfen für das Land an und hält sich voll an den Kriegsverlängerungskurs der Regierung:

»Wir werden nicht jeden Panzer ersetzen können, der jetzt ausfällt. Was wir aber tun (...), wir werden ab Juli, weiter aufwachsend, Leopard 1 A5 Panzer, die instandgesetzt sind, nachliefern. Und bis zum Ende des Jahres werden das über 100 sein«.[306]

15. Juni 2023: Die Ukraine erhält weitere 14 Leopard-2-Panzer von westlichen Partnern. Finanziert werden sie von den Niederlanden und Dänemark. Die Panzer stammten aus Beständen von Rheinmetall. Die Bundesregierung hat dem Export zugestimmt.[307]

30. August 2023: Deutschland hat der Ukraine weitere zehn Kampfpanzer vom Typ Leopard 1 A5 und weitere 13,1 Millionen Schuss Munition für Handfeuerwaffen geliefert. Außerdem werden vier Schwerlastsattelzüge und 16 Aufklärungsdrohnen vom Typ Vector zur Verfügung gestellt.[308]

23. September 2023: Die ersten Abrams-Panzer aus den USA werden nach Angaben von US-Präsident Joe Biden ab dem 25. September in der Ukraine eintreffen.[309]

25. September 2023: Gesagt, getan. Zwei (!!!) Abrams-Panzer kommen in der Ukraine an. Der US-Präsident hat insgesamt 31 versprochen.[310]

3. November 2023: Die Bundesregierung gibt bekannt, dass Deutschland der Ukraine bereits weitere 25 Leopard-Panzer zur Verfügung gestellt hat. Mit dieser Lieferung erhöht sich die Gesamtzahl der Fahrzeuge auf 115.[311]

29. Januar 2024: Laut dem Magazin *Foreign Affairs* hat die Ukraine die meisten ihrer vom Westen bereitgestellten Kampfpanzer Leopard 2 bereits verloren:

»Von den weniger als 100 Leopard 2 im Dienst der Ukraine wurden mindestens 26 außer Gefecht gesetzt. Andere können aufgrund von Reparatur- und Wartungsproblemen nicht genutzt werden«.[312]

Millionen deutscher Steuergelder sind also verbrannt.

Bis heute: Die Ukraine setzt mehrfach deutsche Leopard-Panzer im Kampf gegen Russland ein. Die meisten davon werden jedoch zerstört oder beschädigt.[313]

II.

Bis zum bitteren Ende? – Scholz und Steinmeiers Ukraine-Unterstützung

25. Januar 2023: Scholz stellt sich nach der Panzerzusage an die Ukraine dem Bundestag. Er erklärt, die ukrainischen Soldaten sollen in Deutschland für die Bedienung des Leopard 2 ausgebildet werden, diese soll bereits in wenigen Tagen beginnen.[314]

Der Bundeskanzler erklärt weiterhin, dass er mit dem ukrainischen Präsidenten Wolodymyr Selenskij telefoniert habe, um sich mit ihm über die Unterstützung für die Ukraine auszutauschen. Dabei habe er zugesagt, dass Deutschland weiterhin »*das Notwendige und das Mögliche machen* [werde], *um die Ukraine zu unterstützen*«.[315] Und weiter: »***Deutschland wird immer vorne an sein, wenn es darum geht, die Ukraine zu unterstützen***«.[316]

Dann bittet Scholz um das Vertrauen der Bürger: Durch internationale Abstimmungen stelle die Regierung sicher, dass trotz Waffenlieferungen an die Ukraine das Risiko für Deutschland nicht zu groß werde.[317] Ein Witz, angesichts der Reaktionen, die von Russland kommen (siehe Kapitel ➔ »So reagieren die Russen auf die rotgrüne Kriegstreiberei«).

Wieweit das »*Notwendige*« und das »*Mögliche*« bei der Unterstützung der Ukraine noch gehen wird, bleibt abzuwarten.

Klar ist jedoch, dass Deutschland sich dank der rotgrünen Kriegsverlängerer durch Waffenlieferungen immer mehr zum russischen Angriffsziel macht.

Natürlich sehen die USA das gelassen, denn sie sitzen nicht in Europa so wie wir, nur 2,5 Flugstunden vom Krieg entfernt.

9. Februar 2023: Olaf Scholz betont bei einer Pressekonferenz:
»*Es bleibt dabei: Russland darf diesen Krieg nicht gewinnen« und »Die Ukraine gehört zur europäischen Familie*«.[318] Damit setzt der deutsche Bundeskanzler das US-Narrativ ein weiteres Mal 1:1 um (mehr dazu in meiner Broschüre ➔ »Schlachtfeld Ukraine. Angriffs- oder Präventivkrieg?«).

23. Februar 2023: Scholz bekräftigt in einem Interview in der *BILD*:

»*Die Ukraine verdient unsere Unterstützung und unsere Solidarität. Sie hat einen Platz in unseren Herzen – auch in meinem*«.[319] Weiter: »*Drei Tage nach Kriegsbeginn haben wir mit einem jahrzehntealten Tabu gebrochen und Waffenlieferungen für die Ukraine beschlossen – auf meine Initiative. All unsere Entscheidungen haben wir seither stets gut vorbereitet und eng abgestimmt mit unseren wichtigsten Verbündeten. Deutschland zählt zu den stärksten Unterstützern der Ukraine weltweit. Wir liefern Panzerhaubitzen, Mehrfachraketenwerfer, den Flakpanzer Gepard, das System IRIS-T, die Patriot-Abwehrsysteme sowie Schützen- und Kampfpanzer. Manche Staaten rufen lauter, liefern aber weniger*«.[320]

Auf die Frage »*Ein Teil der Bevölkerung ist gegen Waffenlieferungen*«, antwortet er:
»*Denen, die skeptisch sind, sage ich: Man kann ein Land, das brutal angegriffen wird, nicht alleine lassen. Der Bruch unserer Friedensordnung darf keinen Erfolg haben. Aber: Alle können sicher sein, dass wir nicht vorschnell oder allein handeln, sondern uns eng mit unseren Partnern abstimmen* (…) *Niemand muss sich fürchten. Wir sind durch eine starke* (!) *Bundeswehr und starke Verbündete geschützt*«.[321]

Dann wiederholt Scholz die Märchen des deutschen Polit-Establishments und der deutschen Gleichheitsmedien: *»Die NATO ist ein* Verteidigungsbündnis*, sie bedroht niemanden. Russland hatte überhaupt keinen Anlass zur Besorgnis«.*[322]

Das dies **nicht** so ist, wenn man die **Vorgeschichte** kennen **will**, das erläutere ich in meiner Broschüre ➔ »Schlachtfeld Ukraine«.

24. Februar 2023 (I): Zum »*Jahrestag des russischen Angriffs auf die Ukraine*«[323] wird auf dem Reichstagsgebäude, vor dem Schloss Bellevue und am Kanzleramt die ukrainische Flagge gehisst. Die Beflaggung auf dem Südwest-Turm des Parlaments ist »*ein besonders klares Zeichen der Solidarität mit dem ukrainischen Volk*«, teilt die Bundestagsverwaltung mit.[324]

24. Februar 2023 (II): Zum ersten Jahrestag hat (natürlich!) auch Bundespräsident Frank-Walter Steinmeier (SPD) der Ukraine weitere umfassende deutsche Hilfe zugesagt. Deutschland sei heute, auch militärisch, deren größter Unterstützer auf dem europäischen Kontinent:

»*Auf Deutschland ist Verlass*«.[325]

Was wohl heißen soll: Vor allem auf die SPD und die Grünen ist Verlass!

Steinmeier weiter: »*Russland muss unmissverständlich klarwerden: Es kann keinen Sieg geben in seinem verbrecherischen Krieg. Wer morden und töten lässt, wer die Ukraine kaputtbomben, Städte zerstören und Kinder verschleppen lässt, wer selbst die eigenen Soldaten Tag um Tag sinnlos verbluten lässt, der wird vor der Geschichte niemals als Sieger dastehen, der hat schon verloren!*«[326]

2. März 2023: Olaf Scholz stellt der Ukraine in einer Regierungserklärung »*Sicherheitsgarantien der Verbündeten für die Zeit* **nach** *dem Krieg*« in Aussicht.[327] Weiter: Die Bundesregierung werde der Ukraine »*helfen*«, dass es zu einem Frieden komme: »*Deshalb sprechen wir mit Kiew und weiteren Partnern auch über künftige Sicherheitszusagen für die Ukraine. Solche Sicherheitszusagen setzen aber zwingend voraus, dass sich die Ukraine in diesem Krieg erfolgreich verteidigt*«.[328]

Dann kritisiert der Bundeskanzler alle Menschen, die sich für den Frieden einsetzen:

»Man schafft auch keinen Frieden, wenn man hier in Berlin ‚Nie wieder Krieg' ruft und zugleich fordert, alle Waffenlieferungen an die Ukraine einzustellen«.[329]

4. März 2023: Bundeskanzler Scholz ist auf einem Besuch in den USA. Kritiker munkeln, er lasse sich von Joe Biden neue Anweisungen geben. Und tatsächlich klingen die Argumente der deutschen und amerikanischen Seite wie abgesprochen. Außerdem ist es sehr ungewöhnlich, dass Scholz keine Berater, keine Wirtschaftsdelegation und keine Journalisten mitgenommen hat. Dabei sind solche Begleiter bei jedem Auslandsbesuch Standard. Ich habe nicht gehört, dass es so einen merkwürdigen Besuch eines deutschen Regierungschefs in den USA schon einmal gegeben hätte. Wie dem auch sei: Für die USA ist Deutschland ein wichtiger Partner im Stellvertreterkrieg gegen Russland. Dabei können sich die Amerikaner bequem zurücklehnen, denn das Schlachtfeld ist ja in Europa.

Zum Auftakt seines Treffens mit US-Präsident Joe Biden sichert Olaf Scholz der Ukraine dann einmal mehr und ganz brav anhaltende Unterstützung im Abwehrkampf gegen die russischen Angreifer zu:

»*Jetzt ist es sehr wichtig, die Botschaft zu senden, dass wir das, solange wie nötig, fortsetzen*«.[330]

Scholz betont zudem, die gute Zusammenarbeit »*zwischen uns beiden*«. Das gelte auch für die Kooperation der Regierungen in den USA, Deutschland und Europa.[331]

Gert Ewen Ungar schreibt auf *RT* dazu:

»Scholz hat sich bei seinem Besuch zum Statthalter der US-Interessen machen lassen, der weiter wissentlich das falsche Narrativ vom freien Westen, vom Kampf der Demokratien gegen die Autokratien in seinen Reden und Auftritten bedienen wird, während er in Wahrheit die Vorgaben der politischen Ziele der USA befolgt und sie gegen die Interessen Deutschlands durchsetzt«.[332]

6. März 2023 (I): SPD-Parteichef Lars Klingbeil und SPD-Fraktionschef Rolf Mützenich besuchen Kiew und sichern ebenfalls eine anhaltende Unterstützung Deutschlands zu:

»*Und wir haben heute die klare Zusage gegeben: Dieser Weg geht uneingeschränkt weiter*«.[333]

6. März 2023 (II): Scholz gibt auf seiner USA-Reise nur ein einziges Interview, bei *CNN*, dem Haus- und Hofsender der Demokraten, bei dem der Bundeskanzler keine kritischen Fragen zu erwarten hat. Scholz bekräftigt, dass es neben finanzieller und humanitärer Hilfe weitere Waffenlieferungen geben werde. Er betet wiederum das US-Mantra des Angriffskrieges nach und sagt u.a. (Hervorhebungen durch mich):

»*Wir sind jetzt der stärkste Unterstützer der Ukraine in Kontinentaleuropa, und das werden wir auch weiterhin sein. Und das liegt auch an den Waffen, bei denen wir uns mit den Vereinigten Staaten und anderen Freunden abstimmen*«, Deutschland habe im vergangenen Jahr **14 Milliarden Euro** auf die eine oder andere Weise zur Unterstützung der Ukraine ausgegeben«.[334] Scholz sagt zudem:

» *Wir stellen viele Mittel bereit, wir haben bereits den größten Verteidigungshaushalt in der EU, aber wir wollen ihn noch erhöhen*«.[335]

Scholz: ***»Meine Idee ist, dass wir unser Konzept für die Verteidigungsindustrie ändern müssen. Wir brauchen eine konstante Produktion der wichtigsten Waffen«.***[336]

Offensichtlich will der Kanzler Deutschland auf Kriegswirtschaft umstellen.

Hintergrund: 35 Milliarden[337] Euro Steuergelder für die Ukraine!

Die SPD-geführte Regierung hat Milliarden Euro für Waffenlieferungen übrig, die nur Kriegsverlängerung und mehr Tote bringen. Kein Aufschrei im Polit-Establishment und ihren Systemmedien.

Dazu habe ich auf *Antispiegel* einen treffenden Artikel gefunden, aus dem ich nun zitieren möchte und der eigentlich alles aussagt (Hervorhebungen durch mich):

»Als vor einigen Jahren über eine ***Erhöhung der Mindestrenten*** *gestritten wurde, mit der die Altersarmut in Deutschland zumindest ein wenig gelindert werden sollte, waren die ursprünglich bis zu* **fünf Milliarden Euro jährlich zur Unterstützung von Deutschlands ärmsten alten Menschen zu viel Geld, und das wurde als unbezahlbar bezeichnet.**

Für die ***Ukraine aber sind 14 Milliarden***[338] ***kein Problem****, die findet die Bundesregierung sofort irgendwo. Von den 100 Milliarden Sonderkredit für die Bundeswehr gar nicht zu reden«.*[339]

Weiter:
»Nur zur Einordnung: 14 Milliarden Euro sind das Jahresbudget des deutschen Ministeriums für Wirtschaft und Klimaschutz. 14 Milliarden sind eine Milliarde mehr, als das Bundesinnenministerium jährlich für die Innere Sicherheit Deutschlands zur Verfügung hat. Das Bundesministerium für Wohnen, Stadtentwicklung und Bauwesen hat nur 7,3 Milliarden zur Verfügung, weshalb man sich nicht über explodierende Mieten und fehlenden Wohnraum in Deutschland wundern muss. Über die Hälfte der Bundesministerien haben einen Jahresetat von weniger als 14 Milliarden Euro.

Daran sieht man, wie die Bundesregierung ihre Prioritäten setzt. *Die* ***Menschen in Deutschland, vernünftige Renten, bezahlbarer Wohnraum und vieles andere sind offensichtlich keine Prioritäten für die Bundesregierung, denn dafür wird weitaus weniger ausgegeben als für die Ukraine.*** *Und wie man heute sieht, könnte man das Geld für die Bedürfnisse der Menschen in Deutschland auftreiben, wenn es politisch gewollt wäre. Stattdessen wird der deutsche Militärhaushalt sehr bald um 30 Milliarden erhöht«.*[340]

Dem ist nichts mehr hinzuzufügen.

12. März 2023: Der ukrainische Abgeordnete Jaroslaw Schelesnjak verkündet, dass der ukrainische Haushalt für 2023 geändert wird, Die Ausgaben für die Streitkräfte werden um 500 Milliarden Griwna (13,61 Milliarden US-Dollar) erhöht. Schelesnjak erklärt zudem, dass die internationalen Partner der Ukraine allein im Januar und Februar 2023 genau 6,3 Milliarden US-Dollar an Haushaltshilfe überwiesen hätten.

Der ukrainische Haushalt für 2023 sieht ein Rekorddefizit von 38 Milliarden US-Dollar vor. Selenskij äußert die Hoffnung, dass der Westen Kiew bei der Deckung des Haushaltsdefizits helfen werde.[341] Dreimal darf man raten, woher der Hauptteil des Geldes wohl kommen wird.

16. März 2023: Inklusive des deutschen Anteils der sogenannten »Budgethilfe« über die EU (18 Milliarden Euro bis zu diesem Zeitpunkt), beträgt die Gesamthilfe Deutschlands rund **35 Milliarden Euro.**[342] Doch wie schon mehrfach erwähnt: Es gibt so viele unterschiedliche Zahlen, dass eine realistische Einschätzung schwierig ist. Es scheint jedoch so zu sein, dass die Hilfen **noch viel** höher sind, als offiziell angegeben.

25. März 2023: Nach Berechnungen des Finanzministeriums belaufen sich die – Militärausgaben der Ukraine im Jahr 2022 auf 73 Milliarden US-Dollar oder 50 Prozent des Bruttoninlandprodukts.[343] Damit hat sich die Ukraine in den letzten 30 Jahren zu einem der am stärksten militarisierten Länder der Welt entwickelt.

Der Militärhaushalt der Ukraine belief sich 2022 auf 37 Milliarden US-Dollar. Die NATO-Länder stellten der Ukraine bisher 32,4 Milliarden US-Dollar zur Verfügung, davon 14,9 Milliarden als unentgeltliche Transfers und 17,5 Milliarden US-Dollar als (im Wesentlichen ebenfalls kostenlose) Auslandskredite. Die ausländische Finanzierung entsprach fast genau dem Anstieg des ukrainischen Haushalts im Jahr 2022 (um 29 Milliarden US-Dollar) und insbesondere dem Anstieg der Militärausgaben (um 31 Milliarden US-Dollar).[344]

Im Klartext: Der Westen hat den Krieg fast vollständig bezahlt!

Der zweite Teil des militärischen Bedarfs sind direkte Waffenlieferungen des Westens. Ende Januar 2023 beliefen sie sich nach Angaben des Kieler Instituts auf 69 Milliarden Dollar. Die Analysten schlussfolgern:

»Die gesamten Militärausgaben der Ukraine beliefen sich im Jahr 2022 auf 73,1 Milliarden Dollar. Damit werden sie zu 94 Prozent vom Westen getragen. Die Schätzung ist immer noch zu niedrig angesetzt, da sie die Söldnertätigkeit nicht einschließt«.[345]

28. März 2023: Kriegsverlängerer Scholz & Co. wollen die Ausgaben für Militärhilfe an die Ukraine in den kommenden Jahren dennoch vervielfachen: auf mehr als 15 Milliarden Euro.[346] **Das entspricht einer Steigerung um 700 Prozent!**

Die Begründung des Finanzministeriums:
»Aufgrund der hohen materiellen Verluste der ukrainischen Streitkräfte sind neue Materiallieferungen erforderlich (...) da ohne eine andauernde Unterstützung der Ukraine die schwerwiegende Gefahr besteht, dass die Ukraine in ihrem Abwehrkampf gegen den russischen Aggressor unterliegt, mit unvorhersehbaren Konsequenzen für die europäische Friedensordnung«.[347]

14. Mai 2023: Die deutsche Regierung legt nach: Ein neues umfangreiches Maßnahmenpaket im Wert von über 2,7 Milliarden Euro wird mit der Ukraine vereinbart. Unter anderem sollen zwanzig weitere Marder- und dreißig Leopard-1-Panzer bereitgestellt werden, ebenso vier weitere Flugabwehrsysteme Iris-T SLM.[348]

11. Juli 2023 (I): Nur knapp zwei Monate später kommt ein weiteres Waffenlieferungspaket, das laut Bundesverteidigungsminister Boris Pistorius (SPD) einen Wert von knapp 700 Millionen Euro hat. Deutschland wird der Ukraine weitere 40 Schützenpanzer vom Typ Marder, 25 zusätzliche Leopard-1-Kampfpanzer sowie fünf Bergepanzer 2 aus Industriebeständen liefern. Ebenso zwei zusätzliche Startgeräte für das Patriot-Verteidigungssystem. Hinzu kommen 20.000 Artilleriegeschosse und 5.000 Geschosse Nebelmunition.[349]

11. Juli 2023 (II): Das alles reicht den Ukrainern jedoch nicht. Der ukrainische Botschafter Oleksii Makeiev bedankt sich zwar für die neuen 700 Millionen, fügt aber hinzu:

»Ob es reicht? Leider nicht!«[350]

Und weiter: Mit wenigen Leopard-Panzern verteidige man nicht die Kampflinie über 1.500 Kilometer. Es würden zudem mehr Luftabwehrsysteme benötigt. Außerdem brauche die Ukraine mehr gepanzerte Fahrzeuge und Panzer.[351] Mehr, mehr, immer mehr!

20. Juli 2023: Der EU-Außenbeauftragte Josep Borrell schlägt vor, die Waffenhilfe für die Ukraine um 20 Milliarden Euro, verteilt auf einen Zeitraum von vier Jahren, aufzustocken.[352] Krieg forever!

21. Juli 2023: Deutschland liefert zehn Panzer vom Typ Leopard 1 A5, 20 Panzermaschinengewehre MG3 sowie 1.305 Granaten. Weiter werden 2.064 Stück Nebelmunition, ein Brückensystem sowie zwölf Anhänger und vier gepanzerte Fahrzeuge geliefert. Außerdem 16 Zetros-Lkw und zehn Radargeräte.[353]

24. Juli 2023: Die Ukraine bekommt von der EU einen neuen Kredit über 1,5 Milliarden Euro. Wie Kommissionspräsidentin Ursula von der Leyen mitteilt, soll das Geld helfen, den Staat am **Laufen zu halten** und Infrastruktur zu reparieren.[354] So verzweifelt ist die Lage in der korrupten Ukraine (immerhin **Platz 116** auf dem Korruptionswahrnehmungsindex)[355] bereits!

31. August 2023: Auch die kriegsorientierte EU pumpt immer weitere Milliarden in den Krieg. Ungarns Außenminister Peter Szijjarto hat genug davon. Er fordert, die Führung der Europäischen Union sowie die ukrainische Regierung sollen Rechenschaft darüber ablegen, **wie** die von der EU bereitgestellten Finanzmittel in Höhe von 50 bis 70 Milliarden Euro von Kiew verwendet wurden, bevor immer neue Milliarden nach Kiew geschickt würden.[356]

3. September 2023: Der damals noch amtierende Verteidigungsminister der Ukraine, Aleksei Reznikow, erklärt in einem Interview, dass Kiew seit dem 24. Februar 2022, also seit dem Ausbruch des russisch-ukrainischen Konflikts, von seinen Verbündeten Hilfen in Höhe von rund 100 Milliarden US-Dollar erhalten habe. Über die Hälfte davon seien von den USA gekommen.[357]

22. September 2023: Das Bundesfinanzministerium erklärt, dass nur die deutsche **Militärhilfe** für die Ukraine bisher 5,2 Milliarden Euro beträgt.[358]

Übrigens: Bundeskanzler Olaf Scholz hat der Ukraine bis zum Jahr 2027 **nur für Waffenlieferungen** ein Volumen von rund **17 Milliarden Euro** zugesagt.[359] Dazu kommen noch zusätzlich eine zweistellige Milliardensumme für die Unterbringung und Bezahlung der rund 1,2 Millionen[360] geflüchteten Ukrainer.

Die genannten und publizierten Zahlen zur Ukraine-Hilfe sind (vielleicht absichtlich) so unterschiedlich, dass beinahe täglich andere/neue auftauchen. Ich gebe sie so wieder:

August 2024: Die Bundesregierung gibt zu, dass der Gesamtwert der **militärischen** Güter, die von der Bundesregierung an die Ukraine zwischen 2022 und Mitte 2024 zur Verfügung gestellt wurden, **bisher** 9,3 Milliarden Euro beträgt.[361] Doch das scheint eine Mogelpackung zu sein, denn auf der Internetseite der Bundesregierung steht etwas anderes. Dort kann man nämlich folgendes lesen (Hervorhebungen durch mich):
*»Insgesamt hat Deutschland inzwischen **Militärhilfen** in Höhe von etwa **28 Milliarden** Euro für die Unterstützung der Ukraine zur Verfügung beziehungsweise für die kommenden Jahre bereitgestellt«.*[362]

Wer kann die Differenz zwischen dem, was die Bundesregierung auf eine Kleine Anfrage der AfD am 9. August 2024 angibt (9,3 Milliarden Euro Militärhilfe), und dem, was auf der Internetseite der Bundesregierung steht, nämlich 28 Milliarden Euro erklären? **Nur** damit, dass es sich die Differenz aus der bisherigen und zukünftigen Militärhilfe ergibt? Wohl eher nicht.

Auch hier wird also getrickst und die Öffentlichkeit auf Teufel-komm-raus für dumm verkauft!

Die Ex-Linkenpolitikerin Sevim Dağdelen lehnt die unaufhörlichen Waffenhilfen mit folgender Begründung ab:

»Die milliardenschweren Geschenke an die hochkorrupte Ukraine gehen zulasten der Steuerzahler in Deutschland«.[363]

7. März 2023: Olaf Scholz stellt sich darauf ein, dass der russische Angriffskrieg gegen die Ukraine noch lange dauern kann:

»*Wir müssen befürchten, dass das noch länger zugeht, obwohl wir uns natürlich jeden Tag wünschen, das ist anders*«.[364]

Das sagt ausgerechnet der, der mitverantwortlich ist für die Verlängerung des Krieges – ein Beispiel für Doppelzüngigkeit!

8. März 2023: Der ukrainische Verteidigungsminister Oleksij Resnikow sagt vor Beratungen mit den EU-Verteidigungsministern, sein Land brauche dringend »*eine Million Schuss Munition*«.[365] Das ist viermal (!) so viel wie bisher von EU-Seite im Gespräch ist. EU-Außenbeauftragter Josep Borrell schlägt vor, dass die Mitgliedsländer aus ihren eigenen Beständen Munition im Wert von zunächst einer Milliarde Euro an die Ukraine liefern. Natürlich ist die SPD gleich dabei: Bundesverteidigungsminister Boris Pistorius nennt den Borrell-Vorschlag für Munitionslieferungen an die Ukraine »*wichtig und notwendig*«, betont aber, dass Deutschland nur im Rahmen der »*eigenen Verteidigungsfähigkeit liefern*« kann. Eine Verteidigungsfähigkeit, die es aber gar nicht gibt (siehe Kapitel ➔ »Deutschland ist wehrlos«).[366]

Doch der ukrainische Verteidigungsminister sagt: **»Das ist nicht genug«.**[367]

Wobei er recht hat. Denn die russische Artillerie hat (noch) keinen Engpass bei den Munitionslieferungen. Laut NATO-Aussagen verfeuern Putins Geschützbatterien aktuell 23.000 Granaten pro Tag, die Streitkräfte der Ukraine können mit lediglich 5.000 bis 6.000 Schuss antworten.[368]

Hintergrund: Umfang von Waffenlieferungen (ohne andere Hilfen) an die Ukraine

Deutschland:	9,3 Milliarden bzw. 28 Milliarden Euro (siehe oben).
USA:	ca. 50 Milliarden Euro[369]
EU:	ca. 38 Milliarden Euro[370]
NATO-Verteidigungsausgaben:	1300 Milliarden Dollar[371]
Russischer Wehretat:	109 Milliarden Dollar[372]

Ich wiederhole: Die genannten und publizierten Zahlen zur Ukraine-Hilfe sind (vielleicht absichtlich) so unterschiedlich, dass beinahe täglich andere/neue auftauchen.

Fakt ist jedoch, zu den ganzen Hilfen kommen noch viele Milliarden Euro an »ziviler Unterstützung« und »humanitärer Unterstützung«, obendrauf (siehe dazu auch ➔ »Hintergrund: 35 Milliarden Euro Steuergelder für die Ukraine!«.

Tipp: Die Bundesregierung veröffentlicht auf der Internet-Seite https://www.bundesregierung.de/breg-de/themen/krieg-in-der-ukraine/lieferungen-ukraine-2054514 eine »*Liste der militärischen Unterstützungsleistungen*«, in der jede Lieferung minutiös aufgeführt ist.

13. März 2023: Laut einem Bericht des *Stockholmer internationalen Friedensforschungsinstituts* (SIPRI) ist Kiew zum weltweit drittgrößten Waffenimporteur aufgestiegen. Demnach steht die Ukraine mit einer Beteiligung von acht Prozent am globalen Waffenhandel nur Katar und Indien nach. Im Jahr zuvor hatte dieser Wert 0,1 Prozent betragen.[373]

Wie das Institut weiter meldet, hält der weltweite Trend zur Wiederaufrüstung an. So wuchsen die Waffenimporte in Europa im Jahr 2022 um 93 Prozent im Vergleich zum Vorjahr.[374]

23. Mai 2023: Laut EU-Außenbeauftragtem Josep Borrell haben die EU-Länder von Januar bis Mai 2023 insgesamt 220.000 Artilleriegeschosse und 1.300 Raketen an die Ukraine geliefert.[375]

26. Juni 2023: Die EU stockt die Finanzmittel für die Lieferung von Waffen und Ausrüstung an die Ukraine und andere Partnerländer um weitere 3,5 Milliarden Euro auf.[376]

7. September 2023: Die Gesamt-Hilfe der EU für die Ukraine beträgt mittlerweile 156 Milliarden Euro.[377]

2. Oktober 2023: Die **Militär**hilfe der EU beträgt zwischenzeitlich 25 Milliarden Euro.[378]

21. Februar 2024: Laut Marcel Fratzscher, dem Präsidenten des Deutschen Instituts für Wirtschaftsforschung (DIW), hat der Ukraine-Konflikt die deutsche Wirtschaft bisher mehr als **200 Milliarden Euro** (!) gekostet. Er begründet das in der *Rheinischen Post* wie folgt:
Es handele sich vor allem um die hohen Energiekosten, die das Wachstum in Deutschland im Jahr 2022 um 2,5 Prozentpunkte oder 100 Milliarden Euro reduziert hätten. Im Jahr 2023 habe Deutschland eine ähnliche Größenordnung verloren. Dies seien aber nur die »*direkten finanziellen Kosten*«. Weitere Kosten entstünden durch die wegen des Krieges »*eskalierenden geopolitischen und geoökonomischen Konflikte, vor allem mit China*«.[379]

Doch die gigantischen Waffenlieferungen an die Ukraine sind nur die halbe Wahrheit. In den westlichen Medien verschwiegen werden nämlich die riesigen Verluste der Ukraine an Militärgerät.

Hintergrund: Die verschwiegenen Waffenverluste der Ukraine

Was in deutschen Nachrichtenblättern natürlich nicht veröffentlicht wird, ist die enorme Zahl an militärischem Gerät, das die Ukraine seit Beginn des Krieges verloren hat. Das würde doch die Kriegsverlängerer, die immer mehr Waffen an die Ukraine liefern wollen, mehr oder weniger demaskieren und die Sinnlosigkeit ihres Handelns beweisen.

Das russische Verteidigungsministerium veröffentlicht die ukrainischen Waffenverluste allerdings minutiös (**Stand: Ende August 2024**):

- ✦ 640 Flugzeuge,
- ✦ 30.564 Drohnen,
- ✦ 17.568 Panzer und andere gepanzerte Kampffahrzeuge,
- ✦ 24.201 militärische Spezial- und Sonderfahrzeuge,
- ✦ 283 Hubschrauber,
- ✦ 575 Flugabwehrraketenkomplexe,
- ✦ 1.425 Mehrfachraketenwerfer,
- ✦ 13.690 Geschütze und Mörser.[380]

Doch zurück zu Scholz und Steinmeiers unerschütterliche Ukraine-Unterstützung:

16. März 2023 (I): Olaf Scholz kündigt in seiner Regierungserklärung weitere Waffenlieferungen an die Ukraine im Schulterschluss mit den anderen EU-Staaten an:
»*Ganz besonders wichtig ist, die Ukraine rasch mit der nötigen Munition zu versorgen. Beim Europäischen Rat werden wir gemeinsam mit unseren EU-Partnern weitere Maßnahmen beschließen, um eine noch bessere, kontinuierliche Versorgung zu erreichen*«.[381]

Der Bundeskanzler betont auch die milliardenschwere Hilfe Deutschlands für die Ukraine. In den zurückliegenden zwölf Monaten habe Deutschland die Ukraine bilateral mit mehr als 14 Milliarden (Stand: März 2023) Euro unterstützt und:
»***Hinzu** kommt der deutsche Anteil an der umfangreichen Unterstützung der EU für die Ukraine – zum Beispiel in Form von direkter Budgethilfe, die sich allein für dieses Jahr auf insgesamt 18 Milliarden Euro beläuft*«.[382]

Abschließend gibt Scholz der Ukraine einen weiteren Freifahrschein:
»*Gemeinsam mit unseren europäischen Partnern werden wir weiter dafür sorgen, dass die Ukraine Waffen und Ausrüstung erhält, um durchzuhalten und sich zu verteidigen*« und betont, Deutschland werde die Unterstützung der Ukraine »*politisch, finanziell, humanitär und mit Waffen (…) solange fortsetzen, wie sie notwendig ist*«.[383]

16. März 2023 (II): John Kirby, Kommunikationsdirektor des Nationalen Sicherheitsrates der USA, erklärt, Washington sei **gegen** einen Waffenstillstand im Ukraine-Konflikt und **gegen** den chinesischen Friedensplan. Begründung: Durch einen Waffenstillstand würde die russische Expansion praktisch anerkannt.[384]

Der Stellvertreterkrieg soll weitergehen. So wollen es die USA.

20. März 2023 (I): Die EU-Staaten wollen der Ukraine in den kommenden zwölf Monaten eine Million neue Artilleriegeschosse liefern. Die Lieferung hat einen Gesamtwert von zwei Milliarden Euro.[385]

20. März 2023 (II): Olaf Scholz rechnet *nicht* mit einem raschen Ende des Krieges in der Ukraine. Er sagt:
»*Wir müssen uns darauf einrichten, dass es lange dauern kann. Selbst wenn der Krieg vorbei ist, wird nicht gleich alles normal sein*«.[386]

Dann stimmt er die Deutschen auf die langwierigen Konsequenzen des Krieges ein, den er selbst mitverlängert:

> ***»Wir sollten uns klarmachen, dass dieser furchtbare Angriffskrieg und seine Folgen uns noch lange beschäftigen werden, und dass wir mit dem Wegräumen der Trümmer noch lange zu tun haben werden«.***[387]

23. März 2023: Zum Auftakt des EU-Gipfels bestätigt Olaf Scholz den Kriegsverlängerungskurs:
»Wir sind auch vorbereitet darauf, die Ukraine so lange zu unterstützen, wie das tatsächlich notwendig sein wird«.[388]

3. April 2023: SPD-Mann Michael Roth schießt in der Sendung *hart aber fair* die SPD- bekannten Salven ab: Es sei die *»die oberste Priorität, dass die Ukraine diesen Krieg gewinnt. Dabei ist die Politik gefordert, dabei ist die Gesellschaft gefordert«.* Putin sei der Aggressor. Putin wolle nicht verhandeln. Das Volk der Ukraine solle vernichtet werden, doch *»die wollen nie und nimmer sich unterdrücken lassen von Putin«* – und die Zuschauer applaudieren wie verrückt.[389]

7. April 2023: Die SPD-Vorsitzende Saskia Esken sagt in gewohnter Manier:
»Die Ukraine hat ein Recht darauf, ihre Unabhängigkeit, ihre Freiheit und auch ihre Demokratie zu verteidigen. Es mag nicht ganz leicht sein, dies mit einer Friedensbotschaft zu verbinden, aber es geht ganz klar darum, den Frieden und die Ordnung in Europa wiederherzustellen«.[390]

13. April 2023: Der EU-Rat hat die Bereitstellung von einer Milliarde Euro aus der Europäischen Friedensfazilität für die Lieferung von Munition an die Ukraine genehmigt. Das EU-Organ erklärt:
»Diese Maßnahme wird es der EU ermöglichen, den Mitgliedstaaten die Kosten für Munition zu erstatten, die zwischen dem 9. Februar und dem 31. Mai 2023 aus bestehenden Beständen oder durch die Umwidmung bestehender Bestellungen in die Ukraine geliefert wird«.[391]

Brüssel betont, dass sich der *»Gesamtbeitrag der EU für die Ukraine im Rahmen der Europäischen* ***Friedens****fazilität zusammen mit den vorangegangenen sieben Tranchen auf 4,6 Milliarden Euro* [beläuft] *und beweist einmal mehr, dass die EU ihre Unterstützung für das ukrainische Militär unbeirrt fortsetzt«.*[392]

18. April 2023 (I): Nächste Klatsche für Scholz und die kriegsorientierte Bundesregierung: Der Schweizer Präsident Alain Berset verweigert Deutschland die Lieferung von Gepard-Munition. Die Schweizer Neutralitätsgesetze bedeuteten, dass die Regierung bei Konflikten keine Seite militärisch unterstützen könne. Berset:
»Man kann nicht verlangen, dass wir unsere eigenen Gesetze brechen«.[393]

Hintergrund: Die Schweiz verlangt bei Waffenbestellungen eine Zusicherung, dass das Material nicht an kriegführende Parteien weitergeleitet wird. Deutschland will aber Schweizer Munition für den Flugabwehrpanzer Gepard aus ihren Beständen in die Ukraine exportieren.[394]

18. April 2023 (II): Auch der Bundesverteidigungsminister sichert der Ukraine erneut eine umfassende militärische Unterstützung zu:

> **Boris Pistorius: *»Natürlich müssen wir Waffen liefern: As long as it takes«.***[395]

Einen sofortigen Stopp der Waffenlieferungen, um dann Friedensverhandlungen zu beginnen, lehnt der SPD-Politiker hingegen kategorisch ab:
»Das Ende der Waffenlieferungen bedeutet das Ende der Ukraine, und zwar morgen«.[396]

20. April 2023: Pistorius legt in der Sendung *Maybritt Illner* nach:
»Die Ukraine muss den Krieg gewinnen! (…) Ideal wäre ein russischer Rückzug, damit das ukrainische Staatsgebiet zurückkehrt in die ukrainische Souveränität. Das muss das Ziel sein!«[397]

Dann sagt er etwas, das in Russland hohe Wellen schlagen wird: Es sei *»völlig normal«* in einer militärischen Auseinandersetzung, *»dass auch der Angegriffene ins gegnerische Territorium vorgeht, um beispielsweise Nachschubwege zu unterbinden«.*[398]

> **Das heißt im Umkehrschluss: Für den SPD-Mann ist es *»völlig normal«*, dass die Ukraine mit deutschen Waffen und deutschen Panzern auch auf russisches Territorium vordringt.**

21. April 2023: Der Stellvertretende Vorsitzende des Sicherheitsrates der Russischen Föderation, Dmitri Medwedew, schreibt daraufhin auf *Twitter* (jetzt *X*):
»Der deutsche Verteidigungsminister hat, ohne groß darüber nachzudenken, etwas über militärische Operationen auf unserem Gebiet gesagt. Er ist sicher neidisch auf den Ruhm der Kriegsherren des Dritten Reiches. Nun, eigentlich müsste er sich an ein historisches Omen erinnern. Der Deutsche, der Russland angreifen will, muss auf unsere Parade in Berlin gefasst sein«.[399]

24. April 2023: Der SPD-Vorstand verabschiedet ein Grundsatzpapier. Darin dringt sie auf den Abzug der russischen Truppen aus der Ukraine. Dies sei »*Voraussetzung für die Rückkehr zu einer dauerhaften friedlichen Ordnung in Europa. Der Schlüssel zum Frieden liegt in Moskau*«.[400] Und weiter:
»*Wir stehen an der Seite der Menschen in der Ukraine, die ihre Freiheit, ihre Demokratie und ihre Selbstbestimmung verteidigen. Wir unterstützen mit Waffenlieferungen zur Selbstverteidigung, humanitärer Hilfe und wirtschaftlichen Sanktionen (…) Wir sind solidarisch, aber wir werden nicht Kriegspartei*«.[401] Das sieht der Kreml aber ganz anders (siehe Kapitel ➔ »So reagieren die Russen auf die rotgrüne Kriegstreiberei«).

9. Mai 2023: Bundeskanzler Olaf Scholz wirft dem russischen Präsidenten Wladimir Putin militärisches »*Machtgehabe*« vor. Putin lasse in Moskau an diesem 9. Mai »*seine Soldaten, Panzer und Raketen aufmarschieren*«:

»*Lassen wir uns nicht einschüchtern von solchem Machtgehabe! Bleiben wir standhaft in unserer Unterstützung der Ukraine*«.[402]

14. Mai 2023 (I): Dem ukrainischen Präsidenten wird in Aachen der Karlspreis verliehen. Mit dem Internationalen Karlspreis sollen eigentlich Persönlichkeiten oder Institutionen ausgezeichnet werden, die sich um Europa und die europäische Einigung verdient gemacht haben.[403] In diesem Jahr wird der Preis aber an den ukrainischen Präsidenten verliehen, **weil das ukrainische Volk unter seiner Führung Europa verteidigen würde**, begründete die Jury ihre Entscheidung: Selenskij verteidige somit »*nicht nur die Souveränität seines Landes und das Leben seiner Bürger, sondern auch Europa und die europäischen Werte*«.[404] Gehören dazu auch die ausufernde Korruption und die Unterstützung neonazistischer Milizen wie etwa das ukrainische Asow-Regiment? (siehe Kapitel ➔ »Hintergrund: Nazis und Antisemiten im ukrainischen Militär, Parlament und in der Regierung«).

Hintergrund: »Demokrat« Selenskij verhindert demokratische Wahlen

Die Parlamentswahlen in der Ukraine sollten im Oktober 2023 abgehalten werden, die Präsidentschaftswahlen im Frühjahr 2024. Selenskij verlängert jedoch immer wieder das Kriegsrecht. In diesem Fall kann es auch keine Parlamentswahlen geben.[405]

Kriegsrecht bedeutet: Selenskij bleibt an der Macht!

28. August 2023: Selenskij sagt, dass er Wahlen in der Ukraine nur abhalten werde, wenn die USA und die EU dafür extra **bezahlen**. Welche Ungeheuerlichkeit! O-Ton:
»*(...) Ich werde keine Wahlen auf Schulden abhalten, ich werde auch kein Geld, das für Waffen gedacht ist, dafür nehmen und es für Wahlen ausgeben. Aber wenn Sie mir diese finanzielle Unterstützung geben, wenn die Parlamentarier erkennen, dass wir das tun müssen, dann lasst uns schnell die Gesetzgebung ändern und, was am wichtigsten ist, lasst uns gemeinsam Risiken eingehen*«.[406]

Selenskij „klebt" förmlich an der Macht! Offenbar dämmert es ihm, dass viele seiner Wähler kriegsmüde sind, zu viele Söhne und Väter verloren haben und bei der Wahl wohl nicht mehr für ihn stimmen werden.

Jan Sternberg von der *WELT* kommentiert ein paar Tage später dennoch:
»*Den Urnengang zu verschieben, hieße in die Stärke der Demokratie zu vertrauen*«.[407]

Krieg statt Wahlen? – Dieses Irrsinn-Argument zeigt deutlich, wie kriegsbesessen Teile der deutschen Presse bereits geworden sind.

Der erste stellvertretende Sprecher der ukrainischen Werchowna Rada, Alexander Kornijenko, erklärt, dass die westlichen Partner die Frage der Durchführung von Wahlen in der Ukraine unter Kriegsrecht nicht öffentlich ansprechen sollten:
»*Ich würde vorschlagen, dass unsere westlichen Partner diesen Diskurs weniger in die Öffentlichkeit tragen. Rechnen wir mit unseren Verhältnissen, wir wollen derzeit keine Wahl abhalten*«.[408]

21. September 2023: In einem öffentlichen Appell unterstützen mehr als 100 ukrainische NGOs, darunter *Transparency International Ukraine*, die *Kiewer Wirtschaftshochschule*, das zivile Netzwerk *OPORA* und die Bewegung *CHESNO*, dass die Präsidentschaftswahlen 2024 nicht stattfinden sollen.[409] In dem Appell heißt es u.a.:
»*Wahlen allein machen zudem noch keine Demokratie aus. Der bloße Akt der Stimmabgabe beweist nicht, dass ein Regime wirklich demokratisch ist. Wahlen wären nur dann frei, wenn während des Wahlkampfes ein politischer Wettbewerb möglich wäre*«.[410]
»Demokrat« Selenskij kann das nur recht sein.

US-Senator Lindsey Graham sagt jedoch:
»*Ich glaube, dass es für die Ukraine an der Zeit ist, den nächsten Schritt in ihrer demokratischen Entwicklung zu tun und insbesondere im Jahr 2024 Wahlen abzuhalten*«.[411]

11. Oktober 2023: Selenskij sagt, dass er sich **nach** Ende des Krieges **nicht** mehr zur Wiederwahl stellen will. Zuvor hat er reguläre Präsidentenwahlen, die gemäß der Verfassung für den 31. März 2024 vorgesehen waren, durch das immer wieder verlängerte Kriegsrecht verhindert.[412] Auch die ursprünglich für Oktober 2023 geplanten Parlamentswahlen wurden schon damals auf unbestimmte Zeit verschoben.[413]

6. November 2023: Selenskij lehnt die Präsidentenwahl erneut ab. Sein Argument: Politische Spalterei in dem Land sei nicht angebracht. Die Ressourcen des Staates und der Ukrainer sollten vielmehr auf den Sieg über Russland gerichtet werden:
»*Und wir alle verstehen, dass es jetzt in Kriegszeiten, wo es viele Herausforderungen gibt, absolut unverantwortlich ist, das Thema Wahlen leichtfertig und spielerisch in die Gesellschaft zu werfen*«.[414]

Wegen des Kriegsrechts waren die nach der Verfassung für Ende Oktober 2023 vorgesehenen regulären Parlamentswahlen bereits ausgefallen. Das Kriegsrecht war nach dem Einmarsch der russischen Armee vor mehr als 20 Monaten verhängt worden. Das geltende Recht sieht dabei Wahlen erst nach Kriegsende vor. Selenskij „klebt" seit Mai 2019 im Amt.[415]

20. November 2023: Die britische Zeitung *The Guardian* berichtet, dass Selenskij befürchtet, die Präsidentschaftswahlen in der Ukraine zu verlieren, falls diese stattfinden sollten.[416]

31. März 2024: In der Ukraine sollten heute Präsidentschaftswahlen stattfinden, aber Präsident Selenskij, dessen Amtszeit im Mai 2024 ausläuft, hat bereits im Voraus signalisiert, dass es nicht die Zeit für Wahlen ist. Er sagt:
»*Jetzt ist Kriegszeit, und ich glaube, dass jetzt nicht die Zeit für Wahlen ist*«.[417]

Das Kriegsrecht wird alle 90 Tage vom Parlament in Kiew verlängert, ein Selbstläufer. Würden die Abgeordneten das Kriegsrecht nicht verlängern, wären sie auch ihre eigenen Posten los, denn dann **müsste** ein neues Parlament gewählt werden.[418] So krallen sich Selenskij und die Mandatsträger an ihre Pöstchen und damit auch an ihre Vergünstigungen. Ein Schelm, der Böses dabei denkt!

14. Mai 2023 (II): Scholz sichert der Ukraine die weitere Unterstützung Deutschlands zu. Der Bundeskanzler spricht sich wieder gegen einen »Diktatfrieden« aus. Russland müsse seine Truppen zurückziehen.[419] Zu dem neuen deutschen Waffenpaket an die Ukraine sollen 20 weitere Marder-Schützenpanzer, 30 Leopard-1-Panzer und vier Flugabwehrsysteme Iris-T SLM gehören.[420]

19. Mai 2023: Bundesverteidigungsminister Boris Pistorius appelliert, die Ukraine weiterhin mit Waffen zu unterstützen:
»*Wer heute fordert, die Waffenlieferungen in die Ukraine zu stoppen, der überlässt die Ukraine ihrem Schicksal. Das Ende der Waffenlieferungen heute wäre das Ende der Ukraine morgen*«. Es müsse darum gehen, die Ukraine mit allem zu unterstützen, »*was wir leisten können*«.[421]

22. Mai 2023: Olaf Scholz will, dass die Ukraine auch nach dem Ende des Konflikts weiter westliche Waffen erhält:
»*Für die Zukunft wird auch über Sicherheitsgarantien zu sprechen sein, das ist klar. Zu diesen Sicherheitsgarantien gehört die Frage, wie stark wir künftig die Ukraine mit Waffen ausrüsten werden. Nach dem Krieg wird die Ukraine mit Waffen aus westlicher Produktion ausgestattet werden*«.[422]

23. Mai 2023: Scholz lässt die Katze vollends aus dem Sack. Er sagt:
»*Das bittere Kapitel der Geschichte unseres Kontinents* (...) *wird damit enden, dass sich die freie Ukraine als vollwertiges Mitglied der Europäischen Union anschließt*«.[423]

26. Mai 2023 (I): Wladimir Putin ist nach Kreml-Angaben zu einem Telefonat mit Bundeskanzler Scholz (SPD) über den Krieg in der Ukraine bereit. Bisher habe Scholz aber nicht angerufen oder Berlin eine solche Initiative für ein Gespräch angestoßen, sagt Kreml-Sprecher Dmitri Peskow.[424]

26. Mai 2023 (II): Scholz hingegen schließt einen »kalten« Frieden aus:
»*Russland muss verstehen, dass es nicht darum gehen kann, eine Art kalten Frieden zu schließen – indem etwa der nun bestehende Frontverlauf zur neuen ‚Grenze' zwischen Russland und der Ukraine wird. Das würde Putins Raubzug nur legitimieren*«.[425]

30. Mai 2023 (I): Bundespräsident Frank-Walter Steinmeier ist ebenfalls voll auf Kriegsverlängerungs-Kurs. In Litauen sagt er ganz im Kampagnenstil, dass Putin auf brutale Methoden setzt:
»*Plündernd und mordend ziehen seine Truppen durch die Ukraine. Sie foltern, töten Zivilisten, vergewaltigen, entführen und verschleppen Kinder*«.[426]

30. Mai 2023 (II): Bundeskanzler Scholz versichert dem ukrainischen Präsidenten »*die unverbrüchliche Solidarität mit der Ukraine*«.[427]

Dieser bedankt sich umgehend:
»*Und ich danke Olaf, Herrn Bundeskanzler, für seine persönliche Entschlossenheit, die in vielerlei Hinsicht zur Bestimmung für ganz Europas wird*«.[428]

1. Juni 2023: Scholz wiederholt sein bekanntes Kriegsverlängerungs-Mantra:
Die finanzielle, humanitäre und militärische Unterstützung Deutschlands für die Ukraine sei »*sehr essenziell und nach den USA der größte Beitrag, der geleistet wird von einem einzelnen Land*«.[429]

3. Juni 2023: Was der Bundeskanzler von Menschen hält, die für Frieden sind, erfahren wir bei seinem Auftritt auf dem SPD-Europafest in Falkensee. Wütende Menschen bezeichnen ihn als »*Kriegstreiber*« und »*Stellvertreter USA*«,[430] wollen »*Frieden schaffen ohne Waffen*« und werden von den Medien dafür sofort in die »rechte Ecke« gestellt.[431] Scholz bezeichnet die Menschen, die Frieden wollen seinerseits als »*Schreihälse*«, Putin sei der Kriegstreiber, das würden sie erkennen, »*wenn ihr irgendeinen Verstand in euren Hirnen hättet*«.[432]

78 Jahre nach Ende des schrecklichsten Krieges der Menschheit, des Zweiten Weltkrieges, werden Menschen, die Frieden wollen, also vom Kanzler de facto als »hirnlos« beleidigt. Unglaublich, aber wahr!

5. Juni 2023: SPD-Scholz will Deutschland dauerhaft aufrüsten. Er sagt, es werde der Zeitpunkt kommen, an dem die 100 Milliarden Euro aus dem Sondervermögen für die Bundeswehr ausgegeben seien:
»*Dann werden wir das Zwei-Prozent-Nato-Ziel in Deutschland aus dem normalen Haushalt erwirtschaften müssen. Das ist auch unser Wille, das ist der Wille der von mir geführten Bundesregierung*«.[433]

10. Juni 2023: Auf dem Kirchentag in Nürnberg schallen Olaf Scholz »*Verhandeln – Verhandeln*«-Rufe entgegen. Dieser antwortet:
»*Verhandeln ist okay. Die Frage ist: Wer verhandelt mit wem und worüber*« und: Voraussetzung für einen »*fairen Frieden*« sei, dass Russland seine Truppen zurückziehe. »*Das ist das, was verstanden werden muss*«.[434]

12. Juni 2023: Bei einem Treffen zwischen Deutschland, Polen und Frankreich weist Scholz wieder einmal stolz darauf hin, dass Deutschland hinter den USA zweitgrößter Waffenlieferant sei.[435]

18. Juni 2023: Bundesverteidigungsminister Boris Pistorius verteidigt beim regionalen Ökumenischen Kirchentag in Osnabrück Waffenlieferungen in die Ukraine. Die evangelisch-reformierte Kirchenpräsidentin Susanne Bei der Wieden und der katholische Ex-Generalvikar des Bistums Osnabrück, Theo Paul, fordern Pistorius auf, mehr zu differenzieren. Es sei wichtig, auch die zerstörerischen Folgen des Krieges und eines weiteren Wettrüstens für die Ukraine zu bedenken.[436]

22. Juni 2023: In einer Regierungserklärung sagt Bundeskanzler Olaf Scholz, dass es »*absolute Priorität*« habe, »*die tatsächliche Kampfkraft der Ukraine zu stärken*«.[437]

3. Juli 2023: In einem Telefonat mit dem ukrainischen Präsidenten Wolodymyr Selenskij bekräftigt Kanzler Olaf Scholz »*die fortwährende und unverbrüchliche Solidarität*« mit der Ukraine. Deutschland werde die Unterstützung auch im militärischen Bereich in enger Abstimmung mit europäischen und internationalen Partnern fortführen.[438]

4. Juli 2023: Der Chef der deutschen Kulturgemeinde auf der Krim, Juri Gempel, sagt über Scholz hingegen das, was hierzulande ebenfalls viele Menschen glauben:

»Deutschlands Bundeskanzler Scholz ist eine amerikanische Marionette, die keine eigene Meinung hat und nicht die Interessen seines Volkes und seines Landes repräsentiert«.[439]

Scholz sei ein »*zufälliger*« Mensch in der Politik, der sein Land politisch und wirtschaftlich ruiniere.[440]

6. Juli 2023: SPD-Außenpolitiker Michael Roth, einer der eifrigsten Kriegsverlängerungsbefürworter, der immer mehr Waffenlieferungen fordert, macht einen unglaublichen Vorschlag:
»*Diejenigen Teile der Ukraine, die unter zuverlässiger Kontrolle der demokratischen Kiewer Regierung stehen, sollten schnellstmöglich zum NATO-Gebiet gehören*«.[441]

Für diese sollte dann auch die Beistandspflicht nach Artikel 5 in Kraft sein. Für andere Gebiete der Ukraine würde diese Beistandspflicht noch nicht gelten. Man müsse »*doch irgendwie aus dem furchtbaren Dilemma heraus, die NATO-Mitgliedschaft womöglich auf den Sankt-Nimmerleins-Tag verschieben zu müssen*«.[442]

Das würde bedeuten: Wenn Russland andere ukrainische Gebiete angreife, etwa Kiew beschieße, dass dann die NATO eingreifen dürfte, sprich einen Dritten Weltkrieg vom Zaun brechen. Auf diese absurde Idee muss man erst mal kommen!

9. Juli 2023: Bundespräsident Frank-Walter Steinmeier erklärt im *Sommerinterview* mit dem *ZDF* zu der umstrittenen US-Streumunition an die Ukraine (siehe unten), man könne *»in der gegenwärtigen Situation den USA nicht in den Arm fallen«*[443] und das, obwohl Steinmeier noch in seiner Funktion als Außenminister für Deutschland das Abkommen gegen Streubomben unterzeichnet hat.[444] Mehr Unaufrichtigkeit ist kaum möglich!

Einschub: Der Bonner Mathematiker Wolf Göhring stellt am 13. Juli 2023 bei der Staatsanwaltschaft Bonn Strafanzeige gegen den Bundespräsidenten. Nach Auffassung Göhrings hat Steinmeier gegen das Kriegswaffenkontrollgesetz-Gesetz verstoßen, nach dem Streumunition nicht durch die Bundesrepublik transportiert werden darf. Mit seiner Aussage rufe der Bundespräsident die zuständigen Stellen und Behörden dazu auf, die USA auf deutschem Bundesgebiet gewähren zu lassen und Rechtsverstöße nicht zu ahnden[445] (bis zur Abgabe der Druckdaten ist noch nichts entschieden).

10. Juli 2023: In der SPD gibt es dennoch keine Grenzen mehr. Auch der außenpolitische Sprecher der SPD-Faktion im Bundestag, Nils Schmid, verteidigt die angekündigte Lieferung der USA von Streubomben an die Ukraine im Interview mit dem *Deutschlandfunk* und glaubt die »Sage« von Kiew auch noch:
»*Ich kann diese Entscheidung sehr gut nachvollziehen, zumal die Ukraine ja auch festgelegt hat, dass der Einsatz dieser – sehr zu Recht – international geächteten Munition sehr eng begrenzt bleiben soll*«.[446]

11. Juli 2023: Verteidigungsminister Pistorius (SPD) erklärt:
»*Die Luftverteidigung der Ukraine wäre ohne uns überhaupt nicht denkbar*«.[447] Das stimmt zwar, aber der Minister hat dabei das eigene Land vergessen (siehe Kapitel ➔ »Deutschland ist wehrlos!«).

14. Juli 2023: Bundeskanzler Scholz sagt im *Sommerinterview*, dass die Ukraine bis im Jahr 2027 bis zu 17 Milliarden Euro **nur** für Waffenlieferungen von Deutschland erhalten werde.[448]

22. Juli 2023: Die Folge der rot-grün-gelben Kriegstreiberei: Das russische Verteidigungsministerium gibt bekannt, dass bisher fast 5.000 deutsche und polnische Söldner in der Ukraine getötet wurden. Eine Berichterstattung darüber in Deutschland und auch eine Reaktion aus Berlin bleiben aus.[449]

18. August 2023: Beim Landtagswahlkampf der SPD in München beschimpft der Kanzler die Friedensdemonstranten als »*gefallene Engel, die aus der Hölle kommen*« und stellt klar:

»Wenn ein Land aus rein imperialistischen Motiven, um das eigene Territorium zu vergrößern, das Nachbarland angreift, dann werden wir dieses Land unterstützen (…) Und die, die hier mit Friedenstauben rumlaufen, sind deshalb vielleicht gefallene Engel, die aus der Hölle kommen, weil sie letztendlich einem Kriegstreiber das Wort reden«.[450]

Unglaublich, wie Menschen, die **Frieden** wollen, erneut von ihrem Kanzler beschimpft werden.

24. August 2023 (I): Zum ukrainischen Nationalfeiertag sichert Scholz der Ukraine wiederum Beistand zu:
»*Wir stehen an Ihrer Seite. Heute feiern Sie die Unabhängigkeit und Freiheit Ihrer Nation. Das sind genau die Werte, die Ihr ganzes Land in Ihrem tapferen Kampf gegen die brutale russische Aggression verteidigt. Wir bewundern Ihren Mut und Ihre Stärke*«.[451]

24. August 2023 (II): Scholz' Ankündigung der weiteren Hilfe und Kriegsverlängerung steht im krassen Widerspruch zu dem Fazit des EU-Militärausschusses, dem die Generalstabschefs der 27 Mitgliedstaaten angehören. Dieser ist skeptisch, ob die Ukraine alle von Russland besetzten Gebiete befreien kann. Der Vorsitzende des Militärausschusses, General Robert Brieger, sagt:
»*Es bleibt fraglich, ob die volle Souveränität der Ukraine mit den zur Verfügung stehenden Mitteln wiederhergestellt werden kann (…) Ich wäre auch vorsichtig, einen Durchbruch der ukrainischen Streitkräfte durch die russischen Verteidigungslinien zu erwarten. Die Zahl der Brigaden, die Kiew bei der Offensive zur Verfügung stehen, ist überschaubar. Andererseits hatte Russland über Monate Zeit, dicht gestaffelte und gut abgesicherte Verteidigungslinien aufzubauen*«.[452]

Doch das scheint den Kriegsverlängerern Scholz, Baerbock & Co. egal zu sein. Anstatt **endlich** auf Diplomatie zu setzen, plädieren sie für noch mehr Waffen, immer weitere Milliarden, die in die Ukraine gepumpt werden und dadurch das Sterben an der Front verlängern.

Die Amerikaner haben in Deutschland im Stellvertreterkrieg gegen die Russen in der deutschen Regierung einen buckelnden und gefügigen Partner gefunden.

6. September 2023: In seiner Rede im Bundestag kündigt Verteidigungsminister Boris Pistorius (SPD) an, dass die Ausgaben für die Anschaffung von Munition im Jahr 2024 mehr als verdreifacht werden sollen.[453] Ich vermute, dass der größte Teil davon in die Ukraine geliefert wird.

12. September 2023: Scholz legt nach und macht klar, dass es für ihn keinen schnellen Frieden geben **kann**. Als Grundlage für den Frieden nennt er in seiner naiven Vorstellung nämlich »*die Einsicht der russischen Führung, dass es auch um den Rückzug von Truppen geht. Dann wird es auch die Möglichkeit für Gespräche geben, und die ukrainische Regierung wird sich daran beteiligen, da bin ich sicher*«.[454] Zudem warnt er wieder vor einem Scheinfrieden in der Ukraine:

»*Wir müssen uns vor Scheinlösungen hüten, die ›Frieden‹ lediglich im Namen tragen*«.[455]

Scholz verteidigt erneut die deutschen Waffenlieferungen an die Ukraine:
»*Wir werden die Ukraine in ihrem Recht auf Selbstverteidigung weiter unterstützen, solange wie nötig. Das halte ich nicht nur politisch und strategisch für erforderlich, sondern auch friedensethisch für geboten*«.[456]

Waffenlieferungen sind »*friedensethisch geboten?*« – Wirre SPD-Argumentation.

16. September 2023: Die Duckmäuserei hat ihre Folgen. Denn die Ukrainer wollen immer mehr, und auch der kriegslüsterne NATO-Generalsekretär Jens Stoltenberg will immer mehr und mehr. Er fordert die Bundesregierung auf, ihre Verteidigungsausgaben deutlich anzuheben und spricht von drei bis vier Prozent der Wirtschaftsleistung. Die von der NATO bisher geforderten zwei Prozent sollten das Minimum sein.[457]

Wie respektlos ein NATO-Generalsekretär mit dem Geld der deutschen Steuerzahler umgehen will, ist unglaublich!

18. September 2023 (I): Stoltenberg lobt die deutsche Unterstützung »*einschließlich Panzern und Luftabwehrsystemen*«, das mache »einen ***entscheidenden*** *Unterschied*«.[458]

18. September 2023 (II): Kremlsprecher Dmitri Peskow äußert sich zu Olaf Scholz' Auffassung, dass nur der Abzug russischer Truppen aus der Zone der Militäroperation eine Voraussetzung für Verhandlungen zwischen Russland und der Ukraine sein könne: »*Das ist nicht die Forderung von Scholz, das sind die Überlegungen von Scholz. Es ist unwahrscheinlich, dass diese Überlegungen darauf hindeuten, dass die deutsche Seite den tatsächlichen Stand der Dinge im Boxring versteht*«.[459]

18. September 2023 (III): Pistorius gibt ein Exklusiv-Interview in der *BILD*. Auch er verkauft den Ukraine-Krieg als Kampf um die Freiheit Deutschlands (Hervorhebungen durch mich):

»*Russland hat die Ukraine völkerrechtswidrig angegriffen. Ich will, dass die Ukraine ihr Land erfolgreich verteidigt und den Krieg gewinnt. Ob es am Ende gelingt, kann ich nicht vorhersehen. Ich sehe es aber als meine Aufgabe an, die Ukraine so gut wie möglich zu unterstützen. Und so lange wie nötig! (...)* ***Es geht grundsätzlich um die Freiheit. Um die Freiheit weltweit. Und damit auch um unsere Freiheit in Deutschland***«.[460]

Auf die Frage »*Wie groß ist die Gefahr, dass Deutschland selbst Kriegspartei wird?*« antwortet Pistorius: »*Die Gefahr sehe ich nicht*« und auf »*Ist die Bundeswehr im Ernstfall kriegsbereit?*« mit einem »*Ja*«.[461] Nächste Volksverblödung, denn im Kapitel ➔ »Katastrophaler Zustand der Bundeswehr, aber gendergerecht!« zeige ich auf, dass die »kriegsbereite« Bundeswehr – wenn überhaupt – nur wenige Tage durchhalten könnte.

19. September 2023: Auf der UN-»Leerversammlung« verbreitet Olaf Scholz wiederum das USA-NATO-Mantra eines »falschen« Friedens:

»*Zugleich müssen wir uns vor Schein-Lösungen hüten, die ›Frieden‹ lediglich im Namen tragen. Denn: Frieden ohne Freiheit heißt Unterdrückung. Frieden ohne Gerechtigkeit nennt man Diktat. Das muss nun endlich auch Moskau verstehen*«. Er fordert Putin zudem auf, den Krieg zu beenden.[462] Wie ist klar: Vollständiger Rückzug – aber das ist naives Wunschdenken.

Scholz spricht vor der UN in einem so gut wie leeren Saal. So wichtig ist die Ukraine-Unterstützungs-Hysterie-Republik bereits geworden![463]

20. September 2023 (I): Scholz schießt scharf gegen Putin. Er sagt:

»*Der Grund dafür, dass das Leid in der Ukraine und überall auf der Welt andauert, ist erschütternd einfach: Russlands Präsident will seinen imperialistischen Plan zur Eroberung seines souveränen Nachbarn, der Ukraine, umsetzen*«.[464]

Er fordert Putin auf, der Aufforderung der UN-Vollversammlung nachzukommen, seine Truppen abzuziehen und so den Krieg zu beenden:

»*Bis heute wurde sie nicht beantwortet. Nichts tönt heute lauter als Russlands Schweigen als Reaktion auf diesen globalen Friedensappell*«.[465]

20. September 2023 (II): Selenskij schmiert der Ampel-Regierung, die sein Land rückhaltlos und ohne Rücksicht auf die eigene Bevölkerung und Wirtschaft, unterstützt, Honig ums Maul und schwurbelt (Hervorhebungen durch mich):

»***Deutschland ist zu einem der wichtigsten globalen Garanten für Frieden und Sicherheit*** *geworden.* ***Dies ist eine Tatsache.*** *Fakt ist auch, dass Deutschland einen Platz unter den ständigen Mitgliedern des Sicherheitsrates verdient (…)*«[466]

20. September 2023 (III): Der ukrainische Botschafter in Deutschland, Oleksii Makeiev, sagt:

»*Im Großen und Ganzen sind wir mit dem von Deutschland geschnürten Ausrüstungspaket zufrieden*«.[467] – »Im Großen und Ganzen«, das muss man sich einmal als deutscher Steuerzahler vorstellen, der Milliarden in die Ukraine überweist – Tendenz steigend.

20. September 2023 (IV): Bundeskanzler Olaf Scholz und der ukrainische Präsident Wolodymyr Selenskij werden für ihre angeblichen »*Verdienste um die internationale Zusammenarbeit*« mit dem *Global Citizen Award* (Weltbürger-Preis) ausgezeichnet. Den Preis vergibt das *Atlantic Council*, eine transatlantische Lobbyorganisation zur Durchsetzung von US-Interessen, bei einem Galadinner in New York.[468]

6. Oktober 2023: Wie schon Kanzler Scholz reist jetzt auch Bundespräsident Frank-Walter Steinmeier in die USA und wird im Weißen Haus erwartet. Offiziell klingt das so:
»*Bei dem Treffen gehe es auch um die* ***enge Abstimmung*** *als NATO-Bündnispartner in einer Reihe wichtiger Fragen, einschließlich der Verteidigung demokratischer Werte und unserer* ***gemeinsamen Verpflichtung zur Unterstützung der Ukraine****, die sich gegen die russische Invasion verteidigt*«.[469]

In Wirklichkeit dürfte sich Steinmeier Instruktionen von den Amerikanern abholen, die dann pflichtschuldig umgesetzt werden.

Steinmeier (SPD) sagt dann auch ganz im Sinne der USA-NATO:
»*Die Menschen in der Ukraine wissen: Was Deutschland zusagt, das wird gehalten. Auf Deutschland ist Verlass*«.[470]

Was er dabei vergisst: Deutschlands Präsident macht dadurch sein eigenes Land kaputt, liefert es de facto an die Amerikaner aus (siehe ➔ »Fazit«) und bringt seine Bürger jeden Tag näher an einen Weltkrieg heran.

Wolfgang Koydl schreibt in der *Weltwoche* treffend über diese Reise des Bundespräsidenten:

»Biden pfeift, Steinmeier kommt gerannt«.[471]

Und weiter:
»*Wenn also der deutsche Bundespräsident zwischen zwei lange geplanten Besuchen alles über den Haufen wirft und Hals über Kopf nach Washington fliegt, dann ist das etwas nie Gehörtes (...) Fadenscheinig ist die Begründung für den Blitzbesuch: der Tag der deutsch-amerikanischen Freundschaft. Den gibt es seit 1987, und er kommt jedes Jahr so überraschend wie Weihnachten. Es muss mehr hinter dem Trip stecken,* ***zumal da Steinmeier auch mit dem CIA-Chef zusammentraf*** *(…) Der Verdacht drängt sich auf, dass es um den derzeit größten Elefanten im Raum amerikanisch-deutscher Beziehungen gehen könnte: die Sprengung der Nord-Stream-Pipelines mit – vermutlich – CIA-Beteiligung (...)*«[472]

19. Oktober 2023: Bundeskanzler Olaf Scholz sagt der Ukraine vor dem Bundestag weitere Waffenlieferungen und finanzielle Hilfe zu. Deutschland werde die Unterstützung für die Kiewer Behörden nicht zurückfahren.[473]

20. Oktober 2023: Scholz telefoniert mit Selenskij und bekräftigt »*die anhaltende und unverbrüchliche Solidarität mit der Ukraine angesichts der unverändert anhaltenden Aggression Russlands*«.[474]

24. Oktober 2023: Scholz sagt beim deutsch-ukrainischen Wirtschaftsforum in Berlin, dass die Unterstützung für die Ukraine durch die schrecklichen Ereignisse um den Angriff der Hamas auf Israel »in keiner Weise« beeinträchtigt werde:

»*Beiden Ländern – Israel und der Ukraine – gilt unsere unverbrüchliche Solidarität*«.[475]

Gleichzeitig wirbt Scholz für eine **dauerhafte** EU-Finanzzusage für die Ukraine.[476]

12. November 2023: Die deutschen Kriegsverlängerer-Regierung hat immer noch nicht genug: Die Koalition von Bundeskanzler Olaf Scholz einigt sich darauf, die deutsche Militärhilfe für die Ukraine im kommenden Jahr auf acht Milliarden Euro zu **verdoppeln.** Dazu kommen noch zwei Milliarden Euro, die das Verteidigungsministerium als sogenannte »Verpflichtungsermächtigungen« für langfristige Rüstungsverträge ausgeben darf.[477]

15. November 2023: Bundespräsident Steinmeier ist ebenfalls stramm auf Kriegsverlängerungskurs. Er sagt:

»*Die Ukraine braucht unsere Unterstützung umso mehr, als nun auch im Nahen Osten Krieg herrscht und der in der Ukraine nicht mehr die Aufmerksamkeit erhält, die er so dringend braucht. Putins Kalkül ist: Die Welt soll die Ukraine vergessen*«.[478]

21. November 2023: Pistorius ist wieder in Kiew und sagt neue Waffensysteme im Wert von 1,3 Milliarden Euro zu.[479]

28. November 2023: Pistorius ist völlig realitätsfremd: In einem Interview beim *Berliner Forum Außenpolitik* sagt er, entgegen des desolaten Zustandes der Bundeswehr:

»*Wir wollen so verteidigungsfähig, so kriegstüchtig sein, dass jeder potenzielle Angreifer es sich zwei- oder dreimal überlegt, ob er es tut oder am besten ganz lässt*«.[480]

Da kann man nur noch ungläubig mit dem Kopf schütteln.

29. November 2023: Pistorius sagt bei der Regierungsbefragung im Bundestag, dass er die Ukraine im Kampf gegen den russischen Angriffskrieg weiter unterstützen will. Man werde nicht nachlassen und beliefere die Ukraine mit neuen Systemen zur Luftverteidigung sowie mit gepanzerten Fahrzeugen und Munition.[481]

22. Dezember 2023: Totale Kriegs-Hysterie im deutschen Polit-Establishment! Nach Verteidigungsminister Pistorius fordern immer mehr Politiker und Experten: Deutschland muss sich auf einen **Angriff von Putin** vorbereiten. Der Chef der Münchner Sicherheitskonferenz Christoph Heusgen fordert daher, die Rüstungsausgaben zu verdoppeln.[482] Frohe Weihnachten!

8. Januar 2024: Auch im neuen Jahr geht der Kriegsverlängerungs-Kurs munter weiter: Bundeskanzler Olaf Scholz fordert die anderen 26 EU-Länder auf, ihre Militärhilfe für die Ukraine aufzustocken.[483] Mit Verweis auf die verdoppelte Hilfe Deutschlands sagt Scholz:

»*Ich rufe deshalb die Verbündeten der Europäischen Union auf, ihre Anstrengungen für Lieferungen in die Ukraine ebenfalls zu verstärken*«.[484]

Scholz gibt zudem an, dass er die EU-Kommission gebeten habe, bis zum EU-Sondergipfel am 1. Februar bei den anderen EU-Staaten abzufragen, wie viel Waffen und Munition sie in diesem Jahr an die Ukraine liefern wollen. Was bisher bekannt sei, reiche jedenfalls nicht aus.[485] Krieg über alles!

10. Januar 2024: Der SPD-Außenpolitiker Nils Schmid fordert sogar, **weltweit** mehr Waffen zur Lieferung an die Ukraine einzukaufen.[486]

20. Januar 2024: Bundeskanzler Olaf Scholz und Großbritanniens damaliger Premierminister Rishi Sunak telefonieren über die Lage in der Ukraine. Sie sind sich einig, dass die Ukraine weiter im Kampf gegen Russland unterstützt werden müsse.[487]

6. Februar 2024: Scholz sagt nach einer Zusammenkunft mit dem neuen französischen Premierminister Gabriel Attal in Berlin, er hoffe sehr, dass der US-Kongress bald eine Entscheidung treffe, die notwendige Unterstützung finanziell möglich zu machen. Russlands Präsident Wladimir Putin hoffe nämlich darauf, dass die westlichen Verbündeten die Ukraine irgendwann nicht mehr unterstützen wollten:

»*Und das ist die Botschaft, die sowohl aus den USA als auch aus Europa ganz klar an ihn gerichtet sein muss: Diese Rechnung geht nicht auf. Wir werden die Ukraine unterstützen*«.[488]

9./10. Februar 2024: Kanzler Scholz nennt den Medien seine wichtigsten Ziele bei seiner USA-Reise. Es sei an der Zeit, dem russischen Präsidenten Putin ein »*sehr klares Signal*« zu senden, dass der Westen in seiner Unterstützung für die Ukraine nicht nachlassen werde. Scholz unterstreicht die Dringlichkeit, gemeinsam mit Europa und den Vereinigten Staaten die Hilfe für die Ukraine aufrechtzuerhalten. Scholz' Besuch erfolgt kurz nachdem Bidens Versuch im US-Kongress gescheitert ist, weitere Hilfen für Kiew zu sichern (siehe unten).[489]

10. Februar 2024: Scholz mischt sich sogar in den US-Innenpolitik ein. Er appelliert nach seinem Treffen mit Biden an den US-Senat, schnell eine Entscheidung für die Freigabe der Gelder zu treffen. Wenn es nicht gelinge, ein Ja des Kongresses zu weiteren Finanzmitteln für Kiew zustande zu bringen, sei die Fähigkeit der ukrainischen Streitkräfte bedroht, das eigene Land gegen den russischen Aggressor zu verteidigen.[490] Scholz wiederholt sein Mantra:

»*Unsere Hilfe für die Ukraine wird nicht nachlassen*«.[491]

Fast schon verzweifelt ruft er die europäischen Länder auf, »*alle Kraft*« zu sammeln, um mehr Waffenhilfe für Kiew zu mobilisieren. Scholz:

»*Deutschland hat seinen Beitrag auf den Weg gebracht durch den Haushalt dieses Jahres!*«[492]

12. Februar 2024: Scholz sagt bei der Einweihung einer Munitionsfabrik von Rheinmetall: »*Es ist wichtig, eine leistungsfähige Rüstungsindustrie zu haben*«.[493]

Die roten »Pazifisten« haben durch ihre Aufrüstungspläne auch den 1. Weltkrieg möglich gemacht. Die Dokumente dazu finden Sie in meinem Buch ➔ »Ohne SPD wäre Hitler nicht an die Macht gekommen«.[494]

13. Februar 2024: Der Wahnsinn und die Kriegslüsternheit kennen keine Grenzen mehr: Die Europawahl-Spitzenkandidatin der SPD, Katharina Barley, will sogar EU-**Atomwaffen**![495]

16. Februar 2024 (I): Selenskij ist wieder einmal Gast in Deutschland. Er schreibt zu seinem Besuch, es werde um »*eine neue Sicherheitsarchitektur für die Ukraine*« gehen und fügt hinzu, sein Land versuche, »*den Krieg so bald wie möglich zu fairen ukrainischen Bedingungen zu beenden*«. Ganz neue Töne! Im Kanzleramt wollen die beiden Politiker eine »*bilaterale Vereinbarung über Sicherheitszusagen und langfristige Unterstützung*« unterzeichnen.[496]

Deutschland und die Ukraine schließen ein Übereinkommen, das, so der Sprecher der Bundesregierung, »*Vereinbarung über Sicherheitszusagen und langfristige Unterstützung*« genannt wird. Es geht dabei um die **langfristige** Belieferung von ukrainischem Militär mit Rüstungsgütern, um Ausbildung und Training sowie um die Bereitstellung von Aufklärungsdaten.[497]

Scholz »verschenkt« zudem erneut Steuergelder: Deutschland stellt der Ukraine weitere Waffen zur Verfügung. Das neue Rüstungspaket hat den Umfang von rund 1,13 Milliarden Euro. Scholz zufolge enthält es Panzerhaubitzen und Luftabwehrsysteme. Im Einzelnen sagt die Bundesregierung von Ende 2025 bis 2027 weitere 18 Panzerhaubitzen 2000 sowie 18 Radhaubitzen vom Typ RCH 155 zu. Erstmals soll Artilleriemunition vom Kaliber 122 Millimeter geliefert werden, in diesem Jahr noch 120.000 Schuss. Im Jahr 2025 will Deutschland ein zweites Luftabwehrsystem vom Typ SkyNex zur Verfügung stellen. In diesem Jahr werden weitere hundert Lenkflugkörper für das Luftabwehrsystem Iris-T geliefert.[498]

16. Februar 2024 (II): Das *Institut für Weltwirtschaft* (IfW) veröffentlicht neue Schockzahlen für den deutschen Steuerzahler: **Bisher** hat Deutschland (ohne EU-Hilfen) **22,06 Milliarden** Euro an die Ukraine bezahlt, **mit** EU-Hilfen sogar **41 Milliarden** Euro![499]

Doch eines ist so sicher wie das Amen in der Kirche: Die bankrott-korrupte Ukraine wird ihre Schulden niemals zurückzahlen, niemals!

17. Februar 2024: Scholz ruft die EU-Partner eindringlich zu mehr Finanzhilfe für die Ukraine auf. Für das laufende Jahr habe Deutschland seine Militärhilfe auf mehr als sieben Milliarden Euro nahezu verdoppelt, Zusagen für die kommenden Jahre in Höhe von sechs Milliarden kämen hinzu, sage der SPD-Politiker bei seinem Auftritt vor der Münchner Sicherheitskonferenz. Er wünscht sich sehr, »*dass ähnliche Entscheidungen in allen EU-Hauptstädten getroffen werden*«.[500]

18. Februar 2024: In einer Fernsehansprache sagt Scholz, es sei »*richtig*«, der Ukraine »*so massiv*« zu helfen, »*auch wenn wir natürlich die finanziellen Folgen spüren*«. Die Folgen eines russischen Sieges kämen Deutschland »*viel teurer*« als die jetzige Unterstützung.[501]

19. Februar 2024: Kurz vor dem zweiten Jahrestag des russischen Angriffskriegs wollen die Fraktionen der Ampel-Koalitionen die Bundesregierung zu zusätzlichen Lieferungen »*weitreichender Waffensysteme*« an die Ukraine auffordern.[502]

21. Februar 2024: Aus der Antwort einer Anfrage der AfD an die Bundesregierung geht hervor, dass diese nicht an einen Frieden denkt, im Gegenteil sogar:
»*Die Bundesregierung schließt sowohl eine Niederlage Kiews als auch einen Verhandlungsfrieden aus*«.[503]

Wie realitätsfremd, ja sogar dumm kann man sein, angesichts der militärischen Lage der Ukraine an einen Sieg zu glauben? Das zeigt den Kriegsfanatismus der Ampel!

24. Februar 2024: Zum zweiten Jahrestag des Ukraine-Krieges wiederholt Scholz in einer TV-Ansprache sein ewiges Mantra:

»*Wir unterstützen die Ukraine bei ihrer Selbstverteidigung – und zwar so lange wie nötig* (…) *Das alles verlangt uns einiges ab, auch finanziell*«.[504]

29. Februar 2024: Irrer geht's nimmer: Die SPD will Scholz offenbar als »Friedenskanzler« (!) für die kommenden Wahlkämpfe positionieren. Die irre Begründung der Genossen: Unter einem anderen Bundeskanzler wären wir womöglich längst Kriegspartei[505] – das sind wir in den Augen der Russen aber schon längst!

14. März 2024: Scholz versichert Selenskij auch weiterhin »*unverbrüchliche Solidarität mit der Ukraine angesichts der unverändert anhaltenden Aggression Russlands*«.[506] Dies gelte auch für den militärischen Bereich.

15. März 2024: Scholz verkündet nach Gesprächen mit den polnischen und französischen Präsidenten:
»*Unter anderem werden wir ab sofort noch mehr Waffen für die Ukraine beschaffen – und zwar auf dem gesamten Weltmarkt*«.[507]

19. März 2024: Beim Treffen der Ukraine-Kontaktgruppe auf dem US-Luftwaffenstützpunkt Ramstein kündigt Bundesverteidigungsminister Boris Pistorius neue deutsche Militärhilfen in Höhe von 500 Millionen Euro an. Insgesamt habe Deutschland alleine in diesem Jahr über sieben Milliarden Euro an militärischer Hilfe vorgesehen. Er sagt:
»*Die Unterstützung auch aus Deutschland bleibt ungebrochen und ist nach wie vor die mit Abstand größte in Europa*«.[508]

21. März 2024: SPD-Vorsitzender Lars Klingbeil sieht derzeit keine Basis für Verhandlungen mit dem russischen Präsidenten Wladimir Putin über ein Ende des Ukraine-Krieges. Er sagt:
»*Ich selbst glaube gerade nicht, dass man sich mit Wladimir Putin an einen Tisch setzen kann*«.[509]

1. Mai 2024: SPD-Chef Lars Klingbeil sagt:
»*Wir müssen vielleicht noch zehn Jahre Geld und Waffen mobilisieren, um der Ukraine zu helfen. Das ist ein Marathonlauf*«.[510] Und dann folgt die propagandistische Unwahrheit:

»***Deutschlands Sicherheit wird auch in der Ukraine verteidigt***«.[511]

30. Mai 2024: Pistorius sagt der Ukraine ein neues Waffenpaket über 500 Millionen Euro zu.[512]

31. Mai 2024: »Waffenwende« von Kanzler Olaf Scholz: Die Ukraine darf mit deutschen Waffen nach Russland feuern – zumindest für die Verteidigung der ukrainischen Großstadt Charkiw. Bislang war es den Ukrainern untersagt, mit deutschen Waffen Putins Armee auf russischem Boden anzugreifen. Jetzt die Kehrtwende. Für Angriffe auf Putins Armee hinter der Grenze auf russischem Gebiet mit deutschen Waffensystemen.[513]

Das erste Mal seit 1945: Deutsche Waffen dürfen wieder in Russland eingesetzt werden!

Die russische Antwort kommt schnell: Für Angriffe auf Russlands Territorium, bei denen die Ukraine westliche Waffen einsetzt, wird sich die NATO verantworten müssen, erklärt die Pressesprecherin des russischen Außenministeriums Maria Sacharowa.[514]

Der 3. Weltkrieg rückt immer näher.

11. Juni 2024: Angesichts der »Wiederaufbaukonferenz« für die Ukraine in Berlin sagt Scholz:
»*Wir bauen die Ukraine wieder auf – stärker, freier, wohlhabender als zuvor*«.[515]

Wieder muss wohl der deutsche Steuerzahler ranhalten. Die Weltbank beziffert die Kosten des Wiederaufbaus in den kommenden zehn Jahren auf **500 Milliarden US-Dollar** oder 464 Milliarden Euro.[516]

13. Juni 2024: Die Unterhändler der Staats- und Regierungschefs der G7 verständigen sich darauf, die Ukraine in ihrem Abwehrkampf gegen Russland mit einem Kreditpaket von 50 Milliarden Dollar (etwa 47 Milliarden Euro) zu unterstützen. Bis Ende des Jahres soll das Geld fließen. Mit dem Geld soll die Ukraine neue Waffen und Munition kaufen, den Wiederaufbau zerstörter Infrastruktur bezahlen, Engpässe im ukrainischen Staatshaushalt ausgleichen. Es gibt **keine Vorgaben oder Beschränkungen**. Finanziert werden soll das Paket **mithilfe** der Zinsen aus eingefrorenem russischen Staatsvermögen, was jährlich rund vier Milliarden Euro ausmacht.[517] Der Rest wird auf die Schultern der westlichen Industrieländer verteilt – der deutsche Steuerzahler natürlich wieder ganz vorn dabei. So kann der Krieg weitergehen, immer weiter.

14. Juni 2024: Für den Ukraine-Einsatz baut die NATO ein Hauptquartier in Deutschland auf. So wird unser Land noch mehr zur russischen Zielscheibe! Demnach wird das neue NATO-Kommando in einer bereits bestehenden US-Einrichtung in Wiesbaden und an logistischen Knotenpunkten im östlichen Teil des Bündnisses (Polen und Rumänien) unter einem Drei-Sterne-General angesiedelt, der dem Obersten Alliierten Befehlshaber Europas unterstellt ist. Die NATO wird von Wiesbaden aus die Ausbildung der ukrainischen Streitkräfte in Ausbildungseinrichtungen in verbündeten Ländern überwachen und die Ukraine durch die Planung und Koordinierung von Spenden unterstützen.[518] NATO-Generalsekretär Jens Stoltenberg sagt:

»*Durch die Verwaltung des Transfers und der Reparatur von Ausrüstung wird die langfristige Entwicklung der ukrainischen Streitkräfte unterstützt*«[519] und weiter:

»*Diese Bemühungen machen die NATO nicht zu einer Konfliktpartei, aber sie werden unsere Unterstützung für die Ukraine bei der Wahrung ihres Rechts auf Selbstverteidigung verstärken*«.[520]

Werden die Russen das genauso sehen?

Wegen Ukraine-Krieg: Neues NATO-Hauptquartier in Deutschland!

3. Juli 2024: Bei einer Regierungsbefragung gibt Scholz zu, dass er **so** keinen Waffenstillstand will. Er sagt:

»*Aus meiner Sicht ist ein Waffenstillstand, der eine Kapitulation der Ukraine zum Gegenstand hat, einer, den wir niemals als Deutschland unterstützen dürfen*«. Gleichzeitig kritisiert er Wladimir Putins Friedensangebot und bezeichnet es als »*merkwürdig*«.[521]

11. Juli 2024: Die USA verkünden, dass sie in Deutschland Langstreckenraketen stationieren werden: Ab 2026 soll eine Batterie des Raketensystems »Typhon MRC« nach Deutschland kommen. Das mobile System, welches sowohl Tomahawk-Marschflugkörper mit einer Reichweite von 2500 Kilometern als auch SM-6-Flugabwehrraketen mit einer Reichweite von 250 Kilometern verschießen kann, wird zunächst vorübergehend, später permanent, in Deutschland stationiert.[522] Olaf Scholz bezeichnet das als eine »*gute Entscheidung*«.[523] **Ist eine Entscheidung, die Deutschland noch mehr in den Mittelpunkt evtl. russischer Gegenschläge rückt, wirklich »gut«?**

Wegen Ukraine-Krieg: USA wollen Langstreckenraketen in Deutschland stationieren und unser Land somit zum Hauptziel der Russen machen!

14. Juli 2024: Die Russen reagieren fast zeitnah. Der russische Präsidentensprecher Dmitri Peskow bezeichnet in einem Interview mit dem Journalisten Pawel Sarubin die europäischen Hauptstädte als »*potenzielle Opfer*« der US-Pläne zur Stationierung von Langstreckenraketen in Deutschland. Er sagt:

»*Die Vereinigten Staaten haben in Europa eine Vielzahl von Raketen mit unterschiedlichen Reichweiten stationiert, die traditionell auf unser Land gerichtet sind. Dementsprechend hat unser Land europäische Standorte als Ziele für unsere Raketen bestimmt*«.[524]

13. August 2024: Natürlich spricht sich die SPD-Parteispitze **für** die Stationierung von US-Langstreckenwaffen in der Bundesrepublik aus. Begründet wird dies mit der wachsenden Bedrohung Europas durch Russland.[525]

21. August 2024: Bundeskanzler Olaf Scholz bekräftigt seinen Willen, die Ukraine auch in Zukunft umfassend mit Militärhilfe zu unterstützen:

»*Deutschland wird in der Unterstützung der Ukraine nicht nachlassen*«. Die Bundesrepublik werde weiter »*der größte nationale Unterstützer der Ukraine in Europa*« sein.[526]

Scholz bekräftigt, dass Deutschland auch weiter Waffen liefern werde, wie Luftverteidigungssysteme, Munition oder Panzer. Die Mittel stünden dafür zur Verfügung. Er verweist zudem auf den von den G7-Staaten geplanten Kredit von 50 Milliarden Dollar an die Ukraine, damit diese sich selber Militärmaterial kaufen könne. Genutzt werden sollen zur Finanzierung Zinserträge aus durch Sanktionen wegen des Ukraine-Konflikts eingefrorenem russischen Vermögen.[527] Dabei handelt es sich aber nur um rund vier (!) Milliarden Euro, bleiben also **neue** 46 Milliarden, für die der EU-Steuerzahler aufkommen muss.

22. August 2024: Vor dem Hintergrund der Offensive des ukrainischen Militärs im russischen Grenzgebiet Kursk erklärt SPD-Generalsekretär Kevin Kühnert:

»*Die überfallene Ukraine darf für ihre Verteidigung auch auf russischem Territorium agieren und die westlichen Waffen gehören mit ihrer Übergabe der Ukraine – das sind ja keine Leasingpanzer!*«[528]

8. September 2024: Paukenschlag! Plötzlich ist Olaf Scholz dafür, dass Russland an einer Friedenskonferenz teilnimmt![529]

Weshalb der Bundeskanzler jetzt endlich für Diplomatie ist, kann nur vermutet werden: Ultraschlechte Wahlergebnisse und der Sinkflug seiner Beliebtheit bei der Bevölkerung? Die italienische Zeitung *La Rebbublica* sieht das genauso. Sie schreibt, Scholz wolle nach den Misserfolgen bei den Landtags- und Europawahlen die »Ukraine-Karte« spielen, um seine eigene Position zu stärken.[530]

III.
Selenskij fordert Kampfjets

26. Januar 2023: Nur wenige Stunden nach der Zusage von Kampfpanzerlieferungen »bittet« Wolodymyr Selenskij auch um Langstreckenraketen und Kampfflugzeuge.[531] Neben weitreichenden Raketen (siehe unten) fordert er auch eine Verstärkung der Luftwaffe. Der Sprecher der ukrainischen Luftwaffe, Juri Ihnat, nennt als Ziel zwei Staffeln mit je zwölf Kampfflugzeugen – also insgesamt 24 Maschinen.[532]

Und wer sind die ersten Befürworter für die Lieferung von Kampfflugzeugen? – Na klar, die Grünen!

31. Januar 2023: Grünen-Verteidigungspolitikerin Agnieszka Brugger sagt im *Deutschlandfunk*, Kampfjetlieferungen *nicht auszuschließen*, sei richtig.[533]

3. Februar 2023: Für Anton Hofreiter (Vorsitzender des EU-Ausschusses im Bundestag) ist die Lieferung von Kampfflugzeugen *keine* rote Linie.[534]

9. Februar 2023: In London, Paris und Brüssel wirbt der ukrainische Präsident um weitere Militärhilfe, insbesondere um Kampfflugzeuge:
»*Es geht um Waffen, die für den Frieden* (!) *notwendig sind*«.[535]

Weiter zum französischen Präsidenten Macron und Olaf Scholz:
»*Emmanuel, je eher unsere Piloten moderne Flugzeuge erhalten, und Olaf, je stärker unsere Panzerkoalition wird, umso schneller endet diese Aggression Russlands. Und wir holen Europa einen sicheren Frieden zurück*«.[536]

In London sagt Selenskij, die Armee seines Landes brauche insbesondere Kampfflugzeuge, um die Abwehrschlacht gegen Russland zu gewinnen. Die britische Regierung sagt eine Prüfung zu, spricht aber von einer langfristigen Lösung.[537]

17. Februar 2023: Auf die Frage, ob Berlin Kampfjets an Kiew liefern werde, sagt Bundesverteidigungsminister Pistorius orakelhaft, dass Deutschland »*bei der Frage der Lieferung von Kampfjets nicht im Fokus*« stehe.[538]

22. Februar 2023: Der ukrainische Außenminister Dmytro Kuleba ist zuversichtlich, dass sein Land auch Kampfflugzeuge erhalten wird:
»*Wir arbeiten beständig daran, eine Luftkoalition beziehungsweise eine Flugzeugkoalition aufzubauen*«.[539]

23. Februar 2023: Der ukrainische Vizeaußenminister Andrij Melnyk sagt, die bisherigen Waffenlieferungen aus Deutschland reichten zur Rückeroberung der von Russland besetzten Gebiete inklusive der Krim *nicht* aus:

»***Wir erwarten weitere mutige Entscheidungen der Ampel, vor allem eine zügige Freigabe von deutschen Kampfjets im Rahmen einer transatlantischen Flugzeug-Allianz, um die Befreiung der Ukrainer in den okkupierten Gebieten zu beschleunigen***«.[540]

26. Februar 2023: Der ukrainische Luftwaffenchef Oleschtschuk **fordert** des weiteren mehr Luftabwehrsysteme.[541]

2. März 2023: Der frühere Kremlchef Dmitri Medwedew und jetzige Vizesekretär des russischen Sicherheitsrates warnt die NATO davor, der Ukraine Kampfflugzeuge zur Verfügung zu stellen. Die Übergabe von NATO-Kampfflugzeugen und deren Wartung in Polen kämen einem direkten Kriegseintritt des westlichen Militärbündnisses gegen Russland gleich:
»*Und jeder, der über die Lieferung (Reparatur) solcher Ausrüstungen oder Zerstörungsmittel sowie über ausländische Söldner und Militärausbilder entscheidet, müsste als legitimes militärisches Ziel betrachtet werden*«.[542]

3. März 2023 (I): Der ukrainische Verteidigungsminister Oleksij Resnikow, gibt der *BILD* ein Interview. Darin sagt er u.a., dass er sicher ist, dass schon bald Kampfjets in die Ukraine geliefert werden. Und zwar genauso, wie bei der Lieferung von Leopard-Panzern, als Deutschland erst »nein« sagte, dann aber doch lieferte:
»*In der Panzerkoalition ist das Haupttier im Zoo der Leopard aus Deutschland, aber wir haben auch Challenger, Abrams, leichte Panzer aus Frankreich. Aber der Hauptkampfpanzer ist der Leopard*«.[543] Weiter: »*Ich bin mir sicher, dass wir zwei bis drei Arten von Kampfjets haben werden, es wird einen Hauptvogel geben. Und es wird davon abhängen, welcher für die Ukraine der Beste ist. Für unsere Flugplätze, für unsere Ingenieure, für die Wartung*«.[544]

Resnikow sagt über die bisherige Weigerung Deutschlands, Jets bereitzustellen:
»*Ich erinnere mich daran, dass Deutschland keine Panzer schicken wollte. Jetzt sind Leoparden in meinem Land, ich habe persönlich einen Leopard aus Deutschland getestet*«.[545]

3. März 2023 (II): Selenskij fordert den Westen auf, die Waffen- und Munitionslieferungen an die Ukraine zu beschleunigen. Denn den ukrainischen Streitkräften fehle es an Artillerie, Munition, Militärflugzeugen und Panzern: *»Artillerie ist das, was wir vor allem brauchen – sowohl Systeme als auch Munition, Granaten in großen Mengen«*.[546]

Und wieder die Forderung nach Flugzeugen – und zwar in unanständigem Ton:

> **Selenskij: *»Wir brauchen Flugzeuge. Man sollte nicht reden oder versprechen, sondern einfach unsere Leute ausbilden und die Flugzeuge übergeben«.*** [547]

Man fragt sich: Wie lange kann sich der Westen noch verweigern, allen voran die rot-grünen Kriegstreiber? Die Antwort kommt schon einen Tag später.

4. März 2023: EU-Parlamentspräsidentin Roberta Metsola dringt auf eine Ausweitung der Waffenlieferungen an die ukrainischen Streitkräfte:
»Die Mitgliedstaaten sollten ernsthaft erwägen, Kampfflugzeuge in die Ukraine zu schicken«.[548]

5. März 2023 (I): Ukraine-Piloten üben offenbar bereits an US-Flugsimulatoren an einem Stützpunkt im Bundesstaat Arizona.[549]

5. März 2023 (II): Lettlands Regierungschef Krisjanis Karins rechnet mit einer Lieferung von Kampfjets durch westliche Staaten an die Ukraine:
»Die Lieferung von Kampfflugzeugen ist nur noch eine Frage der Zeit. Wenn die Ukrainer Kampfflugzeuge benötigen, sollten sie sie bekommen«.[550]

6. März 2023: Der ukrainische Vizeaußenminister Andrij Melnyk fordert die SPD-Spitze auf, die Bundesregierung dazu zu bewegen, weitere mutige Entscheidungen zu treffen, vor allem Kampfjets freizugeben.[551]

8. März 2023: Polen ist nach Worten von Präsident Andrzej Duda bereit, der Ukraine im Rahmen einer internationalen Koalition seine Kampfjets vom sowjetischen Typ MiG-29 zu überlassen. Er sagt gegenüber dem US-Sender *CNN*:
»Wir sind bereit, diese Flugzeuge zu liefern, und ich bin sicher, dass die Ukraine bereit wäre, sie sofort einzusetzen«.[552]

9. März 2023: Der slowakische Verteidigungsminister Jaroslaw Nad fordert von seinem Land eine Entscheidung über die Lieferung von MiG-29-Kampfjets in die Ukraine. Er hat auch mit seinem polnischen Amtskollegen gesprochen. Dieser hat erklärt, sein Land würde einem gemeinsamen Vorhaben zu Lieferung von Kampfflugzeugen in die Ukraine zustimmen.[553]

11. März 2023: Die *Asia Times* berichtet, es sei nicht ausgeschlossen, dass das Weiße Haus Kiew Kampfjets für Operationen auf der Krim zur Verfügung stellen werde. Es sei zu erwarten, dass die US-Flugzeuge ukrainische Kennzeichen tragen und von US- oder NATO-Piloten gesteuert werden.[554]

12. März 2023: Der Druck wächst. Kiew erwarte Waffen aus dem Westen, sagt die stellvertretende Premierministerin für europäische und euro-atlantische Integration der Ukraine, Olga Stefanischina, in einem Interview mit *Le Journal du Dimanche*. Die Truppen würden gepanzerte Fahrzeuge, Flugzeuge, Panzer, Artillerie und Granaten benötigen.[555]

14. März 2023: John Kirby, Koordinator für strategische Kommunikation im Nationalen Sicherheitsrat der USA, bringt zum Ausdruck, dass die US-Regierung keine Einwände gegen Polens Absicht habe, der Ukraine MiG-29-Kampfjets zu liefern.[556]

23. März 2023: Die Slowakei übergibt der Ukraine die ersten vier zugesagten MiG-29-Kampfflugzeuge. Das Land hatte sich Polen angeschlossen, das ebenfalls Kampfflugzeuge an die Ukraine übergeben will. Insgesamt plant die Slowakei die Lieferung von 13 Kampfjets aus sowjetischer Fertigung.[557]

31. März 2023: Auch die Entsendung von Bodentruppen scheint kein Tabu mehr zu sein. Ungarns Präsident Viktor Orbán spricht das aus, was seit langem hinter den verschlossenen Türen der EU diskutiert wird:
»Wir sind kurz davor, dass in den Gesprächen der europäischen Staats- und Regierungschefs die Frage legitim und üblich geworden ist, ob die EU-Mitgliedsländer irgendwelche Friedenstruppen schicken dürfen oder nicht. Wir sind nah an dieser zuvor unüberschreitbaren Grenze«.[558]

Ungarns Staatschef fügt hinzu, dass direkter und indirekter Druck und Erpressung gegenüber seinem Land zunehmen würden:

> ***»Sie wollen uns in diesen Krieg hineinzwingen«.*** [559]

3. April 2023: Der Sprecher der ukrainischen Luftwaffe, Jurij Ihnat, fordert moderne westliche Flugzeuge, da die MiG, die beispielsweise von Polen zur Verfügung gestellt wurden, »*moralisch und psychisch veraltet*« seien.[560]

4. April 2023: Eine deutliche Mehrheit der Deutschen lehnt einer Umfrage zufolge die Lieferung von modernen Kampfflugzeugen an die Ukraine ab. 64 Prozent der Befragten gaben beim aktuellen *RTL/ntv*-Trendbarometer an, dass die NATO der Ukraine solche Kampfflugzeuge nicht liefern sollte. 28 Prozent sind dafür.[561]

13. April 2023: Deutschland entspricht der Bitte der polnischen Regierung um eine Exportgenehmigung von Kampfflugzeugen vom Typ MiG-29 an die Ukraine – und zwar innerhalb von nur **einem** Tag![562]

17. April 2023: Die Slowakei übergibt der Ukraine die zugesagten MiG-29-Kampfjets.[563]

18. April 2023: Der ukrainische Präsident weist in einem Telefonat mit dem Präsidenten des US-Repräsentantenhauses, Kevin McCarthy, auf den dringenden Bedarf an gepanzerten Fahrzeugen, Artillerie, Luftabwehr und Flugzeugen hin.[564]

21. April 2023 (I): Bundesverteidigungsminister Pistorius hält deutsche Kampfjets für die Einsätze in der Ukraine für nicht geeignet. Was dahintersteckt, sagt er dann auch gleich mit:

Deutschland benötigt die Tornado-Kampfflugzeuge für die sogenannte *»nukleare Teilhabe«*. Im Klartext: Für den Transport von US-Atombomben im Krisenfall.[565]

21. April 2023 (II): NATO-Generalsekretär Jens Stoltenberg spricht sich für eine Fortsetzung der Gespräche über die Lieferung westlicher Kampfjets an die Ukraine aus:
»*Bislang hat nur Polen der Ukraine Kampfjets sowjetischer Bauart vom Typ MiG-29 zur Verfügung gestellt. Derzeit wird über die Lieferung von anderen Arten von Kampfjets diskutiert*«.[566]

30. April 2023: Der ukrainische Ministerpräsident Denis Schmygal erklärt, Kiew erwarte, in naher Zukunft Kampfflugzeuge aus dem Westen zu erhalten.[567]

2. Mai 2023: Für den ukrainischen Außenminister Dmytro Kuleba ist eine Lieferung von F-16-Kampfflugzeugen an Kiew nur noch eine »*Frage der Zeit*«:
»*Ich denke, dass diese Entscheidung der USA an die Resultate der* [ukrainischen/MGR] *Gegenoffensive geknüpft wird*«.[568]

3. Mai 2023: Der ukrainische Präsident ist zuversichtlich, dass die westlichen Verbündeten Kiew Kampfflugzeuge zur Verfügung stellen werden, wenn die ukrainischen Streitkräfte in die Offensive gehen:
»*Warum bin ich zuversichtlich, dass wir Flugzeuge bekommen werden? Weil wir bald Offensiven haben werden. Und danach, da bin ich mir sicher, werden wir Flugzeuge bekommen*«.[569]

Selenskij fügt hinzu, sein Vertrauen in den Erhalt von Kampfflugzeugen aus dem Westen rühre von der Art und Weise her, wie sich die Ereignisse in der Vergangenheit entwickelt hätten.[570]

4. Mai 2023: Die Niederlande beraten mit Dänemark und Großbritannien über die Lieferung von Kampfflugzeugen an die Ukraine. Die Lieferung der Kampfjets F-16 sei »*kein Tabu*«, sagt Premier Mark Rutte.[571]

14. Mai 2023: Selenskij fordert auf einer Pressekonferenz mit Scholz eine »*Kampfjet-Koalition*«. Auf die Frage, ob Deutschland auch Kampfjets liefern wird, antwortet Scholz, dass seine Regierung »*schon viel*« geliefert habe – vor allem im Bereich der Luftverteidigung.[572]

16. Mai 2023 (I): Kiew rechnet, unter Berufung auf Juri Sak, einen Berater des ukrainischen Verteidigungsministers, damit, 40 bis 50 F-16-Kampfjets aus westlichen Ländern zu erhalten. Sak erklärt:
»*Jeder versteht, dass das Thema reif für eine Diskussion ist. Niemand sagt, dass es unmöglich ist. Wenn man es mit der Situation vor drei Monaten vergleicht, als wir noch versuchten, Panzer zu bekommen, spricht heute jeder über eine Koalition von Kampfjets. Das ist ein sehr vielversprechendes Zeichen. Uns ist klar, dass unsere Luftverteidigung ohne F-16-Kampfflugzeuge nicht komplett sein wird*«.[573]

16. Mai 2023 (II): Gefordert, getan: Großbritannien und die Niederlande wollen eine »*internationale Koalition*« schmieden, um die Ukraine mit Kampfflugzeugen zu beliefern. Die Ukraine soll F-16-Kampfflugzeuge erhalten und auch bei der Ausbildung unterstützt werden.[574]

16. Mai 2023 (III): Selenskij sagt:
Gestern haben wir in Großbritannien mit Rishi (Sunak), dem Premierminister, vereinbart, »*dass wir an einer Koalition von Kampfjets arbeiten – Ausbildung, Flugzeuge, Ergebnisse* (...) *Gestern wurde dies vom französischen Präsidenten (Emmanuel) Macron unterstützt und heute vom niederländischen Premierminister Mark Rutte. Ein guter Start für die Koalition! Ich danke Ihnen allen!*«[575]

17. Mai 2023: Das Bundesverteidigungsministerium steht dem niederländisch-britischen Vorstoß zur Bildung einer Kampfjet-Koalition für die Ukraine positiv gegenüber. Für die Bundeswehr sei **derzeit** klar, dass keine Flugzeuge aus eigenen Beständen dafür bereitgestellt würden. Die Luftverteidigung der Ukraine habe »höchste Priorität«, betont der Sprecher des Bundesverteidigungsministeriums.[576] Bundeskanzler Scholz orakelt: »*Die Frage ist nicht so aktuell, wie sie gestellt wird*«.[577]

19. Mai 2023 (I): Selenskij begrüßt die Unterstützung der USA für die sogenannte Kampfjet-Koalition als »*historische Entscheidung*«. Die USA wollen die Ausbildung ukrainischer Piloten an Kampfflugzeugen der vierten Generation, einschließlich der F-16, unterstützen. Selenskij twittert:
»*Dies wird unsere Armee am Himmel erheblich stärken. Ich freue mich darauf, die praktische Umsetzung dieser Entscheidung während des G7-Gipfels in Hiroshima zu erörtern*«.[578]

19. Mai 2023 (II): Die Reaktion der Russischen Föderation lässt nicht lange auf sich warten: Russland warnt westliche Staaten vor einer möglichen Lieferung von F-16-Kampfjets an die Ukraine. Vizeaußenminister Alexander Gruschko:
»*Das zieht kolossale Risiken für sie nach sich*«.[579]

21. Mai 2023 (I): Olaf Scholz rechnet nicht mit einer baldigen Lieferung moderner Kampfjets an die Ukraine. Das sei eine Botschaft an diejenigen, die die Ukraine angegriffen haben:
»*Es bleibt die Botschaft: Russland muss Truppen zurückziehen*«.[580]

21. Mai 2023 (III): Dem Sprecher der ukrainischen Luftwaffe, Oberst Juri Ignat, zufolge kann die Ukraine mit Hilfe von F-16-Kampfflugzeugen den Krieg gewinnen.[581]

21. Mai 2023 (III): Washington will jetzt die seit langem von Kiew geforderten Lieferungen westlicher Kampfjets freigeben.[582]

22. Mai 2023: Der russische Botschafter in den USA sagt, eine Verlegung von US-F-16-Kampfjets in die Ukraine werfe die Frage nach einer Beteiligung der NATO an dem Konflikt auf.[583]

23. Mai 2023 (I): Trotzdem plädiert der SPD-Hardliner und Vorsitzende des Auswärtigen Ausschusses im Bundestag, Michael Roth, bei einer Lieferung von F-16-Kampfjets an die Ukraine für eine europäische Allianz:
»*Wir sollten uns einer solchen europäischen Allianz anschließen* (…) *wir könnten helfen, logistisch … vielleicht auch finanziell*«.[584]

23. Mai 2023 (II): Der NATO-Generalsekretär und beinahe schon hysterische Kriegsverlängerer Jens Stoltenberg lügt sich selbst in die Tasche. Er sagt:
»*Die Ukraine hat das Recht auf Selbstverteidigung* (...) *Wir helfen der Ukraine, dieses Recht auszuüben. Dadurch werden die NATO und NATO-Verbündete nicht Teil des Konflikts*«.[585]

Zur Ausbildung von ukrainischen Piloten für NATO-Flugzeuge sagt er:
»*Dies bestätigt auch, dass wir auf einen langfristigen Konflikt vorbereitet sind* (…)«.[586]

24. Mai 2023 (I): Der Inspekteur der Luftwaffe, Ingo Gerhartz, hält einen deutschen Beitrag zur ukrainischen Kampfjet-Koalition dennoch für möglich:
»*Nationen, die keine F-16 haben, können hier eher am Rande unterstützen wie bei Infrastruktur oder auch Ausbildung*«.[587]

24. Mai 2023 (II): Die Lieferung von F-16-Kampfflugzeugen an die Ukraine wird – so Selenskij – ein Signal sein, dass Russland wegen seiner Aggression den Krieg verlieren werde. Je schneller eine Entscheidung über die Flugzeuge umgesetzt werde desto besser.[588]

26. Mai 2023: Die Ukraine »erwartet« nach Angaben des Verteidigungsministeriums in Kiew vier Geschwader, das sind 48 F-16-Kampfflugzeuge.[589]

28. Mai 2023: Der russische Außenminister Sergej Lawrow sagt angesichts der Debatte um die Lieferung von F-16-Kampfjets an die Ukraine:
»*Das ist ein Spiel mit dem Feuer. Da gibt es gar keinen Zweifel. Das ist eine inakzeptable Eskalation*«. Sie werde betrieben von »*Washington, London und ihren Satelliten innerhalb der EU*« und verfolge das Ziel, »*Russland zu schwächen*«. Der Westen wolle mit der militärischen Unterstützung der Ukraine Russland »*eine strategische Niederlage zufügen*« und sein Land »*zerstückeln*«.[590]

30. Mai 2023: Der ukrainische Verteidigungsminister Olexij Resnikow sieht auch die Möglichkeit für die Lieferung von Eurofightern aus Deutschland:
»*Wenn Großbritannien und Deutschland ihre Kapazitäten beim Eurofighter zusammenlegen würden, wäre das ein wichtiger Schritt*«.[591]

1. Juni 2023: Selenskij bittet seine Verbündeten beim Europa-Gipfel in Moldau eindringlich um Unterstützung mit modernen Kampfjets und Patriot-Abwehrraketen. Er ist zuversichtlich, dass sein Land etliche westliche

Kampfflugzeuge vom Typ F-16 erhalten wird. Die ukrainischen Luftstreitkräfte hatten zuletzt die Zahl von 48 F-16-Kampfjets genannt, die sie »erwarten«.[592]

7. Juni 2023: Die *BILD* schreibt:

»*Der ukrainische Präsident Wolodymyr Selenskij hat eigenen Angaben zufolge ein Angebot für F-16 Kampfjets auf dem Tisch liegen. ‚Unsere Partner wissen, wie viele Flugzeuge wir brauchen', erklärt Selenskij auf seiner Internetseite. ‚Ich habe von einigen unserer europäischen Partner bereits ein Übereinkommen für die Anzahl erhalten ... Es ist ein ernsthaftes, überzeugendes Angebot'. Die Regierung in Kiew warte nun auf eine endgültige Vereinbarung mit seinen Verbündeten, einschließlich ‚eines gemeinsamen Abkommens mit den Vereinigten Staaten'. Es ist unklar, welche Länder der Ukraine die Kampfflugzeuge zur Verfügung stellen wollen*«.[593]

12. Juni 2023: Der ukrainische Vize-Außenminister Melnyk sagt, die Ukraine warte »*auf die strategische Entscheidung Deutschlands, an der Kampfjet-Koalition aktiv teilzunehmen, das Training ukrainischer Piloten an Eurofightern sofort zu ermöglichen und einen Teil von über 130 Flugzeugen beizusteuern*«.[594]

16. Juni 2023: Putin sagt über die Lieferung von Kampfflugzeugen an die Ukraine:

»*Wenn sie auf Luftwaffenstützpunkten außerhalb der Grenzen der Ukraine stationiert werden, aber in Kampfhandlungen eingesetzt werden, dann werden wir schauen müssen, wie und wo wir die Geräte treffen, die in Kampfhandlungen gegen uns verwendet werden*«.[595] Und weiter:

»Das ist eine ernsthafte Gefahr, die die NATO tiefer in diesen bewaffneten Konflikt hineinziehen könnte (...) auch die F-16 werden brennen, daran kann es keinen Zweifel geben«.[596]

6. Juli 2023: Jetzt bringt Selenskij weitere Argumente für die Lieferung von Kampfjets, indem er zunächst dem Westen die Schuld gibt, dass seine Gegenoffensive nicht erfolgreich ist, weil er zu wenig (!) Waffen habe:

»*An einigen Frontabschnitten können wir nicht einmal daran denken, sie* [die Gegenoffensive/MGR] *zu beginnen, da wir nicht über die entsprechenden Waffen verfügen*«.[597]

Die Ukraine benötige jetzt US-amerikanische F-16-Kampfjets, um die Kräfte mit den russischen Streitkräften auszugleichen:

»*Es geht nicht einmal um den ukrainischen Luftvorteil gegenüber den Russen. Hier geht es nur darum, gleich zu sein. F-16 helfen nicht nur auf dem Schlachtfeld voranzukommen. Ohne Deckung aus der Luft ist es einfach sehr schwierig*«.[598]

11. Juli 2023: Elf westliche Staaten bilden eine Koalition zur Ausbildung ukrainischer Piloten an F-16-Kampfjets. Zu den Staaten gehören: Kanada, Großbritannien, Norwegen, Belgien, Dänemark, Luxemburg, die Niederlande, Polen, Portugal, Rumänien und Schweden. Die Staaten unterzeichnen dafür ein »Memorandum«.[599]

13. Juli 2023: Moskau schlägt zurück:

Außenminister Sergej Lawrow sagt, dass sein Land an die Ukraine gelieferte F16-Kampfjets aufgrund ihrer Fähigkeit, Atomwaffen zu transportieren, als *»nukleare Bedrohung«* betrachtet.[600]

Allein den Besitz solcher Jets durch die ukrainische Armee werde Moskau als »*eine Bedrohung durch den Westen im nuklearen Bereich*«. Lawrow weiter:

»*Wir haben die Atommächte USA, das Vereinigte Königreich und Frankreich darüber informiert, dass Russland die Fähigkeit dieser Flugzeuge, Atomwaffen zu tragen, nicht ignorieren kann. Da helfen keine noch so großen Zusicherungen. Im Verlauf von Kampfeinsätzen wird unser Militär nicht erst nachprüfen, ob jedes einzelne Flugzeug dieses Typs für den Einsatz von Atomwaffen ausgerüstet ist oder nicht. Allein die Tatsache, dass die ukrainischen Streitkräfte über solche Systeme verfügen, wird von uns als Bedrohung durch den Westen im nuklearen Bereich angesehen werden*«.[601]

Der Grund: Russland könne nicht ignorieren, dass die Kampfflugzeuge aus US-Produktion »*nukleare Ladungen*« transportieren könnten. Zugleich weist der Minister zurück, dass Russland einen Atomschlag in der Ukraine plane. Die Bedingungen für die Anwendung solcher Waffen seien hinlänglich bekannt, sagte Lawrow.[602] Russlands Atomdoktrin besagt, dass Moskau Atomwaffen nur als Antwort in zwei Fällen verwenden darf:

1. Bei einem atomaren Angriff auf Russland oder

2. bei einem Angriff auf Russland mit konventionellen Waffen, der die Existenz des Landes selbst gefährdet.[603]

19. Juli 2023: Der russische Botschafter in den Niederlanden und Russlands Vertreter bei der Organisation für das Verbot chemischer Waffen, Alexandr Schulgin, erklärt, dass Lieferungen von Kampfflugzeugen des Typs F-16 an die Ukraine das Risiko einer direkten Konfrontation zwischen Russland und der NATO um ein Vielfaches erhöhen würden. Schulgin führt zudem aus, dass die Ukraine inzwischen kaum noch über Landebahnen verfüge, die für einen Einsatz der F-16 geeignet wären. Somit müssten die Jets von Flugplätzen auf dem Gebiet von NATO-Staaten betrieben werden:

»*Sollten sich Ereignisse nach dem schlimmen Szenario entwickeln, steigt das Risiko einer direkten Konfrontation um ein Mehrfaches. Dies sollten alle verstehen, auch in Den Haag*«.[604]

20. August 2023: Selenskijs beharrliches Drängen hat endlich Erfolg. Die Niederlande und Dänemark wollen insgesamt 61 F-16-Kampfjets an die Ukraine ausliefern. Russland mahnt erneut, dass dies den Konflikt ausweiten könnte.[605] Scott Ritter, ein früherer Offizier der US-Marineinfanterie und ehemaliger UN-Waffeninspektor, schreibt, dass die Kampfflugzeuge, diese F-16, alt und nach US- und NATO-Standards unsicher seien. Er berichtet, dass von den 42 Jets nur 24 flugfähig seien und weiter:
»*Alle werden innerhalb eines Monats abgeschossen*«.[606]

21. August 2023: Natürlich presst die Ukraine weiter, denn das alles reicht nicht. Der Sprecher der ukrainischen Luftwaffe, Juri Ignat, sagt, die ukrainische Luftwaffe **müsse** im Rahmen ihrer Aufrüstungsstrategie 128 westliche Jagdflugzeuge erhalten.[607]

23. August 2023: Der berühmte dänische Regisseur Lars von Trier schreibt auf dem Nachrichtenkanal *X* (ehemals *Twitter*):
»*An Herrn Selenskij und Herrn Putin und nicht zuletzt an Frau Frederiksen*[608] *(die gestern, wie Hals über Kopf verliebt, in einer am meisten gefürchteten Tötungsmaschine unserer Zeit posierte und von einem Ohr zum anderen grinste): Auch russische Leben zählen!*«[609]

25. August 2023: Selenskij drängt zur Eile für einen Einsatz der Kampfjets vom Typ F-16 gegen die russische Aggression und »*zwar so schnell wie möglich*«.[610]

31. August 2023: Selenskij presst weiter: Über bereits erfolgte Zusagen hinaus brauche die Ukraine rund 100 weitere Kampfflugzeuge:
»*Insgesamt brauchen wir für eine schlagkräftige Luftwaffe etwa 160 Kampfflugzeuge*«.[611]

8. September 2023: In seiner Rede auf dem 18. Jaltaer Forum der Europäischen Strategie in Kiew erklärt Selenskij, dass die Ukraine mehr Waffen brauche, vor allem Kampfflugzeuge.[612]

1. Oktober 2023: Dänemark will F-16 an die Ukraine abtreten. Derzeit werden ukrainische Piloten in Dänemark im Umgang mit den Jets ausgebildet.[613]

16. Februar 2024: Der Leiter von Kiews Militärgeheimdienst hofft auf Mirage 2000-Kampfflugzeuge aus Frankreich.[614]

19. März 2024: Selenskij mahnt seine Verbündeten zu mehr Tempo bei der Lieferung von Kampfjets.[615]

28. März 2024: Falls F-16-Kampfjets aus US-Produktion in der Ukraine auftauchen, werden die russischen Streitkräfte diese ebenso wie alles andere Kriegsgerät aus dem Westen zerstören. Putin erklärt:
»*Wir werden diese Flugzeuge genauso zerstören, wie wir Panzer, gepanzerte Fahrzeuge und andere Ausrüstung zerstört haben, einschließlich mehrerer Raketenstartsysteme*«.[616]

Putin stellt zudem klar: Falls die von ukrainischen Piloten geflogenen F-16 in **Drittländern** stationiert werden, wären diese Kampfflugzeuge für die russische Luftwaffe legitime Ziele:
»*Natürlich werden sie, wenn sie von Flugplätzen in Drittländern aus eingesetzt werden, zu einem legitimen Ziel für uns, egal wo sie sich befinden*«.[617]

Russland sei sich durchaus darüber im Klaren, betont Putin, dass der F-16-Jet aus den 1970er-Jahren Atomwaffen tragen könne. Dies würde bei Kampfhandlungen berücksichtigt werden. Moskau warnt den Westen wiederholt, dass der Einsatz atomwaffenfähiger Kampfjets eine inakzeptable Eskalation des Ukraine-Konflikts bedeuten würde. Mehrere NATO-Mitglieder haben zugesagt, der Ukraine F-16-Kampfjets zur Verfügung zu stellen. Lieferungen sind jedoch bisher nicht erfolgt.[618]

10. Juli 2024: Selenskij fordert 128 Kampfflugzeuge, was seiner Meinung nach der Gesamtzahl der Flugzeuge der ukrainischen »Partner« entspricht:
»*Wir haben eine Entscheidung über 10 bis 20, selbst wenn wir 50 haben, ist das nichts*«.[619]

Er will mehr, mehr, immer mehr.

Bis heute: Der Einsatz von F-16-Kampfjets im Ukraine-Krieg rückt näher. Russland will mit »harten« Gegenmaßnahmen darauf antworten.

IV.
Es geht noch was: Selenskij fordert Marschflugkörper von den Deutschen

11. Mai 2023: Die nächste Stufe der Eskalation zu einem Weltkrieg wird gezündet: Großbritannien liefert – Angaben eines Insiders nach – mehrere Langstrecken-Marschflugkörper vom Typ »Storm Shadow« an die Ukraine. Zuvor hat eine von Großbritannien angeführte Gruppe europäischer Länder (Niederlande, Dänemark, Norwegen, Schweden) Unternehmen um die Lieferung von Raketen mit einer Reichweite von bis zu 300 Kilometer an die Ukraine gebeten.[620]

26. Mai 2023: Jeden Tag neue Forderungen aus der Ukraine. Nun bittet die Regierung in Kiew Deutschland um die Lieferung von Marschflugkörpern vom Typ Taurus, also reine Angriffswaffen. Die Lenkwaffen mit bis zu 500 Kilometern Reichweite ermöglichen der Ukraine Schläge gegen die militärische Infrastruktur der Russen weit hinter der Frontlinie.[621] Marschflugkörper werden gegen strategisch wichtige und stationäre Einrichtungen des Gegners wie Flugplätze, Gefechtsstände, Industrieanlagen und Häfen eingesetzt. Um die Einsatzmöglichkeiten zu erweitern, wird versucht, Marschflugkörper auch zur Bekämpfung von mobilen Zielen wie Schiffen oder Panzerverbänden über sehr große Entfernungen einzusetzen.[622]

Hintergrund:
Taurus-Marschflugkörper – Was steckt dahinter?

Zunächst die Fakten:

➔ Die Luftwaffe verfügt über rund 600 Taurus-Waffen. Derzeit sind rund 150 einsatzbereit.

➔ Die Marschflugkörper werden von Kampfjets aus gestartet.

➔ Die Reichweite und Durchschlagskraft sind gewaltig. Es kann Ziele in mehr als 500 Kilometern Entfernung treffen.

➔ Die bunkerbrechenden Variante ist imstande, zunächst die dicke Betondecke eines Gebäudes oder eines unterirdischen Depots zu durchschlagen und dann die Hauptsprengladung zu zünden.

➔ Taurus sei, so der Hersteller *MBDA*, das weltweit einzige Mittel, das gehärtete und unterirdische Anlagen ohne GPS-Ortung präzise treffe.

➔ Fast jedes Ziel im Radius von 500 Kilometern, selbst Kommandostellen unter der Erde können somit ausgeschaltet werden.

➔ Taurus kann zudem in Häfen ankernde Schiffe, Brücken, Militärflughäfen und Flugabwehrstellungen vernichten.

➔ Das System verfügt anspruchsvolle, von Satellitensignalen unabhängige Steuerung und Leitsysteme, darunter eine Kamera, die Anhöhen, Flüsse oder Straßen erkennt und sich im Flug daran orientiert und kann sogar Stockwerke zählen.

➔ Der Taurus kann sehr tief fliegen, muss nur vor Hindernissen leicht aufsteigen und bleibt dadurch für die meisten Radare der Flugabwehr unsichtbar.

➔ Die Präzisionswaffe greift auf die in ihrem Bordrechner gespeicherten Geodaten zurück.

Militärisches Problem: Die Programmierung der Marschflugkörper. Die Eingabe der Routendaten ist kompliziert. Ohne aufwendige Schulungen ist eine Armee dazu kaum in der Lage.

Politisches Problem: Kanzler Scholz will (noch) deutsche Waffen auf russischem Territorium vermeiden.

Denn: Es ist unklar, ob die Ukrainer Ziele einer Attacke ohne aktive Hilfe der Bundeswehr oder des Herstellers festlegen könnten. In Geheimgesprächen wurde deshalb mit dem Hersteller geklärt, ob sich die Reichweite technisch begrenzen lässt. Die Antwort fiel positiv aus. Doch ob eine schnelle Ausbildung der Ukrainer an der komplizierten Software tatsächlich ein Garant dafür ist, dass – wie Kiew versprochen hat – keine Ziele in Russland angegriffen werden, bleibt äußerst fraglich. Was, wenn doch jemand die falschen Koordinaten eingibt? – Dann wäre die NATO plötzlich mit im Krieg, dem Dritten Weltkrieg!

Doch trotz all dieser Bedenken und trotz der Gefahr, dass die rot-grüne Bundesregierung mit der Lieferung von Taurus-Raketen einen direkten Krieg zwischen NATO und Russland auslösen könnte, bin ich fest davon überzeugt: Nach der Panzerwende wird es auch zur Raketenwende kommen.[623]

Taurus KEPD-350

Lenkflugkörper zur Bekämpfung von Hochwertpunktzielen

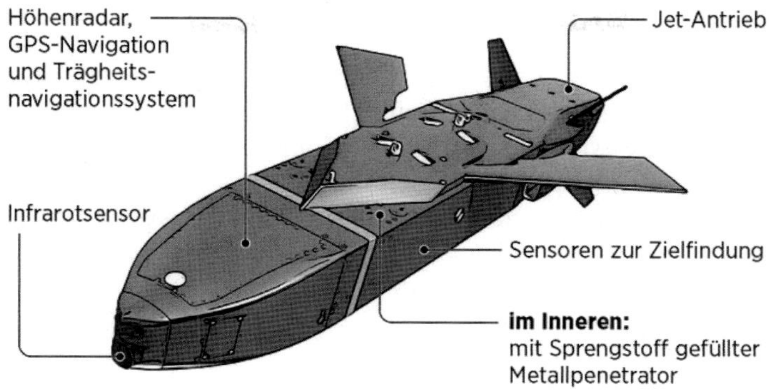

Länge	5,10 m
Breite	1,08 m
Höhe	80,5 cm
Gewicht	1350 kg
Sprengkopf-Gewicht	480 kg
Spannweite	2,06 m
Reichweite	bis zu 500 km
Stückpreis	950 000 Euro

info.BILD.de | Quelle: Bundeswehr

4. Juni 2023: Der russische Präsidentensprecher Dmitri Peskow sagt, das Niveau der taktischen und technischen Eigenschaften der vom Westen an die Ukraine gelieferten Waffen nehme ständig zu – es werde bereits über die Lieferung von Raketen mit einer Reichweite von 500 Kilometern und mehr aus Frankreich und Deutschland diskutiert:
»*Das ist natürlich eine ganz andere Qualität von Waffen, die bereits, sagen wir, zu einer weiteren Spirale der Aufheizung der Spannungen führen wird*«.[624]

16. Juni 2023: Deutschland stellt der Ukraine weitere 64 Lenkflugkörper für die Patriot-Systeme zur Verfügung. Verteidigungsminister Boris Pistorius: Das ist »*ein ganz wichtiges Zeichen, um die erfolgreichen Bemühungen der ukrainischen Streitkräfte, die Luftverteidigung zu gewährleisten, auch gerade jetzt in dieser besonderen Phase des Krieges, nachhaltig zu unterstützen*«.[625]

25. Juni 2023: Selenskij berichtet von einem Telefonat mit seinem US-Kollegen Joe Biden. Themen seien unter anderem die Ereignisse in Russland sowie eine vertiefte militärische Zusammenarbeit mit einem Schwerpunkt auf Waffen mit längerer Reichweite gewesen.[626]

7. Juli 2023: Selenskij fordert erneut diese Raketen mit längerer Reichweite: Ohne solche Waffen sei nicht nur die Gegenoffensive der Ukraine, sondern auch der Abwehrkampf gegen Russland »*schwierig*« oder sogar »*sehr schwierig*«. Kiew verhandelt mit Washington bereits über die Lieferung solcher Waffen. Großbritannien hat der Ukraine bereits im Mai die Lieferung von Marschflugkörpern vom Typ Storm Shadow mit einer Reichweite von mehr als 250 Kilometern zugesagt. Laut Selenskij ist die Ukraine auch mit anderen westlichen Verbündeten im Gespräch.[627]

12. Juli 2023: Selenskij gibt eine Vereinbarung mit Deutschland über die Lieferung zusätzlicher Patriot-Flugabwehrsysteme und passender Lenkflugkörper an Kiew bekannt. Er schreibt auf seinem Telegram-Kanal:

»Es gibt eine Vereinbarung über zusätzliche Patriot-Raketenrampen und Raketen für uns aus Deutschland«.[628]

31. Juli 2023: Selenskij drängt einmal mehr auf Raketen mit längerer Reichweite für sein Land.[629]

1. August 2023: Der ukrainische Botschafter in Berlin, Oleksii Makeiev, hofft auf Langstreckenwaffen aus Deutschland und fordert zugleich mehr Tempo bei der Lieferung. Makeiev dreist und anmaßend: Deutschland habe zwar keine Kampfflugzeuge vom Typ F-16, »*aber Langstreckenraketen aus Deutschland würden wir gerne nehmen, auch den Marschflugkörper Taurus, Munition und schweres Gerät zur Entminung von Gelände, in dem sich russische Streitkräfte verbarrikadiert haben*«. Er hoffe, dass die Taurus-Lieferung nicht so lange dauere wie die Panzerdebatte.[630]

3. August 2023: Bundesverteidigungsminister Pistorius schließt eine Lieferung von Marschflugkörpern in Zukunft nicht aus:
»Der Zeitpunkt für eine Entscheidung ist für uns noch nicht gekommen«.[631]

6. August 2023: Der SPD-Politiker und Berichterstatter für den Verteidigungsetat im Haushaltsausschuss, Andreas Schwarz, fordert Taurus-Marschflugkörper für die Ukraine. Seine Kriegsverlängerungs-Begründung:
»Die Gegenoffensive stockt, eine nennenswerte Luftwaffe zur Unterstützung hat die Ukraine nicht«, daher blieben nur Lenkwaffen wie Taurus-Marschflugkörper, mit denen die ukrainische Armee die von den Russen angelegten Minenfelder überwinden und Territorium zurückerobern könne. Schwarz weiter:
»Ich sehe ein Déjà-vu auf uns zukommen. Wie schon in der Panzerfrage lehnen wir jetzt die Abgabe von wichtigem Gerät ab, das am Ende wohl doch geliefert werden wird«.[632]

7. August 2023: Jehor Tschernew, der die ukrainische Delegation in der Parlamentarischen Versammlung der NATO leitet, sagt, die wichtigsten Fraktionen des Bundestages hätten einen Konsens über die Lieferung von Marschflugkörper an die Ukraine erzielt. Allerdings entscheide nicht der Bundestag, sondern die Bundesregierung über die Lieferung.[633]

10. August 2023: Das Nachrichtenportal *T-Online* berichtet, dass die Bundesregierung in Kürze die Lieferung von Taurus-Marschflugkörpern an die Ukraine verkünden könnte. Derzeit soll das Bundeskanzleramt an einer Lösung mit den USA arbeiten[634] – na also!

Sevim Dağdelen (jetzt BSW), damals Bundestagsabgeordnete der Fraktion Die Linke, äußert sich dazu:
»Mit der Lieferung von Marschflugkörpern an die Ukraine, die mit einer Reichweite von 500 Kilometern russische Städte treffen können, würde Deutschland zunehmend in Richtung einer direkten Kriegsbeteiligung schlittern (...) Anstatt mit einer weiteren Eskalation bei den Waffenlieferungen die Ausweitung des Stellvertreterkriegs in der Ukraine zu einer direkten militärischen Konfrontation der NATO mit Russland zu riskieren, muss die Bundesregierung endlich ihren Boykott einer diplomatischen Lösung aufgeben und sich für einen Waffenstillstand ohne Vorbedingungen einsetzen«.[635]

11. August 2023: Die Bundesregierung prüft Medienberichten zufolge, wie Deutschland die Ukraine in den kommenden Monaten mit Marschflugkörpern vom Typ Taurus aus Beständen der Bundeswehr versorgen kann. Nach *SPIEGEL*-Informationen laufen darüber Gespräche zwischen dem Verteidigungsministerium und der Rüstungsindustrie. Dabei habe das Haus von Minister Boris Pistorius (SPD) den Taurus-Hersteller gebeten, eine ***»Limitierung«* für die Ziel-Programmierung in die Marschflugkörper zu integrieren, damit keine Angriffe auf russisches Territorium vollzogen werden können.**[636] Sehr trickreich!

15. August 2023: Der ehemalige ukrainische Botschafter in Deutschland und jetzige Vizeaußenminister Andrei Melnyk, plädiert für eine Lieferung von Taurus-Marschflugkörpern an das ukrainische Militär und wiederholt dann das »Märchen«, das innerhalb der ukrainischen Führung erzählt wird:
»Wir halten uns an diese Versprechen, wenn wir sagen, wir benutzen diese Waffen, diese modernen hochpräzisen Waffensysteme nur auf dem besetzten Gebiet der Ukraine, wo sich die Russen verschanzt haben«.[637]

18. August 2023 (I): Der ukrainische Botschafter in Deutschland, Oleksii Makeiev, hofft auf eine rasche und positive Entscheidung zur Lieferung deutscher Taurus-Marschflugkörper. Er sagt:
»Ich freue mich, dass die Unterstützung dafür steigt. Ich hätte es gern, wenn die Diskussion nicht so lange dauert wie die ganze Leoparden-Diskussion«.[638]

18. August 2023 (II): Laut *ARD-Deutschlandtrend* lehnt eine Mehrheit von 52 Prozent der Deutschen mögliche Lieferungen von Taurus-Marschflugkörpern an Kiew ab. Nur 18 Prozent der AfD-Mitglieder sind dafür, 45 Prozent der CDU-Mitglieder, 42 Prozent der Genossen, 56 Prozent der FDP-Mitglieder und – nicht verwunderlich – 68 Prozent der Grünen.[639]

21. August 2023: Außenministerin Baerbock spricht sich indirekt für eine rasche Entscheidung der Bundesregierung bei der Frage einer möglichen Lieferung der Marschflugkörper Taurus durch Deutschland an die Ukraine aus.[640]

22. August 2023: Die Finanzpolitiker Andreas Schwarz (SPD) und Sebastian Schäfer (Grüne) erklären nach ihrem Treffen mit dem ukrainischen Vize-Verteidigungsminister, sie seien *»überzeugt, dass wir gerade jetzt mehr tun können, um die Befreiung ukrainischen Staatsgebiets voranzubringen«.*[641] Sie fordern:
»Die Niederlande und Dänemark gehen mit der Lieferung von Kampfflugzeugen vom Typ F-16 voran. Das könnte ergänzt werden durch das deutsche Taurus-System«.[642]

Schäfer und Schwarz betonen zudem:
»Die Bundesrepublik ist ein verlässlicher und enger Partner der Ukraine. Allein im Militärbereich haben wir bisher Ausrüstung im Wert von vier Milliarden Euro geliefert. Gerade bei der Luftabwehr helfen wir mit modernsten Systemen wie Iris-T, die ukrainische Bevölkerung zu schützen«. Trotzdem sei nun mehr Engagement

der Bundesregierung nötig. Die Ukraine brauche »*mehr Munition, mehr geschützte Fahrzeuge, mehr Kampfpanzer und mehr Artillerie. Hier ist unser Land weiterhin gefordert, zu unterstützen*«.[643]

31. August 2023: Die Ukraine erhöht den Druck auf Deutschland, ihr Taurus-Marschflugkörper zu liefern. Der ukrainische Außenminister Dmytro Kuleba sagt, er höre aus Berlin »*kein einziges objektives Argument*« gegen die Militärhilfe. Kuleba sagt zudem, die Taurus-Marschflugkörper seien wichtig für die Gegenoffensive gegen Russland: »*Sie helfen, den Krieg schneller zu beenden*«.[644]

5. September 2023: Der ukrainische Außenminister Dmytro Kuleba drückt und presst weiter. Er **fordert** Deutschland auf, schnellstmöglich Taurus Marschflugkörper zu liefern:
»*Jeder weitere Tag mit Diskussionen, mit Koordinierungstreffen, mit Reflexionsprozessen kostet die Ukraine Menschenleben. Wir haben dieses Thema wieder und wieder gehabt seit letztem Jahr. Ich möchte ihn nicht unter Druck setzen, aber ich hoffe, dass die Entscheidung jetzt schnell und nicht erst in einigen Monaten getroffen wird*«.[645]

8. September 2023: Es dauert also nicht lange, bis die deutsche Außenministerin Annalena Baerbock »*Verständnis*« für den ukrainischen Wunsch nach Taurus-Marschflugkörpern öffentlich macht.[646]

11. September 2023: Bei ihrem Besuch in Kiew spricht Baerbock das Thema Marschflugkörper dann natürlich auch an. Der ukrainische Außenminister Dmitri Kuleba erklärt, dass die Ukraine bereit sei, alles zu tun, um den Entscheidungsprozess zu beschleunigen. Über sein Gespräch mit Baerbock sagt er:
»*Wir haben ausführlich über die Lieferung deutscher Taurus-Langstreckenraketen an die Ukraine diskutiert. Heute haben wir ein besseres Verständnis für die Besonderheiten des Prozesses hin zu einer endgültigen Entscheidung der deutschen Regierung. Die Ukraine ihrerseits ist bereit, alles Notwendige zu tun, um diesen Prozess zu beschleunigen*«.[647]

12. September 2023 (I): Der Kreml verurteilt die möglichen Lieferungen von Langstreckenraketen durch Washington an Kiew. Diese könnten zur Eskalation des Konflikts führen. Zuvor war berichtet worden, dass die USA erwägen sollen, ATACMS-Langstreckenraketen an die Ukraine zu liefern.[648]

12. September 2023 (II): Bei einer gemeinsamen Pressekonferenz mit Annalena Baerbock in Kiew wird Dmitri Kuleba gefragt, ob sein Treffen mit Baerbock ihm irgendwelche Hoffnung gebe, dass Berlin der Ukraine in naher Zukunft Marschflugkörper vom Typ Taurus überlassen könnte. Kuleba antwortet:
»*Nein. Ich würde nicht sagen, dass Annalena über die offizielle Position der Bundesregierung hinausgegangen ist*«. Dann sagt der ukrainische Außenminister in Richtung seiner deutschen Amtskollegin: »***Sie werden es sowieso tun. Es ist nur eine Frage der Zeit***«.[649]

14. September 2023: In einem Brief an Bundeskanzler Olaf Scholz und Verteidigungsminister Boris Pistorius fordern mehrere Bundestagsabgeordnete die Lieferung von Taurus-Raketen an die Ukraine. Als Unterzeichner gelten Marie-Agnes Strack-Zimmermann (FDP), Anton Hofreiter (Grüne) und Andreas Schwarz (SPD).[650]

15. September 2023 (I): In der Sendung *Maybritt Illner* spricht sich der Vorsitzende der Grünen, Omid Nouripour, für die Lieferung von Taurus-Raketen aus.[651]

15. September 2023 (II): Verteidigungsminister Pistorius sagt, dass die Entscheidung der Bundesregierung über die Taurus-Lieferungen nur noch ein bis zwei Wochen dauern werde.[652]

16. September 2023: Auch der Bürgermeister der ukrainischen Hauptstadt Kiew, Vitali Klitschko, drängt die Bundesregierung zur raschen Lieferung des Marschflugkörper-Systems vom Typ »Taurus«:
»*Für jede Verzögerung zahlen wir Ukrainer den höchsten Preis: Das kostet das Leben unserer Patrioten, unserer Soldaten* (…) *Die Unterstützung der Ukraine ist ein Schlüssel für den Frieden in Europa*«.[653] Genau das habe er auch Bundeskanzler Scholz gesagt, so Klitschko, der früher mit Rechtsextremen am selben Tisch saß, weiter (siehe Kapitel ➔ »Nazis und Antisemiten im ukrainischen Militär, Parlament und in der Regierung«).

20. September 2023: Der ukrainische Botschafter in Deutschland, Oleksii Makeiev, hofft bezüglich der Lieferung von Taurus-Marschflugkörpern auf eine zeitnahe positive Entscheidung des Bundeskanzlers.[654]

21. September 2023: Die USA liefern **vorerst** keine ATACMS-Raketen. Der US-Präsident hat sich nach sorgfältiger Abwägung gegen eine Lieferung von ATACMS-Raketen entschieden, er schließt sie aber für die Zukunft auch nicht aus.[655]

22. September 2023 (I): In Berlin wird gegenwärtig daran gebastelt, das Taurus-System anzupassen, so dass die Ukrainer in etwa sechs Monaten eine abgespeckte Version theoretisch selbst bedienen könnten.[656]

22. September 2023 (II): Nur **einen** Tag nach Bidens »Nein« zu ATACMS-Raketen an Kiew melden übereinstimmende Medienberichte, dass die USA nun doch eine kleine Anzahl der Raketen liefern werden. Die ATACMS sind ballistische Kurzstrecken-Raketen mit einer Reichweite von bis zu 300 Kilometern, die ihr Ziel binnen fünf Minuten erreichen können. Sie sollen russische Truppenbewegungen unmöglich machen.[657]

Hintergrund:
Wegen Taurus: Wird der Ukraine-Krieg nach Deutschland ausgeweitet?

Kommt der Krieg wegen Taurus jetzt nach Deutschland? Der Journalist Uli Gellermann schreibt auf *RationalGalerie.de* (Hervorhebungen durch mich):
*»**Militärisch macht die Lieferung von ‚Taurus' nur Sinn,** wenn mehrere dieser Marschflugkörper zum Einsatz kommen können; **wenn also der Nachschub gesichert ist. Da der Nachschub nur aus Deutschland kommen kann, müssten die Russen, wenn sie den Ukrainern diesen Nachschub abschneiden wollten, die Produktions- und Lieferstränge der ‚Taurus'-Marschflugkörper" angreifen – also Ziele in Deutschland vernichten.** Die Ausweitung des Ukraine-Kriegs nach Deutschland wäre damit eine Art russischer Selbstverteidigung«.*[658]

Bei dem Kriegsverlängerungskurs der rot-grünen Kriegstreiber ist dieses Szenario leider zu befürchten.

27. September 2023: ***Noch*** verzögert Olaf Scholz, offenbar in Frontstellung gegen die kriegsbegeisterten Grünen und Teile der FDP, die Lieferung von Taurus freizugeben, wie das *Wall Street Journal* unter Berufung auf deutsche Beamte berichtet. Der Bundeskanzler befürchte eine Konfrontation mit Russland, wenn deutsche Fachleute Taurus-Marschflugkörper in der Ukraine betreuen würden.[659] Aber das letzte Wort ist noch lange nicht gesprochen.

4. Oktober 2023: Deutschland hat der Regierung in Kiew bislang keine formelle Absage zu der Anfrage über Taurus gegeben, doch **derzeit** sollen sie nicht geliefert werden. Scholz hält die Option für die Zukunft aber offen. Der Bundeskanzler zögert **noch, deutsche Soldaten** in die Ukraine zu überstellen, um Raketenziele zu programmieren. Eine Kanzleramts-Sprecherin teilt lediglich mit:
»*Zur Frage von Taurus-Marschflugkörpern gibt es keinen neuen Sachstand mitzuteilen*«.[660]

Laut Quellen der *BILD*, sei der wahre Grund die Angst von Olaf Scholz, dass die Ukraine mit **deutschen** Taurus-Marschflugkörpern die Krim-Brücke auf die gleichnamige annektierte Halbinsel zerstören könnte.[661]

5. Oktober 2023: Kiews Bürgermeister Vitali Klitschko sagt:
»*Wenn wir nicht genügend Waffen haben, werden wir einen schmerzhaften Preis zahlen. Es geht um das Leben unserer Soldaten. Wir werden weiter Druck machen und weiter alles dafür tun, dass auch Taurus-Raketen doch noch geliefert werden*«.[662]

6. Oktober 2023: Der außenpolitische Berater von Präsident Selenskij, Mykhailo Podolyak, sagt:
»*Wir brauchen Taurus, um die wichtigste Transport- und Logistikverbindung zu zerstören, die über die Krim verläuft. Indem wir sie zerstören und die Schwarzmeerflotte von der Krim vertreiben, werden wir die Logistik und den Nachschub der Besatzungstruppe zerstören, was unseren Vormarsch dramatisch beschleunigen wird*«.[663]

17. Oktober 2023: Derweil machen die USA Nägel mit Köpfen: Wie jetzt erst herauskommt, übergaben die Amerikaner im **Geheimen** der Ukraine bereits ATACMS-Raketen. Die Variante der Marschflugkörper soll mit Streumunition ausgestattet sein, kleinen Bomblets, die über weite Fläche Schaden anrichten können. Zuvor hat der Verwaltungsmitarbeiter des russischen Gebiets Saporoschje, Wladimir Rogow, bereits angegeben, dass von der Ukraine ATACMS-Marschflugkörper mit Streumunition bei einem Angriff gegen die Stadt Berdjansk eingesetzt worden seien.[664] Putin erwidert, dass die Lieferung zeige, dass die USA zunehmend in diesen Konflikt verwickelt seien.[665]

6. Januar 2024: Mehrere Politiker der Grünen, FDP und CDU betonen die Notwendigkeit, deutsche Taurus-Marschflugkörper an die Ukraine zu liefern, und machen Bundeskanzler Olaf Scholz schwere Vorwürfe. Die verteidigungspolitische Sprecherin der Grünenfraktion im Bundestag, Sara Nanni, sagt, die Taurus-Lieferung sei längst überfällig.

»*Der effektivste Schutz gegen die russischen Luftangriffe ist der Beschuss von Zielen auf russischem Territorium und in den besetzten ostukrainischen Gebieten, von wo aus Russland seine Angriffe startet*«.[666]

30. Januar 2024: Bundestags-Vizepräsidentin Katrin Göring-Eckardt (Grüne) drängt in der *Süddeutschen Zeitung* weiter auf Taurus-Lieferungen an die Ukraine.[667]

18. Februar 2024: Der ukrainische Außenminister Dmytro Kuleba »*erwartet*«, dass die Bundesregierung sich doch noch für die Lieferung von Taurus-Marschflugkörpern in die Ukraine entscheiden wird.[668]

26. Februar 2024: Doch zunächst kommt es anders: Die Ukraine bekommt von Deutschland **vorerst** keine Taurus-Marschflugkörper. Das hat Olaf Scholz entschieden. Das Risiko, dass Deutschland im Falle einer Lieferung in den Krieg verwickelt werden könnte, sei zu groß.[669]

29. Februar 2024: Doch jetzt drängt auch das Europaparlament auf die Lieferung von Taurus-Marschflugkörpern an die Ukraine. Eine entsprechende – rechtlich unverbindliche – Resolution wurde am Donnerstag mit 451 Ja-Stimmen, 46 Nein-Stimmen und 49 Enthaltungen angenommen. **Die Hälfte der SPD-Abgeordneten stimmten für die Resolution, die Abgeordneten der Grünen und der FDP sind alle dafür**.[670]

1. März 2024: *RT*-Chefredakteurin Margarita Simonjan veröffentlicht die russischsprachige Abschrift eines Gesprächs zwischen mehreren **hochrangigen Offizieren der deutschen Luftwaffe**, in dem diese die **Einsatz- und Zieldetails von Taurus-Langstreckenraketen erörtern** – über deren Lieferung an die Ukraine Deutschland derzeit debattiert –, als ob die Lieferung bereits vereinbart worden wäre. Die Beamten sprechen auch darüber, wie man **dies weiterhin plausibel bestreiten** könnte, falls die Ukraine die Waffen für einen Angriff auf die strategisch wichtige Krim-Brücke einsetzen würde. Das deutsche Verteidigungsministerium bestätigt, dass das Gespräch abgehört wurde, und hat eine Untersuchung der Angelegenheit eingeleitet.[671]

Daraufhin reagiert der Stellvertretende Vorsitzende des russischen Sicherheitsrates, Dmitri Medwedew, wütend. In einem auf Telegram veröffentlichten Text nennt er die Deutschen »*unsere ewigen Widersacher*«, die wieder zu »*eingeschworenen Feinden*« geworden seien und schreibt:
»Schauen Sie, mit welcher Gründlichkeit und in welchen Details die Deutschen über Angriffe auf unser Territorium unter Verwendung von Raketen mit erhöhter Reichweite diskutieren, Objekte auswählen, die zerstört werden müssen, und die aussichtsreichsten Wege, unserem Vaterland und unserem Volk maximalen Schaden zuzufügen«.[672] Zum Abschluss zitiert Medwedew den russischen Schriftsteller Konstantin Simonow: »*Noch einmal, der Ruf des Großen Vaterländischen Krieges: Tod den Nazi-Invasoren!*«[673]

5. März 2024: Trotz der geleakten Angriffspläne will Kriegsverlängerungs-Baerbock – im Gegensatz zu Scholz – weiterhin Taurus für die Ukraine.[674]

6. März 2024: Die Situation wird immer bedrohlicher. Im russischen Staats-TV wird darüber diskutiert, deutsche Brücken als Vergeltung zu zerstören – wenn es zu einer Attacke auf die Kertsch-Brücke zwischen der Halbinsel Krim und dem russischen Festland käme. Genannt werden die Fehmarnsundbrücke in Schleswig-Holstein, die Trogbrücke in Magdeburg, die Rügenbrücke in Mecklenburg-Vorpommern und die Hohenzollernbrücke in Köln.[675]

8. März 2024: Der damalige britische Außenminister David Cameron wirbt bei seinem Besuch in Deutschland eindringlich für die Lieferung von Waffen mit großer Reichweite an die Ukraine. Nach einer Besprechung mit seiner deutschen Amtskollegin Annalena Baerbock in Berlin sagt Cameron:
»*Was die Langstreckenwaffen angeht, kann ich aus den Erfahrungen Großbritanniens sagen, wie effektiv diese Waffen der Ukraine bei der Bekämpfung der illegalen Aggression geholfen haben*«.[676]

Cameron schlägt zudem einen Trick vor: Möglich sei ein Ringtausch, bei dem Deutschland Taurus-Marschflugkörper an Großbritannien abgibt und London dafür weitere seiner eigenen Flugkörper (»Storm Shadow«) an die Ukraine liefert.[677] Doch Baerbock schließt auch weiterhin Taurus-Lieferungen an die Ukraine selbst nicht aus.[678]

12. März 2024: Grüne Bundestagsabgeordnete dringen auf die Lieferung des Marschflugkörpers Taurus von Deutschland an die Ukraine.[679]

14. März 2024 (I): Der Deutsche Bundestag lehnt die Lieferung von Taurus-Marschflugkörpern an die Ukraine erneut ab. Die Mehrheit der Abgeordneten stimmt gegen einen entsprechenden Antrag der Unionsfraktion. Für den Antrag votierten 190 Abgeordnete, 495 stimmten dagegen.[680] Doch der Druck auf Olaf Scholz bleibt dennoch hoch.

14. März 2024 (II): Am selben Tag meldet die *WELT* – während der Bundeskanzler sich inzwischen mehrfach gegen eine Lieferung der Taurus-Marschflugkörper an die Ukraine ausgesprochen hat –, dass die Bundeswehr dennoch ihren gesamten Taurus-Bestand einsatzbereit machen will. Das habe die Ampel-Koalition entschieden.[681] Wie jetzt?

15. März 2024: *DER SPIEGEL* meldet:
»*Außenministerin Annalena Baerbock versucht, den Kanzler hinter den Kulissen zu einer Lieferung von Taurus-Marschflugkörpern an die Ukraine zu bewegen*«.[682]

März 2024-25. April 2024: Derweil liefern die USA geheim taktische ATACMS-Raketen an die Ukraine, welche das Land bereits zweimal gegen russische Ziele eingesetzt hat, was erst am 25. April 2024 ans Tageslicht kommt. Ein Sprecher des US-Verteidigungsministeriums sagt:
»*Ich kann bestätigen, dass die USA auf Befehl des Präsidenten ATACMS-Langstreckenraketen an die Ukraine geliefert haben. Im Februar hat er, ohne es öffentlich bekannt zu geben, sein nationales Sicherheitsteam angewiesen, ATACMS-Raketen an die Ukraine zu liefern, die auf ukrainischem Hoheitsgebiet eingesetzt werden sollen*«.[683]

19. September 2024 (I): Das EU-Parlament verabschiedet mit überwältigender Stimmenmehrheit eine Resolution (Nummer 2024/2799), in der es Beschränkungen für den Einsatz westlicher Waffen gegen Ziele in Russland verurteilt und damit die Freigabe von Raketen und anderen Waffen westlicher Produktion für Angriffe auf Ziele tief in Russland fordert.[684]

19. September 2024 (II): Wladimir Putin warnt daraufhin öffentlich, dass der Einsatz westlicher Raketen auf Ziele im unbestrittenen Staatsgebiet der Russischen Föderation als Kriegsbeitritt der NATO gewertet werden wird, mit allen daraus erwachsenden Konsequenzen. Experten warnen, dass das EU-Parlament mit seiner Resolution den Dritten Weltkrieg geradezu heraufbeschwört.[685]

Bis heute: ATACMS-Raketen werden mehrfach gegen russisches Militär eingesetzt.

V.
Streu- und Uranmunition für die Ukraine

6. Juli 2023: Die *New York Times* und andere Medien berichten unter Berufung auf Regierungsquellen, dass die US-Regierung die Lieferung von Streumunition an die Ukraine plant.[686] Das Pentagon bestätigt dies zunächst nicht.[687]

Hintergrund: Streumunition – Was steckt dahinter?

Als Streumunition werden Raketen und Bomben bezeichnet, die in der Luft über dem Ziel bersten und viele kleine Sprengkörper – sogenannte Submunition – verstreuen oder freigeben.

Aus humanitären Gründen wird der Einsatz dieser Munitionsart heftig kritisiert, vor allem wegen der Bedrohung der Zivilbevölkerung durch die unkontrollierte Verteilung von Blindgängern. 2008 haben Vertreter aus 111 Staaten der Welt eine Konvention zur Ächtung der Produktion, Lagerung und Verwendung von Streumunition formuliert. Das Dokument war am 1. August 2010 in Kraft getreten.

Die USA, Russland und die Ukraine haben sich dem Abkommen jedoch nicht angeschlossen. Die Verwendung dieser Art von Munition ist international geächtet.[688]

7. Juli 2023 (I): Der Hammer!

Die Bundesregierung weist zwar darauf hin, dass Deutschland dem internationalen Abkommen zur Ächtung von Streumunition beigetreten ist, gleichzeitig signalisiert Regierungssprecher Steffen Hebestreit aber Verständnis für eine Lieferung durch die USA, die wie die Ukraine den Vertrag nicht unterzeichnet haben.[689] Scheinheiligkeit vom Feinsten!

Die unglaubliche Ausrede der deutschen Regierung lautet:

1. Die Streumunition würde von der Ukraine in »*einer besonderen Konstellation*« verwendet.
2. »*Die Ukraine setzt eine Munition zum Schutz der eigenen Zivilbevölkerung ein. Es geht um einen Einsatz durch die eigene Regierung zur Befreiung des eigenen Territoriums*«.[690]

7. Juli 2023 (II): Das UN-Menschenrechtsbüro in Genf hat auf Berichte über die mögliche Lieferung von Streumunition an die Ukraine erklärt:

»*Solche Munition tötet und verstümmelt Menschen lange nach dem Ende eines Konflikts. Deshalb sollte der Einsatz umgehend gestoppt werden*«.[691]

7. Juli 2023 (III): Washington ist bereit, die Ukraine mit Streumunition mit geringerem Blindgänger-Potenzial zu beliefern. Das erklärt der Pentagon-Sprecher Patrick Ryder. Er konkretisiert:

»*Ich würde sagen, dass wir mehrere Typen von Streumunition in unseren Beständen haben. Die, die wir bereitstellen wollen, umfassen keine älteren Typen mit Blindgänger-Raten von mehr als 2,35 Prozent. Wir sind uns der Berichte bewusst, die vor mehreren Jahrzehnten veröffentlicht wurden und die darauf hinweisen, dass bestimmte 155-Millimeter-Streumunitionen höhere Blindgänger-Raten aufweisen. Daher würden wir sorgfältig Geschosse mit niedrigeren Blindgänger-Raten auswählen*«.[692]

7. Juli 2023 (IV): Der nationale Sicherheitsberater des US-Präsidenten Biden, Jake Sullivan, lässt die Katze dann endgültig aus dem Sack: Die US-Regierung will der Ukraine Streumunition zur Verteidigung gegen Russland liefern. Es sei eine schwierige Entscheidung gewesen, aber US-Präsident Joe Biden habe sich entschieden, diesen Schritt zu gehen.[693]

Sullivan räumt ein, dass der Einsatz solcher Munition Risiken für die Zivilbevölkerung berge, weshalb Washington eine Entscheidung über ihre Weitergabe solange aufgeschoben habe, »*wie wir konnten*«, meldet *RT.de*. Gleichzeitig erklärt das Weiße Haus, die Ukraine werde die Streumunition auf ihrem Territorium einsetzen und versuchen, die Risiken für die Bevölkerung zu minimieren. Wie die US-Regierung klarstellte, hat Washington von Kiew »*schriftliche Garantien*« erhalten, dass die Granaten »*mit Vorsicht*« eingesetzt würden, um Opfer unter der Zivilbevölkerung zu vermeiden.[694]

Streumunition: Eine weitere Verschärfung des Krieges und ein Dammbruch, den die rot-grün-gelbe Bundesregierung befürwortet.

8. Juli 2023 (I): Der russische Botschafter in den USA, Anatoli Antonow, sagt über die amerikanische Zusage von Streumunitionslieferungen an die Ukraine:

»*Washington erhöht seinen Einsatz in dem Konflikt weiter*« und bringt »*die Menschheit näher an einen neuen Weltkrieg*«.[695]

8. Juli 2023 (II): Die russische Außenministeriumssprecherin Maria Sacharowa bezeichnet die von den USA angekündigte Lieferung von umstrittener Streumunition an die Ukraine als »*Akt der Verzweiflung*«. Es handele sich um ein Eingeständnis der Schwäche »*vor dem Hintergrund des Scheiterns der vielgepriesenen ukrainischen Gegenoffensive*«.[696] Und weiter:

Die jüngste »*Wunderwaffe*«, auf die Washington und Kiew »*ohne Rücksicht auf die schwerwiegenden Folgen*« für die Zivilbevölkerung setzen, werde keine Auswirkungen haben. Die Zusage Kiews, die umstrittene Streumunition verantwortungsbewusst einzusetzen, bezeichnete sie als »*wertlos*«.[697]

8. Juli 2023 (III): Die Ukraine zeigt sich erleichtert über die Zusage der USA, das Land im Krieg gegen Russland auch mit Streubomben zu unterstützen.[698]

8. Juli 2023 (IV): Der Kriegsverlängerer (anders kann ich seine Worte nicht deuten) Thore Schröder schreibt im *SPIEGEL*:

»*Der Westen muss mehr für die Ukraine tun, sofort. Die Ukrainer brauchen mehrere Waffensysteme jetzt und in großer Zahl, nicht nach und nach und in geringen Mengen. Das heißt vor allem: F-16-Kampfjets, Langstreckenmunition, mehr Flugabwehr und sehr viel mehr Artilleriemunition als bislang*«.[699]

11. Juli 2023 (I): Karen Kwiatkowski, ehemalige Geheimdienstanalytikerin im Pentagon und Oberstleutnant der US-Luftwaffe, betont zum Thema Streumunition gegenüber der russischen Nachrichtenagentur *RIA Nowosti*, dass Kiew bislang keine Zurückhaltung beim Einsatz der westlichen Waffensysteme an den Tag gelegt habe. Und es gebe keinen Grund anzunehmen, dass die Ukraine mehr Verantwortung beim Einsatz von Streumunition zeigen würde.[700]

11. Juli 2023 (II): Es geschieht genau das, was aufgrund der US-Entscheidung absehbar war: Der russische Verteidigungsminister Sergei Schoigu erklärt, die Lieferung von US-amerikanischer Streumunition an die Ukraine könne Russland dazu zwingen, ähnliche Kampfmittel gegen ukrainische Truppen einzusetzen. Er ergänzt, dass sein Land im Laufe der militärischen Sonderoperation auf den Einsatz dieser Munitionsart verzichtet habe (westliche Propaganda-Medien behaupten das Gegenteil), obwohl es der Streumunition-Konvention nicht beigetreten sei. Washingtons Entscheidung würde zur Verlängerung des Konflikts führen und Moskau dazu zwingen, ähnliche Zerstörungsmittel gegen ukrainische Truppen einzusetzen.[701] Genau das also, was die Kriegsverlängerungsbefürworter (auch viele Deutsche!) wollen?

13. Juli 2023: Die von den USA versprochene Streumunition ist nach den Worten des ukrainischen Armeekommandeurs Oleksandr Tarnawskyj bereits in der Ukraine eingetroffen.[702]

14. Juli 2023: Valerji Shershen, ein ukrainischer Sprecher des südlichen Militärbezirks Tavria, bestätigt, dass die Streumunition streng innerhalb des gesetzlichen Rahmens und »nur für die Räumung unserer Territorien« eingesetzt werde.[703]

20. Juli 2023: Nach einem Bericht der *Washington Post*, die sich auf Quellen in der Ukraine beruft, haben die ukrainischen Streitkräfte mit dem Einsatz von Streumunition begonnen, die aus den USA geliefert wurde. Der Einsatzort soll die Front bei Artjomowsk (Bachmut) sein. Die Granaten sollen zur Zerstörung von Schützengräben eingesetzt werden und um vorzurücken.[704]

Seit 20. Juli 2023: Die Ukraine verwendet Streumunition im Kampf gegen die russische Armee, aber auch gegen Zivilisten. Immer wieder werden Orte in Donezk damit beschossen. Kriegsverbrechen, die im Westen nicht thematisiert werden.[705]

27. Juli 2023: Dass die Ukraine Streumunition offenbar gegen Zivilisten einsetzt, teilt auch Jewgeni Balizki, der Gouverneur des Gebietes Saporoschje, mit. Er schreibt auf *Telegram*:

»*Gestern hat der Gegner drei Raketenangriffe mit Streumunition auf private Wohnhäuser im Stadtteil Tokmak durchgeführt. Infolge des Beschusses geriet ein privates Wohnhaus in Brand. Eine Frau wurde getötet, ein weiterer Einheimischer wurde verletzt und befindet sich im Krankenhaus, wo er medizinisch versorgt wird*«.[706]

9. August 2023: der russische Verteidigungsminister Sergei Schoigu erklärt:

»*Die Vereinigten Staaten erhöhen ständig den Einsatz, indem sie von ihren Verbündeten immer mehr tödliche Waffen mit großer Reichweite verlangen. Angesichts des zunehmenden Mangels bei den ukrainischen Streitkräften an Munition für westliche Artilleriesysteme hat Washington ein Kriegsverbrechen begangen, indem es Streumunition, die durch internationale Konventionen verboten ist, in das Hilfepaket aufgenommen hat*«.[707]
Schoigu betont:

»*Die Bereitschaft des Westens, einen beträchtlichen Teil der verfügbaren Ressourcen in der Ukraine zu investieren, um die Situation auf dem Schlachtfeld zu seinen Gunsten zu verändern, schafft ernsthafte Risiken für eine weitere Eskalation des Konflikts*«.[708]

11. August 2023: Russlands Botschafter in Washington, Anatoli Antonow, kommentiert die Behauptung des US-Verteidigungsministeriums, die ukrainische Armee setze die von den Vereinigten Staaten gelieferte Streumunition auf dem Schlachtfeld »*richtig*« ein:

»*Ich würde gerne wissen, ob der ‚ordnungsgemäße Einsatz' von Streubomben auch im Fall der Tötung des russischen Journalisten Rostislaw Schurawljow gemeint ist. Er wurde am 22. Juli während des Beschusses durch ukrainische Truppen mit der oben genannten Munition getötet. Der Zynismus der Pentagonfunktionäre, die solche Erklärungen abgeben, ist grenzenlos*«.[709]

6. September 2023: Die Amerikaner eskalieren den Konflikt immer weiter: Das US-Verteidigungsministerium kündigt an, dass die USA der Ukraine jetzt auch panzerbrechende **Uranmunition** liefern werden. Die Verwendung von Uranmunition (DU-Munition) ist nach internationalem Recht nicht verboten. Doch deren Einsatz ist genauso umstritten wie der von Streumunition. Das Metall der DU-Munition ist giftig – sowohl für die Soldaten als auch für Menschen, die im Kriegsgebiet leben.[710]

Pressesprecherin des Pentagon, Sabrina Singh, behauptet wie bei der Streumunition wieder das Märchen, dass die USA zuversichtlich seien, dass Kiew die Uranmunition »*verantwortlich*« einsetzen werde.[711]

7. September 2023 (I): Die russische Botschaft in Washington erklärt:

»Die Entscheidung der US-Regierung, Waffen mit abgereichertem Uran zu liefern, ist ein Zeichen der Unmenschlichkeit«.[712]

7. September 2023 (II): Sergei Rjabkow, der stellvertretende russische Außenminister, sagt, es gebe weltweit Hunderte von Expertenmaterialien von Ökologen, Ärzten sowie Chemikern über den irreparablen Schaden, den solche Waffen der Umwelt zufügen können:

»*Den Amerikanern ist alles egal. Es ist klar, dass dies nicht auf ihrem Territorium eingesetzt wird. Es ist klar, dass es ihnen egal ist, wer es dort einatmet, wo es sich festsetzt, welche Konsequenzen es für diejenigen haben wird, die jetzt kämpfen, aber auch was mit den Generationen passieren wird, die auf diesem Boden leben werden*«.[713]

11. September 2023: Nächste Volksverdummung: Der Generaldirektor der *Internationalen Atomenergie-Organisation* (IAEO), Rafael Grossi, erklärt, dass der Einsatz von Munition mit abgereichertem Uran während des Ukraine-Krieges unter dem Gesichtspunkt der nuklearen Sicherheit angeblich »*unbedeutende Folgen*« habe.[714] Umgekehrt, also wenn Russland Uranmunition einsetzen würde, wäre das zu 100 Prozent nicht so!

12. September 2023: UN-Generalsekretär António Guterres ruft dazu auf, den Einsatz von Streumunition in der Ukraine sofort zu beenden. Die stellvertretende UN-Generalsekretärin Izumi Nakamitsu sagt:

»*Der Generalsekretär hat wiederholt zum Stopp des Einsatzes von Streumunition aufgerufen*«.[715]

3. Oktober 2023: Douglas Bush, stellvertretender US-Heeresminister für Beschaffung, Logistik und Technologie, gibt der Nachrichtenagentur Bloomberg bekannt, dass die USA sich bereit erklären, mit Streumunition bestückte taktische ATACMS-Raketen an Kiew zu liefern:

»*Wir sind bereit, schnell zu handeln. Wir werden bereit sein, wenn und falls der Präsident dies beschließt*«.[716]

19. Februar 2024: Die Ukrainer setzen seit Herbst 2023 vermehrt Streumunition ein. Dieses Mal rund m das Gebiet Robotyne Saporischschja und töten 50 russische Soldaten. Sogar die *BILD* berichtet darüber und das will schon etwas heißen.[717]

28. Juli 2024 (I): Nach Angaben der UNO hat die Ukraine möglicherweise Streumunition in bewohnten Gebieten eingesetzt.[718]

28. Juli 2024 (II): Nach einer Untersuchung des ARD-Magazins *Panorama* stammen die an die Ukraine gelieferten sogenannten »Cluster bombs« vom Typ M864 und M483A1 möglicherweise aus US-Depots in Deutschland und wurden über deutsche Autobahnen transportiert. Die »Cluster Muntion Coalition«, eine internationale Vereinigung von Menschenrechtsorganisationen, übt deswegen Kritik an Deutschland.[719]

Bis heute: Die ukrainische Armee setzt immer wieder die völkerrechtlich geächtete Streumunition ein.[720] Doch niemand ist frei von Schuld. Auch Russland soll diese Art von Geschossen bereits mehrfach verwendet haben.[721]

Hintergrund: 78 Prozent der Ukrainer halten Selenskij verantwortlich für die gigantische Korruption

12. September 2023: Dieses Umfrageergebnis von der *Ilko Kucheriv Democratic Initiatives Foundation* aus Kiew muss jeden deutschen Steuerzahler alarmieren: 78 Prozent der befragten Ukrainer meinen, dass Selenskij die Verantwortung für die zahlreichen spektakulären Korruptionsfälle in der Regierung und in Militärverwaltungen trägt. Nur 18 Prozent sehen das anders. Noch **vor** den Zerstörungen des Krieges halten die Befragten die Korruption als größtes Problem für ihr Land.[722]

Wohlgemerkt: Das Umfrageergebnis kommt aus der Ukraine (**ohne** die von Russland besetzten Gebiete) und nicht aus Russland.

Jeder in der Bundesregierung weiß das, und trotzdem fließen Milliarden deutscher Steuergelder in eines der korruptesten Länder der Welt. Laut dem Korruptionswahrnehmungsindex von Transparency International lag das Land 2022 auf Platz 116 von 180.[723] Wie blöd muss man sein?

14. September 2023: Die Amerikaner jedenfalls sind nicht mehr so »blöd«. Sie wollen wissen, wo ihr Geld in der Ukraine versumpft. Wie der TV-Sender *CNN* berichtet, hat das US-Verteidigungsministerium eine Sondergruppe zur Kontrolle der Verwendung der US-Hilfe in der Ukraine eingerichtet. Andererseits aber ist dies das erste Mal, dass Mitarbeiter des US-Verteidigungsministeriums in der Ukraine stationiert werden.[724]

5. Oktober 2023: Der frühere EU-Kommissionspräsident Jean-Claude Juncker spricht das aus, was die rot-grünen Establishment-Marionetten nicht in den Mund nehmen wollen:

»Wer mit der Ukraine zu tun gehabt hat, der weiß, dass das ein Land ist, das auf allen Ebenen der Gesellschaft korrupt ist«.[725]

15. November 2023: Die Sprecherin des russischen Außenministeriums, Maria Sacharowa, berichtet, dass ukrainische Beamte bereits zwischen 20 und 36 Prozent der vom Westen an Kiew geleisteten Finanzhilfe veruntreut haben. In erster Linie sei dafür die ehemalige Führung des ukrainischen Verteidigungsministeriums verantwortlich.[726]

Diese Einschätzung kommt nicht von ungefähr, denn Kiew deckt jetzt plötzlich (seit man in die EU will) regelmäßig Korruptionsfälle auf. So wurde der ehemalige Verteidigungsminister Alexei Resnikow im September inmitten von Korruptionsskandalen entlassen.[727]

Bis heute: Die Korruption in der Ukraine nimmt kein Ende. Erst nach wiederholten Mahnungen der westlichen »Partner« greift Selenskij mehr oder weniger durch. Doch viele Millionen (auch deutsche Steuergelder) bleiben nach wie vor veruntreut und sind plötzlich nicht mehr auffindbar. Keiner weiß den genauen Umfang. Alle Fälle hier aufzulisten würde den Rahmen dieser Publikation restlos sprengen, weswegen ich in der Endnote **ein paar wenige** angebe.[728]

VI.
Bodentruppen in die Ukraine?

Am Anfang war Macron. Der französische Ministerpräsident öffnet die Büchse der Pandora. Er spricht das bis dahin Undenkbare aus, ein Tabubruch, der die Welt gleich in einen Dritten Weltkrieg verwickeln könnte: Bodentruppen in die Ukraine!

26. Februar 2024: Emmanuel Macron schließt bei der internationalen Ukraine-Konferenz die Entsendung westlicher Truppen in die Ukraine nicht aus[729]:

»*Nichts darf ausgeschlossen werden, um das Ziel zu erreichen*«. Ziel sei es, dass Russland nicht gewinne.[730]

Auch der slowakische Premierminister Robert Fico sagt, eine Reihe von EU- und NATO-Staaten erwäge die Möglichkeit, im Rahmen bilateraler Abkommen mit Kiew Truppen in die Ukraine zu entsenden.[731] Auch die estnische Ministerpräsidentin Kallas findet die Idee gut.[732]

28. Februar 2024 (I): Lettland erklärt, es lehne den Einsatz westlicher Bodentruppen keineswegs ab, sollte es zu einer Einigung der NATO-Verbündeten dazu kommen.[733]

28. Februar 2024 (II): Konstantin Kossatschow, der Vize-Vorsitzende des russischen Föderationsrates, sagt gegenüber *Rossija 24* zu Macrons Aussagen:

»*Das ist eine Linie, hinter der nicht bloß eine Beteiligung der NATO im Krieg ist. Das könnte dann auch als Einbeziehung der Allianz in direkte Kampfhandlungen oder sogar als Kriegserklärung gedeutet werden*«.[734]

29. Februar 2024: Putin erklärt zu Macrons Idee der Entsendung von Bodentruppen in die Ukraine, die Folgen würden »*tragisch*« für jene, die ihre Soldaten in die Ukraine entsenden würden:

»*Wir erinnern uns, was mit denen geschah, die ihre Truppen in unser Land schickten. Jetzt werden die Folgen für die Interventionisten noch viel tragischer sein (…) Sie müssen verstehen: Auch wir haben Waffen, die Ziele auf ihrem Territorium vernichten können (…)* ***Sie haben vergessen, was Krieg bedeutet. Sie denken, das sei ein Zeichentrickfilm«.***[735] Ganz anders als die Russen, für die der Krieg nun zum Alltag gehöre. Gleichzeitig erklärt Putin in seiner Rede zur Lage der Nation, dass die strategischen Atomstreitkräfte Russlands voll einsatzbereit seien.[736]

5. März 2024: Der serbische Präsident Alexander Vučić rechnet damit, dass Bodentruppen von NATO-Staaten bald in die Ukraine entsandt werden:

»*Als zum ersten Mal von westlichen Panzern in der Ukraine die Rede war, sagten viele, das würde nie passieren, aber es ist passiert. Als es um westliche Flugzeuge ging, sagten viele, das würde nie passieren, es ist passiert. Nun wird über westliche Bodentruppen in der Ukraine gesprochen und einige sagen, das wird nicht passieren, aber es wird passieren*«.[737]

6. März 2024: Nach seinen diskutierten Äußerungen zum Einsatz westlicher Bodentruppen in der Ukraine bekräftigt Macron in Prag seine harte Linie und warnt die Verbündeten der Ukraine, »*nicht feige*« zu sein.[738]

9. März 2024: Auch Polens Außenminister Radoslaw Sikorski hält eine Präsenz von NATO-Truppen in der Ukraine **nicht** für undenkbar.[739]

10. März 2024 (I): Der litauische Außenminister Gabrielius Landsbergis sagt:

»*Es kann kein Aber geben. Wir müssen rote Linien für Russland ziehen, nicht für uns selbst. Wir können jede Form der Unterstützung für die Ukraine nicht ausschließen. Wir müssen die Ukraine weiterhin dort unterstützen, wo es am nötigsten ist*«.[740]

10. März 2024 (II): Sikorski behauptet, dass bereits Soldaten der NATO in der Ukraine im Einsatz sind. Einige NATO-Länder hätten bereits ihr Militär in die Ukraine entsandt. Er fügt hinzu, dass er nicht verraten werde, welche Staaten ihr Militär dorthin geschickt haben.[741]

10. März 2024 (III): Der Kreml erklärt, das Auftreten von NATO-Militär in der Ukraine würde einen Konflikt mit Russland unvermeidlich machen. Gleichzeitig teilt der russische Außenminister Sergei Lawrow mit, dass sich bereits britische und französische Soldaten in der Ukraine aufhalten.[742]

14. März 2024 (I): *RT.de* schreibt:

»*Frankreich sei besorgt über die ‚Schwäche' der ukrainischen Streitkräfte vor dem Hintergrund der jüngsten Entwicklungen im Ukraine-Konflikt und erwäge die Entsendung seines Militärs, befürchte aber eine Eskalation. Dies schreibt die Zeitung Le Monde. Nach Angaben der Zeitung wird die Entsendung von Militärpersonal von den französischen Behörden seit 2023 unter strengster Geheimhaltung diskutiert. Insbesondere wurde diese Frage bereits am 12. Juni 2023 auf einer Sitzung des Ministerrats angesprochen, nachdem die ukrainische Armee bei der sommerlichen Gegenoffensive gegen die Stellungen der Streitkräfte der Russischen Föderation erste Fehlschläge erlitten hatte«.*[743]

14. März 2024 (II): Die estnische Ministerpräsidentin Kaja Kallas schließt eine Entsendung estnischer Truppen in die Ukraine erneut nicht aus. Auf eine entsprechende Frage, ob sie das Verneinen kann, antwortet sie:

»*Ich gebe keine derartigen Versprechen, weil die Umstände sich ändern können«.*[744]

15. März 2024: Emmanuel Macron bekräftigt, dass er ein Entsenden westlicher Bodentruppen in die Ukraine auch weiterhin nicht ausschließt.[745]

17. März 2024: Macron spielt unbeeindruckt weiter mit dem Feuer. Er sagt der Zeitung *Le Parisien*, vielleicht würden *»Operationen vor Ort«* irgendwann notwendig, *»um den russischen Streitkräften etwas entgegenzusetzen«.*[746]

19. März 2024: Nach Angaben des russischen Auslandsgeheimdienstes SWR will Frankreich ein Militärkontingent in die Ukraine entsenden. In der Pressemitteilung wird der Behördenchef Sergei Naryschkin heißt es:

»*Nach Informationen, die Russlands Außenaufklärungsdienst bekommt, wird bereits ein Kontingent zur Entsendung in die Ukraine vorbereitet. In der Anfangsetappe wird es sich auf etwa 2.000 Mann belaufen«.*[747]

Naryschkin warnt, dass dieses Kontingent dann das vorrangige legitime Ziel der russischen Streitkräfte sein werde. Die Gefahr eines flächendeckenden Konflikts war seit Ende des Zweiten Weltkriege noch nie so groß.

20. März 2024 (I): Dmitri Medwedew, der stellvertretende Vorsitzende des russischen Sicherheitsrates, schreibt auf *Telegram*, dass die Zerschlagung ausländischer Truppen eine äußerst wichtige und kaum schwierige Aufgabe für die russische Armee sein würde. Nach der Verlegung in die Ukraine würden die Soldaten der französischen Armee nicht als Söldner, sondern als Kombattanten im Rahmen eines Interventionskontingents betrachtet. Falls diese Soldaten im Ukraine-Konflikt massenhaft fielen, wäre dies für französische Behörden schwierig zu vertuschen. Dann hätten sie es mit Familienangehörigen und einer politischen Opposition zu tun, die zuvor davon überzeugt worden seien, Frankreich sei **nicht** im Krieg mit Russland.[748] Und weiter:

»*Aber was für ein Vorteil wäre das! Bei so vielen Särgen, die aus dem Ausland nach Frankreich geliefert werden, wäre es unmöglich, den Massentod von Berufssoldaten zu verbergen. Man könnte dann nicht mehr behaupten, dass dies Freiwillige wären, die ihr Schicksal selbst gewählt und über ihr Recht auf Leben selbst disponiert hätten. Sie werden von ihren wütenden Verwandten und den verärgerten Mitgliedern der Opposition, denen man vorgaukelt, Frankreich befinde sich nicht im Krieg mit Russland, in Stücke gerissen werden«.*[749]

20. März 2024 (II): Unbestätigten Informationen nach soll Paris tatsächlich an Plänen arbeiten, Truppen im Konfliktgebiet in der Ukraine zu stationieren, und zwar in einer weit größeren Anzahl als 2.000 Soldaten. Vor allem sollten französische Kampfverbände in der Perspektive die Grundlage einer europäischen »Koalition der Willigen« bilden, die **formal außerhalb der NATO-Struktur**, aber mit **logistischer Unterstützung der USA** agieren würde.[750]

21. März 2024: Pjotr Tolstoi, der stellvertretende Sprecher der Staatsduma, erklärt in einem Exklusivinterview mit dem Fernsehsender *BFMTV*, dass die russischen Truppen alle von Frankreich entsandten Militärangehörigen ausschalten werden. Frankreich müsse sich über die Konsequenzen seiner Entscheidungen im Klaren sein:

»W*ir werden alle eliminieren, keine Sorge. Die Idee, französische Soldaten in die Ukraine zu schicken, bringt nichts anderes als Särge«.*[751]

22. März 2024: Der ungarische Ministerpräsident Viktor Orbán schließt nicht aus, dass bald westliche Truppen in die Ukraine entsendet werden. Er sagt außerdem:

»*Sollte eines der NATO-Länder Kampfhandlungen mit Russland aufnehmen, wird es den Beginn eines dritten Weltkriegs bedeuten«.*[752]

29. März 2024: Es wird lächerlich, wie der Bodeneinsatz von NATO-Truppen verklärt werden soll: Nach einem noch unveröffentlichten Papier der Expertenabteilung des deutschen Bundestags geht hervor, dass der Einsatz von Bodentruppen durch ein NATO-Land in der Ukraine **nicht** automatisch **alle anderen Länder** des Militärbündnisses zu Konfliktparteien machen würde. Nur den betreffenden Staat selbst zur Konfliktpartei. Wörtlich heißt es (Hervorhebungen durch mich):

»*Handelt der* ***NATO-Mitgliedstaat*** *dabei* ***unilateral*** *– also nicht im Rahmen einer vorher beschlossenen NATO-Operation und* ***außerhalb militärischer NATO-Kommandostrukturen*** *– werden dadurch* ***weder die NATO als Ganzes noch die anderen NATO-Partnerstaaten zu Konfliktparteien«.***[753]

Weiter: Falls Russland Truppen eines NATO-Landes in der Ukraine angreifen würde, sei dies kein Grund für die Anwendung des Artikels 5. Da bin ich ganz anderer Meinung.

30. März 2024: Im Gespräch mit der britischen *Financial Times* kommentiert die finnische Außenministerin Elina Valtonen den vom französischen Staatschef Emmanuel Macron ins Spiel gebrachten Vorstoß, westliche Truppen in die Ukraine zu schicken, folgendermaßen:

»*Jetzt ist es nicht an der Zeit, dorthin Truppen zu entsenden. In dieser Etappe wollen wir dies nicht einmal diskutieren. Langfristig können wir aber natürlich nichts ausschließen*«.[754]

Sie ergänzt, der Westen wisse nicht, wozu dieser Konflikt führen könne, und was in Zukunft passieren werde. Deswegen dürfe man nicht alle seine Karten aufdecken.[755]

3. April 2024: Maria Sacharowa, die Sprecherin des russischen Außenministeriums, berichtet, das französische Militär könnte schon im April für den Einsatz in der Ukraine in Bereitschaft versetzt werden:

»*Zu diesem Zweck hat das Kommando der französischen Fremdenlegion Anfang März die Zusammensetzung einer bataillons-taktischen Gruppe von etwa 1.500 Personen genehmigt. Es wird erwartet, dass die Gruppe im April in volle Kampfbereitschaft versetzt wird, um zum ukrainischen Kriegsschauplatz aufzubrechen*«.[756]

4. April 2024 (I): Edward Luttwak, der Berater des US-Außenministeriums, zählt die NATO-Länder auf, die sich mutmaßlich heimlich die Entsendung von Truppen in die Ukraine überlegen:

»*Die Briten und Franzosen sowie die nordischen Länder bereiten sich bereits heimlich auf die Entsendung von Truppen vor, sowohl von kleinen Eliteeinheiten als auch von (...) Unterstützungspersonal, das sich von der Front fernhalten kann*«.[757]

4. April 2024 (II): Polens Außenminister Radosław Sikorski sagt, NATO-Staaten haben eine gemeinsame Mission der Militärallianz in der Ukraine gegründet (Hervorhebungen durch mich):

»*Wir haben beschlossen, eine NATO-Mission einzurichten.* ***Das bedeutet nicht, dass wir in den Krieg eintreten****, doch das bedeutet, dass wir die Möglichkeiten der NATO im Bereich der Koordinierung, Ausbildung und Planung zur Unterstützung der Ukraine koordinierter nutzen können*«.[758]

2. Mai 2024: Macron wiederholt seinen Vorschlag von Bodentruppen in der Ukraine. Die Option eines Truppeneinsatzes liege auf dem Tisch:

»*Ich schließe nichts aus, weil wir es mit jemandem zu tun haben, der nichts ausschließt*«.[759]

6. Mai 2024 (I): Der ukrainische Ministerpräsidenten Denis Schmygal erklärt im TV-Sender *CBC* über die NATO-Truppenentsendung in die Ukraine, die diskutiert wird:

»*Wenn es dazu kommt, würden wir absolut dankbar sein und würden uns darauf freuen*«.[760]

Schmygal betont, dass der Einsatz von NATO-Truppen sicherlich einen Beitrag dazu leisten könne, das russische Militär zurückzudrängen.[761]

6. Mai 2024 (II): Der demokratische Minderheitsführer im US-Repräsentantenhaus, Hakeem Jeffries, sagt:

»*Wir können nicht zulassen, dass die Ukraine fällt. Wenn das passiert, ist es sehr wahrscheinlich, dass Amerika nicht nur mit unserem Geld, sondern auch mit unseren Truppen in den Konflikt eingreifen muss*«.[762]

17. Mai 2024: Die *New York Times* berichtet, dass die NATO kurz davorstehe, Truppen in die Ukraine zu senden. Diese Truppen sollen ukrainische Soldaten aber nur trainieren und ausbilden.[763]

28. Mai 2024: Emmanuel Macron lässt nicht locker und will jetzt französische »Berater« in die Ukraine schicken. Auch die USA hatten damals sogenannte »Berater« nach Vietnam geschickt, um die Entsendung von Militär vorzubereiten. Dann folgten schnell Bodentruppen. In der Ukraine wird es ähnlich sein. Doch trotz der Kriegshetzerei erhält Macron den »Westfälischen Friedenspreis« und Bundespräsident Steinmeier lobt ihn als »*Mutmacher für Europa*«. Man kann es kaum glauben![764]

Bis heute: Die russische Militärführung meldet immer wieder, dass ausländische »Söldner« auf Seiten der ukrainischen Armee kämpfen. Ein Außenstehender kann nicht unterscheiden, ob es sich dabei wirklich um einzelne »Kämpfer« handelt, die **von sich aus** an die Front wollen, oder ob es bereits Soldaten von NATO-Staaten unter dem Deckmantel von »Söldnern« oder »Beratern« sind.[765]

DIE GRÜNEN

Aus dem Wahlprogramm der Grünen für die Bundestagswahl 2021:

➔ Für die Grünen verbieten sich Rüstungsexporte an Diktatoren, menschenrechtsverachtende Regime und in Kriegsgebiete. Sie wollen eine restriktive EU-Rüstungsexportkontrolle mit Sanktionsmöglichkeiten und versprechen, in Deutschland ein Rüstungsexportkontrollgesetz vorzulegen.

➔ Die Grünen wollen ein Deutschland frei von Atomwaffen und einen deutschen Beitritt zum UN-Atomwaffenverbotsvertrag.

➔ Für die Grünen stellen Autonome Waffensysteme eine unberechenbare Bedrohung dar. Sie wollen diese international verbindlich regulieren und Anwendungen, die gegen ethische und völkerrechtliche Grundsätze verstoßen, international verbindlich ächten und verbieten.

➔ Das »2-Prozent-Ziel« der NATO lehnen die Grünen als nicht zielführend ab.[766]

I.
Die Grünen im Kriegstaumel

26. September 2021: Welch Ironie: Im Bundestagswahlkampf fordern die Grünen noch:
»Keine Waffen und Rüstungsgüter in Kriegsgebiete«.[767]

30. April 2022: Nur ein paar Monate später zeigen die Grünen **wieder einmal** ihre Wendehälse. Mit nur zwei Enthaltungen stimmen die Grünen auf ihrem Parteitag mehrheitlich dem Antrag zu, schwere Waffen an die Ukraine zu liefern. Für sie scheint die Sache klar: Was interessiert mich mein Geschwätz von gestern! Im Antrag der Parteiführung steht:
»Putin und seine Armee dürfen diesen Krieg nicht gewinnen, der bereits 2014 seinen Anfang nahm und in den vergangenen Jahren bereits mehr als 13.000 ukrainische Todesopfer forderte«.[768]

Weiter heißt es dort:

»Als Regierungspartei übernehmen wir Verantwortung, weswegen die Grünen die Fortsetzung und wo möglich Beschleunigung der Lieferung benötigter Ausrüstung an die Ukraine befürworten, inklusive schwerer Waffen. Denn wichtig sei die Stärkung der Verteidigungsfähigkeit der Ukraine auch über die nächsten Monate hinaus«.[769]

Der Grundsatz, der fast Staatsräson war, *keine* Waffen in Krisengebiete abzugeben, ist für die Grünen und Genossen demnach nur noch Makulatur. Baerbock schwört die Kriegstreiber in einer Videobotschaft sogar noch weiter ein und sagt, dass sie dankbar sei, *»dass unsere Partei in diesem Moment Verantwortung übernimmt. Dass sie bereit ist, sich nicht wegzuducken, über Dinge zu entscheiden, die bisher nicht in unserem Parteiprogramm dringestanden haben«.*[770]

Es sei eine Stärke und keine Schwäche, Dinge neu und anders zu denken, sagt Baerbock weiter und:

»Daher sagen wir klar und deutlich, nicht nur, dass wir an der Seite der Ukrainerinnen und Ukrainer stehen, sondern dass wir es richtig finden, dass wir jetzt auch schwere Waffen zur Selbstverteidigung der Ukrainerinnen und Ukrainer jetzt gemeinsam liefern«.[771]

Das *Handelsblatt* resümiert:
»Die Grünen geben sich als Tempomacher der Ukrainepolitik, treiben gemeinsam mit der FDP die SPD vor sich her – und wähnen die Basis hinter sich. Die Schlagzeilen, die Grünen würden nun ein schmerzhaftes Rendezvous mit der Realität durchmachen, lassen Spitzen-Grüne wie die Minister Robert Habeck und Annalena Baerbock sowie die Parteichefs Ricarda Lang und Omid Nouripour nicht gelten. Die Grünen seien schon lange in der Realität angekommen, heißt es gern. Das Bild einer pazifistischen Ökopartei wird zunehmend von einer pragmatischen Realpolitik verdrängt«.[772]

Parteichef Nouripour versucht auf dem Parteitag, den Bruch der Grünen mit ihrem einstigen Friedenskurs zu rechtfertigen:

»Die Situation in der Ukraine zwingt uns, Dinge zu tun, die wir uns vor einigen Monaten noch nicht hatten vorstellen können; die Lieferung von schweren Waffen ist sicherlich eine davon«.[773]

Nouripour, der sich gerade für schwere Waffen in die Ukraine eingesetzt hat, sagt: *»Es ist unser Job als Grüne, die historisch gewachsene berechtigte Kultur der militärischen Zurückhaltung nicht aufzugeben. Das ist und bleibt richtig. Wir werden immer Friedenspartei bleiben«.*[774] – Ich sage: Mehr Heuchelei geht nicht!

Baerbock stößt in dasselbe Horn wie der grüne Parteichef. Im Bundestag hat sie einige Tage zuvor schon ähnliches vorgetragen:

»Wir agieren in Situationen, wo sich die Welt komplett verändert hat, so dass wir fragen: Was ist die Verantwortung den Menschen in unserem Land, aber eben auch unseren europäischen Freunden und Nachbarn und der Zivilbevölkerung gegenüber? Wenn wir die Möglichkeit haben, einen Völkermord zu verhindern, dann werden wir alles dafür tun, auch wenn es vorher nicht im grünen Parteiprogramm gestanden hat«.[775]

Da ist es wieder, das Wort »***Völkermord***« der grünen Außenministerin, das schon unter dem grünen Außenminister Joschka Fischer als Rechtfertigung an der Teilnahme des völkerrechtswidrigen Kosovo-Krieges herhalten musste (siehe Kapitel ➔ »Kosovo (1999)«).

Lautester Fürsprecher für immer mehr Waffenlieferungen ist ausgerechnet Anton Hofreiter. Der Alt-Linke schreckt auch vor Kritik am zögerlichen Kurs von Kanzler Olaf Scholz nicht zurück.[776] Doch damit hat er sich offenbar ins eigene Knie geschossen, denn insbesondere in der Parteispitze herrscht Unverständnis über »*Selbstdarsteller Toni*«. Aber in der Sache allerdings fordert Hofreiter dasselbe wie die anderen grünen Kriegsverlängerer Lang, Nouripour, Baerbock und Habeck: Die internationale Friedensordnung sei mit dem Angriffskrieg gegen die Ukraine in Gefahr. Diese zu verteidigen, erfordere auch den Einsatz von Waffen.[777] Die Botschaft der einstigen Pazifisten lautet schlicht und ergreifend:

»Wir stehen in Solidarität an der Seite der Ukraine«.[778]

Begründung: Völkerrechtlich sei die Lieferung schwerer Waffen *kein* Kriegseintritt, weil damit das in der Charta der Vereinten Nationen verbriefte Recht der Ukraine auf Selbstverteidigung unterstützt werde.[779] Eine äußerst wacklige Auslegung des Völkerrechts, die jedoch mantragleich wiederholt und auch vom Auswärtigen Amt geteilt wird:

»Die Ukraine dabei zu unterstützen, ihr in der UN-Charta verbrieftes individuelles Selbstverteidigungsrecht gegen den völkerrechtswidrigen Angriffskrieg Russlands auszuüben, macht Deutschland nicht zu einer Konfliktpartei«.[780]

Die Russen hingegen sehen das ganz anders (siehe Kapitel ➔ »So reagieren die Russen auf die rotgrüne Kriegstreiberei«) – und **das** ist entscheidend!

Ende April 2022: Eine Umfrage von *infratest dimap* zufolge sprechen sich 67 Prozent der Grünen Parteianhänger für die Lieferung von schweren Waffen an die Ukraine aus, so viele wie bei keiner anderen Partei.[781]

Auch im Jahr 2023 geht der grüne Kriegstaumel munter weiter.

1. März 2023: Bundesaußenministerin Annalena Baerbock hat zu einem Schulterschluss gegen Russland beim Treffen der G20-Außenminister in Indien aufgerufen. Dazu gehöre, dass man dem zynischen Spiel Russlands entgegentrete, das versuche, einen Keil in die Weltgemeinschaft zu treiben.[782]

9. März 2023: Die Grünen-Politikerin Katrin Göring-Eckardt warnt vor einer abnehmenden Unterstützung in der deutschen Bevölkerung für die Ukraine:

»Ich bin Thüringerin, und da merkt man ja, dass die Debatte tatsächlich auch von relativ vielen – keiner Mehrheit, aber relativ vielen – in eine andere Richtung geht«.[783]

Dann wiederholt sie das ewige rot-grüne Mantra: Frieden könne man nur mit der Lieferung von Waffen an die Ukraine erreichen.[784]

13. März 2023: Grünen-Mit-Parteichefin Ricarda Lang fordert mehr Tempo bei den Waffenlieferungen an die Ukraine. Jede Verzögerung bei der Lieferung von Waffen mache es für die Ukraine schwieriger, Territorium gegen Russland zu verteidigen.[785]

22. April 2023: Ricarda Lang spricht sich auf dem Landesparteitag der Grünen in Mecklenburg-Vorpommern klar für weitere militärische Unterstützung der Ukraine aus und wiederholt das Kriegsverlängerungs-Mantra:

»Wir unterstützen die Ukraine, weil wir Frieden in Europa wollen«.[786]

Klar sei, wenn Russland die Waffen niederlege, gebe es keinen Krieg mehr:

»Deshalb unterstützen wir gerade als Bündnis 90/Die Grünen die Ukraine, weil wir wollen, dass dieser schreckliche Krieg endlich endet«.[787]

Der Krieg soll durch immer mehr Waffenlieferungen enden? Dumm-grün halt.

19. Februar 2024: Grünen-Parteichefin Lang drängt auf eine stärkere deutsche Unterstützung für die Ukraine sowie auf mehr Geld für die Bundeswehr.[788] Und das von einer Partei, die ehemals die Bundeswehr abschaffen wollte und sich gegen jegliche Waffenlieferungen einsetzte.

Bis heute: Vor allem die Grünen lassen keine Gelegenheit aus, um sich für **mehr** Waffen an die Ukraine auszusprechen und somit den Krieg zu verlängern. Deshalb ist sie meiner Meinung nach eine »Kriegsverlängerungspartei«.

II.
Baerbocks private Kriegserklärung an Russland

Die Grüne Annalena Baerbock ist für mich wohl die unfähigste Außenministerin, die unser Land je hatte: Eine Frau mit einer – sehr diplomatisch ausgedrückt – »merkwürdigen« Bildungskarriere ohne bürgerlichen Beruf und ohne Erfahrung in einem öffentlichen Amt (ausführlich dokumentiert mit vielen Beweisen und Belegen in meinem Buch ➔ »Junge globale Führerin«. Annalena Baerbock: Wer sie ist, wer sie steuert, was sie will«).[789]

Jetzt repräsentiert Baerbock Deutschland auf der ganzen Welt. Für mich – und für die allermeisten, die ich kenne – ist das einfach ein Jammer! Denn die Unfähigkeit, die sich schon vor ihrer Ernennung abzeichnete, demonstriert sie uns beinahe täglich. Sie brüskiert Peking, sie brüskiert Ankara, sie brüskiert Damaskus und natürlich brüskiert sie auch Moskau.

26. Januar 2023: Das, was sich Baerbock an diesem Tag leistet, übertrumpft alles **bis dahin** Dagewesene. Nach ihrer Rede vor der Parlamentarischen Versammlung des Europarats in Straßburg stellt sich Baerbock der Presse. Auf die kritische Frage eines Briten entgegnet sie:

»Wir kämpfen einen Krieg gegen Russland und nicht gegeneinander«.[790]

Die ganze Welt ist erschrocken!

Das ist Baerbocks private Kriegserklärung an Russland, denn die Bundesregierung legt trotz aller Waffenhilfe für die Ukraine Wert auf die Feststellung, Deutschland sei *keine* Konfliktpartei.

Schnell muss das Auswärtige Amt klarstellen, dass Baerbock damit **keine** Kriegsbeteiligung Deutschlands oder seiner Verbündeten gemeint habe.[791] Doch als wäre das nicht schon ein diplomatischer Totalschaden, Baerbock rechtfertigt in ihren Naivität den Stuss, den sie von sich gegeben, und der Moskau zutiefst irritiert hat, mit folgenden Worten:

»Es gibt einen Spruch, der lautet: Wer keine Fehler macht, der lebt nicht«.[792] Und zur Kritik ihrer »Kriegserklärung« sagt sie:

»Das russische Regime und Wladimir Putin versuchen jede Äußerung von mir für ihre Propaganda auszuschlachten. Das tun sie auch, wenn ich sage: Heute ist Samstag«.[793] Kindliche, naive Worte einer Außenministerin, die das größte und wirtschaftsstärkste Land Europas vertritt. Kein Wort des Bedauerns, voll von Unfähigkeit auf politischem Boden zu agieren. Ich wiederhole: ein Jammer!

Doch wer geglaubt hat, dieser Fauxpas der Grünen wird der letzte sein, wird nur ein paar Tage später schnell des Besseren belehrt (siehe dazu auch das Kapitel ➔ »Baerbock wird von hochrangigen Diplomaten ‚fertiggemacht'«).

18. Februar 2023: Ort des Geschehens ist dieses Mal nicht Straßburg, sondern die Sicherheitskonferenz in München. Wieder gibt Baerbock eine Aussage von sich, die im wahrsten Sinne des Wortes von »Dummheit« nicht zu überbieten ist. Die Moderatorin fragt Deutschlands Außenministerin, dass Putin die Botschaft der Außenministerin *(»Ob die Ukraine jemals sicher sein könne, solange Putin in Russland regiert«*) nicht versteht. Baerbock antwortet bizarr. Aber vielleicht verstehen Sie das wirre Gestammel ja besser, als ich:

»Ich habe nicht Nein gesagt ohne den Halbsatz davor. Denn ich glaube an Menschen. Und wir haben uns um 180 Grad gewendet. Denn wir entschieden am 27. Februar […], *dass wir unsere Politik beim Thema Waffenexporte*

vollständig ändern. Vorher habe auch ich gesagt, nein, wir liefern nicht in Konfliktgebiete. Aber das ist das Gute an Menschen. Wenn man noch ein Mensch ist, wenn man noch das Leiden sieht, dass man entweder sagen kann: ‚Ich habe einen Fehler gemacht', ich meine, wenn man nie aus Fehlern lernt, wird man nie aufhören, ein Baby zu sein«.[794]

Und weiter:

»*Aber auch, wenn man erkennt, dies war vielleicht in der Vergangenheit richtig, aber nun hat sich die Welt verändert. Und am 24. Februar hat sich meine und unsere Welt vollkommen verändert. Und dann dachten wir nach und sagten, wenn sich unsere Welt geändert hat, und unsere europäische Friedensordnung angegriffen wird, was ich in meinem ganzen Leben in Westdeutschland, wo ich auch geboren wurde, niemals bemerken musste. Als wir bemerkten, dass wir in einer anderen Welt aufgewacht waren, sagten wir: Offensichtlich funktioniert die bisherige Politik der Waffenlieferungen nicht mehr. Deshalb haben wir uns um 180 Grad gewendet. Und wenn Präsident Putin, und deshalb sagte ich das am Anfang, es liegt in seiner Hand. Er kann seine eigene Entscheidung treffen.* ***Er kann entscheiden, seinen Kurs um 360 Grad zu ändern.*** *Die ganze Welt wäre morgen wieder glücklich. Hört mit dem Bomben auf! Es liegt in seiner Hand«.*[795]

Dabei ist jedem Hauptschüler ab der 5. Klasse klar: Wer sich um 360 Grad dreht, ist wieder an derselben Stelle, wie vorher. Nur wenn man sich um 180 Grad dreht, blickt man in die entgegengesetzte Richtung! Für internationalen Spott über die Nichtswisserin war wieder einmal gesorgt.

Doch Baerbock glänzte auch schon zuvor mit vielen »Dumm-Sprüchen«, etwa damit, dass Länder »*Hunderttausende*« (!) von Kilometern entfernt seien – und das, obwohl die Erde nur einen Umfang von 40.075 Kilometern hat.[796]

Ein anderes Mal schwadronierte sie von einem Krieg, »*der wie im 19. Jahrhundert geführt wird, mit Panzern (!) alleine*«.[797] Die »Völkerrechtlerin« vergisst dabei, dass das 19. Jahrhundert die Jahre 1801bis 1900 umfasst und Napoleon nicht mit Panzern, sondern mit Kavallerie kämpfte. Der erste jemals zum Einsatz gekommene Panzer, war der britische Mark I (1916).[798]

Ich werde nicht müde zu wiederholen: Bei so viel Unwissenheit und Unfähigkeit einer deutschen Außenministerin, kann man sich als Deutscher nur noch schämen. Es gibt sogar schon eine Internetseite, die alle »Dumm-Sprüche« von »*Blödbock*«[799], wie sie auch manchmal genannt wird, sammelt: https://www.myzitate.de/annalena-baerbock/.

12. Mai 2023: Baerbock setzt noch einen drauf. Ihr bipolares Denken wird durch folgendes deutlich: Deutschlands Außenministerin ruft alle Länder der Welt dazu auf, *keine* Unterstützung für Russland zu leisten. Solche Handlungen könnten als Teilnahme am Ukraine-Konflikt an der Seite Russlands betrachtet werden. Baerbock wörtlich:

»*Denn eine Unterstützung dieses Angriffskrieges mit Waffen würde bedeuten, dass man Teil eines völkerrechtswidrigen Angriffskrieges ist*«.[800]

Baerbock gibt damit zu, dass Deutschland mit seinen Waffenlieferungen Kriegspartei ist, auch wenn diese – in irrer Grünen-Logik – »nur« für den »Frieden« sind.

Aber das fällt ihr gar nicht auf. Denn gleichzeitig äußert sie sich zuversichtlich, dass die westlichen Länder ihre Lieferungen von Waffen und Munition an die Ukraine nicht stoppen werden.[801]

20. Juni 2023: Baerbock wiederholt auf der »Wiederaufbaukonferenz« in London:

»*Deutschlands Unterstützung ist felsenfest, heute, morgen und übermorgen. Denn für dauerhaften Frieden reicht es nicht, dass die Ukraine den Krieg gewinnt – wir wollen, dass sie zu einem Teil des europäischen Friedens- und Wohlstandsprojekts wird*«.[802]

Doch dann gibt sie kleinlaut zu, dass für einen EU-Beitritt zuerst »*30 Jahre Vetternwirtschaft und Korruption*« beendet werden müssen.[803]

26. Juni 2023: Baerbock ist auf der Reise nach Südafrika. Dort will sie sich dafür einsetzen, dass Putin verhaftet wird, der beim Treffen der BRICS-Staaten dort erwartet wird.[804]

22. August 2023: Baerbock hält Drohnenangriffe auf Moskau für »*legitim*«.[805]

23. August 2023: Baerbock legt nach:

»*Russlands illegale Annexionen ukrainischer Gebiete sind null und nichtig (...) Wir wollen, dass die Ukraine diesen Krieg gewinnt – und Frieden erlangt*«.[806]

24. August 2023: Baerbock zeigt sich enttäuscht von der Wirkung der Sanktionen gegen Russland:

»*Eigentlich hätten wirtschaftliche Sanktionen wirtschaftliche Auswirkungen. Das ist aber nicht so*«.[807]

Die Politik der rot-grünen Kriegsverlängerer bekommt ihren Denkzettel: Die deutsche Wirtschaft rutscht in eine Rezession, die russische Wirtschaft wächst sogar – und das trotz Sanktionen.[808] Und noch etwas, was Baerbock nicht kapiert, weil die einstige Trampolinspringerin von Geostrategie halt nichts, aber auch gar nichts versteht: Die Sanktionen wirken. *Aber gegen Deutschland!* Die USA schalten so ihren europäischen Industrie-Konkurrenten Schritt für Schritt aus.

31. August 2023: Baerbock unterstützt **natürlich** das 20-Milliarden-Paket für die Ukraine. Die Europäer investierten damit in den Frieden: »*Deshalb ist diese Unterstützung notwendig*«.[809] Da ist es wieder: Waffenlieferungen für den Frieden. Damit bestätigen die Grünen mal wieder ihr neues Mantra »Frieden schaffen mit Waffen«.

11. September 2023: Baerbock besucht zum vierten Mal seit Ausbruch des Konfliktes die ukrainische Hauptstadt. Sie sagt, so wie sich die Ukraine »*vor uns stellt, kann auch sie sich auf uns verlassen*« – etwa darauf, dass Deutschland der Ukraine auf ihrem Weg in die EU entschlossen unter die Arme greife. Deutschland lasse nicht nach, »*die Ukraine bei ihrer Verteidigung gegen Russlands Aggression zu unterstützen: wirtschaftlich, militärisch, humanitär*«.[810]

Zudem kündigt Baerbock für das kommende Jahr eine Wiederaufbaukonferenz für die Ukraine in Berlin an: »*Damit aus Leid und Zerstörung Neues erwachsen kann, gehen wir gemeinsam den Wiederaufbau an. Dazu werden wir im nächsten Jahr gemeinsam die Wiederaufbaukonferenz für die Ukraine in Berlin ausrichten*«.[811]

14. September 2023: Baerbock ruft bei ihrem USA-Besuch zu weiteren Hilfen für die Ukraine auf. Sie verbreitet im Nachrichtensender *Fox News* das altbekannte rot-grüne Mantra:
»*Die Ukraine muss diesen Krieg gewinnen. Freiheit und Demokratie müssen gewinnen. Und wir werden an der Seite der Ukraine stehen, solange er dauert*«.[812]

19. September 2023: Baerbock will den russischen Außenminister Lawrow am Rande der UN-Vollversammlung **nicht** treffen.[813] Täglich gegen Russland wettern und dann zu feige sein, um den Außenminister zu treffen? Trampolin-Baerbock hat offenbar Muffensausen.

20. September 2023: Die deutsche Außenministerin Annalena Baerbock, die angeblich aus dem Völkerrecht kommt, hat sich so sehr auf ihren Anti-Russland-Kurs eingeschossen, dass sie den Ukraine-Krieg nicht einmal mehr richtig benennen kann. In der ARD-Talkshow *Maischberger* verwendet sie den Begriff »*Russland-Krieg*«:
»*Es geht eben bei diesem Russland-Krieg auch darum, ein Signal an andere Länder, andere Regime in der Welt zu senden*«.[814]

1. Oktober 2023: Baerbock riskiert mal wieder eine große Lippe. Am Rande des Sondertreffens der EU-Außenminister in Kiew sagt sie:
»*Die Zukunft der Ukraine liegt in der Europäischen Union, in unserer Gemeinschaft der Freiheit. Und die wird sich bald erstrecken von Lissabon bis Lugansk*«.[815]

Weiter sagt die ehemalige Trampolinspringerin, mit jedem Dorf und jedem Meter, den die Ukraine befreie, ebne sie ihren Weg in die EU. Dafür brauche das Land Unterstützung. Angesichts der sinkenden Temperaturen brauche die Ukraine einen »*Winterschutzschirm*«, der Stromgeneratoren und auch die Luftverteidigung umfasse.[816]

Da haben die Ukrainer aber Glück, denn in Deutschland versuchen die Grünen unsere Energieversorgung zu zerstören.

Gleichzeitig wirbt Baerbock erneut für einen Beitritt der Ukraine zur Europäischen Union: Es sei Deutschlands Aufgabe »*wenn dieser furchtbare Krieg endlich vorbei ist, dass auch die Ukraine mit in die Europäische Union kommen kann*«.[817] Wohlgemerkt: eines der korruptesten Länder der Erde.

3. November 2023: Auf der Außenministerkonferenz der zehn EU-Beitrittskandidaten im Auswärtigen Amt, sagt Baerbock, das Herz Europas schlage in Kiew und wirbt damit einmal mehr für den EU-Beitritt des bankrotten und tief korrupten Staates.[818]

13. November 2023: Am Rande des EU-Treffens kündigt Baerbock an, dass Deutschland die Hilfen für die Ukraine »*ausbauen*« und »*massiv erhöhen*« werde.[819]

28. November 2023: Beim NATO-Außenministertreffen in Brüssel sichert Baerbock der Ukraine Unterstützung für weitere Offensiven gegen die russischen Besatzer zu. Man tue alles dafür, dass die Ukraine auch im nächsten Jahr so viele Dörfer und Städte befreien könne wie möglich.[820] Ein frommer Wunsch.

15. Februar 2024: In einem Interview mit dem Sender *Rossija 1* sagt Putin über Baerbock, Leute wie sie, sind »*feindselig gegenüber unserem Land, gegenüber Russland. Aber ich denke, sie sind auch feindselig gegenüber ihrem eigenen Land, denn es ist schwer vorstellbar, dass eine Politikerin von solchem Rang die wirtschaftlichen Interessen ihres Landes, ihres Volkes mit solcher Geringschätzung behandeln würde*«.[821]

23. Februar 2024: Baerbock ruft auf der UN-Generalversammlung die Weltgemeinschaft dazu auf, den Druck auf Diktator Wladimir Putin zu erhöhen, den Angriffskrieg auf die Ukraine zu beenden:
»Wenn uns eine Welt am Herzen liegt, in der jedes Leben gleich wichtig ist, liegt es an jedem Einzelnen von uns, sich gegen den Krieg Russlands zu wehren«.[822]

24. Februar 2024: Zum zweiten Jahrestag des Ukraine-Kriegs macht sich Baerbock die Realität zurecht, sie sagt:
»Wer behauptet, dass Waffenlieferungen den Krieg verlängern, spielt Putin in die Hände. Denn es ist eine Lüge, zu sagen, dass der Westen die Ukraine von Verhandlungen abhält (...) Putin will keine Verhandlungen. Er will keinen Frieden – er will ‚Eroberungen'«.[823]

Weitere Unwahrheiten, Beweise dafür: Baerbock ignoriert **vorsätzlich** die vielen Gesprächsangebote der Russen (siehe unten) und verschweigt **vorsätzlich** auch das Selenskij-Dekret, das jede Verhandlung mit Russland **verbietet** (siehe unten).

25. Februar 2024: Maria Sacharowa, die Sprecherin des russischen Außenministeriums, sagt über Baerbock:
»Was für eine erstaunlich ungebildete und, offen gesagt, kleinkarierte Vertreterin Deutschlands«.[824]

2. März 2024: Der Journalist Gert Ewen Ungar schreibt:
»Baerbock ist besessen vom Vernichtungsgedanken. Russland zu ruinieren ist ihr Ziel (...) Baerbock tut alles dafür, dass der Krieg in der Ukraine lange dauert und möglichst verlustreich ausgetragen wird. Propagandistisch verpackt sie ihren Blutdurst in den absurden Slogan ‚deutsche Waffen retten Leben' (...) Die deutschen Wähler sollten das gut bedenken. Wer Baerbock wählt, wählt den Krieg (...)«[825]

21. Mai 2024: Baerbock besucht schon wieder Kiew und schwurbelt weiter. Sie verbreitet erneut unglaubliche Panik (Hervorhebungen durch mich):
»Wir müssen jetzt alle Kräfte bündeln, damit die Ukraine bestehen kann (...) und ***damit Putins Truppen nicht bald vor unseren eigenen Grenzen stehen****«.*[826]

Auf der Seite des Auswärtigen Amts erscheinen weitere wirre Äußerungen von Baerbock:
»Unsere Unterstützung ist verwurzelt ***in der tiefen Überzeugung****, dass die Ukraine diesen Krieg gewinnen wird«.*[827]

Die Ukraine gegen das übermächtige Russland gewinnen? – Wie realitätsfern kann man sein? Wie dem auch sei – Baerbock bekommt für ihre Kriegsunterstützung von Selenskij persönlich den **Verdienstorden** überreicht.[828]

22. Mai 2024: Baerbock unterstützt die Forderung von Bundesverteidigungsminister Boris Pistorius (SPD) nach einer Erhöhung der Ukraine-Hilfe um 3,8 Milliarden Euro noch in diesem Jahr:
»Wir brauchen einen Sicherheitshaushalt«.[829]

Bis heute: Die Grünen sind weiterhin stramm auf Kriegskurs.[830]

III.
Baerbock wird von hochrangigen Diplomaten »fertiggemacht«

2./3. März 2023: Auf dem G20-Gipfel in **Indien** versucht Baerbock, wieder einmal zu glänzen, was gleichzeitig auch in allen deutschen Medien übernommen wird. Sie wirft Russland ein weiteres Mal einen Angriffskrieg vor, fordert Moskau auf, sich sofort zurückzuziehen und so weiter und so fort. Die deutsche Presse feiert sie dafür.[831] Aber hat sie tatsächlich geglaubt, Russland würde auf dem G20-Treffen seine bedingungslose Kapitulation erklären?[832]

Was die deutsche Presse verschweigt: Russlands Außenminister Lawrow entschuldigt sich beim Gastgeberland Indien für den Auftritt der westlichen Delegation und nennt Baerbocks Verhalten »*flegelhaft*«.[833] Diese diplomatische Ohrfeige findet man nirgendwo in der deutschen Einheitspresse.

Auch der chinesische Außenminister Qin Gang macht gegenüber Baerbock deutlich, dass China auf eine politische Lösung und einen Waffenstillstand dränge. Er unterstreicht, man müsse aufhören, Öl ins Feuer zu gießen.[834] Auch davon ist in deutschen Medien natürlich nichts zu lesen.

Gert Ewen Ungar schreibt dazu völlig zutreffend auf *RT.de*:

> ***»Letztlich hat sie*** [Baerbock/MGR] ***gezeigt, dass man die außenpolitische Position Deutschlands nicht ernstnehmen kann. Deutschland betreibt Außenpolitik auf Klassensprecher-Niveau. Baerbock verweigert sich weiterhin dem Denken in Zusammenhängen, in zeitlicher und kausaler Abfolge. Sie verweigert die Kenntnisnahme der Realitäten in der Ukraine, verweigert Diplomatie und die Suche nach konstruktiven Lösungen, die für alle Seiten tragfähig sind«.***[835]

Weiter:
»*Sie bestimmt mit ihrer auf einfache Phrasen zusammengedampften Außenpolitik das Diskussionsniveau zur Ukraine-Krise in Deutschland. Damit wird auch klar, dass man von Deutschland keinen Beitrag zur Lösung des Konflikts erwarten kann. Man muss das Land im Gegenteil von der Suche nach Lösungen ausschließen, denn es hat sich von der Realität und der politischen Wirklichkeit komplett verabschiedet*«.[836]

Übrigens: Der russische Außenminister quittiert Baerbocks Ausfälle bei dem G20-Treffen lediglich mit einer abfälligen Handbewegung.[837]

13./14. April 2023: Baerbock reist nach **China** und reißt wieder das Maul auf: China soll den Russen keine Waffen liefern (nach ihrer Ansicht darf nur der Westen an die Ukraine Waffen liefern), China soll die Menschenrechte einhalten und so weiter und so fort. In der deutschen Systempresse wird sie wiederum dafür bejubelt. Der chinesische Außenminister maßregelt Baerbock daraufhin. Er sagt, China brauche keine Lehrmeister aus dem Westen – rums![838]

13. Mai 2023: Nigeria: Baerbock sagt anlässlich der Rückgabe der sogenannten Benin-Bronzen (eine britische Raubkunst, die irgendwann an deutsche Museen verkauft wurde) und die die grüne Außenministerin pflichtschuldig ihren ursprünglichen Eigentümern zurückgeben will, sozusagen als kleines Symbol der späten kolonialen Sühne Deutschlands – obwohl es in Nigeria überhaupt keine deutsche Kolonialgeschichte gibt (!):[839] Die Bronzen würden jetzt wieder dem nigerianischen Volk gehören.

Doch die grüne Sühne-Aktion wird zum Flop. Denn nur kurze Zeit später überträgt Nigerias Präsident Muhammadu Buhari die Bronzen an den König von Benin, den sogenannten Oba Ewuare II. Peinlich: Die Bronzen sollten eigentlich in Nigeria ausgestellt werden, in einem Museum, das mit deutschem Steuergeld bezuschusst wird.[840]

Der nigerianische Prinz Okpame-Edward Oronsaye wirft Baerbock eine komplette Unkenntnis der Lage vor, denn die Bronzen könnten gar nicht dem nigerianischen Volk gehören, weil es sowas gar nicht gebe: In seinem Land leben nämlich 250 Volksstämme, die sich kaum als »Nigeranier« betrachten. Der rechtmäßige Besitzer der Kunstschätze sei das Volk der Edo bzw. ihr Oberhaupt, der Oba. Oronsaye sagt:
»*Es tut mir leid, aber Ihre Außenministerin ist zu jung. Sie hat keine Erfahrung, und manchmal merkt man das, wenn sie spricht*«.[841]

Der Prinz entlarvt auch die grüne Nestbeschmutzung: Deutschland habe überhaupt keinen Anlass, sich für den Besitz der Bronzen schuldig zu fühlen, schließlich habe sie ja gar nicht Deutschland geraubt, sondern die Briten. Wenn überhaupt, könne sich Baerbock in den ehemaligen deutschen Kolonien in Namibia, Kamerun, Togo oder dem heutigen Tansania entschuldigen, aber nicht in Nigeria.[842] Was für eine Blamage!

17. Mai 2023: Die nächste Blamage folgt nur ein paar Tage später in **Saudi-Arabien**, als Baerbock ihre Besserwisserei auch in diesen Teil der Welt tragen will. Die deutsche Außenministerin kritisiert nämlich die Aufnahme Syriens in die Arabische Liga, als sei das ihre Angelegenheit. Ebrahim Hashem, Polit- und Wirtschaftsberater aus den Vereinigten Arabischen Emiraten, schreibt über Baerbock und ihren Tross im Klartext:
»*Einige ausländische Beamte sind sich nicht bewusst, dass sie sich dilettantisch verhalten und grob klingen. Es scheint ihnen an einem grundlegenden Verständnis des Weltgeschehens und an grundlegenden diplomatischen Umgangsformen zu mangeln*«.[843]

Weiter:
»*Die Rückkehr Syriens auf seinen Sitz in der Arabischen Liga ist in erster Linie eine arabische Angelegenheit. Ausländer können sich beschweren und protestieren, soviel sie wollen, die Araber schenken ihnen keine Beachtung mehr*«. Die Zeit, als ausländische Beamte die Araber »*herablassend behandelt*« haben, sei vorbei.[844] – Nächste Klatsche für Baerbock.

7. Juni 2023: Medienwirksam reist Annalena Baerbock mit Arbeitsminister Hubertus Heil (SPD) nach **Brasilien**, um für neue »Fachkräfte« zu werben. Im Zuge dessen will die Grüne mit dem brasilianischen Präsidenten Lula da Silva auch über den Ukraine-Krieg sprechen. Dieser hat aber wichtigere Termine, und Außenminister Viera ist gleich gar nicht im Land. So gibt es für die deutsche Außenministerin nur ein Treffen mit dem außenpolitischen Berater des Präsidenten und der Vize-Außenministerin Maria Laura da Roche.[845]

Ein weiterer Affront und Beweis dafür, dass Baerbock, die sich so wichtig nimmt, auf der Bühne der Weltpolitik nicht ernstgenommen wird.

23. Juni 2023: Baerbock blamiert sich ein weiteres Mal. Nachdem sie bereits bei der Geberkonferenz in **London** von »*Ursula von der Mining*« statt von der EU-Kommissionspräsidentin »*Ursula von der Leyen*« gesprochen hat, betont sie beim Treffen mit dem algerischen Außenminister Ahmed Attaf in Berlin, dass der »*Gragressor*« Russland beim Namen benannt werden müsse.[846] Eine Außenministerin, die nicht einmal richtig reden kann – blamabel!

30. Juni 2023: Auch in **Südafrika** blamiert Baerbock unser Land bis ins Mark. Ich zitiere aus der österreichischen Onlinezeitung *express.at*:

»*Nicht schon wieder: Außenministerin Annalena Baerbock (42, Grüne) hat sich erneut gewaltige Versprecher geleistet, die in den sozialen Medien für hämische Kommentare sorgen. In Südafrika sprach sie statt vom Hoffnungsschimmer vom ,Bacon of hope', dem ,Speck der Hoffnung' (...) Ausgerechnet die Außenministerin, die so großen Wert auf ihr Studium in London legt, zeigte eklatante Schwächen im Englischen (...) Baerbock meinte natürlich den ,Beacon of hope'. BEACON, das Leuchtfeuer, gemeint war der Hoffnungsschimmer – nicht die Frühstücksbeilage.*

Und auch mit dem Wort ,bid' für ,Gebot, Kandidatur' löste sie Irritationen aus. Bei der leicht lispelnden Politikerin klang es wie ,bitch', die ,Schlampe'«.[847]

Und weiter:
»*Die ganze Südafrika-Reise der Außenministerin stand unter keinem guten Stern. Schon mehrfach hatte sie Politiker des Kontinents gegen sich aufgebracht. Cyril Ramaphosa (70), der Präsident Südafrikas, wollte sich gar nicht erst mit ihr treffen, weil Baerbock zu unerfahren und der Ansicht sei, die Werte der westlichen Minderheit müssten der Maßstab für die Mehrheit der Welt sein. Nur um diplomatische Verwicklungen zu vermeiden, stimmte der Präsident dann doch einem Treffen mit der deutschen Außenministerin zu*«.[848]

Am selben Tag in der *BILD* ein Bericht mit der Schlagzeile:
»*So geschickt macht Baerbock Politik mit Mode*«.[849] Da kann man nur noch mit dem Kopf schütteln!

9. Juli 2023: Auf der hochrangigen OSZE-Klima-Konferenz in Wien beweist Baerbock aufs neue, dass sie die deutsche Sprache nicht richtig beherrscht, worüber unsere österreichischen Nachbarn nur müde lächeln können. *Express.at*:
»*Bei ihren Ausführungen zu den Waldbränden in Kanada stolperte sie einmal mehr über die deutsche Sprache. Wir hätten erlebt, dass Waldbrände in Kanada und Spanien die Abendsonne rot färben, mahnt Baerbock in Wien. Auch haben wir erlebt, so die deutsche Außenministerin, dass in Spanien die ,Wälder gebrennt' (sic) haben und die Menschen fliehen mussten. In Kasachstan hätten die ,Weltbrände' (sic) gar dazu geführt, dass Menschen starben*«.[850]

Einfach nur noch zum Fremdschämen!

22. August 2023: Der nächste Fauxpas der grünen Außenministerin: Sie plädiert vor laufenden Mikrofonen dafür, der Ukraine geeignete Waffen zu liefern, um die Minenfelder der Russen überwinden zu können. Und jetzt kommt's, sie sagt (Hervorhebungen durch mich):

»*Es gibt riesengroße Minengürtel, vor allen Dingen im Osten der Ukraine.* ***Diese entsprechen in etwa der Größe Westdeutschlands***«.[851]

Was für ein totaler Schwachsinn! Abgesehen davon, dass man »Westdeutschland« nicht mehr sagt, beträgt die Größe Deutschlands gerundet 357.500 Quadratkilometer. Ein Minenfeld dieser Größe hat selbst die russische Armee noch nicht beackert.[852]

Die Truppen der Russischen Föderation kontrollieren etwa 120.000 bis 130.000 Quadratkilometer der 600.000 Quadratkilometer großen Ukraine – das ist eine Landfläche vom Ausmaß der beiden Staatsgebiete Österreichs und der Schweiz (Stand: Ende September 2023).[853]

5. September 2023: Baerbocks nächster Bock: Bei einer gemeinsamen Pressekonferenz mit ihrem rumänischen Amtskollegen, Bogdan Aurescu, bezeichnet sie ukrainisches Getreide als »*Kokain*«.[854]

6. September 2023: Baerbocks »Dumm-Auftritte« hören einfach nicht auf. In einer Rede im Außenministerium vor Diplomaten und Vertretern der deutschen Wirtschaft gibt sie sich zuversichtlich, dass **Deutschland so stark Einfluss auf die Weltwirtschaft nehmen kann, dass eine vollständige wirtschaftliche Isolation Chinas und Russlands unter deutscher Führung gelingen werde**.[855] Welch eine Überschätzung der eigenen erbärmlichen Möglichkeiten!

11. September 2023: Baerbock die Nächste. Bei einer Pressekonferenz in Kiew sagt sie (Hervorhebungen durch mich):

»*Und ja, meine Botschaft da, aber meine Botschaft auch jedem [jeden] Tag* ***in den über 560 Tagen im letzten Jahr*** *ist: Wir helfen Euch nicht nur, sondern wir stehen an Eurer Seite, solange Ihr uns braucht!*«[856]

Für Baerbock hat ein Jahr also 560 Tage. Jeder Kommentar überflüssig.

13. September 2023: Nächster Baerbock-Bock. Die ausgewiesene Klima-Hysterikerin zeigt ihren eigenen grünen Klimaschisten wohl den Mittelfinger mit dieser Bock-Aktion: Auf ihrer **USA**-Reise setzt sich die deutsche

Außenministerin mit ihrer riesigen Delegation in einen Bus von Austin nach Houston (238 Kilometer). Der Hammer: »Ihr« Airbus A350 fliegt hinterher – allerdings völlig leer, ohne Passagiere![857] Die *BILD* rechnet vor: *»Der A350 verbraucht sechs Tonnen Kerosin pro Stunde. Für die Ultrakurzstrecke Austin-Houston war er 45 Minuten in der Luft. Macht 4,5 Tonnen Sprit für den Leerflug ohne Passagiere«.*[858]

Dafür fährt Baerbock aber in einem umweltfreundlichen Bus. So viel Heuchelei muss man sich mal vorstellen. CSU-Generalsekretär Martin Huber bringt es auf den Punkt:

> ***»Die Grünen gängeln unter dem Vorwand des Klimaschutzes ein ganzes Land, während die Außenministerin um die Welt jettet und sinnlos Kerosin verballert. Bei der grünen Politshow spielt Klimaschutz nur eine Nebenrolle«.***[859]

16. September 2023: Es hört nicht mehr auf mit dem Baerbock-Blödsinn. Entgegen jeglichen diplomatischen Gepflogenheiten bezeichnet sie den chinesischen Präsidenten Xi Jinping als *»Diktator«.*[860] Ein Affront gegen das riesige Reich. Baerbock kapiert nicht, dass China Deutschlands größter Handelspartner ist. Die Außenministerin agiert wie ein Elefant im Porzellanladen.

18. September 2023: Die Antwort aus Peking dauert nicht lange: Das chinesische Außenministerium erklärt, die Äußerung Baerbocks »*sei absurd und verletze die Würde Chinas auf ernsthafte Weise*«, es handele sich um eine »*offene politische Provokation*«.[861] So bringt die ehemalige Trampolinspringerin, die von Außenpolitik und Militärstrategie so viel Ahnung hat wie ich vom Stricken, unser Land bei unserem größten Handelspartner immer mehr in die Bredouille.

19. September 2023: Am Rande der UNO-Woche in **New York** wischte Baerbock ihre schmälernde Bemerkung über den chinesischen Präsidenten mit folgenden Worten beiseite:

»Ich habe das zur Kenntnis genommen«.[862] Auch auf Nachfrage wollte sie sich nicht ausführlicher äußern.

Bis heute: Die Liste von Baerbocks Peinlichkeiten lassen sich ohne Unterbrechung fortsetzen. Fast täglich blamiert sie unser Land in der Weltöffentlichkeit.

Hintergrund: Lafontaine: Deutschland und die NATO haben eine Mitschuld am Ukraine-Krieg

Ex-Linken-Chef und Ex-SPD-Vorsitzender Oskar Lafontaine gibt am **22. Mai 2022** in der *Saarbrücker Zeitung* ein Interview. Darin gibt er Deutschland und der NATO eine Mitschuld am Ausbruch des Krieges in der Ukraine. Über Jahrzehnte seien die Sicherheitsinteressen aus Moskau »*konsequent ignoriert*« worden. Die russische Staatsführung habe seit 20 Jahren darauf hingewiesen, dass die Ukraine kein Mitglied des nordatlantischen Verteidigungsbündnisses werden dürfe. Denn damit habe Russland eine direkte NATO-Außengrenze ohne Puffer. Lafontaine:

»Entscheidend ist die Frage: Können an den Grenzen einer Atommacht Raketen aufgestellt werden, die keine Vorwarnzeit haben?«[863] (die Hintergründe für den Ausbruch des Krieges beschreibe ich minutiös in meiner Broschüre ➔ »Schlachtfeld Ukraine. Angriffs- oder Präventivkrieg?«)

Lafontaine wirft der Bundesregierung zudem vor, sich in der »*Rolle des getreuen Vasallen der USA selbst großen Schaden*« zuzufügen.[864]

Den Grünen wirft er vor, »*zu den größten Kriegstreibern in Deutschland geworden*« zu sein. Den einst starken pazifistischen Flügel gebe es nicht mehr. Vielmehr unterstützten die Bündnisgrünen »*jede US-Entscheidung, wenn es um Kriege geht*«[865] (siehe dazu das Kapitel ➔ »Frieden schaffen mit Waffen«).

Gut ein Jahr später, am **23. Mai 2023** legt Lafontaine nach: In einem Beitrag auf *Facebook* äußert er sich zur Zusage der G7-Staaten auf ihrem Gipfel im japanischen Hiroshima, der Ukraine Kampfjets liefern zu wollen: Dort habe »*der in die ukrainische Oligarchen-Korruption verstrickte US-Präsident Joe Biden dem ebenfalls in die ukrainische Oligarchen-Korruption verstrickten ukrainischen Präsidenten Selenskij einen Herzenswunsch erfüllt*«.[866] Und weiter:

»Die europäischen Politiker und Journalisten glauben immer noch, der Ukraine-Krieg sei ein von Putin ohne Grund aus großrussischem Nationalismus vom Zaun gebrochener Krieg. Sie haben immer noch nicht kapiert, dass dieser Krieg mit der NATO-Osterweiterung und dem von Biden und Victoria Nuland inszenierten Maidan-Putsch 2014 begann, dem der Krieg der Präsidenten Poroschenko und Selenskij gegen die Ostukraine mit 14.000 Opfern folgte. Die Voraussetzung willfährigen und überzeugten Vasallentums ist an Blindheit grenzende Dummheit«.[867]

IV.

Die grünen Kriegstreiber: Baerbock, Hofreiter, Habeck

Vor allem **Annalena Baerbock** und **Anton Hofreiter** vertreten den »Kriegsverlängerungs-durch-Waffenlieferungen-Kurs« der Grünen.

Mitte Dezember 2022: Ein weiteres Gesicht der grünen »Kriegsfraktion« ist Anton Hofreiter. Der Grüne nimmt an einem öffentlichen Gespräch im Berliner Verlag teil. Der litauische Botschafter, Ramunas Misiulis, der sich im Publikum befindet, will wissen, wie die Sicherheit in der Region nach einem Zurückdrängen russischer Invasionstruppen und einem möglichen Waffenstillstand aussehen könnte.[868]

Von einem Konzept einer neuen Gruppe von Garantiemächten will der Grüne nichts wissen. Es gebe nur zwei Möglichkeiten, die Ukraine nach einem Ende des Krieges dauerhaft zu schützen: Entweder man nehme sie in die NATO auf oder man statte die Ukraine mit – sage und schreibe – **3.200 (!) Leopard-Panzern** aus:
»*Dann wird niemand sie mehr angreifen*«.[869]

Auf Nachfrage des Publikums, dass die Ukraine in der Vergangenheit bei deutschen Politikern als korruptes Land mit oligarchischen Netzwerken gegolten habe, antwortet der Grüne, die Ukraine habe sich seit 2014 radikal verändert. Der Krieg selbst habe das Land geeint und demokratisiert.[870]

Auf eine andere Nachfrage, die den Ukraine-Krieg mit dem Irak-Krieg vergleicht, sieht Hofreiter einen großen Unterschied zwischen dem »*Volkskrieg*« Russlands gegen die Ukraine mittels Mobilisierung gegen eine Demokratie und dem Angriff einer amerikanischen Berufsarmee gegen eine Diktatur.[871]

Für den Grünen Anton Hofreiter gibt es anscheinend *gute* Kriege und *schlechte* Kriege.

Doch das überzeugt nicht jeden im Publikum, was man wohl nachvollziehen kann. Hofreiter muss außerdem zugeben, dass die Grünen-Anhänger zum größten Teil jene sind, die sich bei Umfragen für stärkere Waffenlieferungen in die Ukraine aussprechen würden. Er rechtfertigt das Kriegsgehabe so:
»*Die wissen, dass es zum Verhandeln auch Stärke braucht*«.[872]

5. Januar 2023: Auf *Abgeordnetenwatch* stellt Hubert S. folgende Frage an Anton Hofreiter:
»*,Keine Waffen und Rüstungsgüter in Kriegsgebiete!' Das ist eine klare Ansage aus dem Wahlkampf der Grünen ohne Interpretationsspielraum! Die Ampel tut das Gegenteil! Sie sehen darin keinen Wahlbetrug?*«[873]

In der Antwort von Hofreiter erfahren wir noch einmal, dass es für ihn wohl *gute* und *schlechte* Kriege gibt (Hervorhebungen durch mich):
»*Sehr geehrter Herr S., vielen Dank für Ihre Frage.*
,Wir liefern keine Waffen in Kriegsgebiete' ist in sehr vielen Konflikten sehr sinnvoll. Dies gilt vor allem dann, wenn es sich um Bürgerkriege handelt, in denen nicht klar definiert ist, welche Seite aus der Sicht eines freien, demokratischen, die Menschenrechte achtenden Landes die richtige ist. An dieser Einstellung ist auch nichts falsch geworden. ***Allerdings muss man differenzieren, um welche Art von Krieg es sich handelt.*** *Wir stehen in der Ukraine offensichtlich vor einer völlig anderen Situation, wenn eine Diktatur eine Demokratie angreift, bei der ein Aggressor Kriegsverbrechen verübt. Nach Expert*innengesprächen bin ich der festen Überzeugung, dass eine Stärkung der Ukraine, auch durch Waffenlieferungen am Ende Schlimmeres verhindert*«.[874]

Hofreiter bestätigt seine »Zwei-verschiedene-Kriege-These« damit erneut.

Mitte Januar 2023: Baerbock Reise nach Charkiw, das nur 25 Kilometer von der russischen Grenze entfernt liegt, dient wohl ausschließlich Propagandazwecken. Die Außenministerin wirbt dafür, mehr schwere Waffen zu liefern, was eine Verschärfung des Krieges bedeutet:
»*Charkiw verdeutlicht, wie wichtig die Befreiung ist – und wie wichtig damit auch weitere Waffenlieferungen sind*«. Die Stadt sei ein »*Sinnbild für den absoluten Irrsinn des russischen Angriffskriegs in der Ukraine*«.[875]

3. Februar 2023: Hofreiter spricht im *Bayrischen Rundfunk*. Um der Ukraine zu helfen, fordert er »*deutlich mehr*« Panzer zu liefern als bislang zugesagt.[876] Forderungen nach Verhandlungen und Zurückhaltung bei Waffenlieferungen erteilt Hofreiter eine Absage, und das hört sich bei ihm so an:
»*In einer gewissen, absurden Wirkung auf die Regierung von Putin führt dieses ständige Gerede über Diplomatie und die Ablehnung der Waffenlieferungen (...) dazu, dass die Diplomatie eine geringere Chance hat, weil sie (...) Putin in der Überzeugung bestärkt, den Krieg am Ende zu gewinnen, und das ist für ihn lohnender als zu verhandeln*«.[877]

Hofreiter spricht sich im *BR24*-Interview für **noch mehr militärischen Druck** aus, »*damit Putin versteht: Er wird diesen Krieg verlieren. Erst dann, wenn er das verstanden hat, wird er bereit sein, zu verhandeln*«.[878]

Aber auch »unser« grüne Vize-Kanzler und Wirtschaftsminister **Robert Habeck** spielt immer mehr mit auf der Klaviatur der Kriegsverlängerung. Sehen Sie selbst:

24. Februar 2023 (I): Habeck warnt vor einem Frieden zu Bedingungen von Putin: »*Dieser Frieden würde nur zu neuen Kriegen führen*«.[879]

Dann fährt er mit dem Grünen-Narrativ, das wir schon kennen, fort: Es gebe einen Unterschied zwischen einem aufgezwungenen Frieden durch einen imperialistischen Diktator und einem Frieden, der Freiheit und Sicherheit eines Landes sichere. Sollte Putin erfolgreich sein, dann sei dies ein Alarmsignal und ein Menetekel, dass keine Friedensordnung in Europa mehr Bestand haben könne. Andere Nachbarländer müssten fürchten, überrannt zu werden. Andere Diktatoren würden sich ermutigt fühlen, dieses zu tun, weil sie nichts befürchten müssten.[880]

Auch Bundesaußenministerin Baerbock lehnt einen Waffenstillstand zwischen der Ukraine und Russland ab: »*Ein Diktatfrieden verrät das Opfer und die Charta der Vereinten Nationen. Ein Diktatfrieden bringt nur neue Gewalt und Unterdrückung. Ein Diktatfrieden bringt keine Sicherheit*«.[881] **Damit verurteilt sie dann aber auch den Diktatfrieden von Versailles**, der Hitler an die Macht brachte (siehe mein Buch ➔ »Adolf Hitler, eine Korrektur, Band 1«).[882]

24. Februar 2023 (II): Auf der UN-Vollversammlung sagt Baerbock: »*Der russische Präsident riskiert die Zukunft seines eigenen Landes. Dieser Krieg ist nicht der Krieg des russischen Volkes. Dieser Krieg ist Putins Krieg* (...) *Was wir tun können, ist für eine Welt einzutreten, in der Frieden, Frieden bedeutet*«.[883]

Hintergrund: Grün, von nix, kommt nix!

25. Februar 2023: Die Grüne Jugend München glänzt mit einem Anfall von – diplomatisch ausgedrückt – seltener Un-Intelligenz: Auf *Instagram* erklärt sie Hitlers Feldzug gegen die Sowjetunion (Deckname: »Unternehmen Barbarossa«,) zum Höhepunkt **russischer** »*Siedlungseroberung*«!

Und so liest sich die Kostprobe des geschichtlichen Unwissens der Jugendorganisation von Bündnis 90/Die Grünen, die Grüne Jugend München, (Hervorhebungen durch mich):
»*Russland wollte ab der zweiten Hälfte des 19. Jahrhunderts in die ‚Riege der europäischen Großmächte' aufsteigen. Das große russische Reich konnte seine damalige Größe nur durch Siedlungseroberung erreichen, wobei die Expansion nicht nach Übersee, sondern auf den Norden, asiatische Nachbarländer und die indigene Bevölkerung im Süden abzielte. Den damaligen Höhepunkt stellte 1941 die ‚**Operation Barbarossa**' dar*«.[884]

Erst aufgrund vieler Nachfragen, bemerkten die Grünen überhaupt, dass sie einen Riesen-Bock gebaut haben:
❶ Hieß es nicht »***Operation** Barbarossa*«, sondern »***Unternehmen** Barbarossa*« (ursprünglich »Fall Barbarossa«).
❷ Das war der Deckname für den deutschen Feldzug **gegen** die Sowjetunion ab Juni 1941und hat **absolut nichts** mit **russischem** Kolonialismus zu tun.

Die Grünen Intelligenzbestien twitterten, nachdem das Ganze für Hohn und Spott im Netz gesorgt hatte, schmallippig: »*Bei dieser Recherche ist uns ein Fehler unterlaufen. Das tut uns leid. Wir haben den Post gelöscht*«.[885]

Doch dann ging's erst richtig los. Hier ein paar Beispiele von Tweets:
Unbekannte Gleichung schrieb: »*Unglaublich, ihr seid so blöd wie ein Meter Feldweg, ihr habt keinen Bezug zur Geschichte, und das ist die eigentliche Gefahr*«.[886]
Dejan: »*Armes Deutschland, bei solch einer Jugend, die keine Ahnung von Geschichte hat, muss einem angst und bange werden. Deutschlands Jugend verblödet wegen euch*«.[887]
Frank L.: »*Allgemeinwissen. Aber mit Spinat im Kopf und ohne Schulabschluss schreibt man halt Schwachsinn*«.[888]
Thomas 1964: »*Bildungsferne hat in Deutschland eine Farbe: Grün!*«[889]
Stimme der Väter: »(...) *in der DDR gab es keine Grünen, weil Bildung Pflicht war*«.[890]
Loki: »*Ihr studiert schon 20 Semester und lernt dann trotzdem nix. Das ist eine Leistung an sich*«.[891]
Ralf Kah: »*Wie kann man so einen fundamentalen Schwachsinn posten? Ihr seid ja noch dümmer als vermutet*«.[892]
Corpus Christi: »*Strunzdumm. Aber passt ja zu Eurer Führungsriege*«.[893]

18. Mai 2023: Auch die grüne Abgeordnete Emilia Fester, die im Bundestag sitzt und Gesetze mitbeschließt, ist ein weiterer Beweis für die »Intelligenzbestien« bei den Grünen. Auf die Frage eines ZDF-Reporters, »*Wann wurde die Bundesrepublik Deutschland gegründet?*« tut sie sich die Abgeordnete schwer. Ihre Antwort:

»*Nach dem 2. Weltkrieg*« antwortet sie, ist zwar nicht falsch, mit der Jahreszahl »*1945 oder 1946*« liegt sie als Volksvertreterin, die im Parlament sitzt, aber voll daneben. Die Bundesrepublik wurde nämlich 1949 gegründet.[894]

We the people schrieb dazu passend einen Kommentar im Netz: »*Bildungsfern eben, offensichtlich die ganze Truppe. Die würden außerhalb ihrer Partei nicht mal einen Job als Nachtwächter bekommen*«.[895]

Mein Fazit: Grün, von nix kommt nix!

2. März 2023: Robert Habeck bricht mit einem weiteren Grünen-Dogma: Deutschland will Waffenexporte künftig deutlich »*selektiver*« **zulassen**. Rüstungsexporte sollten **wertegeleitet** genehmigt werden, kündigte Habeck an:

»*Dass das pauschale Tabu von Waffenlieferungen in Kriegsgebiete gefallen ist, halte ich mit Blick auf die Ukraine für richtig. Bezogen auf die allgemeine politische Praxis kann das nur heißen: Wir müssen uns bei unseren Ausfuhrgenehmigungen künftig fragen, wer Täter und wer Opfer, Aggressor und Verteidiger ist – und entsprechend entscheiden*«.[896]

Laut Habeck solle Deutschland Länder mit Waffen beliefern, »*die uns wertemäßig nahestehen, die unsere Partner sind (!)*« und »*gegenüber Diktaturen eher zugeknöpft sein*«.[897]

Habeck will Waffenexporte *»wertegeleitet«* zulassen.

20. März 2023: Außenministerin Baerbock schaltet sich wieder ein:

»*Die Ukraine braucht weiter unsere Unterstützung, damit die Ukraine den Frieden gewinnen kann*«.[898]

Was für ein blödsinniges Argument! Baerbock weiter:

»*Zentral ist in diesen Tagen, in diesen Wochen dafür die weitere Munitionsbeschaffung*«, Deutschland spiele dabei »*eine besondere Rolle*«.[899]

3. April 2023 (I): Wirtschaftsminister Habeck trifft überraschend in Kiew ein. Er sagt, die Ukraine solle ein klares Zeichen bekommen, »*dass wir daran glauben, dass sie siegreich sein wird, dass sie wiederaufgebaut wird*«.[900] Die Ukraine brauche rund 400 Milliarden Dollar, um alles wieder aufzubauen.[901] Ein großer Teil werde von Deutschland kommen. Geld, das für die eigenen Bürger ebenfalls dringend gebraucht wird.

Wie ein kleines Kind mit seinem tadelnden Vater steht Robert Habeck mit gefalteten Händen neben dem ukrainischen Präsidenten, leistet Abbitte und sagt über die deutschen Waffenlieferungen: *»Ich schäme mich zutiefst, dass es zu spät war«.*[902] – Das soll ein deutscher Vizekanzler sein?

3. April 2023 (II): Der ukrainische Energieminister Herman Haluschschtenko sagt nach einem Treffen mit Vizekanzler Robert Habeck:

»*Deutschland ist wirklich einer der größten Freunde der Ukraine*«.[903]

4. April 2023: Habeck macht sich in Moskau zur Lachnummer. Nach all der Unterstützung für die Ukraine sagt er im *Deutschlandfunk* doch im Ernst:

»*Wir dürfen nicht Kriegspartei werden. Das ist wichtig, dass diese Grenze immer gewahrt bleibt*«.[904]

5. April 2023: Jetzt spielt auch Bundesminister für Ernährung und Landwirtschaft Cem Özdemir auf der Kriegsgeige. Er sagt, Russlands Angriff auf die Ukraine habe gezeigt, dass autoritäre Regime ein Problem mit der liberalen Demokratie hätten.[905] Und weiter:

»*Die verteidigt sich nicht von selber. Dafür braucht es die Bundeswehr, dafür braucht es aber auch uns alle als Zivilisten, die wissen, was wir an der Bundeswehr haben*«.[906]

2001 sagte Özdemir im *SPIEGEL*:

»*Die deutsche Staatsbürgerschaft habe ich 1981 unter anderem deshalb angenommen, um nicht in der Türkei Wehrdienst leisten zu müssen*«.[907]

Vor Jahren wollten die Grünen die Bundeswehr noch ganz abschaffen und raus aus der NATO, aber in ihrem Kriegstaumel haben sie ihre einstigen Grundsätze vergessen – wieder einmal!

14. April 2023: Auch Baerbock macht auf Lachnummer: In Peking »warnt« sie die chinesische Führung, sie solle keine Waffen an Putin liefern.[908]

13. Mai 2023: Anlässlich des EU-Außenministertreffens in Stockholm »warnt« Baerbock auch die südafrikanische Regierung vor Waffenlieferungen an Russland.[909]

31. Mai 2023: Baerbock sagt der Ukraine kurz vor einem NATO-Treffen erneut uneingeschränkte Solidarität zu:

»*Jeder Tag des Krieges, jeder neue russische Drohnen- und Raketenangriff wird uns dazu veranlassen, die Ukrainer bei ihrer Selbstverteidigung und ihrem Kampf um Frieden nur noch mehr zu unterstützen*«.[910]

16. Juni 2023: Die Grüne Deborah Düring fragt im Bundestag:

»*Wie schaffen wir es, einen Wiederaufbau der Ukraine zu unterstützen, der nicht nur den Weg in die EU ebnet, sondern auch nachhaltig, inklusiv und* ***feministisch*** *ist*«.[911]

Der AfD-Abgeordnete Markus Frohnmaier kritisiert hingegen die sehr auf die Interessen der Ukraine ausgerichtete Regierungspolitik:

»*Diese Regierung, diese Bandera-Baerbocks, diese Wolodymyr Habecks, diese Sachwalter des Auslands, denen ist Deutschland doch völlig egal*«.[912]

Und weiter: Die Bürger hätten »*die Nase voll*« und wollten nicht »*bis in alle Ewigkeit für Kiew zahlen*«.[913]

18. Juli 2023: Auf ihrer »Demokratie-Tour« will Bundestagsvizepräsidentin Katrin Göring-Eckardt von den Grünen mit Bürgern in Dessau reden. Wie auf Videos in den sozialen Netzwerken zu sehen ist, wird die Politikerin ausgebuht und als »*Kriegstreiberin*« beschimpft. Auch Plakate mit der Aufschrift »*Grüne an die Ostfront*« sind zu sehen.[914]

> ***»Grüne an die Ostfront«.***

28. August 2023: Der deutsche Abgeordnete Sergey Lagodinsky (Bündnis 90/Die Grünen) im EU-Parlament befürwortet nach eigener Aussage Angriffe der Ukraine auf das Staatsgebiet Russlands. Seiner Auffassung nach ist der Einsatz westlicher Waffen auch gegen das Territorium Russlands völkerrechtlich keine »*rote Linie*«.[915]

2. September 2023: Der grüne EU-Abgeordnete Reinhard Bütikofer hat schon Angst, dass Trump die nächsten Wahlen gewinnen und dadurch die Unterstützung für die Ukraine einfrieren könnte. Schon jetzt will Bütikofer, die Unterstützung der EU deshalb »Trump-fest« machen:

»*Das heißt, nicht zuzulassen, dass eine eventuelle Einschränkung der bisher so wichtigen Unterstützung aus den USA zur Schwächung der ukrainischen Anstrengungen führt*«. Zudem müsse die EU die Fähigkeit entwickeln, »*im gegebenen Falle unsere Unterstützung entsprechend hochzufahren; darauf sollten sich alle vorbereiten*«.[916]

5. Januar 2024: Die Kriegslüsternheit von Baerbock und Hofreiter zahlt sich aus. Zusammen mit der Hardcore-Kriegsverlängerungs-Befürworterin der FDP, Marie-Agnes Strack-Zimmermann, werden die drei wegen ihrer »*Unterstützung für sein Land*« von Selenskij mit ukrainischen Verdienstorden ausgezeichnet. Begründung: Sie hätten »*einen bedeutenden persönlichen Beitrag zur Stärkung der zwischenstaatlichen Zusammenarbeit, zur Unterstützung der staatlichen Souveränität und territorialen Integrität der Ukraine*« geleistet.[917]

8. Januar 2024: Die Doppelmoral der Grünen wird immer unerträglicher. Angesichts des Gaza-Konflikts sagt Habeck:

»*Es muss wieder Frieden geben*«.[918]

Doch er und seine Grünen sprechen sich für weitere Waffenlieferungen an die Ukraine aus, um dort den Krieg zu verlängern. Doppelmoral in ihrer besten Form!

17. Januar 2024: Ex-Außenminister Joschka Fischer (Grüne), der auch im Jugoslawienkrieg eine Politik der Verschärfung betrieb (siehe oben), sagt im Interview mit der *Augsburger Allgemeinen:*

»*Der wichtigste Beitrag, den Deutschland leisten kann, ist, dass wir unsere Sicherheit stärker in die eigenen Hände nehmen. Das heißt: Wir müssen verstärkt aufrüsten*«.[919]

14. Februar 2024: In einer aktuellen Umfrage der Bertelsmann Stiftung spricht sich die Grünen-Anhängerschaft am meisten für Waffenlieferungen aus:

Grüne:	78 Prozent
SPD:	74 Prozent
FDP:	72 Prozent
CDU/CSU:	65 Prozent
AfD:	18 Prozent[920]

Die Ampelparteien sind demnach die größten Kriegsverlängerungs-Befürworter.

5. April 2024: Die grüne Vizepräsidentin des Deutschen Bundestages, Katrin Göring-Eckardt, meldet sich mit einer Verblödungsäußerung zu Wort. Sie sagt:

»*Wenn wir Frieden wollen, müssen wir dafür sorgen, dass die Ukraine den Krieg gewinnen kann. Weil dann kann ernsthaft und echt über einen dauerhaften Frieden verhandelt werden*«.[921]

Diese Äußerung offenbart eklatante Mängel in der Einschätzung der Lage: Die Ukraine kann **niemals** gegen das riesige Russland gewinnen, und selbst wenn dies eintreten würde, gäbe es keinen Frieden.

25. Mai 2024: In Deutschland ist es vor allem der Grünen-Politiker Anton Hofreiter, der vehement den Einsatz deutscher Waffen, wie des Taurus-Marschflugkörpers gegen Ziele tief in russischem Gebiet, befürwortet. Gegenüber den Zeitungen der *Funke-Mediengruppe* sagt er:

»*Das Völkerrecht erlaubt es einem angegriffenen Staat, militärische Ziele im Land des Aggressors zu attackieren*«.[922]

1. Juli 2024: Für Baerbock gibt es »*kein größeres nationales Interesse*« als die Ukraine-Hilfen. Das erklärt sie jedenfalls auf der Tagung zur Nationalen Sicherheitsstrategie in Berlin.[923]

4. Juli 2024: Baerbock schürt im Deutschen Bundestag die Kriegshysterie immer weiter. Sie sagt:

»*Seine* [Putins/MGR] *Bomben meinen auch uns*«.[924]

30. Juli 2024: Baerbock legt noch einen drauf. Sie erklärt allen Ernstes (Hervorhebungen durch mich):

»*Das Stoppen der westlichen Hilfe wäre für die Ukraine eine absolute Katastrophe. Ich erkläre dies denen, die mich hier in Deutschland bitten, die Hilfe für die Ukraine einzustellen. Wir* ***müssen hoffen, dass russische Truppen*** *nicht an der polnischen* ***Grenze und dann möglicherweise an unserer auftauchen***«.[925]

20. August 2024: Habeck beantwortet die Frage, ob die Bundesrepublik einspringe, falls die US-Amerikaner ihre Unterstützung für Kiew einstellen, so:

»*Ja. Dann werden wir die Ukraine nicht alleine lassen*«. Zwar würde ohne die US-Unterstützung »*wirklich was fehlen*«. Doch wenn der stärkste Unterstützer weggehen sollte, »*müssten die übrigen noch enger zusammenarbeiten*«.[926] Die Folgen einer möglichen Niederlage der Ukraine beschrieb Habeck nach dem bekannten grün-roten Mantra:

»*Es wäre höchst gefährlich, würde die Ukraine diesen Krieg verlieren. Dann wäre die Freiheit Europas bedroht. Wir haben also ein eigenes Interesse, dass die Ukraine der russischen Aggression standhält*«.[927]

25. September 2024 (I): Paukenschlag! Wegen den schlechten Wahlergebnissen bei den drei ostdeutschen Landtagswahlen, bei denen die Grünen regelrecht pulverisiert wurden, tritt die gesamte Führungsspitze um Ricarda Lang und Omid Nouripour zum 15. November 2024 zurück. Es bedürfe einem »*Neustart*«.[I] Ob der Kriegstreiberkurs beibehalten bleibt hingegen abzuwarten.

4. November 2024: Baerbock ist zum 8. Mal (!) seit 2022 in Kiew. Wie schon zuvor verkündete sie, dass Deutschland »*felsenfest an der Seite der Ukraine*« stehen würde und verschenkt wiederum 170 Millionen Euro Steuergelder für »*Energienothilfe*«. [II] Sie will einfach nicht einsehen, dass die Ukraine so gut wie geschlagen ist. Aber was will man schon erwarten?

6. November 2024: Paukenschlag in Berlin: Die Ampel-Regierung zerbricht. Habeck gibt bei seinem Statement zu, dass Lindner entlassen worden sei, weil die FDP nicht bereit gewesen sei, der Ukraine »weitere Hilfe« (übersetzt: noch mehr Geld), im Haushalt zuzuteilen.[III]

Bis heute: Die Grünen, allen voran Baerbock, Hofreiter, Habeck & Co. haben keinen Funken ihres früheren »Pazifisten-Gens« mehr in sich. Viele fragen sich, wie kann eine ehemalige Pazifisten-, Anti-Rüstungs- und Friedenspartei plötzlich zur knallharten Kriegspartei werden?

❹

Schlachtfeld Deutschland?

Es klingt wie ein Schreckensszenario aus dem Kalten Krieg: »Schlachtfeld Deutschland!«

Und doch ist es genau das, was uns drohen *kann*, wenn die rot-grünen Kriegstreiber weiterhin Öl ins Feuer gießen und ihren Kriegsverlängerungskurs durch immer mehr und immer schwerere Waffenlieferungen in die Ukraine aufrechterhalten.

Schon sieht uns auch Russland als »Kriegspartei«, was die Kriegsfetischisten hierzulande verneinen und nicht wahrhaben wollen (siehe dazu das Kapitel ➔ »So reagieren die Russen auf die rotgrüne Kriegstreiberei«).

Doch mit unser lächerlich kleinen, schlecht ausgebildeten Truppe können wir so gut wie nichts erreichen. Sehen Sie selbst:

Hintergrund: Die Personalstärke der Bundeswehr

Streitkräftebasis:	22.807
Heer:	62.795
Luftwaffe:	27.187
Marine:	15.848
Zentraler Sanitätsdienst:	19.957
Cyber- und Informationsraum:	14.148
Anderes (Verteidigungsministerium Infrastruktur, Umweltschutz, nachgeordnete Dienststellen, Ausrüstung, IT, Nutzung, Personal):	20.535
Insgesamt Berufs- und Zeitsoldaten, freiwillig Wehrdienstleistende:	**183.277**[928]

Dazu kommen noch 81.157 zivile Beschäftigte.[929]

Was aber geschieht, wenn Russland Deutschland angreift? Ein Szenario, an das wir nicht denken wollen, das aber doch Realität werden könnte.

Unser Land ist so gut wie wehrlos: Eine gendergerechte Bundeswehr, wohlstandsverwöhnte Rekruten, der desaströse Zustand des Materials und nicht funktionierende Waffen würden unser Land in nur wenigen Tagen in die Katastrophe führen.

I.
»Wir haben schon einen Krieg«

10. Juni 2022: Generalleutnant Martin Schelleis, der Inspekteur der Streitkräftebasis und Nationaler Territorialer Befehlshaber der Bundeswehr, traut sich den Mund aufzumachen. Er erklärt in einem Interview mit dem *Kölner Stadt-Anzeiger*:

»*Wir werden akut bedroht und angegriffen. Im Grunde haben wir schon einen Krieg: Krieg im Informationsraum, Cyberangriffe*«.[930]

Er warnt zudem vor ernsten militärischen Gefahren für Deutschland, was bis jetzt niemand auszusprechen wagte:

»*Realistische Szenarien sind auch punktuelle Angriffe auf kritische Infrastruktur, etwa durch Spezialkräfte, mit Drohnen oder Speedbooten, zur Störung unserer Lebensgrundlagen unter anderem mit militärischen Mitteln. Dafür sind wir nicht gut aufgestellt – das muss man leider sagen*«.[931]

Aber das war noch nicht alles. Der Territoriale Befehlshaber der Bundeswehr warnt außerdem vor einem möglichen Beschuss mit ballistischen Raketen, die Russland im Raum Kaliningrad stationiert hatte. Schelleis:

»Sie wurden jetzt wegen des Ukraine-Krieges abgezogen, werden aber sicherlich wieder dort hinkommen. Diese Raketen könnten ohne weiteres Berlin erreichen«.[932]

Das sagt nicht ein Politiker, der keinerlei Ahnung von Militärstrategie hat, sondern immerhin der Inspekteur der Streitkräftebasis und Nationaler Territorialer Befehlshaber der Bundeswehr, womit ihm die zweitgrößte Organisationseinheit der Bundeswehr mit Verantwortung für deren gesamte Logistik untersteht. Wie kein anderer dürfte Schelleis also den Einblick in den Zustand der deutschen Armee haben. Und dieser Zustand ist grauenhaft.

Auf die Frage eines Journalisten, dass die in Deutschland lagernden amerikanischen Atomwaffen ein Ziel der Gegenseite bedeuten, antwortete Fregattenkapitän Christina Routsi, als Sprecherin des Bundesverteidigungsministeriums, bereits am 25. Oktober 2021:

»*Sie wissen, dass wir uns zum Thema Nuklearpolitik nicht weiter einlassen. Das hat Geheimhaltungsgründe. Das ist hier eine gute Tradition, mit der ich nicht brechen werde*«.[933]

Mitte Januar 2024: Die *BILD* veröffentlicht einen Artikel mit dem Titel: »*Bundeswehr bereitet sich auf einen Putin-Angriff vor*« – und weiter: »*Exklusiv-Papier. Mögliche Eskalation gegen die NATO schon 2024*«.[934] Der Artikel bezieht sich auf ein geheimes Dokument/Verschlusssache der Bundeswehr, in dem verschiedene Szenarien aufgeführt sind.[935] Die Bundeswehr sieht die Bedrohungslage also durchaus als ernst an, in die uns die rotgrüne Kriegsverlängerungs- und Waffenunterstützungs-Politik gebracht hat.

Ende Januar 2024: Bundesverteidigungsminister Boris Pistorius (SPD) warnt ebenfalls in der *BILD* vor dem »*Kriegsfall*«.[936] Zuvor hatten auch Schweden, Norwegen und Großbritannien vor einem Angriff Putins alarmiert.[937] Sogar das linke Nachrichtenmagazin *DER SPIEGEL* fordert die Wiedereinführung der Wehrpflicht![938]

Im Artikel »*Deutsche müssen sich auf Kriegsfall vorbereiten*« des Redakteurs Philipp-Marc Schmid, warnt ein Bundeswehrgeneral vor einem möglichen russischen Angriff und wirbt für Abschreckung, Aufrüstung und die fortgesetzte Unterstützung der Regierung in Kiew.[939]

Laut einer INSA-Umfrage im Januar 2024 fürchtet jeder zweite Deutsche inzwischen einen Angriff Putins und fast 40 Prozent legen deshalb Vorräte an.[940] Eine Frage von INSA lautete: »*Wissen Sie, wo Sie im Fall eines Angriffs (z. B. Raketenangriff) Schutz finden könnten?*«.[941]

Ende Februar 2024: Die FDP-»Verteidigungsexpertin« Marie-Agnes Strack-Zimmermann traut Putin sogar einen Angriff auf Deutschland zu.[942]

29. Februar 2024 (I): Die *BILD* meldet:

»*Die Bundesregierung bereitet sich immer konkreter auf einen möglichen Angriff Russlands auf die Nato und Deutschland vor! In einem 13-Seiten-Papier für den Bundestag (‚Risikoanalyse für den Zivilschutz') spielt sie den Ablauf einer Bedrohung bis zum Kriegs-Beginn und mögliche Folgen durch*«.[943]

29. Februar 2024 (II): Die Panik wird noch weiter geschürt. Jetzt erklärt Pentagon-Chef Lloyd Austin:

»*Ehrlich gesagt, glaube ich, dass die NATO im Falle einer Niederlage der Ukraine einen Krieg mit Russland führen wird*«.[944]

7. März 2024: Donald Tusk, der Ministerpräsident Polens, hetzt gnadenlos für einen neuen Weltkrieg. Er sagt das, was bisher unvorstellbar war:

»*Die Zeiten des Friedens sind vorbei, die Nachkriegszeit ist vorbei. Wir leben in neuen Zeiten. In der Vorkriegszeit*«.[945]

Bis heute: Die permanente medial-politische Gehirnwäsche setzt sich unaufhörlich fort und hat Erfolg. Die Menschen sind verängstigt, viele sind aber auch wütend, weil anstatt über **Frieden** von den Verantwortlichen und Medien nur noch über **Krieg** geredet wird.

EXKURS: »Unternehmen Barbarossa 2.0«?
Wie Deutschland den Krieg gegen Russland vorbereitet

Die Deutschen werden vom kriegstreiberischen Polit-Establishment unerbittlich auf einen Krieg mit Russland vorbereitet. Zwischenzeitlich existieren erschreckende Pläne für den NATO-Aufmarsch an der »Ostfront«, bei dem zunächst auch 30.000 deutsche Soldaten teilnehmen sollen. Andere Pläne gehen davon aus, dass Autobahnen, Schienen und Häfen für anlandende NATO-Truppen bereitgestellt werden und ein großes Kriegsgefangenenlager in Deutschland gebaut wird. Russische Medien sprechen bereits von »garantiertem Selbstmord«, sollte die Bundeswehr in den Konflikt eingreifen.

»Unternehmen Barbarossa 2.0«

In der russischen *RIA Nowosti* konnte man unlängst einen Artikel von Wiktorija Nikiforowa lesen, dessen Überschrift lautete:
»Die Deutschen bereiten das zweite ‚Unternehmen Barbarossa' vor«.
»Unternehmen Barbarossa« (bzw. »Operation Barbarossa«, ursprünglich: »Fall Barbarossa«) war der Deckname für den Feldzug der deutschen Wehrmacht gegen die Sowjetunion im Zweiten Weltkrieg, der am 22. Juni 1941 den Deutsch-Sowjetischen Krieg eröffnete.

Und tatsächlich: Politiker, Medien und Behörden bereiten die deutsche Bevölkerung unerbittlich und unermüdlich auf einen Krieg mit Russland vor. Niemanden interessiert dabei, dass große Teile der Menschen kein Interesse daran haben. Natürlich entscheidet das die Berliner Regierung nicht alleine. Der unversöhnliche Kriegskurs wird von den USA unter der Administration von Joe Biden an ihre deutschen »Gefolgsleute« weitergegeben.

Deutschland wird zum wichtigsten Kriegsziel der russischen Armee

Die Amerikaner machen uns mit der Absicht, Langstreckenraketen in Deutschland zu stationieren, zum wichtigsten Ziel der Russen in Europa. Man muss einfach mal sein Gehirn einschalten und überlegen, was das für uns bedeutet. Doch stattdessen bejubeln Medien und das Einheits-Polit-Establishment diese brandgefährliche Entscheidung auch noch.

Wiktorija Nikiforowa schreibt, dass die Europäer *»unerbittlich vom US-amerikanischen Stiefel in Richtung Krieg mit Russland getreten«* werden. Das ist nur zum Teil richtig, denn noch schlimmer als ein Befehlsempfänger Washingtons zu sein, ist die Tatsache, dass die Bundesregierung auch noch vorsätzlich einen Krieg mit Russland in Kauf nimmt.

NATO-Geheimplan für den Aufmarsch an der »Ostfront«

Nicht umsonst existiert ein deutscher Geheimplan für den NATO-Aufmarsch an der »Ostfront«. Der NATO-Plan geht davon aus, dass die Ukraine im Sommer 2025 zum Gegenangriff übergehen könnte. Zu diesem Zeitpunkt könne auch die Bundeswehr in die Kampfhandlungen eintreten.

Bei Nikiforowa hört sich das so an:
»Genau diesem Ereignis wollen sich die demokratischen und politisch korrekten Erben Hitlers anschließen«.

Das kommt nicht von ungefähr, denn in einem geheimen Dokument (»Verschlusssache – Nur für den Dienstgebrauch«) skizziert das deutsche Verteidigungsministerium detailliert den möglichen *»Weg in den Konflikt«* mit Russland.

Darin werden örtlich präzise russische und westliche Aktionen beschrieben, die in der Entsendung Hunderttausender NATO-Soldaten und einem unmittelbar bevorstehenden Kriegsausbruch im Sommer 2025 gipfeln.

Das geheime Bundeswehr-Szenario trägt den Titel *»Bündnisverteidigung 2025«*. Darin führen außer militärischen Handlungen auch schwere Cyberangriffe und andere Formen der hybriden Kriegsführung, hauptsächlich im Baltikum, dazu, dass neue Krisen entstehen. Russland beginnt dann mit der Aufwiegelung ethnischer russischer Minderheiten in Estland, Lettland und Litauen.

Dann verlegt Russland Truppen und Mittelstreckenraketen nach Kaliningrad und rüstet seine Exklave weiter auf. Das Ziel: Die Suwalki-Lücke zu erobern – den schmalen polnisch-litauischen Korridor zwischen Belarus und Kaliningrad. Ab Dezember 2024 käme es dem Szenario zufolge dann in dem Gebiet zu einem künstlich herbeigeführten Grenzkonflikt mit zahlreichen Toten.

Kurz darauf würde eine außerordentliche Sitzung des UN-Sicherheitsrates erfolgen, in der Russland den Westen der Angriffsvorbereitungen gegen Putins bezichtigt und im Januar 2025, so das Szenario, gäbe es eine Sondersitzung des NATO-Rates, in der Polen und die baltischen Staaten von einer zunehmenden Bedrohung durch Russland berichten.

NATO: »Maßnahmen zur glaubhaften Abschreckung«

Russland würde im März 2025 zusätzliche Truppen in Richtung Baltikum und nach Belarus verlegen. Allein in Belarus hätte der Kreml nun zwei Panzerdivisionen, eine mechanisierte Infanteriedivision und ein Divisionshauptquartier stationiert – insgesamt mehr als 70.000 Soldaten. Im Mai 2025 beschließt die NATO *»Maßnahmen zur glaubhaften Abschreckung«*, um einem russischen Angriff auf die Suwalki-Lücke aus Richtung Belarus und Kaliningrad zuvorzukommen.

Zunächst sollen 30.000 deutsche Soldaten in den Krieg geschickt werden

An diesem *»Tag X«*, so das Geheimpapier der Bundeswehr, befiehlt der Oberbefehlshaber der NATO die Verlegung von 300.000 Soldaten an die Ostflanke, darunter 30.000 Bundeswehrsoldaten.

Wie die Eskalation ausginge, bleibt unklar. Das Szenario endet 30 Tage nach *»Tag X«*. Rund um die Suwalki-Lücke stehen sich bis dahin mehr als eine halbe Million westliche und russische Soldaten bis an die Zähne bewaffnet gegenüber.

Ein Sprecher des Bundesverteidigungsministeriums wollte sich auf Nachfrage zu diesem Bündnisverteidigungsszenario nicht konkret äußern.

Der »Operationsplan Deutschland«

Es existiert aber noch ein anderer Operationsplan. Dieses Mal für das Jahr 2029. Der Plan geht davon aus, dass Russland die NATO angreift. Bis dahin könnte Russland rund 1,5 Millionen Soldaten aufbieten. Das entspricht einer Verdoppelung der Truppen seit Beginn des Ukraine-Feldzugs. Dazu kommt: die Russen produzieren jedes Jahr 1500 Kampfpanzer. So viele haben die fünf stärksten NATO-Nationen zusammengerechnet im Bestand. Deutschland hat weniger als 300 Kampfpanzer.

Der »Operationsplan Deutschland« (amtlich: OPLAN DEU), ein Geheimpapier, in dem der Ernstfall geplant wird, erklärt, dass Deutschlands wesentliche Aufgabe darin bestehen soll, einen Aufmarsch und die Versorgung von NATO- und Bundeswehrstreitkräften als gesamtstaatliche Aufgabe mit der »Drehscheibe Deutschland« sicherzustellen. Denn in den Planungen müssen mehrere Hunderttausend Soldatinnen und Soldaten durchgängig mit Kraftstoff, Medizin und Essen versorgt werden. Ich komme in einem weiteren Exkurs darauf zurück.

Das Bundesinnenministerium gibt jedenfalls zu:

»Dies bedeutet, dass viele Straßen- und Bahnverbindungen, aber auch Hafeninfrastruktur für diesen militärischen Zweck genutzt werden müssten und nicht für den zivilen Verkehr nutzbar wären«.

Als potenzielles russisches Angriffsziel ist die Autobahn A2 ausgemacht. Sie ist eine der wichtigsten Verkehrsadern zwischen Ost und West und würde wahrscheinlich von den Amerikanern genutzt, um ihre in Rotterdam anlandenden Truppen in Richtung Polen zu verlegen.

Kriegsgefangenenlager in Deutschland

Aber das ist noch lange nicht alles im Plan der Bundeswehr. Denn man geht ferner davon aus, dass im Ernstfall ein **großes Kriegsgefangenenlager in Deutschland** eingerichtet werden müsste. Eine Sprecherin des »Territorialen Führungskommandos« der Bundeswehr bestätigte gegenüber *BamS* bereits *»geheim eingestufte Planungen«* einer solchen Anlage.

Die Planungen für den Kriegsfall sind schon so weit fortgeschritten, dass es bereits spezielle Unterrichtsmaterialien zu Bevölkerungsschutzübungen gibt. Genauso wie im Zweiten Weltkrieg.

»Garantierter Selbstmord«

Der Schrecken soll also kein Ende nehmen. Dabei müssten die Deutschen nur eines tun: ihre nationalen Interessen wahren und sich um ihre eigene Bevölkerung kümmern und gleichzeitig verhindern, dass Washington sie in einen Krieg mit Russland hineinzieht. Doch der deutsche Vasall denkt nicht daran.

Wiktorija Nikiforowa schreibt in ihrem Artikel, dass sich die Deutschen *»Fotos von Berlin im Jahr 1945 ansehen«* sollen, *»um ihr Gedächtnis aufzufrischen«*, bevor der *»verblendete Michel«* gegen Russland in den Krieg zieht – und prophezeit:

»Allerdings wird das zweite Unternehmen Barbarossa für die Deutschen so enden, wie das erste geendet hat: Alle ihre Strategien und Pläne sind ein garantierter Selbstmord«.[946]

II.
Katastrophaler Zustand der Bundeswehr, aber immerhin gendergerecht!

Jetzt rächt sich, dass die vergangenen Regierungen die Bedürfnisse zur Landes- und Bündnisverteidigung nicht ausreichend berücksichtigt und wenig Maßnahmen zu deren Finanzierung bereitgestellt haben. Eine gendergerechte Bundeswehr[947] und Uniformen für Schwangere waren da wohl wichtiger.

25. Februar 2020: Nach Recherchen von *Report Mainz* haben mehrere Waffensysteme der Bundeswehr massive Probleme bei der Einsatzbereitschaft. Bei dem Eurofighter, Rückgrat der Kampfflugzeugflotte, seien laut Verteidigungspolitiker Tobias Pflüger (Die Linke) derzeit nur zehn von 140 Kampfjets einsetzbar.[948] Doch es gibt anscheinend wichtigere Probleme.

2021: Ein *wichtiger* Punkt der Gender-Schwurbler in der Bundeswehr ist zum Beispiel die Abschaffung des Wortes »*Panzerkommandant*«, der bald darauf in den lächerlichen Begriff »*Teamleitung Panzertruppe*« umgewandelt[949] und auch bei Stellenausschreibungen beispielsweise für den Leopard verwendet wird:

»*Teamleitung (m/w/d) Panzertruppe (…) Sie beherrschen außerdem ein komplexes Waffensystem, welches sich durch enorme Feuerkraft auszeichnet, mit der Sie verantwortungsbewusst umgehen*«.[950]

23. Mai 2022: Eine Sprecherin des Verteidigungsministeriums sagt:

»*Wir fordern und fördern ein wertschätzendes und offenes Klima innerhalb der Streitkräfte, natürlich auch gegenüber lesbischen, schwulen, bisexuellen, trans- und intergeschlechtlichen Menschen*«.[951]

So ist Anastasia Biefang die erste Transgender-Kommandeurin bei der Bundeswehr und stellvertretende Vorsitzende des QueerBW, der Interessenvertretung der lesbischen, schwulen, bisexuellen, trans-, inter- und andersgeschlechtlichen Angehörigen der Bundeswehr.[952] Sie/Er/Es erklärt:

»*Gendergerechte Toiletten sind keine Voraussetzung für den Einsatz von Soldat:innen an der ‚Front'*«.[953]

Wichtig (!):

»Weder dem Verteidigungsministerium noch dem Bundesverband Trans* oder QueerBW ist bekannt, dass Transpersonen in der Bundeswehr aufgrund von fehlenden gendergerechten Toiletten nicht eingesetzt werden könnten«.[954]

Das also sind die wahren Probleme der Gender-Fetischisten, während nur 2,5 Flugstunden entfernt ein erbitterter Krieg tobt! Man mag es kaum glauben. Mein Großvater, der sechs Jahre lang für die Wehrmacht in Polen und in Russland gekämpft hat, würde sich im Grab umdrehen. Doch zurück zum erbärmlichen Zustand der Bundeswehr:

23. Juni 2022: Der Rüstungsexperte Lars Winkelsdorf sagt gegenüber *t-online:*

»*Man muss tatsächlich dem Heeresinspekteur Alfons Mais zustimmen, als er sagte: Die Bundeswehr ist blank. Über Jahrzehnte wurden die deutschen Fähigkeiten in der Verteidigung zusammengespart. Ganze Truppengattungen, wie etwa die Heeresflugabwehr, wurden abgeschafft. Genauso wurden bestimmte Waffensysteme vernachlässigt. Den Panzer Gepard, den wir jetzt an die Ukraine liefern wollen, hat die Bundeswehr eigentlich schon abgeschafft. Grob gesagt: Unsere Fähigkeiten in der Flugabwehr haben wir faktisch aufgegeben. Denn in unseren Auslandseinsätzen wurde sie einfach nicht mehr gebraucht. Mit Ausbruch des Krieges in der Ukraine rächt sich das fatal*«.[955] Weiter:

»*Die Auflösung einer Brigade von Panzergrenadieren benötigt einige Unterschriften und Stempel. Um eine solche Gruppe wieder aufzustellen, braucht es dagegen zehn Jahre. Allein der Kompaniechef muss acht Jahre ausgebildet werden. Beim Personal ist die Situation katastrophal. Ich würde sogar darüber nachdenken, ob man nicht Reservisten oder ehemalige Soldaten mit Zeitverträgen ausstatten kann*«.[956] Und weiter:

»*Tatsächlich gibt es eine Reihe von Problemen, ein Beispiel sind auch die Handwaffen. Zuerst hat es mit dem G36-Gewehr nicht geklappt, beim Nachfolger hat es wieder nicht funktioniert. Für unsere Leopard-2-Panzer haben wir vielleicht 6.000 Schuss für die gesamte Bundeswehr*«.[957] Abschließend:

»*Die Entscheidung, der Ukraine zu helfen, ist aber zweifelsfrei richtig. Ich sehe allerdings nicht, dass in Deutschland Anstrengungen unternommen werden, um die Bestände wieder aufzufüllen. Die fast 15.000 Panzerminen kann die Ukraine sicher gebrauchen, aber wir benötigen sie perspektivisch auch*«.[958]

17. Januar 2023: Der Militärexperte Thomas Wiegold gibt im *ZDF* ein Interview. Er sagt, dass der Zustand der Bundeswehr sogar noch »*schlimmer*« geworden ist, obwohl Krieg in Europa herrscht. Hören wir mal rein:

»*Die Bundeswehr hat ja Material abgegeben an die Ukraine, hat es nicht ersetzt bekommen, es ist eher noch schlimmer geworden*«.[959]

16. April 2023: Experten der Bundeswehr veranschlagen allein nur, um Munition für 30 Kriegstage vorzuhalten, so wie es die NATO fordert, zwischen 30 und 40 Milliarden Euro, denn die Lager sind so gut wie leer.[960]

28. April 2023: Laut Gesetz müssen alle **Männer** vom vollendeten 18. bis zum 59. Lebensjahr an, die Deutsche im Sinne des Grundgesetzes sind, die Bundesrepublik im Kriegsfall verteidigen.

Die Woke-Irren stellen sich nun wichtige Fragen:

☒ **Wie steht es um »Männer«, die ihr Geschlecht ändern?**
☒ **Gelten sie im Verteidigungsfall vor dem Gesetz als männlich oder weiblich?**

Die grüne Bundesfamilienministerin Lisa Paus stellt deshalb klar: »*Transfrauen sind Frauen*«.[961]

Dennoch: Bricht Krieg aus, kommen Trans-Menschen an der Einberufung nicht vorbei – wenn die Geschlechtsänderung in »*unmittelbarem zeitlichen Zusammenhang mit dem Spannungs- und Verteidigungsfall gestellt wird*«. So jedenfalls steht es im Entwurf zum neuen Ampel-Selbstbestimmungsgesetz,[962] der am 23. August 2023 durch die Bundesregierung beschlossen wurde.[963]

Das Selbstbestimmungsgesetz ist ein weiteres Mittel, unsere Gesellschaft in den Abgrund zu treiben, denn demnach sollen Erwachsene ihr Geschlecht und Vornamen künftig selbst festlegen. Der Hauptbestandteil des Gesetzes: die Änderung des Geschlechtseintrags für Trans-, intergeschlechtliche und nicht binäre Menschen.[964] Mehr noch: Pro Jahr soll jeder sein Geschlecht wechseln dürfen und zwar ganz einfach: Vornamen und Geschlechtseintrag sollen im Personenstandsregister mit nur einer einfachen Erklärung beim Standesamt geändert werden können. Ab 14 kann die Erklärung selbst abgegeben werden, aber die Sorgeberechtigten müssen zustimmen.[965]

5. Mai 2023: Der Generalinspekteur der Bundeswehr, Carsten Breuer, sagt bei einem Besuch in der Ukraine:

»*Ich möchte versichern, dass Deutschland die Ukraine so lange unterstützen wird, wie es notwendig ist*«.[966]

Und das, obwohl die Bundeswehr so gut wie »erledigt« ist.

18. Mai 2023: Der Inspekteur der Luftwaffe, Generalleutnant Ingo Gerhartz, beklagt, dass die Technik der Luftwaffe teils »*museumsreif*« ist. Wörtlich:

»*Unser aktueller Transporthubschrauber beispielsweise steht auch schon im Deutschen Museum. Und um den Tornado in die Luft zu bekommen, ist erheblicher Aufwand notwendig. Auf eine Flugstunde kommen fast 200 Technikerstunden*«.[967]

2. November 2023: Das Budget für die Bundeswehr, das angeblich ja 100 Milliarden Euro betragen soll, ist aber anscheinend so schmal, so dass das Essen der Soldaten zusammengestrichen wird. Ab 1. Januar 2024 gibt es in den Bundeswehrküchen unter anderem keine Rinderrouladen, Frikadellen (aus Rind), Hamburgerfleisch, Zander-, Lachs-, Kabeljaufilet, sowie Kirschen, Pfirsiche, Erdbeeren, Orangen und Wassermelonen mehr. Zudem sollen Fischgerichte nur noch einmal pro Woche angeboten werden. Rindfleisch wird insbesondere durch Geflügel- und Schweinefleisch ersetzt sowie durch vegetarische und vegane Fleischersatzprodukte. Heißt: Das bisherige Essen war offenbar zu teuer und zudem zu wenig »nachhaltig«.[968]

29. November 2023: In der US-Zeitschrift *New York Times* schildern deutsche Soldaten den wirklichen Zustand der Bundeswehr: In der Artillerieschule der Bundeswehr würden regelmäßig Übungen wegen Munitionsmangels abgesagt. Die Truppen hätten noch keinen Ersatz für 14 Haubitzen erhalten, die in die Ukraine verschifft wurden, berichtet die Zeitung. Die Renovierung der Unterrichtsgebäude seien auf das Jahr 2042 (!) verschoben worden. Somit müssten die Soldaten mit zerbrochenen Fenstern und undichten Dächern zurechtkommen. Die Toiletten seien wegen Baufälligkeit im letzten Jahr dauerhaft geschlossen worden.[969]

Fazit: Durch gravierende Fahrlässigkeit haben die Verantwortlichen die Bundeswehr bis zur Einsatzunfähigkeit heruntergespart, die Wehrpflicht abgeschafft und als Verteidigungsministerinnen völlig fachfremde und unfähige Frauen wie Ursula von der Leyen (CDU), Annegret Kramp-Karrenbauer (CDU) und Christine Lambrecht (SPD) eingesetzt. Jetzt soll es Boris Pistorius (SPD) richten.

Unser Land ist also de facto wehrlos, aber gendergerecht! Man könnte lachen, wenn es nicht zum Heulen wäre!

EXKURS: Aufmarschgebiet Deutschland

Deutschland ist das wichtigste Land in einem Konflikt mit Russland. Es dient als Aufmarschgebiet in Richtung Ostflanke und als Rückraum für militärische Reserven. Zudem machen uns die jetzt schon bestehende US-Präsenz sowie die die geplante US-Mittelstreckenstationierung zum Hauptziel und unsere Bevölkerung zum »Kanonenfutter«.

Panikmache: Russland wird die NATO in fünf Jahren angreifen

Ich habe oben bereits darauf hingewiesen, dass unser Land in fünf Jahren in der Lage sein soll, in einem konventionellen Krieg mit Russland bestehen zu können. So will es unser Verteidigungsminister Boris Pistorius (SPD), und so will es die rotgrüngelbe Regierung. Nicht umsonst wurde ungewöhnlich schnell der »Operationsplan Deutschland« aus dem Hut gezaubert, mit dem wir uns »kriegstüchtig« machen sollen.

In einem Interview skizzierte Michael Gliss, der Kommandeur des Landeskommandos Hamburg der Bundeswehr, wie sich die Hansestadt jetzt schon auf einen großen Krieg vorbereitet. Einleitend machte er – wie sollte es auch anders sein – Panik:
»*Wir (wissen, dass wir) innerhalb von fünf Jahren in der Lage sein müssen, einem konventionellen Angriff Russlands zu widerstehen. Das ist die Vorgabe, die uns der Generalinspekteur der Bundeswehr mitgegeben hat. Wir gehen davon aus, dass Russland die Nato in etwa fünf Jahren mit konventionellen Mitteln testen könnte*«.[970]

Hamburg als wichtiges Angriffsziel der Russen

Gliss erklärte auch, warum gerade Deutschland so eine wichtige Rolle bei einem zukünftigen Krieg spielt:

»*Deutschland ist wegen seiner geografischen Lage in Europa der Platz, an dem der Aufmarsch stattfindet, das Land, durch das Nato-Verbände in Richtung Ostflanke durchmarschieren. Der größte deutsche Seehafen wird dabei natürlich eine gewisse Rolle spielen*«.

Das macht Hamburg natürlich zu einem wichtigen Ziel eventueller russischer Angriffe. Gliss ist das klar:
»*Die Lage des Hamburger Hafens erfordert aber wegen der langen Revierfahrt auch einen besonders hohen Schutzaufwand für Schiffe. Wenn der Hamburger Hafen im Spannungsfall eine besondere Rolle einnehmen sollte, muss man auch diese Schutzerfordernisse durchplanen, gerade mit Kapazitäten zur Luftverteidigung*«.

Andere Gefahren stellten die Verminung der Elbfahrrinne dar, sowie Sabotageakte oder Angriffe auf die digitale Infrastruktur zur Steuerung der Hafen- und Schleusenanlagen. Deshalb seien die gemeinsamen Übungen von Heimatschutz und Bundeswehr auch auszuweiten.

Deutschland wird Aufmarschgebiet von NATO-Truppen

Der »Operationsplan Deutschland« sieht aber noch viel mehr vor: Etwa die Kooperation des Zivilen mit dem Militärischen unter Einbeziehung der Privatwirtschaft. In die Planungen integriert werden deshalb auch Krankenhäuser, die Deutsche Bahn, die Lufthansa, die Logistikgesellschaft HHLA, die Agentur für Arbeit, und viele andere Firmen, Unternehmen und staatliche Einrichtungen. Sie alle haben Anteil an der Militarisierung Deutschlands und seiner Aufrüstung.

Fakt ist: Der »Operationsplan Deutschland« macht Deutschland zum Aufmarschgebiet der NATO in Richtung Ostfront.

»Russland muss verlieren lernen«

Das Klima dazu haben vor allem Baerbock und Scholz bereitet, denn sie verbreiten nach wie vor Propaganda und Desinformation, um Aufrüstung und »Kriegstüchtigkeit« notwendig erscheinen zu lassen. Ihr Motto: Wenn die Ukraine fällt, dann stehen russische Truppen bald am Brandenburger Tor. Zusammen mit Verteidigungsminister Boris Pistorius und im Verbund mit den deutschen Medien züchten sie in Deutschland ein Klima, das auch am Vorabend des Zweiten Weltkriegs in Deutschland geherrscht hat.[971]

Für mich stellt sich die Frage, ob Russland den »defensiven« Charakter der deutschen Pläne glaubt. Schließlich geht es um massive Truppenverlegungen durch Deutschland an die Ostfront der NATO. Das lässt sich natürlich auch umgekehrt deuten, nämlich dass Deutschland an der Vorbereitung auf einen Angriff auf Russland beteiligt ist. Das haben mir mehrere Kontakte in Moskau bestätigt. Schließlich hätten deutsche Politiker mehrfach die Absicht geäußert, Russland zu schaden. Beispielsweise fordere Stefanie Babst vom steuerfinanzierten Think Tank Deutsche Gesellschaft für Auswärtige Politik (DGAP), Russland müsse »*eine strategische Niederlage zugefügt werden*«.[972] Kriegskursvertreter Roderich Kiesewetter (CDU) forderte gar, »*Russland muss verlieren lernen*«, und unsere Außenministerin Annalena Baerbock (Grüne) will Russland »*ruinieren*«.

»Kriegserklärung« an Russland?

Meine Kontakte in Russland sehen dies als de facto »Kriegserklärung«. Mag dies auch übertrieben sein, aber wichtig ist, zu wissen, wie die deutsche Propaganda dort ankommt. Thomas Röper schreibt dazu auf *Anti-Spiegel*:

»Die schrittweise Eskalation des Westens im Ukraine-Konflikt hat dazu geführt, dass die westliche Öffentlichkeit langsam an die Möglichkeit eines Krieges gewöhnt – man könnte auch sagen, darauf eingeschworen – wird. Im März 2022 hieß es von den westlichen Regierungen noch, sie würden nur Verbandszeug und Schutzwesten an Kiew liefern, weil schon die Lieferung von Gewehrpatronen für den Kampf gegen Russland zu einem Weltkrieg hätte führen können. Heute sind wir an dem Punkt angekommen, dass die in ihrer Hörigkeit gegenüber den USA radikalsten deutschen Medien Jubelmeldungen darüber veröffentlichen, dass vor Kursk wieder deutsche Panzer gegen Russen kämpfen«.[973]

Für die Russen sieht das so aus: Rund 80 Jahre nach dem Ende des Zweiten Weltkriegs kommen wieder deutsche Waffen gegen russische Staatsbürger zum Einsatz. Erneut töten deutsche Panzer auf russischem Gebiet Russen.[974]

Wir werden nur »Kanonenfutter« für die Amerikaner sein

Wie ich in **meinem Buch »Deutschland und der Zwei-plus-Vier-Vertrag. Hintergründe – Wortbrüche – Lügen«** dokumentiere, verpflichtete sich Deutschland mit der Ratifizierung des völkerrechtlich bindenden Vertrages dazu, dem Frieden zu dienen und das Völkerrecht zu achten. Aus Sicht der Russen ist von diesem Einheits-Versprechen nichts übriggeblieben, ja mehr noch: Deutschland sei sogar in jeder Hinsicht wortbrüchig.

Wie dem auch sei: Deutschland dient in einem kommenden Konflikt als Aufmarschgebiet in Richtung Ostflanke und als Rückraum für militärische Reserven. Zudem machen die jetzt schon bestehende US-Präsenz und die geplante US-Mittelstreckenstationierung unser Staatsgebiet zum Hauptziel.

Ich sage es so, wie es meine Leser von mir kennen: Wir Deutsche sind dann dasselbe »Kanonenfutter« für die Amerikaner, wie die Ukrainer es aktuell sind. Und das Schlimmste ist: unsere Regierung bejubelt das auch noch. Kanzler Scholz sagte, nachdem von Washington die Anweisung kam, dass US-Raketen in Deutschland stationiert werden, schnell, dass wir solche Waffen »brauchen« würden.[975] Damit werden wir aber endgültig zum »Kanonenfutter«.

III.
Unser Grundgesetz kennt keinen Kriegszustand

Was wäre wenn? Wenn beispielsweise tatsächlich feindliche Truppen in unser Territorium eindringen würden. Sind wir dann im *Kriegszustand*? Die Frage über diesen Begriff ist mit einem »Nein« zu beantworten, denn unser Grundgesetz kennt nur den *Spannungs-* und den *Verteidigungsfall*. Doch wann diese beginnen, ist nicht eindeutig festgelegt. In § 115a Grundgesetz heißt es lediglich:

(1) Die Feststellung, dass das Bundesgebiet mit Waffengewalt angegriffen wird oder ein solcher Angriff unmittelbar droht (Verteidigungsfall), trifft der Bundestag mit Zustimmung des Bundesrates. Die Feststellung erfolgt auf Antrag der Bundesregierung und bedarf einer Mehrheit von zwei Dritteln der abgegebenen Stimmen, mindestens der Mehrheit der Mitglieder des Bundestages.

(2) Erfordert die Lage unabweisbar ein sofortiges Handeln und stehen einem rechtzeitigen Zusammentritt des Bundestages unüberwindliche Hindernisse entgegen oder ist er nicht beschlussfähig, so trifft der Gemeinsame Ausschuss [‚Notparlament', siehe unten/MGR] *diese Feststellung mit einer Mehrheit von zwei Dritteln der abgegebenen Stimmen, mindestens der Mehrheit seiner Mitglieder.*

(3) Die Feststellung wird vom Bundespräsidenten gemäß Artikel 82 im Bundesgesetzblatte verkündet. Ist dies nicht rechtzeitig möglich, so erfolgt die Verkündung in anderer Weise; sie ist im Bundesgesetzblatte nachzuholen, sobald die Umstände es zulassen.

(4) Wird das Bundesgebiet mit Waffengewalt angegriffen und sind die zuständigen Bundesorgane außerstande, sofort die Feststellung nach Absatz 1 Satz 1 zu treffen, so gilt diese Feststellung als getroffen und als zu dem Zeitpunkt verkündet, in dem der Angriff begonnen hat. Der Bundespräsident gibt diesen Zeitpunkt bekannt, sobald die Umstände es zulassen.

(5) Ist die Feststellung des Verteidigungsfalles verkündet und wird das Bundesgebiet mit Waffengewalt angegriffen, so kann der Bundespräsident völkerrechtliche Erklärungen über das Bestehen des Verteidigungsfalles mit Zustimmung des Bundestages abgeben. Unter den Voraussetzungen des Absatzes 2 tritt an die Stelle des Bundestages der Gemeinsame Ausschuss«.[976]

Hintergrund: Der Spannungs- und Verteidigungsfall

Der **Spannungsfall** ist ein Zustand erhöhter internationaler Spannung, der einen Angriff auf die BRD befürchten lässt. Der Spannungsfall ist de facto die Vorstufe des Verteidigungsfalls und geht mit der Erhöhung der militärischen Alarmstufe einher.

Der **Verteidigungsfall** ist so definiert: *»Dass das Bundesgebiet mit Waffengewalt angegriffen wird oder ein solcher Angriff unmittelbar droht«.*

IV.
Der Bundeskanzler hat das Oberkommando

Anders als in den Vereinigten Staaten geht das Oberkommando über die Streitkräfte hierzulande *nicht* auf den Bundespräsidenten über, sondern laut Artikel 115b auf den Bundeskanzler:

»Mit der Verkündung des Verteidigungsfalles geht die Befehls- und Kommandogewalt über die Streitkräfte auf den Bundeskanzler über«.[977]

Die Bundeswehr darf nur zur Verteidigung eingesetzt werden, zum Schutz für zivile Objekte, Verkehrsregelung und zur Unterstützung polizeilicher Maßnahmen. Ebenso bei der Bekämpfung organisierter oder militärisch bewaffneter Aufständischer.

Falls der Bundestag nicht mehr zusammentreten kann, regiert ein sogenannter »Gemeinsamer Ausschuss«. Dieses »Notparlament« nach Artikel 115a GG ist in Artikel 53a GG beschrieben:

»(1) Der Gemeinsame Ausschuss besteht zu zwei Dritteln aus Abgeordneten des Bundestages, zu einem Drittel aus Mitgliedern des Bundesrates. Die Abgeordneten werden vom Bundestage entsprechend dem Stärkeverhältnis der Fraktionen bestimmt; sie dürfen nicht der Bundesregierung angehören. Jedes Land wird durch ein von ihm bestelltes Mitglied des Bundesrates vertreten; diese Mitglieder sind nicht an Weisungen gebunden. Die Bildung des Gemeinsamen Ausschusses und sein Verfahren werden durch eine Geschäftsordnung geregelt, die vom Bundestage zu beschließen ist und der Zustimmung des Bundesrates bedarf.

(2) Die Bundesregierung hat den Gemeinsamen Ausschuss über ihre Planungen für den Verteidigungsfall zu unterrichten (…)«[978]

V.
Die Notstandsgesetze von 1968 haben heute noch Gültigkeit

Viele Bürger wissen nicht, dass die im Juni 1968 geschaffenen Notstandsgesetze auch heute noch Gültigkeit haben. Das 17. Gesetz zur Ergänzung des Grundgesetzes (»Notstandsgesetze«) beinhaltet u.a.:
Kann im Verteidigungsfalle der Bedarf im zivilen **Sanitäts- und Heilwesen** sowie in der ortsfesten **militärischen Lazarettorganisation** nicht gedeckt werden, so können **Frauen** vom vollendeten achtzehnten bis zum **vollendeten fünfundfünfzigsten Lebensjahr** herangezogen werden (GG Artikel 12a Abs. 4).[979]

Man kann Frauen auch heute noch zum Sanitätsdienst bis zu einem Alter von 55 Jahren verpflichten.

Die Grundrechte können außerdem eingeschränkt werden. Hiervon betroffen sind das Brief-, Post- und Fernmeldegeheimnis (GG Artikel 10)[980] sowie die Freizügigkeit (GG Artikel 11).[981]

Außerdem: Wenn Bundestags- oder Landtagswahl im Verteidigungsfall ausfällt, wird **Artikel 115h des Grundgesetzes** angewendet (den kein Mensch kennt!). Dort heißt es (Hervorhebungen durch mich):

*»1) **Während des Verteidigungsfalles ablaufende Wahlperioden des Bundestages oder der Volksvertretungen der Länder enden sechs Monate nach Beendigung des Verteidigungsfalles.** Die im Verteidigungsfalle ablaufende Amtszeit des Bundespräsidenten sowie bei vorzeitiger Erledigung seines Amtes die Wahrnehmung seiner Befugnisse durch den Präsidenten des Bundesrates enden neun Monate nach Beendigung des Verteidigungsfalles. Die im Verteidigungsfalle ablaufende Amtszeit eines Mitgliedes des Bundesverfassungsgerichtes endet sechs Monate nach Beendigung des Verteidigungsfalles.*

(2) Wird eine ***Neuwahl des Bundeskanzlers durch den Gemeinsamen Ausschuss erforderlich, so wählt dieser einen neuen Bundeskanzler mit der Mehrheit seiner Mitglieder*** *der Bundespräsident macht dem Gemeinsamen Ausschuss einen Vorschlag. Der Gemeinsame Ausschuss kann dem Bundeskanzler das Misstrauen nur dadurch aussprechen, dass er mit der Mehrheit von zwei Dritteln seiner Mitglieder einen Nachfolger wählt.*

(3) ***Für die Dauer des Verteidigungsfalles ist die Auflösung des Bundestages ausgeschlossen«.***[982]

Außerdem kann die Bundesregierung Soldaten bei der Bekämpfung organisierter und militärisch bewaffneter Aufständischer einsetzen (GG Artikel 87a Abs. 4).[983] Das bedeutet: Auch die Bundeswehr kann in die Bundesländer einrücken.

Am 17. Februar 2005 wurde zudem das **Einberufungshöchstalter** für den Spannungsfall durch die Änderung von Paragraf 3 Wehrpflichtgesetz durch Artikel 1 des Streitkräftereserve-Neuordnungsgesetzes von 45 auf **60 Jahre** heraufgesetzt.[984]

Auch 60jährige müssten im Verteidigungsfall zu den Waffen greifen.

VI.
Deutschland ist wehrlos!

Wir können nur inständig beten, dass der Verteidigungsfall nie eintreten wird: Eine gendergerechte Bundeswehr, wohlstandsverwöhnte Rekruten, ein desaströser Zustand des Materials und nicht funktionierende Waffen würden in wenigen Tagen die totale Kapitulation unseres Landes bedeuten.

26. Februar 2023: Oberst André Wüstner, Vorsitzender des Deutschen Bundeswehrverbands, antwortet auf die Frage von *BILD*-Journalisten, ob die Bundeswehr einsatzfähig sei, folgendes:

»*Nein. Das war die Bundeswehr zu Beginn des Kriegs in der Ukraine schon nicht (…) Durch die vielen und richtigen Materiallieferungen an die Ukraine sind weitere Lücken entstanden (…) Wir haben bis heute keine einzige Panzerhaubitze, die wir im letzten Jahr an die Ukraine abgegeben haben, oder gar Ersatzteilpakete dafür neu bestellt. Das führt dazu, dass bereits weitere unserer wenigen verbliebenen Haubitzen stillgelegt und als Ersatzteillager genutzt werden. Die Folge ist, dass die materielle Einsatzbereitschaft der Artillerietruppe weiter sinkt. Auch die 18 Leopard 2, die wir an die Ukraine abgeben, müssen in den nächsten Wochen nachbestellt werden. Von den rund 300 Leopard-Panzern der Bundeswehr sind aktuell nur 30 Prozent einsatzfähig*«.[985]

Deutschland ist nicht verteidigungsfähig!

27. Februar 2023: Verteidigungsminister Boris Pistorius (SPD) pocht auf eine deutliche Aufrüstung der Bundeswehr. Und jetzt aufgepasst: **Deutschland habe derzeit keine Streitkräfte, die bei einem offenen Angriffskrieg wie dem Russlands gegen die Ukraine verteidigungsfähig wäre.**[986] Pistorius wörtlich auf der SPD-Fraktionssitzung:

»*Wir haben keine Streitkräfte, die verteidigungsfähig sind, also verteidigungsfähig gegenüber einem offensiven, brutal geführten Angriffskrieg*«.[987] Und weiter: Die Bundeswehr brauche dazu dringend Waffen, Großgerät, Munition und auch Soldaten und Soldatinnen.[988]

Klartext: Bei einem – wie immer gearteten Angriff – ist Deutschland dem Feind hilflos ausgeliefert! Unsere wenigen Waffensysteme sind schon längst an die Ukraine ausgeliefert worden und unsere verlotterte und vergammelte »Berufsarmee« könnte russische Offensiven wohl nur wenige Stunden, höchstens vielleicht wenige Tage aufhalten, dafür aber gendergerecht!

1. März 2023: So mutet es wie ein vorzeitiger Aprilscherz an, dass Olaf Scholz nach einem Treffen mit dem lettischen Ministerpräsidenten Krišjānis Kariņš den baltischen Staaten den »*vollen Schutz*« versichert.[989] Wie will er das anstellen? Er kann doch nicht einmal sein eigenes Land schützen?

2. März 2023: *BILD online* titelt:

»*Was passiert, wenn Putin Deutschland angreift?*«[990]

Das ist schnell erklärt: Deutschland wird überrannt und abgeschossen werden. Denn fast die gesamte deutsche Luftabwehr wurde in die Ukraine verlegt. Munition haben wir auch keine mehr. Allein 20 Milliarden Euro werden benötigt, um sie wieder aufzufüllen – und das dauert *Jahre*.[991]

7. März 2023: Auch Bundesverteidigungsminister Boris Pistorius scheint einen vorzeitigen Aprilscherz zu machen. Er sichert seinem litauischen Amtskollegen eine dauerhafte Präsenz der Bundeswehr in Litauen zu.[992] Aber womit, um Himmels willen? die Bundeswehr ist doch blanker als blank!

9. März 2023: Nach einer repräsentativen Umfrage des Markt- und Meinungsforschungsinstituts *Ipsos* sprechen sich 61 Prozent der Befragten für die Wiedereinführung der Wehrpflicht aus, die 2011 abgeschafft worden war. 43 Prozent der Befragten finden außerdem, dass eine künftige Wehrpflicht für alle Geschlechter gelten sollte, lediglich 18 Prozent würden eine Wiedereinführung nur für Männer bevorzugen. Nur drei von zehn Bundesbürgern (29 Prozent) sind komplett gegen eine Neuauflage der Dienstpflicht.[993]

14. März 2023: Die Wehrbeauftragte Eva Högl präsentiert den Jahresbericht über den Zustand der Bundeswehr, und der ist, gelinde ausgedrückt, eine Katastrophe:

- Die Kasernen sind landauf, landab in einem erbärmlichen Zustand.
- Es fehlt an Großgerät (Panzer, Flugzeuge), aber auch an persönlicher Ausrüstung (Kampfbekleidung, Rucksäcke).
- Für die Schnelle Eingreiftruppe der NATO (VJTF) wurde die Bundeswehr wegen des Puma-Ausfalls mit dem Schützenpanzer Marder ausgestattet, der 50 (!) Jahre alt ist.
- Die Pistole P8 der Bundeswehr ist auf dem technischen Stand der 1990er-Jahre.
- Soldaten müssen die Kampfbekleidung nach Auslandseinsätzen wieder abgeben, weil Uniformen Mangelware sind. Lediglich körpernahe Unterbekleidung und Socken dürfen sie behalten.
- Die Truppe wird zudem immer älter. 2022 lag das Durchschnittsalter bei 33,5 Jahren.[994] Die Gender-irregeleiteten, wohlstandsverwöhnten Kinder haben anscheinend keine Lust auf die Verteidigung ihres Landes. Für sie scheint es schon eine Katastrophe zu sein, wenn der Akku ihres Smartphones leer ist.

23. März 2023: Der Vize-Chef des russischen Sicherheitsrates, Dmitri Medwedew, warnt Deutschland: Die Verhaftung Putins (wegen des Haftbefehls des Internationalen Strafgerichtshofs) würde eine Kriegserklärung bedeuten:

»Ein amtierender Präsident einer Atommacht kommt zum Beispiel nach Deutschland und wird verhaftet. Was ist das? Eine Kriegserklärung an die Russische Föderation«.[995]

Medwedew droht Deutschland mit Krieg:

»Einzelne Narren und Schwachköpfe wie Deutschlands Justizminister sagen: ‚Sollte er einmal kommen, würden wir ihn verhaften'. In diesem Fall würden unsere Mittel in den Bundestag, ins Kanzleramt und so weiter fliegen«.[996]

Die Russen hätten bei dem Zustand der Bundeswehr leichtes Spiel.

11. April 2023: Der bereits oben benannte Inspekteur des Heeres, Alfons Mais, schreibt an den Bundeswehr-Generalinspekteur, dass die Einsatzbereitschaft des gesamten Heeres weiter zu sinken droht. Ohne Gegensteuern wird *»das Heer im hochintensiven Gefecht nicht durchhaltefähig bestehen und auch seine Verpflichtungen gegenüber der NATO nur eingeschränkt wahrnehmen können«*.[997]

14. April 2023: Patrick Sensburg, der Präsident des Reservistenverbandes sagt, auch die Reserve sei in einem desolaten Zustand:

»Sie ist eine Truppe, die noch weitgehend auf dem Papier existiert. Eine funktionierende Reserve ist Teil einer wirksamen Abschreckung, derzeit vor allem gegenüber Russland. Doch so wie die Reserve aktuell konzipiert ist, kann sie all das nicht leisten«.[998]

Sensburg fordert eine umfassende Neuausrichtung und bessere Ausrüstung. Um die Schlagkraft zu erhöhen, empfiehlt er mehr Verbindlichkeit für den Dienst.[999]

17. April 2023: Die NATO bereitet sich nach Angaben der Zeitung *The New York Times* wegen der Lage in der Ukraine auf Kampfeinsätze an ihren Grenzen vor. Die Zeitung erläutert, das Bündnis gehe von einer Abschreckungsstrategie mit der Androhung eines Vergeltungsschlags zu einer Strategie der Abschreckung durch Hemmung des Gegners über.[1000]

18. April 2023: Bundesverteidigungsminister Boris Pistorius sagt, er würde eine kurzfristige Wiedereinführung der Wehrpflicht begrüßen.[1001]

8. Juni 2023: Auch der Schutz der Zivilbevölkerung ist katastrophal: In Deutschland gibt noch knapp 480.000 Plätze in rund 580 Bunkern und Schutzräumen, wie das Bundesinnenministerium in einem Bericht feststellt.

Die Zahl der verfügbaren Bunkerplätze entspricht gerademal gut einem halben Prozent (!) der Bevölkerung.[1002]

21. Juni 2023: Trotz allem spricht Olaf Scholz in einer Regierungserklärung davon, Deutschland zu einem »*Garanten der Verteidigung in Europa*« zu machen.[1003] Man mag diesen Realitätsverlust kaum glauben!

10. Juli 2023: Zu all dem passt eine Umfrage, die die *Berliner Zeitung* veröffentlicht. Demnach würde jeder dritte bis vierte Deutsche im Falle eines Krieges Deutschland so schnell wie möglich verlassen.

Nur jeder zehnte Deutsche würde kämpfen.[1004] **90 Prozent der »Weich-Ei-Generation« will Deutschland nicht verteidigen.**

17. Juli 2023: Die Nachrichtenagentur *Reuters* berichtet, dass Deutschland derzeit keine einzige kampffähige Division (rund 20.000 Mann) haben soll. Behörden planen, die erste von drei dieser Armee-Einheiten bis 2025 zu schaffen, die zweite dann im Jahr 2027.[1005]

4. August 2023: Aus einer Antwort der Bundesregierung auf eine Kleine Anfrage der Fraktion Die Linke geht hervor, dass sich die Zahl der Kriegsdienstverweigerer bei der Bundeswehr **verfünffacht** hat. Im Jahr 2020 gehen bei der Bundeswehr noch 142 Anträge auf Kriegsdienstverweigerung ein, 2022 sind es hingegen 1123 Anträge. Bis Ende April 2023 sind es bereits 672.[1006] Haben diese Weich-Eier etwa Angst vor Putin? fragt sich nicht nur das Netz.

Doch Fakt ist: Im Spannungs- oder Verteidigungsfall bei einer Teil- oder Generalmobilmachung können alle Männer ab 18 Jahren bis zur Vollendung des 59. Lebensjahres eingezogen werden. Wer dies verweigert, kann zum zeitlich unbefristeten Zivildienst beordert werden.[1007]

9. August 2023: *BILD* schreibt: »*Personalnotstand bei der Truppe – Verteidigungsminister lockt sogar schon mit Homeoffice*«.[1008]

Grund: Immer weniger Menschen bewerben sich bei der Bundeswehr. Die interne Auflistung im Verteidigungsministerium zeigt, dass bis Ende Mai 2023 sich insgesamt nur 23.414 Frauen und Männer bewarben. Das sind sieben Prozent weniger als im Vorjahreszeitraum. Und das obwohl zwischenzeitlich u.a. Homeoffice, Teilzeit, Jobsharing, Kitas, Tagespflege und Sonderurlaube geboten werden.[1009]

Im Gegensatz dazu scheiden jährlich rund 20.000 Soldaten meist im Rahmen des erreichten Dienstzeitendes aus. Doch wie schon beschrieben, gibt es auch vermehrt Anträge auf Kriegsdienstverweigerung, aus Angst vor kriegerischen Auseinandersetzungen.[1010]

30. Oktober 2023: Pistorius sagt, heute sei die Bundeswehr eine der stärksten Streitkräfte innerhalb der NATO in Europa.[1011] Über so viel Realitätsverlust kann man nur noch den Kopf schütteln.

9. November 2023: Pistorius legt noch einen drauf: Deutschland soll das »Rückgrat« für Sicherheit Europas werden.[1012] Mit einer maroden, abgewirtschafteten, gendergerechten Armee?

5. März 2024: Laut einer für das »RTL/ntv-Trendbarometer« durchgeführten Umfrage wären nur 38 Prozent der Befragten »*auf jeden Fall*« oder »*wahrscheinlich*« dazu bereit, Deutschland im Falle eines militärischen Angriffs mit der Waffe in der Hand zu verteidigen. 59 Prozent beantworten die entsprechende Frage mit der Aussage »*wahrscheinlich nicht*« oder »*auf keinen Fall*«.[1013] Männer sind deutlich häufiger zur Verteidigung des Landes bereit (54 Prozent) als Frauen (23 Prozent). Anhänger der Grünen haben mit nur 35 Prozent die geringste Neigung zur Verteidigung ihres Landes – also ausgerechnet jener Partei, die im Verhältnis zu Russland immer zur Eskalation bereit ist.[1014]

4. April 2024: Pistorius riskiert erneut eine dicke Lippe, trotz des desolaten Zustandes unserer Bundeswehr, droht er der Welt: »*Niemand soll auf die Idee kommen, uns anzugreifen*«.[1015]

Darüber dürften sich nicht nur die Russen totlachen.

❺

Wie Rot-Grün seinen Kriegskurs zu einem »Friedensakt« verklären will

I.

»Waffen bringen Frieden«

Es ist für mich einfach nur perfide, wie Rot-Grün durch eine Verkehrung der Werte versucht, in der Öffentlichkeit ihre Kriegstreiberei und Kriegsverlängerung durch immer neue Waffenlieferungen als Akt des »Friedens« darzustellen. Unglücklicherweise geht ihre Orwellsche Semantik bei vielen Menschen sogar auf, die immer neue Waffen als Mittel sehen, Frieden zu schaffen.

6. Mai 2022: Jamila Schäfer, grüne Bundestagsabgeordnete aus München sagt:

»*Kriegspartei wird man nicht durch Waffenlieferungen*«.[1016]

Anscheinend hat sie nichts aus den Erfahrungen der beiden Weltkriege gelernt (oder kennt sie gleich gar nicht), bei denen Waffenlieferungen als Kriegsakt gedeutet wurden[1017] (vgl. ➔ »Michael Grandt: Adolf Hitler, eine Korrektur, Band 3 und Band 4«).[1018]

4. Juni 2022: Teile der Bevölkerung sehen das wohl anders. SPD und Grüne in Berlin werden zum Ziel von Unbekannten, die in Steglitz-Zehlendorf vier Büros mit der Parole »*Kriegstreiber*« beschmieren. An der Hauswand und der Schaufensterscheibe des Bürgerbüros des Grünen-Abgeordneten Benedikt Lux und der Bundestagsabgeordneten Nina Stahr in der Schildhornstraße wird der Schriftzug in orangener Farbe vorgefunden. Das bestätigt eine Sprecherin der Polizei. Auch die Scheibe der Kreisgeschäftsstelle der Grünen in Steglitz-Zehlendorf in der Berliner Straße, wird mit demselben Wort beschmiert.[1019]

Der Grüne-Abgeordnete Benedikt Lux will die Kriegstreiberei seiner Partei nicht wahrhaben. Er schreibt auf *Twitter* zu den Sachbeschädigungen, es müsse »*ein Missverständnis vorliegen. Den Krieg treibt der russische Präsident und seine Armee*«.[1020]

Johanna Martens, die Kreisvorsitzende der Grünen in Steglitz-Zehlendorf, schreibt:

»*Von Vandalismus und feigen Hassbotschaften lassen wir uns nicht unterkriegen*«.[1021]

Bei der SPD wird ebenfalls die Kreisgeschäftsstelle für Steglitz-Zehlendorf und zugleich das Bürgerbüro der Abgeordneten Mirjam Golm, getroffen. Auch das Wahlkreisbüro des SPD-Bundestagsabgeordneten und Kreisvorsitzenden von Steglitz-Zehlendorf, Ruppert Stüwe, in der Moltkestraße ist Ziel der »*Kriegstreiber*«-Farbattacken.«[1022] SPD-Mann Stüwe:

»*Putin führt gerade einen Angriffskrieg, nicht die SPD. Ich bin immer dazu bereit, über alle Frage von Krieg und Frieden zu diskutieren. Meine Scheibe ist dafür aber ein denkbar schlechter Ort*«.[1023]

Apropos Angriffskriege: Die USA führen seit 100 Jahren Angriffskriege.

26. September 2022: Drei der insgesamt vier Stränge der Pipelines **Nord Stream** 1 und 2 werden auf dem Grund der Ostsee durch Explosionen zerstört.[1024] Ein glasklarer Terrorangriff auf die deutsche Energiesicherheit. Zuerst heißt es natürlich, es wären die Russen selbst gewesen, dann, es wäre eine False-Flag-Aktion der CIA, dann, die Ukraine wäre es gewesen.

Auffallend: Der Westen und vor allem Deutschland tun nicht viel, um die wahren Urheber zu finden. Doch das ist Gegenstand in einer separaten Publikation.

15. Oktober 2022: Am zweiten Tag der 48. Bundesdelegiertenkonferenz der Grünen geht es um den »*Angriffskrieg*« auf die Ukraine. Omid Nouripour, der Bundesvorsitzende spricht sich im Sinne des Leitantrags mit dem bizarren Titel »*Wertegeleitet, multilateral, handlungsfähig: grüne Friedens- und Sicherheitspolitik in der Zeitenwende*« dafür aus, den Menschen in der Ukraine zu helfen, wo es möglich ist – auch mit weiteren Waffenlieferungen.[1025] Nouripour begründet das wie folgt:

»*Das ist das Gebot der Stunde: dass wir so schnell wie möglich helfen, weil wir sehen, dass diese Waffen Leben retten*«. *Er fügt hinzu:* »*Das ist für eine Friedenspartei nicht einfach, aber Frieden ist nicht einfach*«.[1026]

Irre Grünen-Semantik: »Waffen retten Leben«.

Bundesaußenministerin Annalena Baerbock sagt:
»Jeder einzelne Tag dieses Krieges ist eine Katastrophe. Und deswegen übernehmen wir Verantwortung. Weil wir eine Friedens- und Menschenrechtspartei sind, unterstützen wir die Menschen, ihr Leben zu verteidigen«.[1027]

So geht der Krieg über die Jahreswende hinaus weiter.

26. Januar 2023: Verteidigungsminister Boris Pistorius glaubt nicht, dass Russland Deutschland aufgrund der Panzerlieferungszusage zum Hauptgegner erklärt: *»Alle Alliierten sind mit an Bord. Wir sind nicht allein, wir sind auch nicht der Hauptgegner. Wir sind auch damit nicht zur Kriegspartei geworden«.*[1028]

17. Februar 2023: Scholz bläst ein paar Wochen später ins selbe Horn. Zum Auftakt der Münchner Sicherheitskonferenz verteidigt er den deutschen Kurs im Ukraine-Krieg. Die Lieferung deutscher Panzer sei keine Eskalation, sondern ein klares, wichtiges Signal an Russlands Präsident Wladimir Putin.[1029]

»Nicht unsere Waffenlieferungen sind es, die den Krieg verlängern. Das Gegenteil ist richtig«.[1030]

Seine Begründung: Je früher *»Präsident Putin einsieht, dass er sein imperialistisches Ziel nicht erreicht, desto größer ist die Chance auf ein baldiges Kriegsende, auf Rückzug russischer Eroberungstruppen«.*[1031]

Scholz versucht zu beruhigen und versichert, die Balance zwischen bestmöglicher Unterstützung der Ukraine und der Vermeidung einer ungewollten Eskalation werde weiterhin gewahrt:
»Denn der Kurs, den wir gemeinsam eingeschlagen haben, verläuft durch unkartiertes Gelände. Zum ersten Mal in unserer Geschichte führt eine Nuklearmacht hier auf europäischem Boden einen imperialistischen Angriffskrieg«.[1032] Scholz fügt hinzu, dass es dafür keine Blaupause gebe. Es gelte:
»Sorgfalt vor Schnellschuss, Zusammenhalt vor Solo-Vorstellung«.[1033]

Waffenlieferungen sollen – so die rot-grünen Kriegsverlängerer – dazu dienen, Frieden herzustellen. Eine Argumentation, die so verquer ist, dass man es kaum glauben kann. Tatsache ist, das sehen wir aus der Vergangenheit: Waffenlieferungen verlängern Kriege und kosten weiterhin tagtäglich Menschenleben.

Dann meldet sich plötzlich eine ganz andere Stimme, eine Stimme die immer noch weltweit gehört wird.

Hintergrund: Donald Trump: Die Obama-Regierung hat den Maidan-Putsch im Jahr 2014 initiiert

22. Februar 2023: Der frühere US-Präsident Donald Trump erklärt, dass die Obama-Regierung die **Architektin** des Maidan-Aufstands im Jahr 2014 in der Ukraine gewesen sei, als die Regierung von Viktor Janukowitsch durch einen Putsch gestürzt wurde, der vom Westen maßgeblich unterstützt worden war (siehe dazu ausführlich meine Broschüre ➔ »Schlachtfeld Ukraine. Angriffs- oder Präventivkrieg?«). Dieser Regimewechsel legte den Grundstein für die spätere Intervention Russlands in der Ukraine.[1034] Trump wörtlich:

»Der Dritte Weltkrieg war noch nie näher als jetzt. Wir müssen alle Kriegstreiber und Amerikas letzten Globalisten im tiefen Staat, das Pentagon, das Außenministerium und den Industriekomplex der nationalen Sicherheit aus dem Haus werfen«.[1035]

Trump erklärt weiter, er sei *»der einzige Präsident seit Generationen«*, der **keinen Krieg** begonnen habe, weil *»ich der einzige Präsident war, der den katastrophalen Rat vieler Washingtoner Generäle, Bürokraten und sogenannten Diplomaten abgelehnt hat, die nur wissen, wie man uns in einen Konflikt treibt, aber sie wissen nicht, wie sie uns herausholen können«.*[1036]

Trump kommentiert:
»Seit Jahrzehnten haben wir genau die gleichen Leute wie Victoria Nuland[1037] *und viele andere wie sie, die davon besessen sind, die Ukraine in Richtung NATO zu drängen, ganz zu schweigen von der Unterstützung des Außenministeriums für Aufstände in der Ukraine. Und jetzt stehen wir am Rande des Dritten Weltkriegs«.* [1038]

Trump fährt fort:
»Nichts davon entschuldigt in irgendeiner Weise die unerhörte und schreckliche Invasion der Ukraine vor einem Jahr, die niemals stattgefunden hätte, wenn ich Ihr Präsident gewesen wäre, nicht einmal eine kleine Chance. Aber es bedeutet, dass wir hier in Amerika das korrupte globalistische Establishment loswerden müssen, das jahrzehntelang jede wichtige außenpolitische Entscheidung verpfuscht hat, und dazu gehört auch Präsident Biden (...) «.[1039]

Der Präsidentschaftskandidat von 2024 verspicht, wenn er die nächste Wahl zum Staatsoberhaupt gewinne, das Außenministerium, das Pentagon und das »*Establishment der nationalen Sicherheit*« so umzugestalten, um »*die Mission zu erfüllen*«, die in seiner letzten Amtszeit festgelegt wurde.[1040] Weiter:

»*Wir hatten es noch nie so gut. Wir werden auch die Lobbyisten und die großen Rüstungsunternehmen daran hindern, hineinzugehen und unsere hochrangigen Beamten des Militärs und der nationalen Sicherheit in Konflikte zu treiben (...) Werfen Sie einen Blick auf die globalistischen Kriegstreiber-Spender, die unsere Gegner unterstützen. Das liegt daran, dass sie Kriegskandidaten sind*«.[1041]

Trump erklärt zudem, dass der Grund, **warum** die USA während seiner gesamten Präsidentschaft **keine** neuen Kriege begonnen hätten, darin bestand, dass »*andere Länder uns respektierten. Sie wollten sich nicht mit den Vereinigten Staaten anlegen, und jetzt lachen sie uns aus. Mit der richtigen Führung könnten wir den Ukraine-Konflikt in 24 Stunden beenden.*[1042] *Am Ende meiner nächsten vier Jahre werden die Kriegshetzer, Betrüger und Versager in den höheren Rängen unserer Regierung alle verschwunden sein, und wir werden eine neue Gruppe kompetenter nationaler Sicherheitsbeamter haben, die daran glauben, Amerikas lebenswichtige Interessen vor allem anderen zu verteidigen*«.[1043]

17. März 2023: Donald Trump fordert ein Ende der Kämpfe in der Ukraine:
»*Jeden Tag, mit dem sich dieser Proxy-Konflikt in der Ukraine fortsetzt, riskieren wir einen globalen Krieg. Unser Ziel besteht in einer unverzüglichen vollständigen Einstellung der Kampfhandlungen. Das ist das Hauptproblem. Wir brauchen unverzüglich Frieden*«.[1044]

Zuvor hat Trump dem amtierenden Präsidenten der USA Joe Biden bereits vorgeworfen, die Menschheit an den Rand eines Dritten Weltkriegs zu bringen.[1045]

11. Mai 2023: Trump legt auf *CNN* nach:
»*Wir haben soviel Ausrüstung gegeben, wir haben im Moment keine Munition für uns. Wir übergeben soviel (...) Ich denke nicht in Kategorien von Sieg und Niederlage. Ich denke, es geht darum, die Sache zu regeln, damit wir aufhören, all diese Leute zu töten. Ich möchte, dass alle aufhören zu sterben*«.[1046]

6. Juni 2023: US-Präsidentschaftskandidat Robert F. Kennedy jr. ist derselben Meinung. Er sagt:

»*Die Neokonservativen im Weißen Haus haben diesen Krieg innerhalb von 10 Jahren angezettelt. ... Und sie ignorieren weiterhin jegliche Friedensgespräche und Versuche, diesen Konflikt zu lösen (...) All dies geschieht, um die Russen zu zermürben*«.[1047]

19. Juli 2023: Trump legt nach. Er wirft dem amtierenden Präsidenten Joe Biden vor, dass er das Land weiter in den Dritten Weltkrieg hineinziehe, während er die US-Waffenbestände komplett aufbrauche und die Staatskasse im Zuge der Hilfen für die Ukraine geleert habe.[1048]

15. September 2023: In einem Interview mit *NBC* bewertet Trump die Äußerungen von Putin über seine Bereitschaft zur Beilegung der Krise in der Ukraine positiv. Trump sagt:

»*Ich finde es gut, dass er das gesagt hat, weil es bedeutet, dass ich die richtigen Dinge sage*«.[1049]

Trump weigert sich jedoch, Einzelheiten darüber zu verraten, wie er als US-Präsident den Ukraine-Konflikt innerhalb von 24 Stunden lösen könnte, sagt aber, er wisse genau, wie die Dinge angegangen werden sollten.[1050]

17. Januar 2024: Trump sagt über den Ukraine-Krieg:
»*Es hätte nie passieren dürfen, es wäre nie passiert. Jetzt gibt es so viele Tote, vielmehr als die Menschen begreifen. Die Zahlen sind viel, viel größer, als irgendjemand für möglich gehalten hätte. Das werden Sie in den kommenden Jahren herausfinden*«.[1051] Und weiter:

»*Die Situation in der Ukraine ist so schrecklich, die Situation in Israel ist so schrecklich, (...) was passiert ist, und wir werden sie lösen. Wir werden sie sehr schnell lösen (...) Ich kenne den Präsidenten Putin sehr gut, ich kenne Selenskij gut. Ich werde sie reinbringen, wir werden es sehr schnell lösen*«.[1052]

16. Juni 2024: Trump bezeichnet Selenskij als »*besten Verkäufer aller Zeiten*«:

»*Jedes Mal, wenn er in unser Land kommt, erhält er 60 Milliarden Dollar. Er ist erst vor vier Tagen abgereist, mit 60 Milliarden; er kommt zu Hause an und gibt bekannt, er benötigt weitere 60 Milliarden. Das hört nie auf*«.[1053]

28. August 2024: Nach dem Angriff ukrainischer Streitkräfte auf das Gebiet Kursk stellt Donald Trump die Möglichkeit eines dritten Weltkriegs in den Raum. Er sagt:

»*Schaut euch an, was in der Ukraine passiert. Sie drängen nach Russland. Es wird einen Dritten Weltkrieg geben*«.[1054]

6. November 2024: Kiew in Panik! Trump hat seine Wiederwahl zum 47. US-Präsidenten glamourös gewonnen. Noch am gleichen Tag erklärt er, er will die Kriege beenden.[IV]

Hintergrund: Völkerrechtler: »Deutschland darf an der Seite der Ukraine militärisch eingreifen«

Ende Februar 2023: Claus Kreß, Professor für Völkerstrafrecht und Direktor des *Institute for International Peace and Security Law* an der Universität Köln, sagt im *SPIEGEL* (Hervorhebungen durch mich):

»Deutschland darf der Ukraine dabei helfen, sich zu verteidigen. Deutschland dürfte sogar noch mehr tun. Deutschland dürfte gestützt auf das kollektive Selbstverteidigungsrecht ***direkt militärisch an der Seite der Ukraine in den Konflikt eingreifen«.***[1055]

Auf die Frage, **wann** Deutschland Kriegspartei werden würde, antwortet Prof. Kreß:

»Man sollte, von Gewaltverbot und Selbstverteidigungsrecht ausgehend, fragen: Wann wird die Unterstützung der individuellen Selbstverteidigung der Ukraine zu einer eigenen Gewaltanwendung Deutschlands, die eine Berufung auf das kollektive Selbstverteidigungsrecht erforderte? Das wäre sicher der Fall, wenn Deutschland eigene Soldaten einsetzte, wenn etwa die deutsche Luftwaffe oder deutsche Panzer, mit deutschen Soldaten besetzt, in der Ukraine zum Einsatz kämen. Dann wäre Deutschland auch Kriegspartei«.[1056]

Die Bundesregierung hat die Lieferung von Waffen und anderen Rüstungsgütern in Milliardenhöhe in die Ukraine genehmigt. Völkerrechtler sind sich einig, dass Waffenlieferungen in einen Krieg den Lieferanten **nicht** zur Kriegspartei machen, wie wir oben gesehen haben, und zwar egal, um welche Waffen es sich handelt.[1057]

Russland hingegen sieht die westlichen Verbündeten der Ukraine dennoch als Kriegsbeteiligte (siehe Kapitel ➔ »So reagieren die Russen auf die rotgrüne Kriegstreiberei«).

Am **3. Mai 2024** schreibt ausgerechnet der Generalbundesanwalt, dass Deutschland sich an Angriffen auf Russland beteiligen darf, da die Ukraine in diesem Krieg ihr in Artikel 51 der UN-Charta gewährleistetes Recht auf Selbstverteidigung ausübe. Sie sei damit zur Anwendung von Gewalt befugt (Hervorhebungen durch mich):

»Dieses Selbstverteidigungsrecht ist jedoch, wie aus dem Wortlaut von Art. 51 UN-Charta klar hervorgeht, nicht nur als individuelles Recht, sondern auch als kollektives Selbstverteidigungsrecht anerkannt. Das bedeutet, dass ein Staat, der Opfer eines bewaffneten Angriffs oder Angriffskrieges geworden ist, bei der Ausübung seines Selbstverteidigungsrechts ***durch einen anderen Staat (oder mehrere andere Staaten) unterstützt werden darf.*** *Eine solche Unterstützung würde damit keinen Angriffskrieg und auch keine Angriffshandlung konstituieren«.*[1058]

Hintergrund: »Die Ukraine ist kein souveränes Land mehr«

27. Juni 2023: Der ungarische Staatspräsident Viktor Orbán gibt der *BILD* ein Exklusiv-Interview. Seine Argumentation ist nach meiner Kenntnis der Lage **absolut richtig!** Orbán sagt (Hervorhebungen durch mich):

» (...) was wirklich zählt, ist, was die Amerikaner tun möchten. ***Die Ukraine ist kein souveränes Land mehr. Sie haben kein Geld. Sie haben keine Waffen. Sie können nur kämpfen, weil wir im Westen sie unterstützen. Wenn die Amerikaner also beschließen, dass sie Frieden haben wollen, wird es Frieden geben«.***[1059]

Vor meinem geistigen Auge kann ich sehen, wie der Ukraine-Freund und bei uns so gefeierte *BILD*-Journalist Paul Ronzheimer schlucken muss. Orbán weiter im Gegensatz zu den deutschen und westlichen Kriegsverlängerern:

»Wir müssen die Politik und die Diplomatie wieder in die Hand nehmen, Waffenstillstand und Verhandlungen. Das ist der einzige Weg, wie wir in diesem Moment Leben retten können (...) der einzige Weg, sie zu retten, ist, dass die Amerikaner Verhandlungen mit den Russen aufnehmen und eine Vereinbarung über eine Sicherheitsarchitektur treffen und einen Platz für die Ukraine in dieser neuen Sicherheitsarchitektur finden«.[1060]

14. Juli 2023: Orbán legt nach. Er sagt:
»Schließlich hat die Ukraine ihre Souveränität verloren: Sie hat kein Geld, sie hat keine Militärindustrie, sie hat keine eigenen Anlagen für die Militärproduktion. Geld erhält sie hauptsächlich von den USA, militärische Mittel, – auch von den Amerikanern und dem Westen«.[1061]

25. September 2023: Orbán erklärt in einer Rede im Parlament, dass seine Regierung Kiew in **keinem** Aspekt der internationalen Beziehungen mehr unterstützen will, *»bis die Ukraine die Rechte der auf ihrem Territorium lebenden ethnischen Ungarn wiederherstellt«*. Kiew hat zuvor ein Gesetz verabschiedet, wonach die ukrainische Sprache als Amtssprache eingestuft wird. Schätzungen ungarischer Behörden zufolge würden damit die Rechte von rund 150.000 ethnischen Ungarn verletzt, die hauptsächlich im ukrainischen Gebiet Transkarpatien leben.[1062]

23. Februar 2023: Vor Journalisten in Berlin sagt der grüne Bundeswirtschaftsminister Habeck, dass Russland *nur* militärisch Einhalt geboten werden kann und gibt damit jeglicher Diplomatie eine Abfuhr:

Robert Habeck: *»Ich glaube, dass Russland nur auf dem Schlachtfeld in die Knie gezwungen werden kann«.* [1063]

10. April 2023: Russlands Botschafter in Berlin, Sergei Netschajew, wirft den deutschen Behörden vor, durch die Lieferung von Waffen an Kiew und die Ausnutzung der ukrainischen Streitkräfte einen Krieg gegen Moskau *»mit fremden Händen«* zu führen.[1064] Der Botschafter sagt:
»Die deutsche Regierung hat in ihrem Bestreben, Russland eine strategische Niederlage beizubringen, längst alle möglichen ‚roten Linien' überschritten«.[1065]

Bis heute: Doch ungeachtet dessen geht der rotgrüne Kriegskurs, der zu einem »Friedensakt« verklärt werden soll, munter weiter. Doch viele Menschen wachen langsam auf – es wird auch Zeit dafür.

II.
So reagieren die Russen auf die rotgrüne Kriegstreiberei

Doch egal, was rot-grüne Politiker hierzulande sagen, **entscheidend** ist, **wie die Russen** die Lage einschätzen.

Die Sicht der Russen kommt im deutschen Mainstream so gut wie gar nicht vor. Dennoch gehört es zu einem ausgewogenen Journalismus, beide Seiten zu hören.

Gert Ewen Ungar beschreibt auf *RT* die russische Sicht zum Beginn des Ukraine-Krieges (siehe dazu auch meine Broschüre ➔ »Schlachtfeld Ukraine: Angriffs- oder Präventivkrieg?«):
»Der Konflikt eskalierte aufgrund der Nichteinhaltung des Minsker Abkommens durch die Ukraine, flankiert durch die Weigerung von dessen Garantiemächten Deutschland und Frankreich, die Ukraine zur Umsetzung dieses Abkommens zu drängen, sowie der Weigerung der NATO und der USA, sich zu wiederholt geforderten und erläuterten Sicherheitsgarantien gegenüber Russland zu verpflichten«.[1066]

Und weiter:

»Natürlich weiß Scholz, dass es in der Ukraine um geopolitische Interessen der USA und nicht um Demokratie und schon gar nicht um die Menschen in der Ukraine geht«. [1067]

26. Januar 2023: Kremlsprecher Dmitri Peskow sagt der russischen Nachrichtenagentur *Interfax* zufolge:
»Alles, was die Allianz und die von mir erwähnten Hauptstädte (Europas und der USA) tun, wird in Moskau als direkte Beteiligung am Konflikt aufgefasst«.[1068]

22. Februar 2023 (I): Das Ergebnis der Waffenlieferungen an die Ukraine erfahren wir aus der *Telegram*-Nachricht von Dmitri Medwedew, stellvertretender Vorsitzender des russischen Sicherheitsrates. Er schreibt – und das ist besorgniserregend:
»Es ist für alle vernünftigen Kräfte offensichtlich, dass wir an der Schwelle zu einem weltweiten Konflikt stehen, wenn die USA Russlands Niederlage wollen«.[1069] Und weiter:

»Wenn die USA Russland besiegen wollen, haben wir das Recht, uns mit jeder Waffe einschließlich Atomwaffen zu verteidigen«. [1070]

Soweit haben es die rotgrünen Kriegsverlängerer und ihre internationalen »Partner« und »Einflüsterer« also schon gebracht!

22. Februar 2023 (II): Medwedew schreibt auf *Telegram* zu den Forderungen von US-Präsident Joe Biden nach einem Rückzug russischer Truppen aus der Ukraine:
»Wenn die USA aufhören, Waffen an das Regime in Kiew zu liefern, dann endet der Krieg«.[1071]

Außerdem äußert er auch die russischen Befürchtungen, die hierzulande nicht ernst genommen werden:
»Wenn Russland die militärische Spezialoperation beendet ohne einen Sieg, dann wird es Russland nicht mehr geben, es wird in Teile zerrissen«.[1072]

24. Februar 2023: Medwedew, weist auf das Schicksal derjenigen hin, die nach dem Ende der Sonderoperation in dem, »*was von der Ukraine übrigbleibt*«, regieren werden:

»*Die Nationalisten werden weiterhin die Machtkamarilla kontrollieren, denn keiner von ihnen hat eine andere Ideologie als den Bandera-Neonazismus. Eine Niederlage einzugestehen, ist für sie wie der Tod*«.[1073]

Daher werde die Nazi-Ideologie wohl noch lange Zeit bestehenbleiben.[1074]

26. Februar 2023: Putin sagt im Staatsfernsehen, dass die NATO-Staaten aufgrund ihrer massiven Waffenlieferungen für Kiew »*in gewisser Weise*« am Krieg in der Ukraine beteiligt seien.[1075] Und weiter:

> **Die Waffenlieferungen stellten quasi eine Beteiligung an dem Krieg dar, weil Kiew die Ausrüstung ohne Bezahlung erhalte.**[1076]

2. März 2023: Die Situation wird immer bedrohlicher. Nach russischer Einschätzung bringt das zunehmende Engagement von USA und der NATO im Ukrainekrieg das Risiko einer direkten militärischen Konfrontation mit »*katastrophalen Konsequenzen*«.[1077]

Der russische Vize-Außenminister Sergej Ryabkow sagt in einer Rede bei der Abrüstungskonferenz in Genf, die größte strategische Bedrohung gehe derzeit von der Politik der USA und der NATO aus, die den »*Konflikt*« in der Ukraine und in der Gegend verstärkt »*schüren*« würden. Ihre »*wachsende Beteiligung*« an einem bewaffneten Konflikt berge die Gefahr »*einer direkten militärischen Konfrontation zwischen den Atommächten mit katastrophalen Konsequenzen*«.[1078]

9. März 2023: Die Pressesprecherin des russischen Außenministeriums Maria Sacharowa nimmt damit Bezug auf Selenskijs Äußerung, wonach die USA auch »*ihre Söhne und Töchter*« ins Kampfgebiet schicken müssten. Sacharowa führt aus:

»*Was bedeuten diese Worte von Selenskij? Sie bedeuten, dass das Kiewer Regime von der Bettelei zur direkten Erpressung überging. Dabei stehen nicht mehr Geld und Waffen, sondern Menschenleben auf dem Spiel*«.[1079]

10. März 2023: Der russische Außenminister, Sergei Lawrow erklärt:
»*Was wir sagen, ist, dass wir nicht aus den Gesprächen aussteigen. Wir sehen im Moment keine Möglichkeit für Verhandlungen, aber wir betonen das Thema nur angesichts der nicht enden wollenden Welle von Behauptungen, die besagen, wie schlimm es doch sei, dass Russland keine Verhandlungen wolle*«.[1080]

Lawrow fügt das hinzu, was unsere Politiker und Medien einfach nicht wahrhaben wollen (Hervorhebungen durch mich):
»*Hat eigentlich irgendwer gelesen, was Selenskij sagt?* ***Hat sich irgendwer an das Dekret erinnert, das er im September unterzeichnet hat und das Verhandlungen verbietet?***«[1081]

> **Weitgehend verschwiegen: Selenskij hat ein Dekret verabschiedet, das Friedensverhandlungen verbietet.**

22. März 2023: Der stellvertretende Außenminister Russlands, Sergei Rjabkow, sagt:

»*Ich möchte mich nicht auf eine Diskussion darüber einlassen, ob die Wahrscheinlichkeit eines nuklearen Konflikts heute hoch ist, aber sie ist auf jeden Fall höher als alles, was wir in den letzten Jahrzehnten erlebt haben, sagen wir es mal so*«.[1082]

23. März 2023: Der frühere russische Präsident Dmitri Medwedew beschreibt die Zielsetzung des Westens mit folgenden Worten:

»*Der Wunsch ist sehr einfach: die politische Situation destabilisieren, das Land in größere Teile zu zerstückeln, mit jedem dieser Teile eine Übereinkunft zu treffen, jeden dieser Teile denuklearisieren und demilitarisieren und dann seine Dienstleistungen anbieten: ‚Jungs, ihr braucht ja nun, dass euch jemand beschützt'*«.[1083]

Medwedew zufolge wolle der Westen nicht bloß eine lenkbare Regierung in Russland sehen. Viel mehr brauche er keine Atommacht, die den USA nicht gehorche. Das Ziel der westlichen Länder sei es, die russischen Bodenschätze unter eigene Kontrolle zu bringen.[1084]

26. März 2023: Putin kündigt die Stationierung taktischer Atomwaffen in der ehemaligen Sowjetrepublik Belarus an. Russland verstoße damit nicht gegen internationale Verträge, sagt Putin und ergänzt, dies sei »*nichts Ungewöhnliches*«, die USA stationierten seit langer Zeit taktische Atomwaffen auf dem Gebiet ihrer Verbündeten.[1085] Wo er recht hat, hat er recht. Trotzdem sind die Westmächte entsetzt.

Was in der deutschen Lücken-Presse *nicht* erwähnt wird, ist Putins Begründung: Ausgelöst worden ist die Entscheidung durch die Erklärung Großbritanniens, Munition mit abgereichertem Uran an die Ukraine zu liefern.[1086]

29. März 2023: Der Sekretär des russischen Sicherheitsrats, Nikolai Patruschew, erklärt:

»*Wir werden eine Demilitarisierung und Denazifizierung der Ukraine erreichen, die territoriale Integrität der Russischen Föderation und die Sicherheit unserer Bevölkerung gewährleisten*«.[1087]

31. März 2023: Russlands ständiger Vertreter bei der UNO, Wassili Nebensja, sagt während einer Sitzung des UN-Sicherheitsrates:

»*Als Höhepunkt ihrer Heuchelei können Versuche bezeichnet werden, sich als Friedensstifter zu profilieren. Währenddessen hören Waffenlieferungen an das Kiewer Regime nicht auf, und aus Washington und den europäischen Hauptstädten erklingen Behauptungen, dass ein Waffenstillstand unzulässig sei. Ich erinnere daran, dass sie als Reaktion auf die jüngsten internationalen Initiativen zur Regulierung des Konflikts erfolgten*«.[1088]

2. April 2023: Russlands Außenminister Sergei Lawrow erklärt den Standpunkt seines Landes in einem Interview mit der kubanischen Nachrichtenagentur *Prensa Latina*:

»*Der Krieg wird vom ukrainischen Militär auf Befehl des Kiewer Regimes geführt. Aber wie die ukrainischen Führer selbst sagen: Wenn es keine kontinuierliche Lieferung von mehr und mehr Angriffswaffen gibt, wird die Ukraine verlieren. Dies ist ein sehr bezeichnendes Eingeständnis, das bedeutet, dass der Westen direkt an diesem Konflikt beteiligt ist. Der Westen hätte den Ukraine-Krieg verhindern können, wollte es aber nicht. Ohne den Westen wäre er seit langem beendet*«.[1089]

Lawrow stellt auch noch einmal den russischen Standpunkt klar, der hierzulande verschwiegen oder verfälscht wird:

»*Und natürlich wurde dieses Regime vom Westen nicht nur benutzt, um alles Russische zu zerstören, das in der ganzen Geschichte dieser Gebiete und in der modernen Ukraine immer existiert hat. Sondern auch, um direkte Bedrohungen der Sicherheit der Russischen Föderation mit der Einrichtung von Militärbasen und anderen Infrastrukturen der Organisation des Nordatlantikvertrags (NATO) in der Ukraine zu schaffen. Wir hatten keine andere Wahl, nachdem alle unsere Versuche zurückgewiesen wurden, eine politische Lösung zu erreichen, zunächst durch die Umsetzung der Minsker Abkommen und dann im Dezember 2021 durch die Aushandlung eines Abkommens mit den USA und der NATO über gegenseitige Garantien, die gleichbedeutend mit der unteilbaren Sicherheit beider Parteien waren*«.[1090]

Und weiter: »*Wir kämpfen für die Sicherheitsbedingungen für unser Land, die in den vergangenen 30 Jahren vom Westen fortlaufend zerstört wurden, vor allem von den USA, die alle Verträge im Bereich der strategischen Stabilität ignoriert haben*«.[1091]

Russlands UNO-Vertreter Nebensja ergänzt, der Frieden wäre in der Ukraine längst eingekehrt, würden die USA Kiew nicht mit Waffen vollpumpen.[1092]

13. April 2023 (I): Der stellvertretende russische Außenminister Alexander Gruschko sagt in einem Interview mit der Zeitung *Iswestija,* dass das Risiko eines Zusammenstoßes zwischen russischen und NATO-Streitkräften zunehme.[1093]

13. April 2023 (II): Die Sicherheit Russlands und die Rückkehr zur Stabilität in Europa können nur durch die Abschaffung des ukrainischen Nazismus gewährleistet werden, sagt der Sekretär des russischen Sicherheitsrates, Nikolai Patruschew:

»*Die Ukraine ist das nächste Opfer der obsessiven und aggressiven Tätigkeit der US-amerikanischen Politiker geworden. Nach dem Staatsstreich im Jahr 2014 in diesem Land haben die USA und ihre Vasallen alles getan, um einen Neonazi-, terroristischen Staat im Zentrum Europas zu erschaffen und die Ukraine zu einem Aufmarschgebiet für den Widerstand gegen Russland zu machen*«.[1094]

Patruschew fügt hinzu, dass die Angelsachsen versuchen, ihre Vorherrschaft in der Welt aufrechtzuerhalten, indem sie anderen Staaten eine »*Ordnung nach ihren eigenen Regeln*« aufzwingen, Farbrevolutionen organisieren, die Bildung terroristischer Gruppen wie Al-Qaida, Islamischer Staat und Rechter Sektor in der Ukraine fördern sowie das Wiederaufleben von Faschismus und Neonazismus unterstützen. Dabei heize der kollektive Westen unter dem Druck der USA den militärischen Konflikt an, pumpe das Kiewer Regime weiter mit Waffen voll, bilde aktiv Neonazis aus und helfe bei der Planung von Militäroperationen. Der Politiker schlussfolgert: Deshalb habe Russland keine andere Wahl, als die Ukraine vom Neonazismus zu befreien.[1095]

25. April 2023: Die Briten spielen mit einem präventiven Gegenschlag der Russen durch die Lieferung von Uranmunition. Großbritannien hat der Ukraine tausende Geschosse für Challenger-2-Panzer geliefert, darunter Munition mit abgereichertem Uran. Dennoch erklärt der stellvertretende britische Verteidigungsminister James Heappey, sein Land trage keine Verantwortung für eine Beseitigung eventueller Folgen nach dem Ende des Konflikts und weiter:

»*Das Verteidigungsministerium verfolgt nicht die Orte, an denen Geschosse mit abgereichertem Uran in der Ukraine eingesetzt werden*«.[1096]

24. Mai 2023: Der russische Außenminister Sergei Lawrow betont:
»*Der kollektive Westen macht keinen Hehl aus seiner Absicht, uns eine strategische Niederlage zuzufügen. Das Kiewer Regime wird als antirussischer Rammbock benutzt und mit NATO-Waffen vollgepumpt. Gleichzeitig wird ein Teil der westlichen Lieferungen – und zwar ein immer größerer Teil – unkontrolliert in der Welt verteilt*«.[1097]

Und weiter:

»De facto und de jure sind die NATO-Länder direkt an dem Konflikt auf der Seite Kiews beteiligt. Eine solche unverantwortliche Linie erhöht die Gefahr eines direkten militärischen Zusammenstoßes der Atommächte erheblich«.[1098]

26. Mai 2023: Dmitri Medwedew droht mit einem Präventivschlag für den Fall, dass der Westen der Ukraine Atomwaffen zur Verfügung stellen sollte:
»*Es gibt unumstößliche Gesetze des Krieges. Wenn es um Atomwaffen geht, muss es einen Präventivschlag geben*«.[1099]

30. Mai 2023: Der russische Präsident Wladimir Putin sagt über die Ukraine:
»*Im Grunde wurde das Gebiet, das sich Ukraine nennt, von Anfang an von Leuten kontrolliert, die aus dem Westen kamen. Sie haben den Weg eingeschlagen, nicht nur Russland zu bekämpfen, sondern auf diesem Gebiet ein ‚Anti-Russland' zu schaffen*«.[1100]

13. Juni 2023: Putin bekräftigt, die Spezialoperation Russlands sei eine Reaktion auf das Überschreiten roter Linien:
»*Ist die Durchführung der Spezialoperation selbst nicht eine Reaktion auf das Überschreiten dieser Linien? Das ist das Wichtigste. Wir haben oft gesagt: ‚Tut dies nicht, tut das nicht, lasst uns das tun, wir sind bereit zu verhandeln.' Schließlich haben sie uns gezwungen, den Krieg, den sie im Jahr 2014 begonnen hatten, mit bewaffneten Mitteln zu beenden*«.[1101]

16. Juni 2023: Putin sagt beim Internationalen Wirtschaftsforum in Sankt Petersburg, dass die Ablehnung einer friedlichen Lösung im Donbass durch die Ukraine Russland dazu gezwungen habe, die Militäroperation zu starten, um die Aggression zu stoppen:
»*Unsere sogenannten Partner, unsere Gegenpartner, haben sich öffentlich geweigert, den Konflikt mit friedlichen Mitteln beizulegen. Und das hat uns dazu gezwungen, die Streitkräfte einzusetzen, um diesen Krieg zu beenden. Es hat sich herausgestellt, dass sie, als sie die Minsker Vereinbarungen unterzeichneten, gar nichts tun wollten. Das haben sie erst kürzlich öffentlich gesagt und zugegeben, sowohl die ukrainischen Behörden als auch die Europäer*«.[1102]

Der Westen versuche nun alles, damit Russland eine »*strategische Niederlage auf dem Schlachtfeld*« erleide:
»Dafür tun sie alles in ihrer Macht Stehende (…) *Was die Entmilitarisierung betrifft, so wird die Ukraine bald ihre eigene Ausrüstung überhaupt nicht mehr verwenden. Es wird nichts davon übrigbleiben. Alles, was sie benutzen, kommt von außen. Aber damit kann man auf lange Sicht keinen Krieg führen*«.[1103]

Was er dann sagt, lässt aufhorchen: Der Einsatz von Atomwaffen sei theoretisch möglich, dafür gebe es **jetzt** aber keine Notwendigkeit.[1104]

Putin sagt auch, dass Selenskij eine »*Schande für das jüdische Volk*« sei. Wörtlich:
»*Ich habe viele jüdische Freunde, seit meiner Kindheit. Sie sagen: ‚Selenskij ist kein Jude. Das ist eine Schande für das jüdische Volk*'«.[1105]

Damit liegt Putin jedoch falsch. Die israelische Zeitung *Jerusalem Post* hat Selenskij am 15. September 2023 von der Liste der Top-50-Juden entfernt, nachdem er 2022 noch Platz 1 belegte. Die Zeitung erwähnt dafür den Wagner-Chef Jewgeni Prigoschin. Die Zeitung betont, dass Prigoschins Vater Jude war, was den verstorbenen Wagner-Chef zu einer Repatriierung nach Israel berechtigt.[1106]

12. Juli 2023: Jetzt mischt sich auch der Iran ein. Der Oberste Führer Ali Chamenei sagt:

»Die Interessen des militärisch-industriellen Komplexes des Westens sind in die Fortsetzung des Krieges in der Ukraine eingebettet, und dies erfordert die Opfer des ukrainischen Volkes«.[1107] **Chamenei fügt hinzu, dass die Situation des ukrainischen Volkes ein Beweis für die Fortführung der »kolonialen und räuberischen Ideen« des Westens sei.**[1108]

31. Juli 2023: Der stellvertretende Vorsitzende des russischen Sicherheitsrates und Ex-Präsident Russlands, Dmitri Medwedew, schreibt auf *Telegram*, dass Russland von der Tatsache profitiere, dass die Kiewer Behörden »*eine unhaltbare ‚Friedensformel' vorgelegt haben und alle anderen Verhandlungsoptionen mit Schaum vor dem Mund ablehnen*«. Er weist auch auf die »*Nützlichkeit*« des ukrainischen Präsidenten Wolodymyr Selenskij hin, der »*ein Stück Papier unterzeichnet hat, das Verhandlungen mit Russland verbietet*«. Und weiter: »*All dies wird es Russland ermöglichen, das, was während der speziellen Militäroperation begonnen wurde, zu Ende zu bringen*«.

Im Einzelnen bezieht sich Medwedew außerdem darauf, dem »*Bandera-Regime und der Neonazi-Ideologie*« ein Ende zu setzen.[1109]

23. August 2023: Wladimir Putin erklärt in einer Video-Botschaft an den Gipfel der BRICS-Staaten in Südafrika, dass Russland den Konflikt in der Ukraine beenden wolle. Er wiederholt, der Krieg sei durch den Westen und seine Satellitenstaaten ausgelöst worden. Demnach sei Russland zur Invasion der Ukraine gezwungen gewesen.[1110]

11. September 2023: Kreml-Sprecher Dmitri Peskow sagt in einem Interview mit *RBK:*
»*Wir mussten unsere Ziele erreichen, wir mussten uns absichern, Probleme mit Sicherheitsgarantien für uns selbst und für künftige Generationen lösen, wir mussten die Schaffung eines Nazi-Regimes verhindern, das von der Nordatlantischen Allianz vor unseren Grenzen absorbiert wird*«.[1111]

Ende Februar 2024: Die Sprecherin des russischen Außenministeriums, Maria Sacharowa, warnt die deutsche Regierung. Es sind Worte, die man seit dem Zweiten Weltkrieg nicht mehr gehört hatte. Sie sagt:
»*Ich möchte noch einmal betonen, dass wir ein Anwachsen der militaristischen Stimmung* [in Deutschland/MGR] *feststellen (…) Wir beobachten die deutschen militärischen Vorbereitungen, die sich in erster Linie gegen unser Land richten, sehr genau (…) Auf all die Aktionen, die die BRD praktisch bereits unternommen hat, wird es eine angemessene Antwort geben (…) Jedes Mal endete das in einer Katastrophe, vor allem für Deutschland*«.[1112]

Bis heute: Die russischen Drohgebärden gehen weiter, je mehr Deutschland sich für »ihre« Ukraine einsetzt.

Hintergrund: Verschwiegen: DESHALB wollte Putin Kiew nicht einnehmen!

17. August 2023: Der Präsident Weißrusslands, Alexander Lukaschenko, gibt der oppositionellen ukrainischen Journalistin Diana Pantschenko ein zweistündiges Interview, das hierzulande natürlich **keine** Beachtung findet. Lukaschenko beantwortet darin auch die Frage, **weshalb** Putin den Angriff auf Kiew im März 2020 **nicht** fortgesetzt habe. Dies sei keineswegs einer effektiven Verteidigung der Stadt durch die ukrainische Armee geschuldet gewesen.

Vielmehr habe Putin auf die Erstürmung der Stadt verzichtet, weil viele zivile Opfer befürchtet wurden.[1113]

Lukaschenko erinnert sich »*fast wörtlich*« an ein Gespräch, das er mit dem russischen Präsidenten in jenen Tagen hatte (Hervorhebungen durch mich):

»*Ich sagte ihm: ‚Krieg ist Krieg. Damit er endet, muss die Hauptstadt des Gegners eingenommen werden.' Er antwortete mir: ‚Weißt du, das könnten wir tun. Unverzüglich und schnell.* ***Aber dabei wird eine gigantische Zahl von Menschen sterben. Die Ukrainer stellen Raketenwerfer mitten auf den Stadtstraßen, zwischen den Häusern auf. Sie verstecken sich hinter Kindergärten und Krankenhäusern.*** *Wie soll ich dagegen militärisch vorgehen? Wir können nicht so frei schießen wie sie, unterschiedslos.' Er hatte also befürchtet, dass man so kämpfen müsste, dass von den Schulen und Krankenhäusern nichts übrigbleibt, weil sie sich darin verstecken*«.[1114]

Dass Putin die russische Armee von Kiew abzog, sei also kein Verdienst Selenskijs oder der ukrainischen Verteidigung gewesen, betont Lukaschenko. Er erinnert auch daran, wie Selenskij auf den Straßen Kiews wahllos Gewehre verteilen ließ. Der ukrainische Präsident selbst habe aber die ganze Zeit »*im Keller*« verbracht.[1115]

EXKURS: Dankbarkeit?
Ukrainer-Extremisten drohen mit Terror gegen ihre eigenen Unterstützer!

Die Ukraine sieht ihrer Niederlage entgegen. Entsprechend aggressiv werden die Forderungen. Ganz vorn mit dabei sind ukrainische Neo-Nazis, die sogar eine »Besetzung Ungarns« f ordern und mit »Tausenden Kampfzellen« in westlichen Ländern drohen. Präsident Selenskij hetzt fleißig mit. So sieht also die Dankbarkeit aus.

»Unerschütterliche Solidarität«

Ich habe es in dieser Publikation schon mehrfach angesprochen: Deutschland ist nach den Amerikanern der größte Unterstützer für die Ukraine. Außer der finanziellen Hilfe liefert Rotgrüngelb-Deutschland aber auch haufenweise Waffen und anderes Kriegsgerät in die Ukraine, u.a.: Leopard-Panzer, Schützenpanzer, Panzerhaubitzen, Flugabwehrsysteme, Artilleriegeschosse, Lenkflugkörper für das Luftabwehrsystem Iris-T.

Die militärische Hilfe geht aber weit über die Waffenlieferungen hinaus. Deutschland bildet auch ukrainische Soldaten aus und – auch das habe ich bereits angesprochen –, toleriert sogar den Einsatz von Streumunition durch die Ukraine, obwohl Deutschland selbst das Abkommen gegen Streubomben unterschrieben hat (welche Doppelmoral!).

Die »unerschütterliche Solidarität« Deutschlands geht noch viel weiter: Berlin schloss mit Kiew zusätzlich eine »Vereinbarung über Sicherheitszusagen und langfristige Unterstützung« über die Belieferung von ukrainischem Militär mit Rüstungsgütern, über Ausbildung und Training sowie über die Bereitstellung von Aufklärungsdaten. Mit dem deutschen Geld werden auch die Renten der Ukrainer und die Gehälter der Beamten bezahlt.

Ohne deutsches Steuergeld geht in der Ukraine nicht mehr viel

Ohne Deutschlands Steuergelder würde in der Ukraine also nicht mehr viel gehen. Und dennoch gibt sich die Regierung in Kiew damit nicht zufrieden, sie fordert mehr, immer mehr. Jetzt drohen sogar ukrainische Rechtsradikale dem Westen – also genau jenen, die das Land noch am Leben erhalten – mit Gewalt und Anarchie, sollten europäische Länder nicht in dem Umfang helfen, wie Kiew es sich wünscht.

Dankbarkeit? – Ein Fremdwort für extremistische Ukrainer

Der ehemalige militante Maidan-Aktivist Dmitri Kortschinski erklärt auf seinem Blog, dass die Ukraine die falschen Verbündeten gewählt habe. Seiner Meinung nach wäre es richtiger gewesen, Iran oder Nordkorea als Verbündeten zu haben. Zudem forderte er seine Landsleute im Westen auf, durch Demonstrationen Druck auf die Regierungen auszuüben, damit diese noch mehr Unterstützung leisten würden.

»Ein guter Plan wäre, Ungarn zu besetzen«

Jewgeni Diki, ein ehemaliger Aidar-Kämpfer, ist ein weiterer ukrainischer Ideologe. Zum Bataillon Aidar gehören rechtsgerichtete ukrainische Nationalisten, von denen sich einige mit Hakenkreuzen und anderen Nazi-Symbolen schmücken, als Abzeichen auf der Tarnkleidung oder als Tätowierung auf dem Körper. *Amnesty International* berichtete im September 2014 über Kriegsverbrechen des Aidar-Bataillons wie Entführung, Raub, Misshandlung, Erpressung, vorgetäuschte Hinrichtungen und Morde. Jewgeni Diki sagt:
»Selbst, wenn wir verlieren, werden wir eine kampferprobte Millionenarmee haben, die sich zurückzieht. Und am Ende wird sich die Frage stellen: Wo ist die letzte Grenze, hinter die wir uns zurückziehen sollten? Mir scheint, dass es in einem solchen Fall (...) Ein guter Plan wäre, Ungarn zu besetzen und zwanzig Millionen ukrainische Flüchtlinge dorthin zu bringen. Und ich würde gerne sehen, was Orbáns 30.000 Mann starke Armee, die in ihrer Geschichte noch nicht einen Tag gekämpft hat, in einer solchen Situation ausrichten könnte«.

»Tausende von Kampfzellen«

Mark Gordijenko, ein anderer Maidan-Aktivist sprach in einem Interview mit französischen Medien von seiner Angst vor einem Verrat durch die Vereinigten Staaten und die Europäische Union. Gordijenko versprach den Franzosen, dass Europa mit Millionen von Ukrainern überschwemmt werden würde, die sich *»in Hunderte und Tausende von Kampfzellen aufteilen«* und dort für Anarchie sorgen würden. Gegenüber seinen französischen Gesprächspartnern sprach er seine »Dankbarkeit« wie folgt aus:
»Gebt uns Waffen, damit wir die Horde [gemeint sind die Russen/MGR] *bekämpfen können, sonst bekommt ihr so viele Probleme, dass ihr gerne hundertmal mehr zahlen würdet, aber dann wird es zu spät sein«.*

Selenskij schürt weiter mit

Man könnte die Aussagen vielleicht als wirre Kommentare ukrainischer Neo-Nazis auffassen, aber das wäre viel zu kurz gegriffen. Denn ähnliche Argumente kommen von ganz oben, sogar vom ukrainischen Präsidenten Selenskij selbst. Am 11. September 2023 drohte er ganz unverhohlen dem Westen: Bei einer Kürzung der Hilfe für die Ukraine sei es unmöglich vorherzusagen, wie die Millionen ukrainischer Flüchtlinge in den europäischen Ländern reagieren würden, sollte sein Land im Stich gelassen werden. Es wäre keine *»gute Geschichte«* für Europa, wenn es diese Menschen *»in die Enge treiben«* würde.

Der russische Journalist Wladimir Kornilow kommentiert:
»Die Menschen im Westen haben einfach noch nicht begriffen, was für ein Monster sie damit großgezogen haben« und er fügt hinzu:
»So wie sie einst auch dachten, dass die von ihnen ausgerüsteten afghanischen Dschihadisten nur uns Russen Kopfzerbrechen bereiten würden, ohne zu ahnen, dass sie dieses Übel einmal selbst bekämpfen müssten«.

Doch Afghanistan ist weit weg von Europa. Dagegen gibt es Millionen ukrainische Flüchtlinge in westlichen Staaten, alleine 1,2 Millionen (!) in Deutschland, darunter viele Männer, die sich der Wehrpflicht in ihrem Heimatland entziehen. Wie viele Militante oder Neo-Nazis mögen darunter sein?

Der französische Außenminister Stéphane Séjourné hat bereits abgeschätzt, dass nach dem Zusammenbruch der Ukraine zehn Millionen Flüchtlinge nach Europa strömen werden. Unter ihnen auch Menschen, die zu allem bereit sein können.[1116]

III. Das sagt das Volk!

25. Februar 2023 (I): Laut einer Umfrage des Meinungsforschungsinstituts *YouGov* ist eine Mehrheit der Menschen in Deutschland (51 Prozent) der Auffassung, dass die deutschen Waffenlieferungen in die Ukraine eine Kriegsbeteiligung bedeuten, nur 37 Prozent sehen das nicht so.[1117]

40 Prozent der von YouGov Befragten meinen, es seien zu viele Waffen aus Deutschland an die Ukraine geliefert worden. Dagegen halten nur 22 Prozent die militärische Unterstützung für zu gering. Auch die geplante Lieferung von Leopard-2-Kampfpanzern stößt überwiegend auf Ablehnung. 44 Prozent halten sie für falsch und nur 41 Prozent finden sie richtig. Noch deutlicher ist die Ablehnung mit Blick auf die Lieferung von Kampfjets. 56 Prozent der Befragten sind dagegen, nur 27 Prozent dafür.[1118]

25. Februar 2023 (II): Bei der Friedensdemonstration, die von Sahra Wagenknecht und Alice Schwarzer initiiert worden ist, skandieren Tausende: »*Baerbock muss weg! Baerbock muss weg!*«[1119]

Auf einer Panzerattrappe auf der Demo werden Bundeskanzler Scholz und Außenministerin Annalena Baerbock mit Adolf Hitler verglichen.[1120]

25. Februar 2023 (III): Scholz sagt angesichts der oben benannten Friedensdemo (die Polizei schätzt 10.000 bis 15.000 Teilnehmer, die Veranstalter 50.000), »*dass der russische Präsident gegenwärtig nur eine Form von Verhandlungen akzeptiert, nämlich dass irgendjemand bedingungslos kapituliert und er alle seine Ziele durchsetzt*«.[1121]

21. März 2023: Aus einer Sonderumfrage der *R+V-Versicherung* geht hervor, dass sich 63 Prozent der Bürger fürchten, die Bundesrepublik würde sich im Kriegsfall nicht verteidigen können. In einer Vorjahreserhebung lag der Wert noch bei 40 Prozent. 55 Prozent fürchten, dass Deutschland in einen Krieg verwickelt werden könnte. Das ist ein Anstieg von 13 Prozentpunkten gegenüber 2022.[1122]

12. Mai 2023: 55 Prozent der Deutschen wünschen sich, dass die Ukraine mit Russland über eine Friedenslösung verhandelt, das geht aus einer Umfrage des Meinungsforschungsinstituts *YouGov* im Auftrag der *Deutschen Presse-Agentur* hervor. Nur 28 Prozent sind dagegen.[1123]

21. Juni 2023: Nach einer Erhebung des *Polen-Instituts Darmstadt* und des *Warschauer Instituts für Öffentliche Angelegenheiten* sprechen sich nur noch 51 Prozent der Deutschen für Waffenlieferungen an die Ukraine aus. In Polen sind es hingegen 76 Prozent.[1124]
Doch der Wille des Volkes wird von den rotgrünen »Volkvertretern« willentlich ignoriert.

Doch die Stimmung kippt immer mehr. Im Jahr 2024 verschieben sich die Koordinaten noch einmal:

22. Februar 2024: Eine *Ipsos*-Umfrage zeigt, dass nur noch jeder vierte Deutsche (25 Prozent) glaubt, dass die Ukraine den Krieg gegen Russland gewinnen kann. 40 Prozent der Befragten halten einen Sieg der Ukraine nicht für realistisch, mehr als jeder Dritte (35 Prozent) ist sich unsicher.[1125]

19. März 2024: Nach einer *Forsa*-Umfrage unter 1002 Männern und Frauen meinen nur noch 45 Prozent der Bundesbürger, dass die Ukraine nur dann mit Russland Friedensverhandlungen führen sollte, wenn der Kreml vorher die besetzten Gebiete zurückgibt. Mit 46 Prozent sind fast ebenso viele der Meinung, die Ukraine solle zu Friedensverhandlungen bereit sein, auch wenn Russland noch weite Teile der Ukraine besetzt hält.

Mit 59 Prozent sind die Anhänger der Grünen am meisten dafür, dass die Ukraine keine Verhandlungen mit dem Kreml aufnehmen soll, solange Russland noch ukrainisches Gebiet besetzthält. Mit 56 Prozent sind die Grünen-Anhänger zudem nach wie vor für die Lieferung von Taurus-Marschflugkörpern.[1126]

23. August 2024: Eine Umfrage des Meinungsforschungsinstituts *INSA* bei 2002 Personen ergibt Verheerendes für die Kriegskoalition in der Regierung. Demnach sind:

68 % der Befragten für Friedensverhandlungen;
48 % gegen eine Taurus-Lieferung;
45 % fürchten Krieg in Deutschland
65 % für Waffenstillstand;
46 % beklagen mangelnde Diplomatie;

Am wenigsten für Friedensverhandlungen sind die Wähler der Grünen (59 %), und 74 % von ihnen sprechen sich für Taurus-Lieferungen aus.[1127] Viel mehr noch als im März.

26. August 2024: Eine exklusive *Civey*-Umfrage unter 5.000 Bundesbürgern ab 18 Jahren ergibt, dass nur noch 46 Prozent der Befragten dafür sind, dass Deutschland seine führende Rolle bei der Unterstützung der Ukraine im Krieg gegen Russland beibehält. Demgegenüber messen 43 Prozent dieser Rolle wenig Bedeutung bei, während 11 Prozent unentschieden sind. **83 Prozent der Grünen-Wähler sprechen sich hingegen für eine Fortsetzung der Hilfe aus.**[1128]

Bis heute: Der zivile Widerstand gegen den Krieg und die unaufhörliche deutsche Waffenunterstützung für die korrupte Ukraine nehmen täglich zu.

❻

Krieg oder Frieden?

I.
Selenskij will *nicht* mit Putin verhandeln

Immer noch geistert die Mär durch den deutschen Blätterwald, und auch Politiker werden nicht müde, es zu wiederholen: Putin will den Krieg verlängern und sei **nicht** zu Verhandlungen bereit. Eine Lüge, wie so vieles in diesem Krieg. Schauen wir uns die Fakten an.

Die **russische Sicht** auf einen Frieden ist klar: Nichtbeitritt der Ukraine in die NATO und Neutralität. Ich komme im nächsten Kapitel darauf zurück. Hier ist zunächst die **ukrainische** Sicht:

30. März 2022/25. November 2023: Erst 1,5 Jahre später dringt an die Öffentlichkeit, dass die Ukraine 35 Tage nach Beginn des Krieges kurz vor dessen Ende gestanden hatte. Davyd Arakhamiia, langjähriger Berater und Parteifreund des ukrainischen Präsidenten, sowie Leiter der ukrainischen Delegation bei den Friedensgesprächen mit den Russen in Weißrussland und der Türkei im Jahr 2022, sagt in einem Interview (Hervorhebungen durch mich):

»*Sie* [die Russen/MGR] *hofften wirklich fast bis zum letzten Moment, dass sie uns zwingen würden, ein solches Abkommen zu unterzeichnen, damit wir* ***Neutralität*** *erlangen würden. Es war das Wichtigste für sie. Sie waren bereit, den Krieg zu beenden, wenn wir zustimmten – wie einst Finnland –* ***Neutralität und die Verpflichtung, der NATO nicht beizutreten.*** *Tatsächlich war dies der* ***entscheidende Punkt.*** *Alles andere war nur Rhetorik und politische Würze, wie die Entnazifizierung, die russischsprachige Bevölkerung und Blabla*«.[1129]

Auf die Frage der Journalistin, warum die Ukraine dem nicht zugestimmt habe, antwortet Arakhamiia:

»***Um diesem Punkt zuzustimmen, hätte die Verfassung geändert werden müssen. Unser Weg zur NATO ist in der Verfassung festgeschrieben.*** *Zweitens gab es bei den Russen kein Vertrauen, dass sie es tun würden. Dies wäre nur möglich, wenn Sicherheitsgarantien vorhanden wären. Wir könnten nichts unterschreiben, zurücktreten, alle würden sich dort entspannen, und dann würden sie noch besser vorbereitet einmarschieren – weil sie tatsächlich unvorbereitet auf einen solchen Widerstand einmarschiert sind. Eine solche Gewissheit gibt es nicht*«.[1130]

Dann bestätigt der Parteifreund Selenskijs, was ohnehin schon seit langem vermutet worden ist:

»***Als wir aus Istanbul zurück waren, kam Boris Johnson nach Kiew und sagte: Wir unterschreiben überhaupt nichts mit ihnen*** [den Russen/MGR]. ***Lasst uns einfach kämpfen***«.[1131]

Arakhamiia meint allerdings, dass die **ukrainische** Delegation ohnehin **nicht** bereit gewesen sei, ein solches Dokument zu unterzeichnen, und er betont, dass Johnson Kiew zu nichts gezwungen habe. Aber die westlichen Partner wollten keinen Frieden:

»*Sie haben uns tatsächlich davon abgeraten, kurzlebige Sicherheitsgarantien einzugehen, die zu diesem Zeitpunkt überhaupt nicht gegeben werden konnten*«.[1132]

Boris Johnson dementiert dies am 10. Januar 2024 in der *Times* und bezeichnet damit Selenskijs Parteifreund der Lüge, gibt aber zu, er habe tatsächlich nach dem Treffen der Vertreter der russischen und ukrainischen Delegationen in Istanbul im Jahr 2022 Gespräche mit dem ukrainischen Präsidenten Selenskij geführt. Dabei habe er seine Besorgnis über ein mögliches Abkommen zwischen Moskau und Kiew zum Ausdruck gebracht. Außerdem habe Johnson in diesem Gespräch mit Selenskij hervorgehoben, dass Großbritannien zur »tausendprozentigen« Unterstützung der Ukraine bereit sei.[1133] Ein glaubhaftes Dementi hört sich für mich allerdings anders an!

4. Oktober 2022: In der Ukraine sind VERHANDLUNGEN mit dem russischen Präsidenten Wladimir Putin VERBOTEN worden. Ein entsprechendes DEKRET (!) des ukrainischen Präsidenten Wolodymyr Selenskij wurde auf dessen Internetseite veröffentlicht. Dem Dekret ging eine Entscheidung des Rates für Sicherheit und Verteidigung voraus.[1134]

Das bedeutet im Klartext: **Selenskij will und wird nicht mit Putin verhandeln!**

Dezember 2022: Der ukrainische Präsident erklärt, der Rückzug der russischen Truppen an die Grenzen von 1991 sei die *einzige* Möglichkeit, die Kampfhandlungen in der Ukraine zu beenden.[1135]

17. Februar 2023: Selenskij erteilt Verhandlungen mit Russlands Staatschef Wladimir Putin ein **weiteres Mal** eine Absage. Wörtlich sagte er in der *BBC*:

»Ein Kompromiss mit Putin? Nein, denn es gibt kein Vertrauen. Jegliche Gebietszugeständnisse würden unseren Staat nur schwächen. Waffen sind die einzige Sprache, welche die Russische Föderation versteht«.[1136]

18. Februar 2023: Die chinesische Regierung kündigte einen Friedensplan an. Chinas oberster Außenpolitiker Wang Yi:
»Wir werden etwas vorlegen. Und zwar die chinesische Position zur politischen Beilegung der Ukraine-Krise. Wir werden auf der Seite des Friedens und des Dialoges standfest stehen«.[1137]

Doch schon kurz nach der *Ankündigung* lehnt der ukrainische Außenminister Dmytro Kuleba jegliche Gebietsverluste kategorisch ab. Die territoriale Integrität der Ukraine sei nicht verhandelbar.[1138] Wörtlich:
»Es sind keine Kompromisse möglich, nicht über den geringsten Quadratmeter«.[1139]

Auch Baerbock mischt sich ein: Sie erteilt jeglicher Forderung nach einem Abtreten besetzter ukrainischer Gebiete an Russland eine Absage. Denn ein solches Vorgehen würde bedeuten, *»dass wir diesen russischen Angriffskrieg belohnen würden, dass wir die Charta der Vereinten Nationen verraten würden, und dass wir die Menschen in der Ukraine zu Russlands Beute machen werden – und das werden wir nicht tun. Wenn wir nicht wollen, dass dieser Angriffskrieg Nachahmer findet, dann darf Putin für diese Aggression nicht noch belohnt werden«.*[1140]

24. Februar 2023 (I): Zum einjährigen Jahrestag des Ukraine-Krieges sagt Selenskij:
»Niemand wird mehr eine Aggression gegen eine freie Nation wagen, wenn er weiß, dass die freie Welt diese Nation verteidigen wird«.[1141] Und weiter im Churchill-Duktus:
»Wenn wir alle unsere Hausaufgaben machen, dann wird uns unvermeidlich der Sieg erwarten. Wir werden siegen, denn auf unserer Seite ist die Wahrheit«.[1142] Weiter:
»Wir brauchen die totale Unterstützung der Welt (...) Niemand liebt Verlierer. Siege auf dem Schlachtfeld verleihen Sicherheit«.[1143]

Selenskij wiederholt sein striktes »*Nein*« zu einem Treffen mit Wladimir Putin. Damit reagiert er auf einen Vorstoß des türkischen Präsidenten Recep Tayyip Erdoğan, der Putin in einem Telefonat zu Verhandlungen bewegen will.[1144]

Auch der ukrainische Außenminister Dmytro Kuleba gibt sich unbeugsam:
»Putin wird viel früher verlieren, als er denkt«.[1145] Zudem startet er einen neuen Aufruf:
»Wir rufen unsere internationalen Partner dazu auf, die umfassende und dringend benötigte Unterstützung für die Ukraine zu verdoppeln«.[1146]

Und weiter:

»Die Ukraine wird ihren Weg zur Vollmitgliedschaft in der EU und der NATO fortsetzen«.[1147]

24. Februar 2023 (II): Wie angekündigt legt Peking ein Zwölf-Punkte-Papier vor, das eine Wiederaufnahme von Friedensgesprächen zwischen Moskau und Kiew vorsieht. China ruft dazu auf, die Mentalität des Kalten Krieges aufzugeben und weist darauf hin, dass regionale Sicherheit nicht auf Kosten der Stärkung und Ausweitung von Militärblöcken erreicht werden kann. Die legitimen Sicherheitsinteressen und -belange aller Länder sollen gebührend berücksichtigt werden. Außerdem fordert die Regierung in Peking alle Parteien auf, Zurückhaltung zu üben und kein Öl ins Feuer zu gießen, um zu verhindern, dass die Krise in der Ukraine weiter eskaliert oder gar außer Kontrolle gerät. Sie betont auch die Notwendigkeit, den direkten Dialog zwischen Moskau und Kiew wiederaufzunehmen.[1148]

Die Ukraine lehnt das Papier ab. Der Berater im Präsidentenbüro, Mychajlo Podoljak, schreibt:
»Jeder ‚Friedensplan', der nur einen ‚Waffenstillstand' und infolge dessen eine neue Trennlinie und die Besetzung von Gebieten vorsieht, handelt nicht von Frieden«.[1149]

Die Ukraine bestehe unverändert auf einen Abzug der russischen Truppen aus ihren international anerkannten Grenzen von 1991.[1150]

24. Februar 2023 (III): Die EU und NATO bekräftigen ihre Unterstützung für die Ukraine. EU-Kommissionspräsidentin Ursula von der Leyen und NATO-Generalsekretär Jens Stoltenberg sagen wortgleich:
»Wir werden der Ukraine so lange zur Seite stehen, wie es nötig ist«.[1151] Es liege im eigenen Sicherheitsinteresse des Westens, dafür zu sorgen, dass sich die von Russland angegriffene Ukraine durchsetzt.[1152]

Von der Leyen betont:
»Wir haben in den letzten zwölf Monaten Widerstandsfähigkeit, Einheit und Entschlossenheit gezeigt. Und Präsident Putin kann darauf wetten, dass sich das verdoppeln wird«.[1153]

Putin habe kein einziges seiner strategischen Ziele erreicht: Der Westen sei geeint und stehe fest an der Seite der Ukraine, Russlands Einnahmen aus Energieressourcen seien weggebrochen, und die Ukraine als Volk sei kraftvoller denn je.[1154] – Ein LUFTSCHLOSS, wie sich bald herausstellen wird!

25. Februar 2023 (I): Bundeskanzler Olaf Scholz äußert sich zurückhaltend zum chinesischen Friedensplan. Es sei ein Vorstoß, »*der ganz erkennbar Licht und Schatten hat*«.[1155] Es gebe Dinge, die bemerkenswert richtig seien, wie zum Beispiel eine erneute Verurteilung des Einsatzes von Atomwaffen. Es fehle aus seiner Sicht aber eine erkennbare Linie, die sage, dass es auch zu einem Rückzug russischer Truppen kommen müsse.[1156]

25. Februar 2023 (II): US-Präsident Joe Biden findet die Vorstellung, dass China sich in die Verhandlungen über den Ausgang des Ukraine-Krieges einschaltet, nicht rational. Über den Friedensplan, den Peking vorgelegt hat, sagt er:

»*Russlands Präsident Wladimir Putin klatscht Beifall dafür, wie kann er dann gut sein*«.[1157] Weiter: Wenn Chinas Plan umgesetzt würde, wäre das für niemanden außer für Russland von Vorteil.[1158]

Dazu äußert sich der stellvertretende Sprecher des Föderationsrates Russlands, Konstantin Kossatschow, wie folgt:

> ***»Biden zufolge ist die friedliche Lösung der ukrainischen Krise nur für Moskau von Vorteil. Folglich nützt sie weder Kiew noch Washington, das der Puppenspieler Kiews ist. Washington und die NATO mit ihrem ukrainischen Zweig profitieren vom Krieg, nicht vom Frieden«.***[1159]

25. Februar 2023 (III): An diesem Tag dringt an die Öffentlichkeit, dass Frankreich und Deutschland die Ukraine offenbar bereits Anfang Februar zu Friedensverhandlungen mit Russland gedrängt hatten. Paris und Berlin arbeiten zudem gemeinsam mit London an einem Plan, der Gespräche zwischen den Kriegsparteien ermöglichen soll, unter Berufung auf Enthüllungen des *Wall Street Journals*. Demzufolge hegen Macron, Scholz und auch der britische Premierminister Rishi Sunak Zweifel daran, dass Kiew seine Kriegsziele erreichen könne, wie die Rückeroberung der Krim.[1160]

Und weiter: Sunak habe vergangene Woche einen Entwurf für eine Friedensinitiative vorgelegt. Der beinhalte, dass die Ukraine von der NATO umfangreiche Militärhilfen erhalte, ohne jedoch dieser beizutreten. Truppen der NATO sollen aber nicht dort stationiert werden.[1161] Doch Selenskij lehnt weiterhin alle Gespräche mit Russland ab. Weshalb das alles schnell beerdigt wird.

26. Februar 2023: Selenskij bekräftigt den Anspruch seines Landes auf die 2014 von Russland annektierte ukrainische Schwarzmeer-Halbinsel Krim (siehe ausführlich in ➔ »Schlachtfeld Ukraine. Angriffs- oder Präventivkrieg?«):

»*Das ist unser Land. Das sind unsere Menschen. Das ist unsere Geschichte. Wir werden die ukrainische Flagge in jede Ecke der Ukraine zurückbringen*«.[1162]

27. Februar 2023: Kreml-Sprecher Dmitri Peskow sagt:

»*Wir betrachten den Plan unserer chinesischen Freunde mit großer Aufmerksamkeit. Alle Versuche, Pläne zu entwickeln, die dazu beitragen, den Konflikt in eine friedliche Bahn zu bringen, verdienen Aufmerksamkeit*«. Allerdings sehe Russland derzeit keine Voraussetzungen dafür, dass sich die Situation um die Ukraine in eine friedliche Richtung entwickle, deshalb werde die militärische Spezialoperation fortgesetzt.[1163]

28. Februar 2023 (I): Peskow wiederholt, dass es bisher keine Signale aus Kiew gegeben habe, Gespräche mit Moskau aufzunehmen. Bisher seien solche Gespräche von Rechts wegen unmöglich, weil die ukrainische Regierung sie per se ausgeschlossen habe. **Tatsächlich hat der ukrainische Präsident Wolodymyr Selenskij Verhandlungen mit Wladimir Putin *per Dekret abgelehnt* und dies auch mehrfach bekräftigt**[1164] (siehe ➔ »4. Oktober 2022«).

Peskow sagt aber auch noch etwas anderes, was hierzulande in einer Nebenzeile verschwindet, was aber **enorm** wichtig ist. In einem Interview mit der Tageszeitung *Iswestija* erklärt er, die Sicherheit eines Landes könne nicht auf Kosten der Sicherheit eines anderen Landes gewährt werden. Und weiter:

> **Die NATO trete durch die Bewaffnung der Ukraine *»als ein einziger Block nicht mehr als unsere bedingten Gegner, sondern als Feinde«* auf.**[1165]

Peskow unterstreicht den kollektiven Charakter entsprechender Entscheidungen innerhalb der NATO und ihre Ausrichtung auf die Eskalation durch die Lieferung komplexer Waffensysteme für immer weitere Waffengattungen.[1166]

28. Februar 2023 (II): Der russische Außenminister Sergei Lawrow erklärt, die These, Russland weigere sich, mit der Ukraine zu verhandeln, sei eine Lüge.[1167]

28. Februar 2023 (III): NATO-Generalsekretär Jens Stoltenberg gießt noch Öl ins Feuer. Er sagt, die Ukraine werde »*langfristig*« Mitglied des Militärbündnisses sein:

> **»*Die NATO-Verbündeten haben sich darauf geeinigt, dass die Ukraine Mitglied des Bündnisses werden wird*«.**[1168]

Ein weiterer Schlag ins Gesicht der Russischen Föderation, die das seit der NATO-Osterweiterung befürchtet hat (siehe das Kapitel ➔ »Hat der Westen hat den Russen tatsächlich versprochen, keine NATO-Osterweitung vorzunehmen?« in meiner Broschüre ➔ »Schlachtfeld Ukraine. Angriffs- oder Präventivkrieg?«).

Doch Stoltenberg hat an diesem Tag noch viel mehr drauf. So wiederholt er zum x-ten Mal das »Waffen-schaffen-Frieden-Mantra«:

»*Je schneller wir der Ukraine schwere Waffen liefern können, desto schneller wird der Krieg enden. Wir müssen sie solange wie möglich unterstützen*«.[1169]

> **Kriegstreiber Stoltenberg, spricht auch über das »danach«, wenn der Krieg vorbei sei. Dann müsse die militärische Unterstützung der Ukraine weitergeführt und sogar noch gesteigert werden.**[1170]

Sprich: Die Ukraine soll ein US-NATO-Vasallenstaat vor den Toren Russlands bleiben, was Moskau niemals akzeptieren wird. Wie soll so ein Frieden zustandekommen?

28. Februar 2023 (IV): Der ehemalige ukrainische Präsident Poroschenko sagt, das »*Schlüsselelement*« sei die ukrainische Mitgliedschaft in der NATO, »*keine anderen Sicherheitsgarantien können in dieser Situation funktionieren*«.[1171]

Der Frieden rückt damit in weite Ferne.

3. März 2023 (I): Der ukrainische Botschafter in Deutschland, Olexij Makejew, sagt, die Ukraine sei nicht bereit, Russland besetzte Gebiete zu überlassen:

»*Wir haben keine andere Wahl, als den Frieden zu erkämpfen. Wir müssen Russland dazu zwingen, in Verhandlungen zu gehen*«, dies gehe am besten durch Waffenlieferungen.[1172]

3. März 2023 (II): Der ukrainische Verteidigungsminister Oleksij Resnikow, sagt in einem *BILD*-Interview:

»*Mein Präsident hat klargestellt, dass wir nicht mit dem derzeitigen Kremlchef verhandeln werden. Die Ukraine ist bereit, über Reparationen, ein internationales Tribunal und die Verantwortung für die Kriegsverbrechen des Kremls zu verhandeln, ein sogenanntes Nürnberg 2* (…) *Das einzige Szenario für die Zukunft ist die Befreiung aller unserer zeitweilig besetzten Gebiete. Bis zu unseren international anerkannten Grenzen von 1991*«.[1173]

4. März 2023: Der ukrainische Präsident will die Kooperation mit den europäischen Institutionen deutlich ausbauen:

»*Die Aufgabe besteht darin, aktiv alles für die Mitgliedschaft unseres Landes in der Europäischen Union vorzubereiten, die Waffenlieferungen an die Ukraine zu erhöhen und die Sanktionen gegen Russland zu verstärken*«.[1174]

9. März 2023 (I): Selenskij schließt gegenüber *CNN*, jegliche Verhandlungen mit seinem russischen Amtskollegen Wladimir Putin aus. Die ukrainische Regierung vertraue ihm nicht. Eine diplomatische Lösung werde erst dann möglich sein, nachdem das russische Militär das ukrainische Territorium verlassen haben werde.[1175]

9. März 2023 (II): Bundeskanzler Scholz zündet die nächste Nebelkerze für das »leichtgläubige« Volk an, als er bei einer öffentlichen Veranstaltung erklärt, Putin zeige keine Bereitschaft zum Verhandeln.[1176] Und das, obwohl er ganz genau weiß, dass Selenskij bereits am 4. Oktober 2022 ein **Dekret** verabschiedet hat, das jegliche Verhandlungen mit Moskau **verbietet**.

> **Scholz sagt seinen eigenen Bürgern die Unwahrheit!**

17. März 2023: Der Internationale Strafgerichtshof in Den Haag veröffentlicht erst jetzt den Haftbefehl gegen Wladimir Putin wegen Kriegsverbrechen. Dieser ist bereits am 22. Februar 2023 erlassen worden. Das schränkt die Bewegungsfreiheit des russischen Präsidenten ein, denn die weltweit 123 Vertragsstaaten des Gerichtshofs sind verpflichtet, Putin festzunehmen, sobald er ihr Territorium betritt. Doch Russland – wie auch die USA –

gehören nicht zu den Unterzeichnern des Statuts, auf das sich der Gerichtshof stützt.[1177] Und so reagieren die Russen darauf. Die Sprecherin des russischen Außenministeriums, Maria Sacharowa, erklärt:

»*Russland ist keine Vertragspartei des Römischen Statuts des Internationalen Strafgerichtshofs und hat keine Verpflichtungen aus diesem Statut. Russland arbeitet nicht mit diesem Gremium zusammen, und mögliche (Verhaftungs-)Gesuche, die vom Internationalen Gerichtshof ausgehen, sind für uns rechtlich nichtig*«.[1178]

RT berichtet:
»*Der russische Präsidentensprecher Dmitri Peskow hatte zuvor erklärt, dass Russland den Internationalen Strafgerichtshof und seine Rechtsprechung nicht anerkenne. Er wies darauf hin, dass sich seit vielen Jahren weder internationale Justizorgane, auch solche, die Russland nicht bestätige, noch andere Mitglieder der internationalen Gemeinschaft die Mühe gemacht hätten, der Zerstörung der zivilen Infrastruktur und der Tötung von Zivilisten durch ukrainische Nationalisten im Donbass Aufmerksamkeit zu schenken*«.[1179]

19. März 2023 (I): Russland wird sich nach Worten des ukrainischen Präsidenten für alle Verbrechen im Krieg gegen die Ukraine verantworten müssen. Selenskij spricht auch über den Haftbefehl des Internationalen Strafgerichtshofs in Den Haag gegen Putin: Der Haftbefehl sei »*ein wirklich bedeutendes völkerrechtliches Ergebnis für die Ukraine*« und ein Wendepunkt. Nun sei klar, dass am Ende des Krieges Russland »*die volle Bandbreite seiner Verantwortung*« übernehmen müsse.[1180]

19. März 2023 (II): Der serbische Präsident Aleksandar Vučić zum Haftbefehl gegen den russischen Präsidenten:

»Super, jetzt habt ihr ihn der schlimmsten Kriegsverbrechen beschuldigt. Mit wem wollt ihr denn verhandeln? Oder wollt ihr vielleicht gar nicht verhandeln, sondern einfach so Frieden schließen? Ihr wartet auf eine Niederlage, aber wie lange wollt ihr noch warten, wie viele Jahre? Glaubt ihr wirklich, dass ihr Russland in drei Monaten, sechs Monaten oder einem Jahr besiegen könnt? Glaubt ihr das?«[1181]

23. März 2023 (I): Kriegstreiber und NATO-Generalsekretär Jens Stoltenberg schwört den Westen darauf ein, die Ukraine noch lange mit Waffen für den Kampf gegen die russische Invasion ausrüsten zu müssen:

»*Präsident Putin plant nicht für den Frieden, er plant für mehr Krieg*«.[1182]

23. März 2023 (II): Der ukrainische Präsident hört nicht auf. In den nur zehn Minuten die er auf dem EU-Gipfel zugeschaltet ist, *fordert* er die schnelle Lieferung von Panzern, Waffen, Munition und Flugzeugen, weil die Lage vor Ort verheerend sei.[1183]

25. März 2023: Selenskij äußert sich zuversichtlich über einen Erfolg gegen Russland:

»*Es ist die vollständige Niederlage Russlands, die eine zuverlässige Garantie gegen neue Aggressionen und Krisen sein wird*«.[1184]

29. März 2023 (I): Die USA äußern sich ganz im Sinne Selenskijs. Der amerikanische Außenminister Anthony Blinken weist die Möglichkeit eines Waffenstillstandes zurück:

»*Was an der Oberfläche attraktiv aussieht – wer möchte nicht, dass die Waffen endlich schweigen – kann sich als eine sehr zynische Falle herausstellen, bei der wir sehr, sehr vorsichtig sein müssen*«.[1185]

29. März 2023 (II): Selenskij gibt in einem Interview mit der Nachrichtenagentur *AP* zu, dass er ohne die Unterstützung der USA den Krieg verlieren werde.[1186]

30. März 2023: Von der deutschen Lückenpresse nicht beachtet: Auf der Internetseite des ukrainischen Präsidenten Wolodymyr Selenskij erscheint eine Petition für die Stationierung von Atomwaffen in der Ukraine.[1187]

31. März 2023 (I): Der ukrainische Verteidigungsminister Alexei Resnikow macht wiederum alle Hoffnungen für einen Waffenstillstand zunichte:

»*Wir bereiten uns auf eine Gegenoffensive vor, daher braucht die Ukraine vor allem schwere Waffen und ausgebildete Reserven. Wir sind daran interessiert, dass das ukrainische Militär auf allen Ebenen ausgebildet wird. Von der Ausbildung einzelner Soldaten bis hin zu gemeinsamen Übungen von Brigade-Einheiten*«.[1188]

31. März 2023 (II): Der Berater des ukrainischen Präsidialamts, Michail Podoljak, schreibt auf *Twitter*:

»*Noch mal nach Punkten. Jeglicher Waffenstillstand bedeutet, dass Russland das Recht hat, auf den besetzten Gebieten zu verbleiben. Das ist total inakzeptabel (…) Die Ukraine hat das Recht, Truppen und Technik über sein Gebiet zu bewegen, wie sie es für nötig hält. Komische ‚Friedensstifter' sehen lächerlich aus*«.[1189]

2. April 2023 (I): Selenskij sagt in seiner Videoansprache, dass es nur einen »*einzigen*« Weg gebe, den Krieg zu beenden, und zwar nur durch einen **militärischen Sieg der Ukraine**:
»*Es gibt keinen anderen Weg, und es kann keinen anderen Weg geben*«.[1190]

> **Selenskij gibt sich weiter in Kriegsfantasien: Russland müsse vollständig besiegt werden – militärisch, wirtschaftlich, politisch und rechtlich.**[1191]

2. April 2023 (II): Der Sekretär des Nationalen Sicherheitsrats der Ukraine, Olexij Danilow, legt einen 12-Punkte-Plan zur »*Befreiung*« der Schwarzmeer-Halbinsel Krim vor. Die Vertreter des Machtapparates in Moskau bezeichnet er als »*Müll*«.[1192]

3. April 2023: Selenskij sagt in einer Rede, er wünsche dem russischen Präsidenten Wladimir Putin, dass der den Rest seines Lebens »*im Keller, mit einem Eimer statt einer Toilette*« verbringen möge.[1193]

5. April 2023: Selenskij-Berater Podoljak sagt in einem Interview u.a.:
»*Sobald wir die Krim betreten, müssen wir alles Russische auf ihr auslöschen. Wir müssen dort alles, was mit dem russischen Kulturraum zu tun hat, vollständig schließen. Wir müssen alles Russische ausrotten. Es darf dort nur die ukrainische Kultur oder die globale Kultur geben*«.[1194]

7. April 2023 (I): Die Ukraine weist auch einen brasilianischen Vorschlag zum Verzicht auf die Halbinsel Krim für einen Friedensschluss mit Russland zurück. Der Sprecher des Außenministeriums, Oleh Nikolenko, sagt:
»*Es gibt keinen rechtlichen, politischen oder moralischen Grund, warum die Ukraine auch nur einen Zentimeter ihres Landes aufgeben sollte*«.[1195]

7. April 2023 (II): Selenskij bezeichnet die Befreiung der Schwarzmeer-Halbinsel Krim von der russischen Besatzung als alternativlos:
»*Die Welt sollte wissen: Respekt und Ordnung werden erst in die internationalen Beziehungen zurückkehren, wenn die ukrainische Flagge wieder auf die Krim zurückkehrt*«.[1196]

8. April 2023 (I): Der ukrainische Präsident sagt, dass angesichts neuer Militärhilfe des Westens und der internationalen Unterstützung die Ukraine eine gute Woche für ihre »*Bewegung Richtung NATO*« hinter sich habe. Und weiter: Das EU-Land Litauen habe in dieser Woche die Notwendigkeit anerkannt, im Juli auf dem Gipfel des Militärbündnisses in der Hauptstadt Vilnius die Ukraine einzuladen, Mitglied der NATO zu werden.[1197]

8. April 2023 (II): Wie bereits am 29. März weist US-Außenminister Anthony Blinken Waffenstillstandsverhandlungen erneut zurück:
»*Für einige mag die Idee eines Waffenstillstands verlockend sein – und ich verstehe das. Aber wenn dies darauf hinausläuft, die Besitznahme beträchtlicher ukrainischer Gebiete durch Russland praktisch zu ratifizieren, wäre dies eben kein gerechter und dauerhafter Frieden*«.[1198]

11. April 2023: Für mich einer der radikalsten Befürworter militärischer Eskalation, der ehemalige ukrainische Botschafter in Deutschland, Andrij Melnyk, äußert sich, obwohl die rot-grüne Regierung bereits Milliarden zur Unterstützung seines Landes bereitgestellt hat:
»*Die Deutschen sollten nicht mehr kleinkariert denken, sondern strategische Weichen stellen. Wir müssen schauen, wie wir die ukrainische Armee befähigen, die besetzten Gebiete und Millionen Ukrainer bis zum Jahresende zu befreien*«.[1199]

Die Ampelkoalition müsse einen neuen Krieg in Europa verhindern. Deutschland sei daher in der Pflicht, die Ukraine bei ihrer Gegenoffensive gegen die Russen zu unterstützen[1200]:

> ***»Wir müssen über Kampfflugzeuge wie Eurofighter sprechen, auch über deutsche Kriegsschiffe. Es geht aber nicht nur um dringend gebrauchte neue Waffensysteme, sondern auch um Schnelligkeit. Die Vorlaufzeiten für Kampfjets und Kriegsschiffe sind lang«.***[1201]

Melnyk, der seit Beginn des Krieges mit seinen unverschämten Forderungen auffällt, weiter: Das Endziel der Ukraine sei es, der NATO beizutreten. Auch dabei erwartete sie eine maßgebliche Unterstützung von deutscher Seite.[1202]

12. April 2023: Selenskij sagt, die Zerschlagung des russischen Besatzers, Urteile für die Mörder und ein Tribunal für den Staat des Bösen, seien jetzt die Hauptaufgaben.[1203]

13. April 2023: Der ukrainische Außenminister Dmytro Kuleba fordert einen schnellen NATO-Beitritt der Ukraine.[1204]

15. April 2023 (I): Mit Blick auf einen NATO-Gipfel im Juli in Litauen fordert Selenskij klarere Perspektiven und Sicherheitsgarantien für sein Land:
»*Wirksame Sicherheitsgarantien für die Ukraine (...) braucht es schon vor unserem Beitritt zum Bündnis*«.[1205]

15. April 2023 (II): Brasiliens Präsident Luiz Inácio Lula da Silva fordert von den USA ein Ende der militärischen Unterstützung für die Ukraine:

> **Die Vereinigten Staaten müssten *»aufhören, den Krieg zu fördern und anfangen, über Frieden zu reden«*. Auch die Europäische Union müsse *»anfangen, über Frieden zu reden«*.**[1206]

15. April 2023 (III): Der ukrainische Premierminister Denis Schmygal sagt auf einer Pressekonferenz in Washington, dass eine Gegenoffensive der ukrainischen Truppen *»in naher Zukunft«* beginnen werde:

»Wir sind zuversichtlich, dass die Gegenoffensive so bald wie möglich beginnen wird. Die Vereinigten Staaten unterstützen uns absolut«.[1207]

17. April 2023: Selenskij presst weiter. In einer Videoansprache behauptet er, dass die westlichen Staaten ihre Waffenlieferungen verzögern würden, was zu Verlusten unter ukrainischen Militärangehörigen führe.[1208]

20. April 2023 (I): Gefordert, getan: Mitgliedsländer der NATO verstärken ihre Lieferungen von Kampfjets, Panzern und gepanzerten Fahrzeugen an die Ukraine, verkündet der Generalsekretär der Allianz Jens Stoltenberg. Er erklärt:

»Die Bündnispartner liefern jetzt mehr Flugzeuge, Panzer und gepanzerte Fahrzeuge, und der NATO-Fonds für die Ukraine leistet dringende Unterstützung. Und all dies macht heute auf dem Schlachtfeld wirklich einen Unterschied«.[1209]

Stoltenberg erinnert daran, dass die NATO-Länder seit Februar vergangenen Jahres 150 Milliarden Euro (!) für die Ukraine bereitgestellt hätten.[1210]

20. April 2023 (II): Selenskij gießt erneut Öl ins Feuer. Er fordert auch weiterhin eine baldige Aufnahme seines Landes in die NATO. Er ist der Ansicht, dass es kein einziges Hindernis diesbezüglich gebe:
»Jetzt, da eine Mehrheit für den Beitritt zum Bündnis ist, ist die Zeit für entsprechende Entscheidungen gekommen«.[1211]

> **23. April 2023: Der ukrainische Vizeaußenminister Andrij Melnyk twittert: *»Liebe Bundesregierung, die Ukrainer sind dankbar für die Militärhilfe! Aber: sie ist leider gar nicht ausreichend, um die besetzten Gebiete & Millionen Menschen noch 2023 erfolgreich zu befreien. Wir brauchen das Zehnfache«*.**[1212]

26. April 2023 (I): NATO-Generalsekretär Jens Stoltenberg fordert die Mitgliedstaaten des Verteidigungsbündnisses zu mehr Tempo beim Ausbau der Produktionskapazitäten für Waffen und Munition auf.[1213]

26. April 2023 (II): Michail Podoljak, der Berater des Büroleiters von Selenskij, behauptet:
»Was uns das Völkerrecht garantiert, das heißt, wir haben das Recht, alles auf dem Territorium der Krim, der Gebiete Lugansk (LVR), Donezk (DVR), Saporoschje und Cherson zu zerstören«.[1214]

26. April 2023 (III): Selenskij erklärt in einem Telefongespräch mit dem chinesischen Präsidenten Xi Jinping, dass ein Friedensabkommen im Ukraine-Konflikt nicht durch territoriale Kompromisse erreicht werden kann. Auf *Telegram* schreibt er zudem, das Land müsse innerhalb der Grenzen bestehen, die im Jahr 1991 gegolten haben.[1215]

27. April 2023: Die NATO gibt bekannt, dass die Verbündeten der Ukraine nahezu die vollständige militärische Ausrüstung und Kampffahrzeuge geliefert hätten. Mit den mehr als 1550 gepanzerten Fahrzeugen, 230 Panzern und riesigen Mengen an Munition werden die Chancen auf eine erfolgreiche Gegenoffensive der Ukraine massiv verstärkt.[1216]

29. April 2023: Doch der ukrainische Botschafter in Berlin, Oleksii Makeiev, fordert trotzdem noch mehr militärische Unterstützung von Deutschland:
»Weitere Flugabwehrsysteme wie Iris-T, Patriot und Gepard werden am dringlichsten benötigt. Für die geplante Gegenoffensive brauchen wir in kürzester Zeit mehr gepanzerte Fahrzeuge, Panzer und Artilleriesysteme, Munition mit großer Reichweite«.[1217]

3. Mai 2023: Drohnenangriff auf den Kreml: Zwei Drohnen werden auf den Kreml gefeuert, können tatsächlich in einem Gebäude einschlagen. Eine russische Nachrichtenagentur schreibt:
»Nur durch das rechtzeitige Eingreifen von Militär- und Spezialdiensten, die Radarkontrollsysteme einsetzten, konnten die Flugkörper außer Gefecht gesetzt werden«.[1218]

Die Ukraine dementiert schnell – fast panikartig.[1219] Aber der ukrainische Post-Chef Igor Smelyansky postet bereits ein neues Motiv für eine Briefmarke, auf der ein ukrainischer Soldat vor dem brennenden Kreml zu sehen ist – und dieser zeigt vor Wladimir Putins Regierungssitz das Fuck-you-Zeichen.[1220]

Moskau betrachtet diese Aktionen jedoch als ein geplantes Attentat auf den Präsidenten am Vorabend des Tages des Sieges, der Parade am 9. Mai. Putin behalte sich das Recht vor, Vergeltung zu üben, wann und wo er es für richtig halte.[1221] Nach dem Drohnenangriff und dem vermeintlichen Attentatsversuch auf Putin schreibt Ex-Russland-Präsident Dmitri Medwedew auf *Telegram*:

»Nach dem heutigen Terrorakt gibt es keine andere Variante als die physische Eliminierung Selenskijs und seiner Clique«.[1222]

Der Pressesprecher des russischen Präsidenten Dmitri Peskow sagt:

»Wir wissen gut, dass Entscheidungen über solche Aktionen und solche Terrorangriffe nicht in Kiew, sondern gerade in Washington gefällt werden. Kiew führt lediglich aus, was man ihm sagt«.[1223]

8. Mai 2023: Selenskij sagt anlässlich des »Tages des Sieges gegen Nazi-Deutschland«[1224]:

»Wir werden siegen. All das alte Böse, das das moderne Russland« zurückbringe, werde *»auf die gleiche Weise besiegt werden, wie der Nationalsozialismus besiegt wurde (…) So wie wir damals gemeinsam das Böse vernichtet haben, so vernichten wir jetzt gemeinsam ein ähnliches Übel«.*[1225]

Indirekt bezeichnet Selenskij unsere Großväter und Großmütter als »Böse«, erhält aber von denen, die noch am Leben sind und ihren Nachkommen Milliarden an Steuergeldern!

9. Mai 2023: Selenskij fordert die Europäische Union zu schnelleren Waffenlieferungen auf. Die von der EU zugesagte Artilleriemunition von einer Million Granaten werde unmittelbar auf dem Schlachtfeld benötigt.[1226]

10. Mai 2023 (I): In einem Interview mit der *BILD* sagt der ukrainische Außenminister Dmitri Kuleba:

»Wir brauchen gepanzerte Fahrzeuge, wir brauchen Flugabwehrsysteme, all das ist in Deutschland vorhanden und Deutschland hat geliefert. Und Deutschland kann noch mehr liefern«.[1227]

10. Mai 2023 (II): Die Ukraine will nach den Worten ihres Präsidenten mit ausländischer Unterstützung die russischen Besatzer aus dem Land vertreiben:

»Wir werden dem Feind nicht ein einziges Stück unseres Landes überlassen – die Tyrannei wird nirgendwo herrschen«.[1228]

12. Mai 2023: Selenskij sagt:

»Diejenigen, die im Kreml sind, glauben Sie mir, sie werden am Galgen enden. Ich weiß nicht wie, um ehrlich zu sein. Aber ich wünschte, dass es früher enden würde, und sie werden keines natürlichen Todes sterben«.[1229]

17. Mai 2023: Der ukrainische Außenminister Dmitri Kuleba sagt:

»Die Ukraine akzeptiert keine Vorschläge, die einen Verlust ihrer territorialen Integrität oder das Einfrieren des Konflikts vorsehen«.[1230]

18. Mai 2023: Michail Podoljak, der Berater des Leiters des ukrainischen Präsidialamtes, erklärt, dass die Ukraine Russland hasse:

»Die Ukraine hasst euch. Ja, wir werden euch verfolgen. Immer und überall. Ja, es gibt nichts mit euch zu reden (...) Ja, die Ukraine wird jeden einzelnen von euch erwischen, und es ist egal, wie genau – legal oder physisch«.[1231]

19. Mai 2023: Die G7-Staats- und Regierungschefs bestehen bei ihrem Treffen im japanischen Hiroshima auf einem **vollständigen und bedingungslosen Abzug Russlands** aus der Ukraine. In der Gipfelerklärung heißt es: *»Ein gerechter Frieden ist nicht möglich ohne den vollständigen und bedingungslosen Abzug der russischen Truppen und militärischer Ausrüstung. Dies muss in jedem Friedensaufruf enthalten sein«.*[1232]

Damit zementieren die G7-Staaten die Weiterführung des Krieges.

27. Mai 2023 (I): Der Berater des Chefs des ukrainischen Präsidialamtes, Michail Podoljak, stellt Forderungen zur Beilegung des Konflikts auf.

Die ukrainischen Bedingungen:

➔ der sofortige Abzug der russischen Truppen aus der Ukraine,

➔ die Anerkennung der Souveränität der postsowjetischen Länder,

➔ die Auslieferung von Kriegsverbrechern und Kriegsverantwortlichen,

➔ die Schaffung einer entmilitarisierten Zone auf dem Territorium Russlands,

➔ die Reduzierung der Zahl der Langstreckenraketen,[1233]

➔ die Einberufung einer internationalen Konferenz über die Kontrolle des russischen Atomwaffenarsenals

➔ und rechtlich formalisierte Reparationszahlungen, einschließlich des freiwilligen Verzichts Moskaus auf in anderen Ländern beschlagnahmtes Vermögen zugunsten der Ukraine.[1234]

27. Mai 2023 (II): Im Gegenzug erklärt der russische Vize-Außenminister Michail Galusin die Positionen Moskaus zur Beilegung des Ukraine-Konfliktes.

Die russischen Bedingungen:

➔ Schutz der Donbass-Bevölkerung,

➔ Demilitarisierung und Entnazifizierung der Ukraine,

➔ die Beseitigung der Gefahren für die Sicherheit Russlands,

➔ Verzicht der Ukraine auf einen Beitritt zur NATO und zur EU,

➔ die Anerkennung des Selbstbestimmungsrechts der Völker in Bezug auf die Krim.[1235]

Daran erkennt man, wie weit die Positionen voneinander entfernt sind.

28. Mai 2023: Selenskij sagt den Sturz der russischen Führung nach deren Niederlage in ihrem Angriffskrieg voraus: »*Kiew und alle unsere Städte, unsere gesamte Ukraine werden den Schlusspunkt unter die Geschichte des Moskauer Despotismus setzen, der viele verschiedene Völker über sehr lange Zeit hinweg versklavt hat*«.[1236]

30. Mai 2023: Auch der ukrainische Botschafter in Deutschland, Oleksii Makeiev, schließt jegliche territorialen Zugeständnisse seines Landes an Russland weiterhin vehement aus:

»*Russland muss all die besetzten Gebiete verlassen*«, bei Friedensgesprächen müsse es zudem um russische Reparationszahlungen an die Ukraine gehen. Zur Krim sagt er:

»*Die Krim ist Teil der Ukraine, so wie Lugansk und Donezk und die neubesetzten Gebiete von Russland. Von dieser Besatzung müssen wir unsere Menschen befreien (…) Wir geben kein einziges Stück Land an die Russen*«.[1237]

31. Mai 2023: Die *Financial Times* berichtet unter Berufung auf Insider, dass der ukrainische Präsident Selenskij ein NATO-Treffen in Litauen im Juli auslassen werde, falls die Allianz Kiew nicht die von ihm gewünschten Sicherheitsgarantien gebe. Selenskij habe »*den NATO-Führern klargemacht, dass er ohne konkrete Sicherheitsgarantien und einen Fahrplan für den Beitritt nicht am Gipfel in Vilnius teilnehmen werde*«, so die US-Zeitung.[1238] Das hört sich nach Erpressung an, die wirkt: Die norwegische Außenministerin Annika Huitfeldt wiederholt, dass sich **alle** NATO-Mitgliedsstaaten (darunter auch Deutschland) einig seien, dass die Ukraine Mitglied werden wird.[1239]

1. Juni 2023: NATO-Generalsekretär Stoltenberg lügt sich wieder in die Tasche. Er sagt (Hervorhebungen durch mich):

»Die Waffenlieferungen an die Ukraine entwickeln sich mit dem Fortschreiten der Kämpfe. Zuerst haben wir leichte Panzerabwehrwaffen geliefert, dann Artillerie, Luftabwehr, Panzer und Marschflugkörper. Wir tun dies, weil wir glauben, dass die Ukrainer sie nutzen können, um mehr Land zu besetzen. Aber unsere Botschaft bleibt dieselbe: <u>Die NATO ist keine Konfliktpartei</u>«.[1240]

3. Juni 2023: Der ukrainische Außenamtssprecher, Oleg Nikolenko, kritisiert auch den Friedensplan des indonesischen Verteidigungsministers Prabowo Subianto als unwirksam: Ein sofortiger Waffenstillstand und eine jeweils 15 Kilometer breite demilitarisierte Zone zu beiden Seiten der tatsächlichen Kontaktlinie würden Russland helfen, Zeit zu gewinnen, um sich umzugruppieren und Kräfte für eine neue Aggression zu sammeln. Die Ukraine lehnt auch die Idee ab, in den von Russland kontrollierten Gebieten unter der Aufsicht der UNO Referenden abzuhalten:
»Russland muss sich von den ukrainischen Territorien fortscheren, und die Ukraine muss ihre territoriale Integrität in ihren international anerkannten Grenzen wiederherstellen. Es gibt keine alternativen Szenarien«.[1241]

6. Juni 2023: Wolodymyr Selenskij lehnt im Gespräch mit dem Friedensbeauftragten von Papst Franziskus eine Waffenruhe als nicht zielführend ab. Nur »*Isolation und Druck*« auf Russland würden »*der Ukraine Frieden bringen*«.[1242]

15. Juni 2023 (I): Selenskij geht weiter auf Konfrontationskurs. Er fordert einmal mehr einen zügigen NATO-Beitritt.[1243]

15. Juni 2023 (II): Das Regime in Kiew lehnt jede Möglichkeit ab, mit Moskau zu verhandeln, um den westlichen Ländern zu gefallen. Darauf weist die Sprecherin des russischen Außenministeriums, Maria Sacharowa hin.[1244]

15. Juni 2023 (III): Selenskij zeigt sich erfreut über die Unterstützung des Europaparlaments für einen NATO- und EU-Beitritt seines Landes. Das EU-Parlament hat zuvor die NATO aufgefordert, der Ukraine nach dem Ende des russischen Angriffskriegs den Weg ins westliche Verteidigungsbündnis zu ebnen. 425 Abgeordnete stimmen dafür, 38 dagegen. 42 enthalten sich. Bis zur vollständigen NATO-Mitgliedschaft sollen EU und NATO einen befristeten Rahmen für Sicherheitsgarantien entwickeln, der unmittelbar nach dem Krieg umgesetzt werden soll.[1245]

Experten berechnen die Folgekosten bei einem EU-Beitritt der Ukraine: 186 Milliarden (!) Euro.[1246] Deutschland als größter EU-Einzahler dürfte den größten Teil der Kosten tragen.

15. Juni 2023 (IV): Die Zeitung *Politico* schreibt, dass US-Beamte ihre ukrainischen Amtskollegen davor gewarnt hätten, dass Kiew bald größere Siege auf dem Schlachtfeld erringen müsse, damit Washington weiterhin die gleiche Menge an Hilfe bereitstelle.[1247]

16. Juni 2023: Die *Washington Post* weist unter Berufung auf ukrainische Beamte darauf hin, dass das Land seinen Gegenangriff nicht aufschieben kann, weil sie den westlichen Ländern vor dem Wintereinbruch große Erfolge bei den Kämpfen zeigen müsse.[1248]

17. Juni 2023: Nach einem Treffen mit einer Delegation aus Vertretern verschiedener afrikanischer Länder erteilt Selenskij Verhandlungen mit Moskau vor einem russischen Truppenabzug wiederum eine Absage.[1249]

Vorschläge aus China, Brasilien, Indonesien, dem Vatikan und afrikanischen Ländern: Selenskij, der sich durch die unaufhörlichen Waffenlieferungen und Finanzierung durch den Westen stark fühlt, schmettert jegliche Friedensverhandlungen ab.

19. Juni 2023: NATO-Generalsekretär Stoltenberg bläst ins selbe Horn und sagt scheinheilig:
»Wir alle wollen, dass dieser Krieg endet, aber ein gerechter Frieden kann nicht ein Einfrieren des Konflikts wie auch ein von Russland diktiertes Abkommen beinhalten«.[1250]

Gleichzeitig gibt er zu:
»Unsere Bestände an Waffen und Munition sind leer und müssen aufgefüllt werden, nicht nur in Deutschland, sondern auch in vielen NATO-Ländern«.[1251]

23. Juni 2023: Jetzt versucht Selenskij, mit massivem Druck den NATO-Beitritt zu erzwingen. Er sagt, sollte die Ukraine auf dem Gipfel in Vilnius keine Einladung zum NATO-Beitritt erhalten, würde das die Streitkräfte des Landes demotivieren. Und weiter:

»Die Position: Ich glaube, es heißt, unseren Staat und unser Militär zu ‚verarschen', es heißt, unsere Armee zu demotivieren (…) Wir haben ihnen mehrfach gesagt: ‚Zieht uns den Boden unter den Füßen nicht weg'«.[1252]

27. Juni 2023: Selenskij wiederholt seinen Druck und setzt die NATO weiter unter Zugzwang. Er dringt darauf, dass das »Verteidigungsbündnis« bei seinem Gipfel in Litauen im Juli eine Aufnahme seines Landes in das Militärbündnis vorantreibt:
»Es gibt allen Grund für eine politische Einladung an die Ukraine, dem Bündnis beizutreten«.[1253]

29. Juni 2023: Fast täglich wird weiter massiv Druck ausgeübt. Der ukrainische Außenminister Dmytro Kuleba **fordert** die NATO auf, in der Frage eines Beitritts seines Landes für Klarheit zu sorgen:
»Der Moment für Klarheit hinsichtlich eines Beitritts zur Allianz ist nun gekommen«.[1254]

30. Juni 2023: Der ukrainische Außenminister Dmitri Kuleba warnt Deutschland:
»Wiederholen Sie nicht den Fehler, den Kanzlerin Merkel 2008 in Bukarest gemacht hat, als sie heftigen Widerstand gegen jeden Fortschritt für die NATO-Mitgliedschaft der Ukraine leistete«.[1255]

1. Juli 2023: Jetzt führt Selenskij sogar den Dritten Weltkrieg ins Feld, um in die NATO zu kommen:
»Sollte die Ukraine nicht standhalten und sollte Russland in Richtung Polens oder der baltischen Länder vorrücken, würde dies den Dritten Weltkrieg bedeuten«.[1256]

Demzufolge sei die beste Lösung, dass die Ukraine der NATO beitrete. Somit werde die Allianz dem russischen Präsidenten Wladimir Putin zeigen, dass sie keine Angst habe. Das westliche Militärbündnis sei die beste Sicherheitsgarantie.[1257]

7. Juli 2023 (I): Selenskijs ständiges Drängen zeigt Wirkung, zumindest bei NATO-Generalsekretär Stoltenberg, einem der entschiedensten Befürworter der Kriegsverlängerung. Stoltenberg *»erwartet«* vom Gipfel der Militärallianz in der kommenden Woche eine klare Beitrittsperspektive für die Ukraine. Die Staats- und Regierungschefs der NATO würden bei ihrem Treffen in Litauens Hauptstadt Vilnius am Dienstag und Mittwoch bekräftigen, dass die Ukraine Mitglied des Militärbündnisses werden solle und sich darüber verständigen, wie man das Land diesem Ziel näherbringen könne.[1258]

7. Juli 2023 (II): Oleg Zarjow, langjähriger Abgeordneter der ukrainischen Werchowna Rada, der für die Interessen der russischsprachigen Bevölkerung in der Ukraine eintritt, schreibt:

»Selenskij braucht die Fortsetzung des Krieges für sein politisches Überleben«.[1259]

9. Juli 2023: Die Ukraine drängt weiter auf eine eindeutige Zusage, dass sie in das Bündnis aufgenommen wird. Der ukrainische Botschafter in Deutschland, Alexei Makejew, sagt laut *dpa*:
»Auf dem Gipfel in Vilnius erwarten wir eine klare und deutliche Einladung und Wegweisung zum NATO-Beitritt«.[1260]

10. Juli 2023 (I): Kreml-Sprecher Dmitri Peskow droht mit Gegenmaßnahmen Russlands im Fall einer Aufnahme der Ukraine in die NATO. Ein Beitritt der Ukraine werde *»sehr negative Folgen für die gesamte und ohnehin schon halbzerstörte Sicherheitsarchitektur Europas haben und eine absolute Gefahr und Bedrohung für unser Land darstellen«*. Ein solcher Schritt würde von russischer Seite eine *»ziemlich harte und verständliche Reaktion erfordern«*.[1261]

11. Juli 2023 (II): Selenskij zufolge steht die Mehrheit der NATO-Länder hinter der Ukraine. Der Gipfel in Vilnius müsse deshalb bestätigen, dass die Ukraine **de facto Mitglied des Militärbündnisses** sei. Nebenbei gibt er indirekt zu, dass ohne NATO-Waffen die Ukraine schon längst verloren hätte:
»Unsere Waffen sind die der Allianz. Unsere Werte sind die, an die die Allianz glaubt (...) Vilnius muss das anerkennen«.[1262]

11. Juli 2023 (III): *Wie sehr* die NATO-Länder hinter der Ukraine stehen, macht NATO-Generalsekretär Jens Stoltenberg beim Auftakt des NATO-Treffens in Vilnius klar. Denn wie diplomatische Quellen berichten, legt Stoltenberg (wohl schweren Herzens) nahe, dass es **keine zeitnahe** Beitrittsperspektive für die Ukraine geben wird. Doch die Ukraine soll nach dem Gipfel näher zur NATO rücken als je zuvor. Ein Balanceakt, den Selenskij zu einem Wutanfall treibt. Er schreibt auf *Telegram*:
»Jetzt, auf dem Weg nach Vilnius, haben wir Signale erhalten, dass Formulierungen ohne die Ukraine diskutiert werden. Und ich möchte betonen, dass es sich dabei nur um Formulierungen für eine Einladung handelt, nicht für eine Mitgliedschaft der Ukraine. Es ist beispiellos und absurd, wenn es weder für die Einladung (!) noch für die Mitgliedschaft der Ukraine einen Zeitrahmen gibt; und wenn sogar für die Einladung der Ukraine einige seltsame Formulierungen über ‚Bedingungen' hinzugefügt werden (...) Es sieht so aus, als gäbe es keine Bereitschaft, die Ukraine in die NATO einzuladen oder sie zum Mitglied zu machen«.[1263]

11. Juli 2023 (IV): In der Erklärung der Mitgliedstaaten der NATO, die sich in Vilnius treffen, heißt es laut *dpa*:

»Die Zukunft der Ukraine ist in der NATO. Wir bekräftigen unsere auf dem Gipfeltreffen 2008 in Bukarest eingegangene Verpflichtung, dass die Ukraine ein Mitglied der NATO wird (...)«.[1264]

Zur »Einladung« der Ukraine zu einem Bündnisbeitritt wird die NATO der Erklärung zufolge allerdings erst in der Lage sein, »*wenn die Verbündeten sich einig und Voraussetzungen erfüllt sind*«.[1265] konkrete Beispiele werden auch gleich genannt: »*zusätzliche erforderliche Reformen im Bereich der Demokratie und des Sicherheitssektors*«.[1266]

Für die NATO ist die Ukraine noch keine vollwertige Demokratie, von der grassierenden Korruption ganz zu schweigen.

11. Juli 2023 (V): Der russische Politwissenschaftler und Mitglied der Gesellschaftskammer, Maxim Grigorjew, erinnert in einem Kommentar daran, dass die Poroschenko-Regierung bereits im Jahr 2018 eine NATO-Mitgliedschaft als staatstragendes Ziel in der ukrainischen Verfassung festgeschrieben habe:

»*Sich an der Spitze des Kampfes im Grenzgebiet zum bösen Russland zu befinden, war die wichtigste ideologische Stütze des neonazistischen Regimes in Kiew*«. Gleichzeitig machten die westlichen Länder, obwohl sie die Ukraine bis dato nicht in die NATO aufgenommen haben, aus dem ukrainischen Militär (AFU) eine NATO-Armee.[1267]

11. Juli 2023 (VI): Alexander Dudtschak, Experte für GUS-Länder, sagt in seiner Analyse folgendes:

»*Der Westen führt uns absichtlich dazu, dieses Problem zu diskutieren, um zu sagen: ‚Seht her, die Ukraine ist nicht in der NATO, wir beteiligen uns nicht an dem Konflikt!' Das heißt, der Westen verschafft sich so die Möglichkeit, zu behaupten, dass er sich nicht im Krieg mit Russland befindet. In Wirklichkeit brauchen sie die Ukraine nicht als NATO-Mitglied, sie benutzen sie bereits nach Belieben. Dies ist eine bequeme Möglichkeit für sie, sich in der Konfrontation mit Russland mit einem anderen Land zu schmücken und zu behaupten, sie würden nur Waffen liefern*«.[1268]

11. Juli 2023 (VII): Der Pressesprecher des US-Außenministeriums, Matthew Miller, betont hingegen bei einem Briefing, dass die Ukraine der NATO nicht beitreten werde, solange der Konflikt andauere. Der Beitritt der Ukraine zur NATO würde nämlich eine Konfliktpartei aus den USA machen. Dies werde unter der Regierung von Präsident Joe Biden nicht geschehen.[1269]

11. Juli 2023 (VIII): Bundesverteidigungsminister Pistorius hat Verständnis für den Ärger der Ukraine über unzureichende Beitrittszusagen beim NATO-Gipfel. Er sagt:

»Ich verstehe den Unmut und die Ungeduld. Gerade in der Situation, in der die Ukraine ist, habe ich vollste Sympathie dafür. Und trotzdem: Die Zusage ist da. Die Ukraine wird Mitglied der NATO werden, sobald die Voraussetzungen vorliegen. Das ist ein Agreement, was es in der Klarheit bislang nie gegeben hat«.[1270]

12. Juli 2023 (I): Der ehemalige ukrainische Botschafter in Berlin, Andrij Melnyk, über das erneuerte NATO-Beitrittsversprechen ohne einen Zeitplan:

»*Die Entscheidung von Vilnius ist zweifelsohne ein wichtiger Zwischenschritt Richtung NATO-Mitgliedschaft der Ukraine*«. *Gleichzeitig sei »die Enttäuschung in Kiew spürbar, dass unsere Verbündeten nicht bereit waren, eine mutige Entscheidung über unseren möglichst baldigen Beitritt auf den Weg zu bringen*«.[1271]

12. Juli 2023 (II): Wolodymyr Selenskij dankt der NATO. Die Ergebnisse des Gipfels in Vilnius seien zu begrüßen, ideal wäre allerdings gewesen, die NATO hätte formell eine Einladung an die Ukraine zum Beitritt ausgesprochen. Selenskij nennt es aber wichtig, dass die Ukraine vor einem Beitritt nicht den sonst üblichen Membership Action Plan (MAP) zur Heranführung von Beitrittskandidaten durchlaufen müsse und er fügt hinzu:

»*Ich bin zuversichtlich, dass die Ukraine nach dem Krieg in der NATO sein wird*«.[1272]

12. Juli 2023 (III): Die G7-Staaten treffen gegenüber der Ukraine langfristige und umfassende **Sicherheitszusagen.** Dem Land soll geholfen werden, eine zukunftsfähige Truppe aufzubauen, die das Land jetzt verteidigen und Russland vor einem neuen Angriff in der Zukunft abschrecken könne.[1273]

Bundeskanzler Olaf Scholz sagt in Vilnius, es gehe um »*eine längerfristige Strategie, auf die sich die Ukraine dann auch verlassen kann*«. Das sei ein »*wichtiger weiterer Fortschritt, über den wir uns sehr freuen, weil daran so lange gearbeitet worden ist*«.[1274]

12. Juli 2023 (IV): Der russische Präsidentensprecher Dmitri Peskow erklärt hingegen:

»*Indem sie der Ukraine Sicherheitsgarantien geben, ignorieren diese Länder das internationale Prinzip der Unteilbarkeit der Sicherheit. Das heißt, indem sie der Ukraine Sicherheitsgarantien geben, greifen sie in die Sicherheit der Russischen Föderation ein*«.[1275]

12. Juli 2023 (V): Der Journalist Wladislaw Sankin schreibt auf *RT.de*:
»Die NATO hat es nicht eilig mit der Ukraine als Mitglied. Dies ist nur dann möglich, wenn die Ukraine den Krieg gegen Russland gewinnt. Also muss sie weiter Krieg führen – und zwar siegreich –, um ihr Verfassungsziel, also die NATO-Mitgliedschaft, zu erreichen. Ein fantastischer Plan«.[1276] Und weiter:

»Nur eine ukrainische Niederlage kann die NATO-Ausweitung auf Kosten der Ukraine verhindern«.[1277]

12. Juli 2023 (VI): Selenskij erklärt erneut, dass es keine Gebietsabtretungen an Russland geben werde: *»Sogar wenn es nur ein Dorf ist, in dem nur ein Opa lebt«.*[1278]

28. Juli 2023: Selenskij erklärt den *»Sieg über Russland« als »nationales Ziel«.*[1279]

Soweit abgerückt ist der ukrainische Präsident bereits von der Realität, offenbar aufgestachelt von seinen westlichen Freunden, die bis zum letzten Ukrainer kämpfen wollen.

5. August 2023: Der ukrainische Präsident gibt zu, dass die westlichen Verbündeten ihn unter Druck setzen, damit er Gesprächen mit Russland zustimme. Die *New York Times* schreibt:

»Am Mittwoch sagte Selenskij den Diplomaten, dass die Situation noch schwieriger werden werde, da seiner Meinung nach in den kommenden Monaten der Druck, Wege zu Friedensgesprächen zu finden, zunehmen werde«.[1280]

5./6. August 2023: Die von den Kriegsverlängerungsmedien überbewertete »Friedenskonferenz« im saudi-arabischen Jeddah, bei der 30 Länder vertreten sind (ohne Russland!) endet ohne eine gemeinsame Abschlusserklärung. Selenskijs 10-Punkte-Plan zur Grundlage von Verhandlungen zu machen, scheitert.[1281]

Dieser Plan sieht unter anderem einen kompletten Rückzug russischer Truppen aus der Ukraine und von der Krim und ein Sondertribunal zur Verurteilung russischer Kriegsverbrechen und Reparationszahlungen vor. Das bedeutet faktisch die bedingungslose Kapitulation Russlands als Voraussetzung für Verhandlungen. Aber dieser Plan, der auch von der deutschen Außenministerin Annalena Baerbock unterstützt wird, ist nicht realistisch und wird daher von den Ländern des Globalen Südens abgelehnt.[1282] *RT.de*:

»Während der Westen darauf besteht, dass Russland die Ukraine überfallen hat und dort gegen die Ukraine und ihr Recht auf Souveränität kämpft, wertet man den Konflikt in den Ländern des Globalen Südens als Stellvertreterkrieg der NATO und der USA mit Russland, der in der Ukraine ausgetragen wird. Außerhalb des kollektiven Westens sieht man daher mindestens eine Mitschuld der Länder der NATO, der EU und der USA an der Entstehung und Eskalation des Konflikts«.[1283]

12. August 2023: Der ukrainische Außenminister Dmitri Kuleba erklärt, der Ukraine stehe ein schwieriger Herbst bevor, da die internationale Gemeinschaft zunehmend die Notwendigkeit von Verhandlungen zur Beendigung des Konfliktes sehe. Er fügt hinzu: *»Es wird eine sehr schwierige politische Saison. Ich warne alle: Es wird ein schwieriger Herbst. In verschiedenen Ländern der Welt mehren sich die Stimmen, dass es noch Probleme gibt, dass Verhandlungen notwendig sind«.*[1284]

Mit unglaublicher Überheblichkeit gegen die Menschen, die endlich Frieden wollen, fügt der unnachgiebige Befürworter hinzu:

»Wir werden im Rahmen des Völkerrechts und der Strafgesetzgebung alles tun, um diese Stimmen zum Verstummen zu bringen«.[1285]

15. August 2023: Michail Podoljak, der Berater des ukrainischen Präsidentenbüros, erklärt, wie man sich die Zukunft in der ukrainischen Führung vorstellt:

»Uns steht bevor, einen Waffenstillstand zu unterschreiben, die Reparationen zu berechnen, ein Gericht über Kriegsverbrechen einzusetzen, die Zukunft des russischen Atomarsenals zu erörtern und entmilitarisierte Zonen auf Russlands Territorium abzugrenzen«.[1286]

16. August 2023: Selenskij unterzeichnet Gesetze zur Verlängerung des Kriegsrechts und der allgemeinen Mobilisierung um 90 Tage bis zum 15. November. Diskussionen über eine mögliche Annullierung der Parlaments- und Präsidentschaftswahlen werden in der Ukraine seit langem geführt. Selenskij hat wiederholt erklärt, dass die Wahl des Staatsoberhauptes erst nach dem Ende der Kampfhandlungen stattfinden könne.[1287] So kann er ewig im Amt bleiben, was viel über die so gepriesene »Demokratie« in der Ukraine aussagt (siehe ➔ »Hintergrund: ‚Demokrat‘ Selenskij verhindert demokratische Wahlen«).

17. August 2023: NATO-Generalsekretär und Kriegsverlängerungs-Hardliner Jens Stoltenberg weist der Ukraine demonstrativ die Entscheidungshoheit über einen möglichen Beginn jeglicher Verhandlungen mit Russland zu:

»*Es sind die Ukrainer, und nur die Ukrainer, die entscheiden können, wann die Bedingungen für Verhandlungen gegeben sind*«.[1288]

Er führt weiter aus, es läge auch allein an der Ukraine, an einem Verhandlungstisch zu entscheiden, was eine akzeptable Lösung sei.[1289] Außerdem werde die NATO die Ukraine unterstützen, bis sie gewinne.[1290]

Hintergrund:
Die politisch gewollte ukrainische Grossoffensive ist ein »Massaker«

Ende Mai/Anfang Juni 2023: Die Gegenoffensive der Ukraine beginnt. Doch schon nach ein paar Wochen ist klar: Die ukrainische Armee erreicht keines ihrer Ziele.

Juli 2023: Larry C. Johnson, ehemaliger CIA-Beamter und Ex-Direktor des Büros für Terrorismusbekämpfung des US-Außenministeriums, sagt in einem Video auf dem *Youtube*-Kanal *Judging Freedom* über die groß angekündigte ukrainische Gegenoffensive:

»*Dies ist ein Fehlschlag, denn mehr als 10.000 ukrainische Soldaten wurden getötet, ohne die erste Verteidigungslinie passiert zu haben*«.[1291]

Und weiter: Bei der gescheiterten ukrainischen Gegenoffensive habe es sich nicht um eine durchdachte Militärstrategie, sondern nur um einen politischen Schachzug des Kiewer Regimes und seiner westlichen Unterstützer gehandelt:

»*Es war ein schreckliches, schreckliches Massaker an ukrainischen Streitkräften. Praktisch alle, die die USA sowie die NATO in den vergangenen drei Monaten ausgebildet hatten, sind wahrscheinlich tot*«.[1292]

12. August 2023: Die so vollmundig gepriesene GROSSOFFENSIVE ist auch zehn Wochen danach noch ein Desaster. Eine Karte, die eindrücklich zeigt, dass die Ukraine quasi keine Geländegewinne gemacht hat. Doch die zehn Wochen kosteten Tausende von Toten und Milliarden von Euro.

16. August 2023: Das US-Nachrichtenmagazin *Newsweek* berichtet, dass die Regierung der Ukraine aufgrund der problematischen Entwicklung der Gegenoffensive vor einer Spaltung in eine militärische und eine politische Führung stehe. Denn die Gegenoffensive der ukrainischen Streitkräfte komme nur langsam voran, die Verluste für derart wenig Raumgewinn seien dafür aber extrem hoch.[1293] *Newsweek* zitiert dazu einen hochrangigen Insider der ukrainischen Staatsführung:

»*Es droht die Aufspaltung der Führung in eine militärische und in eine politische*«.[1294] Bisher hat Selenskij als Präsident beide Führungsaufgaben in Personalunion übernommen – doch nun komme es zu Konflikten mit dem Generalstab.[1295]

Nicht nur in Kiew, auch in anderen den westlichen Hauptstädten wird es viele gegenseitige Schuldzuweisungen geben. Man fragt sich allenthalben: Warum fällt ein solcher Angriff, unterstützt von westlichen Waffen im Wert von mehreren Milliarden US-Dollar, so weit hinter seinen Zielen zurück?

19. August 2023: Der Schock für Kiew: Sogar die Ukraine-Unterstützungszeitung (manchmal könnte man auch glauben, das ausländische Regierungsblatt) *BILD* **muss** angesichts der Tatsachen melden:
»*USA geben Gegenoffensive verloren ++ Kiew unter Druck*«.[1296]

20. August 2023: Oleg Soskin, ein ehemaliger Berater des früheren ukrainischen Präsidenten Leonid Kutschma, fordert die Ukrainer dazu auf, angesichts des Scheiterns der Gegenoffensive sich für den Rücktritt des amtierenden Präsidenten Selenskij auszusprechen:

»*Es ist notwendig, in Bezug auf Selenskij etwas zu unternehmen, und ich fordere noch einmal: Sammeln Sie sich, jemand muss die Initiative ergreifen. Es ist notwendig, ihm schon jetzt einige Bedingungen zu stellen*«.[1297]

Soskin betont, dass ein weiterer Verbleib des derzeitigen ukrainischen Staatsoberhaupts an der Macht zum vollständigen Zusammenbruch des Landes führen werde:

»Selenskij ist einfach gefährlich für den Staat«.[1298]

Die groß angekündigte Gegenoffensive kommt auch Wochen danach täglich im Schnitt nur rund 50 bis 200 Meter (!) voran, wie Kiew zugeben muss.[1299]

23. August 2023: Trotz der katastrophalen Ergebnisse seiner »Gegenoffensive« und trotz der Erkenntnis der US-Geheimdienste, dass dieser Offensive krachend gescheitert ist, verspricht Selenskij die »*Befreiung*« der Krim und aller anderen besetzten Gebiete.[1300]

28. August 2023: Selenskij gibt seine Forderungen nicht auf. Er sagt: *»Neue Pakete für ukrainische Kämpfer. Artillerie, gepanzerte Fahrzeuge, Luftabwehr und Raketen, Minenräumgeräte. Jeder der Partner ist über unseren Bedarf informiert. Wir warten auf Entscheidungen«.*[1301]

29. August 2023 (I): Selenskij, dem es – je nach Ausgang des Krieges – auch um sein eigenes Leben geht, kündigt eine »*maximale Erhöhung der Waffenproduktion im Land*« an. Neben Artilleriewaffen und Munition sollen auch Drohnen, Raketen und Panzerfahrzeuge in der Ukraine hergestellt werden.[1302]

29. August 2023 (II): Michail Podoljak, Berater von Andrei Jermak, dem Leiter des ukrainischen Präsidialamtes, sagt live im ukrainischen TV-Sender *Rada*:

»Heute besteht bereits absoluter Konsens bezüglich dessen, dass wir alles Russische vernichten dürfen – etwa auf der Krim. Zur Erinnerung: Vor einem Jahr noch, als irgendwelche Angriffe selbst nur gegen die Krim ausgeführt wurden, sagten alle, ‚Nein, nein, bitte nicht so etwas'. Heute umfasst der Konsens, dass wir alles Russische vernichten dürfen, alle Länder, die uns unterstützen«.[1303]

29. August 2023 (III): Nach den Aussagen von Selenskij hätten die westlichen Staaten Angriffe auf die Krim nun »***genehmigt***«.[1304]

30. August 2023: Die Ukraine bittet Deutschland und die anderen EU-Staaten um weitere Waffen- und Munitionslieferungen für den Kampf gegen Russland. Der ukrainische Außenminister Dmytro Kuleba nennt Artilleriemunition, gepanzerte Fahrzeuge und Panzer als benötigte Rüstungsgüter.[1305]

31. August 2023: Der Frust der Ukrainer aufgrund der offenbar gescheiterten Großoffensive, die vor Monaten so vollmundig angepriesen wurde, ist so groß, dass der ukrainische Außenminister Dmytro Kuleba vor Reportern regelrecht ausflippt:

»Das langsame Tempo der Gegenoffensive zu kritisieren, ist gleichbedeutend damit, ukrainischen Soldaten in das Gesicht zu spucken, die jeden Tag ihr Leben opfern und einen Kilometer ukrainischen Bodens nach dem anderen befreien. Ich würde allen Kritikern empfehlen, die Klappe zu halten, in die Ukraine zu kommen und zu versuchen, einen Quadratzentimeter selbst zu befreien«.[1306]

Anfang September 2023: NATO-Generalsekretär Jens Stoltenberg unterläuft ein Fauxpas. In seiner Rede vor dem EU-Ausschuss sagt er wörtlich (Hervorhebungen durch mich):

*»Präsident Putin erklärte im Herbst 2021, **die NATO solle versprechen, sich nicht mehr zu erweitern. Er schickte dazu einen Vertragsentwurf.**[1307] **Es war seine Bedingung, um in die Ukraine nicht einzumarschieren. Natürlich haben wir das nicht unterschrieben.** Er wollte, dass wir unsere militärische Infrastruktur in allen Bündnisstaaten entfernen, die der NATO seit 1997 beigetreten sind. Die Hälfte der NATO, also ganz Mittel- und Osteuropa, sollten militärisch eine Art B-Mitgliedschaft zweiter Klasse erhalten. Das haben wir abgelehnt. **Also zog er in den Krieg, um die NATO an seinen Grenzen zu verhindern.** Doch er hat genau das Gegenteil erreicht«.*[1308]

Der NATO-Generalsekretär gab zu, dass die NATO-Expansion der Auslöser des Ukraine-Krieges war.

4. September 2023: Der Außenminister der Ukraine Dmytro Kuleba sagt:

»Der Weg zur Diplomatie führt über das Schlachtfeld«.[1309]

7. September 2023: Der frühere Ministerpräsident der Ukraine, Nikolai Asarow[1310], sagt gegenüber dem TV-Sender *Mrija*, dass Kiews Truppen Verluste von bisher 350.000 bis 450.000 Soldaten verzeichnen würden. Die naheliegende Prognose sei, dass die Marke von 500.000 bis Ende 2023 überschritten werde.

Zudem gibt Asarow an, dass Kiew die Gefallenen gezielt als vermisst registriert, um keine Entschädigung an Angehörige zahlen zu müssen.[1311]

8. September 2023 (I): Kiew lehnt auch die neuen Friedensvermittlungen des Vatikan ab. Wie Michail Podoljak, der Berater im ukrainischen Präsidialamt, betont, stehe dies mit einer pro-russischen Haltung des Papstes in Verbindung:

»*Es ist sinnlos, über einen Vermittler namens Papst zu sprechen, wenn er eine pro-russische Haltung einnimmt, die für alle ganz offensichtlich ist*«.[1312]

Krieg über alles!

8. September 2023 (II): Selenskij sagt auf einer Konferenz in Kiew, die vor drei Monaten gestartete Gegenoffensive würde schneller vorankommen, wenn das ukrainische Militär wirkungsvollere Waffen erhielte.[1313]

8. September 2023 (III): UN-Generalsekretär António Guterres erklärt, dass er nicht mit einer baldigen friedlichen Lösung des Konflikts in der Ukraine rechne – die Konfliktparteien hätten »*beschlossen, weiterzumachen*«.[1314] Dabei verschweigt er, dass die Russen, die BRICS-Staaten, afrikanische Länder, Indonesien, China und zuletzt der Vatikan sich monatelang für diplomatische Initiativen eingesetzt hatten, die von der Ukraine aber alle abgelehnt worden sind und natürlich wieder Selenskijs Dekret, das jegliche Gespräche mit Russland verbietet.

11. September 2023: Selenskij droht dem Westen: Bei einer Kürzung der Hilfe für die Ukraine sei es unmöglich, vorherzusagen, wie die Millionen ukrainischer Flüchtlinge in den europäischen Ländern reagieren würden, sollte sein Land im Stich gelassen werden. Es wäre *keine »gute Geschichte«* für Europa, wenn es diese Menschen »in die Enge treiben« würde.[1315]

Diese Unverfrorenheit ist schwer in Worte zu fassen!

13. September 2023: EU-Ursula von der Leyen gibt zu, dass u.a. deutsche Steuerzahler die Renten der Ukrainer in der Ukraine bezahlen. Sie sagt:
Die EU werde der Ukraine »*bei jedem Schritt auf ihrem Weg zur Seite stehen*«.[1316] Diese Unterstützung durch die EU werde von Dauer sein. Und jetzt kommt's (Hervorhebungen durch mich):

»*Wir haben allein in diesem Jahr* ***zwölf Milliarden Euro für die Zahlung*** *von* ***<u>Löhnen und Renten</u>*** *bereitgestellt, um Krankenhäuser, Schulen und andere Dienste am Laufen zu halten*«.[1317] Außerdem habe die EU-Kommission die Bewilligung von weiteren 50 Milliarden Euro für Investitionen und Reformen vorgeschlagen:
»*Sie werden zur Zukunft der Ukraine beitragen, zu ihrem Wiederaufbau als modernes und blühendes Land. Und diese Zukunft ist deutlich abzusehen*«.[1318] Die Zukunft der Ukraine liege in der EU.[1319]

Der deutsche Steuerzahler zahlt über die EU die Renten für Ukrainer in der Ukraine!

Genau das bestätigt die ukrainische Wirtschaftsministerin Julia Swiridenko Ende Dezember 2023: Sie betont, dass die finanzielle Unterstützung durch die EU-Länder für die Ukraine sehr wichtig sei. Sollte sie ausbleiben, könnten zehn Millionen Rentner ohne Leistungen und 1,5 Millionen Lehrer sowie 500.000 Beamte ohne Gehälter dastehen. Swiridenko äußert die Hoffnung, dass die EU die Zuweisung von Mitteln für die Ukraine im Februar 2024 genehmigen und sie dem Land bis Ende März überweisen werde.[1320]

18. September 2023: Selenskij setzt noch einen drauf, er kann das. Er will Angst und Schrecken verbreiten. Im Vorfeld der UNO-Generaldebatte in New York warnt er in einem Interview mit *CBS* wieder vor einem Dritten Weltkrieg und vergleicht Putin mit Hitler.[1321] Mehr Superlative gehen nicht.

19. September 2023: Auf der UN-Vollversammlung schlägt Selenskijs Stunde zur Selbstdarstellung. Er sagt, Russland begehe einen Völkermord – und niemand solle »*dem Bösen vertrauen*«.[1322] Er warnt zudem vor Versuchen, hinter den Kulissen »*zwielichtige Geschäfte*« (mit einem Waffenstillstand) zu machen. Dann ist er in Fahrt:

»*Es geht nicht nur um die Ukraine. Wenn Hass als Waffe gegen eine Nation eingesetzt wird, dann hört es nie damit auf. In jedem Jahrzehnt zettelt Russland einen neuen Krieg an*«.[1323]

20. September 2023: US-Präsident Joe Biden genehmigt ein neues Rüstungspaket für die Ukraine. Es umfasst 325 Millionen Dollar (rund 304 Millionen Euro), u. a. für Luftabwehrraketen, Munition für Himars-Raketenwerfer und Artilleriegranaten.[1324]

21. September 2023: Biden empfängt Selenskij im Weißen Haus. Der ukrainische Präsident erklärt anschließend, er zähle auf die »*dauerhafte Unterstützung*« der USA:

»*Um zu gewinnen, müssen wir zusammenstehen. Und zusammen gewinnen*«.[1325]

Hintergrund: Ohne USA verliert die Ukraine

22. September 2023: Der Besuch Selenkijs wird von zunehmender Kritik seitens vieler republikanischer Abgeordneter im US-Kongress überschattet. Kevin McCarthy, der Sprecher des Repräsentantenhauses, äußert Bedenken über Selenskijs Besuch im Kapitol. **Er fordert Rechenschaft über die bereits ausgegebenen Gelder** sowie einen klaren Plan für einen Sieg im Ukraine-Krieg.[1326]

Das Weiße Haus hatte den Kongress zuvor gebeten, zusätzliche Milliardenbeträge für die Ukraine zuzusagen. Biden stellte einen Antrag auf 24 Milliarden US-Dollar. Doch die Vorbehalte in den Reihen der Republikaner bleiben bestehen. Aber trotz der wachsenden Bedenken im US-Kongress kann Präsident Biden eine Unterstützungszusage von 325 Millionen US-Dollar machen. Diesen Betrag kann er ohne Zustimmung des Kongresses freigeben.[1327]

Statt 24 Milliarden Dollar kassiert Selenskij in den USA also »nur« 325 Millionen ab.

Der ukrainische Präsident regiert wie ein beleidigtes Kind und sagt, dass die Ukraine ohne die »versprochenen« 24 Milliarden US-Dollar den Krieg verlieren werde.[1328] Das ist mehr als nur Panik, denn letztendlich geht es auch um sein eigenes Leben. Doch es nützt nichts.

25. September 2023: Mehrere republikanische Abgeordnete verlangen von der US-Regierung, **genau** anzugeben, **wie viel** US-Hilfe seit letztem Jahr in die Ukraine geflossen ist. In einem Brief, der von dem republikanischen Senator J. D. Vance und den Abgeordneten Chip Roy und Matt Gaetz verfasst wurde, fordern die Parlamentarier den Nationalen Sicherheitsberater Jake Sullivan auf, Washingtons Hilfe für die Ukraine zu erläutern. Der Beamte hatte zuvor erklärt, die Regierung habe knapp 80 Milliarden Dollar an Unterstützung genehmigt. In dem Brief heißt es u.a. (Hervorhebungen durch mich):

»Nach einer Tabelle des Amtes für Verwaltung und Haushaltswesen (Office of Management and Budget, OMB) belaufen sich die für den Krieg in der Ukraine bereitgestellten Mittel auf 111 Milliarden Dollar. ***Die Differenz zwischen den beiden Zahlen beträgt 31,1 Milliarden Dollar.*** *Diese Lücke ist größer als der letzte Nachtragshaushaltsantrag der Regierung für die Ukraine (...) Es ist schwierig, sich eine wohlwollende Erklärung für diesen Mangel an Klarheit vorzustellen«.*[1329]

30. September 2023: Ein weiterer Schock für Selenskij: Der US-Kongress wendet in letzter Minute mit einem Kompromiss eine Haushaltssperre ab – **ohne neue Ukraine-Hilfe zu beschließen.** Diese solle separat verhandelt werden.[1330] US-Präsident Biden versichert aber reflexartig:

»Ich möchte unseren amerikanischen Verbündeten, dem amerikanischen Volk und dem ukrainischen Volk versichern, dass sie auf unsere Unterstützung zählen können und wir uns nicht zurückziehen werden. Sehen Sie mich an. Wir kriegen das hin«.[1331]

1. Oktober 2023 (I): Biden wiederholt:

»Wir können unter keinen Umständen zulassen, dass die amerikanische Unterstützung für die Ukraine unterbrochen wird«.[1332] – Natürlich nicht, denn der Stellvertreterkrieg gegen Russland muss weitergehen!

1. Oktober 2023 (II): Der Sprecher des US-Repräsentantenhauses, Kevin McCarthy (Republikaner), erklärt, dass die Verteidigung der US-Grenzen für ihn wichtiger sei als die Unterstützung der Ukraine:

»Die amerikanische Grenze ist wichtig, und es ist unsere Priorität, sie zu schützen. Ich werde dafür sorgen, dass wir der Ukraine Waffen liefern, aber sie wird kein großes Hilfspaket erhalten, wenn die Grenze nicht geschützt ist«.[1333]

5. Oktober 2023: Josep Borrell, der Hohe Vertreter der Europäischen Union für Außen- und Sicherheitspolitik, sagt angesichts dessen, dass in den USA ein Streit zwischen Republikanern und Demokraten über die zukünftige Höhe der weiteren Finanzierung von Selenskijs korruptem Regime ausgebrochen ist:

»Natürlich kann Europa die Vereinigten Staaten nicht ersetzen. Natürlich können wir mehr tun, aber die USA sind unverzichtbar, um der Ukraine zu helfen«.[1334]

11. Oktober 2023: Die USA stellen ein neues Militärhilfe-Paket von 200 Millionen Dollar zur Verfügung.[1335] Ein Klacks von dem, was Selenskij braucht.

14. Oktober 2023: Neuer Schock für Selenskij: Die Republikaner nominieren Jim Jordan zum Sprecher des Weißen Hauses. Sollte er gewählt werden, will er die Hilfen an die Ukraine einstellen. O-Ton:

»Das drängendste Problem aus Sicht der Amerikaner ist nicht die Ukraine. Es ist die Situation an der Grenze und das Verbrechen auf den Straßen«.[1336]

Die Ukraine ist faktisch bankrott. Staatliche Strukturen können nur durch Zuwendungen aus dem Ausland aufrechterhalten werden. Die ukrainische Wirtschaft brach im vergangenen Jahr um 30 Prozent ein. Eine grundlegende Kehrtwende ist nicht in Sicht.[1337]

17. November 2023: Der frühere Ministerpräsident der Ukraine, Nikolai Asarow schreibt auf *Facebook:* *»Der Bankrott der Ukraine ist bereits registriert. Dieser Bankrott zeigt sich in der Tatsache, dass das Land nicht in der Lage ist, seinen Haushalt aus eigener Kraft zu füllen. 75 Prozent des Budgets sind Fremdmittel oder Zuschüsse. Und sie sind so auf den Hund gekommen, dass die Gehälter im Oktober davon abhingen, ob die Europäische Union die versprochenen Hilfen in Höhe von 1,5 Milliarden Euro pünktlich überweisen würde«.*[1338]

2024: Die Ukraine ist bankrott. Sie benötigt westliche Finanzhilfen, um die Haushaltslücke von 43 Milliarden Dollar **alleine** für das Jahr 2024 zu schließen. [1339]

22. September 2023: Derweil bleibt der Erfolg der Gegenoffensive bescheiden, und die Lage für Selenskij wird immer prekärer. Die Verluste der ukrainischen Streitkräfte sollen alleine bei der Gegenoffensive bei mehr als 40.000 Soldaten liegen. Gleichzeitig soll Russland eine neue Armeegruppe zusammenziehen, die 100.000 Mann umfassen und die mit Winterbeginn Richtung Charkiw und Poltawa vorstoßen soll. Falls die Ukraine dann nicht ausreichend Reserven in diese Abwehrschlacht werfen kann, droht ein Durchbruch der russischen Armee bis Kiew.[1340]

28. September 2023: Der NATO-Beitritt der Ukraine ist nach den Worten des ukrainischen Präsidenten Selenskij nur »*eine Frage der Zeit*«. Gleichzeitig **fordert** er mehr Unterstützung bei der Luftabwehr.[1341]

29. September 2023 (I): Selenskij pocht erneut auf eine Mitgliedschaft seines Landes:

»*Die Ukraine verdient es, ein NATO-Mitglied zu werden – und sie wird es werden*«.[1342]

29. September 2023 (II): Der ukrainische Ministerpräsident Denis Schmygal legt in einem Interview mit der Zeitung *Politico* nach. Dieses Mal zum Thema EU: Kiew sei nur mit einer Vollmitgliedschaft in der EU einverstanden und akzeptiere keine vom Westen in Betracht gezogenen Alternativen:

»*Wir wollen ein vollwertiges Mitglied sein*«.[1343]

29. September 2023 (III): Während die deutschen Medien quasi jeden **Zentimeter**, den die Ukrainer in ihrer »Gegenoffensive« erzielen, bejubeln,[1344] spricht der Ukraine-Experte des österreichischen Bundesheers, Markus Reisner, Klartext. Die Teilerfolge der Ukraine gegen das russische Militär werden nach Ansicht eines Experten überschätzt:

»*Einzelne Verteidigungslinien der Russen werden verlustreich überwunden, aber es kommt bisher nie zu einem echten Dammbruch. Es müssten alle Alarmglocken schrillen, dass nach 117 Tagen Gegenoffensive noch kein operativer Durchbruch gelungen ist*«.[1345]

30. September 2023: Selenskij kündigt an, die Ukraine zum größten Waffenproduzenten der Welt zu machen. Zusammen mit Unternehmen aus 30 Ländern der Welt will er eine eigene Verteidigungsindustrie aufbauen. Auf der entsprechenden Konferenz sind Rüstungsunternehmen aus Deutschland, den USA, Großbritannien, Frankreich, der Türkei, Schweden, Tschechien und aus asiatischen Ländern sowie Australien vertreten.[1346] Auch das hört sich nicht nach Frieden an.

1. Oktober 2023 (I): Nächste Eskalationsstufe: Großbritannien will Soldaten in die Ukraine schicken, um »Ausbildungsmissionen« direkt vor Ort auszuführen.[1347] NATO-Soldaten also in einem Land, das direkt im Krieg mit Russland steht? Gefährlicher kann es nicht kommen. Der russische Ex-Präsident Dimitri Medwedew reagiert empört auf die Ankündigungen aus London, droht den Briten und erklärt, mögliche britische Militärausbilder seien legitime Angriffsziele.[1348] Das hat offenbar Wirkung, denn der britische Premierminister Rishi Sunak dementiert hastig die Erklärung des Verteidigungsministers Grant Shapps:

»*Es werden keine britischen Soldaten in den aktuellen Konflikt geschickt*«.[1349]

Ein Satz, der für mich genauso beständig ist, wie der von DDR-Staats- und Parteichef Ulbricht am 15. Juni 1961:

»*Niemand hat die Absicht, eine Mauer zu errichten!*« Zwei Monate später war die Berliner Mauer gebaut.[1350]

1. Oktober 2023 (II): EU-Außenbeauftragter Josep Borrell, einer der fanatischsten Kriegsverlängerer, kündigt an, die Hilfe für die Ukraine sogar noch zu erhöhen:

»*Wir haben sogar die Absicht, diese zu erhöhen, weil wir die Geschehnisse als existenzielle Bedrohung betrachten. Unsere Hilfe ist langfristiger Natur* (…)«[1351]

2. Oktober 2023: Beim Treffen der EU-Außenminister in Kiew fordert Selenskij noch mehr Sanktionen gegen Russland. Seit dem letzten EU-Paket sei zu viel Zeit vergangen.[1352] Bisher sind bereits 11 (!) Sanktionspakete von der EU beschlossen worden, das letzte im Juni 2023.[1353]

3. Oktober 2023: EU-Ratspräsident Charles Michel befürwortet den Beitritt der korrupten, bankrotten Ukraine bis zum Jahr 2030.[1354]

4. Oktober 2023: EU-Kommissionspräsidentin Ursula von der Leyen kündigt weitere 50 Milliarden für die korrupte, bankrotte Ukraine an. Damit sollen »Reformen« und »Investitionen« finanziert werden.[1355] Gemeint sind dabei auch die Rentenzahlungen an ukrainische Rentner. Von der Leyen:

»*Während Russland seinen brutalen Krieg fortsetzt, sind wir alle* ***verpflichtet****, die Ukraine zu unterstützen, solange es nötig ist*«.[1356]

Derweil sind nur noch 26 Prozent der Europäer für weitere milliardenschwere Finanzhilfen an die Ukraine. Ein Jahr zuvor waren dies noch 42 Prozent. 26.514 Bewohner aus unterschiedlichen Ländern der EU waren befragt worden.[1357]

5. Oktober 2023: Auf dem Gipfeltreffen in der spanischen Stadt Grenada versichern rund 50 europäische Staats- und Regierungschefs, dass sie weiterhin zur Ukraine stehen. Selenskij **fordert** einen Winter-Schutzschirm für sein Land. Zugleich äußert er sich besorgt über eine nachlassende Unterstützung der Europäer und der USA und beteuert wieder einmal, dass ein Sieg oder eine Niederlage in der Ukraine über das Schicksal von ganz Europa entscheiden würde. Doch in den USA hängen finanzielle Hilfen für Kiew aufgrund innerstaatlicher Haushaltskonflikte in der Luft. Von Präsident Biden habe er zu hundert Prozent Unterstützung bekommen, aber im Kongress gebe es einige »*sehr befremdliche Stimmen*«, sagt Selenskij[1358], dessen Zeit langsam abzulaufen scheint.

6. Oktober 2023: US-Medien berichten, dass die Biden-Regierung voraussichtlich ein neues Waffenpaket für die Ukraine ankündigen wird. Dabei würden weiterhin Gelder aufgebraucht, die aufgrund eines **milliardenschweren Buchungsfehlers** (!) entdeckt worden seien.[1359] **Sehr** trickreich!

7. Oktober 2023: Zwischenstand Gegenoffensive: Seit Ende Mai 2023 wurden rund 300 Quadratkilometer durch die ukrainische Armee befreit. Die Russen kontrollieren jedoch rund 125.000 (!) Quadratkilometer.[1360] Das Ergebnis der groß angekündigten Gegenoffensive: Anstatt 17,5 Prozent kontrolliert die Russische Föderation »nur« noch 16,7 Prozent ukrainisches Territorium.[1361] Das kostete tausende Soldaten auf beiden Seiten das Leben und Milliarden für immer neue Waffen.

11. Oktober 2023 (I): Selenskij kommt nach Brüssel, wo sich 50 Verteidigungsminister treffen, um für weitere Unterstützung zu werben. Er drängt erneut:

»*Der nächste Winter ist für uns eine der größten Herausforderungen. Wir bereiten uns vor, wir brauchen Unterstützung*«.[1362]

11. Oktober 2023 (II): Selenskij bekommt Angst. Er warnt vor einem möglichen Nachlassen der internationalen Unterstützung für Kiew wegen des Konflikts im Nahen Osten.[1363]

11. Oktober 2023 (III): In einem Interview mit rumänischen Journalisten erklärt der Präsident der Ukraine, dass sich der Konflikt mit Russland in der Endphase befinde:

»*Ich glaube, wir befinden uns im Schlussteil. Wir haben viele Befürchtungen – Geld, Waffen – aber wir sind im Schlussteil, in dem schwersten*«.[1364]

14. Oktober 2023: Der ukrainische Finanzminister Serhij Martschenko sagt, es sei viel schwieriger, sich finanzielle Hilfe von den Partnern zu sichern. Im Vergleich zum April müsse sich die Ukraine doppelt so stark um Hilfszusagen bemühen:

»*Ich sehe viel Müdigkeit, ich sehe viel Schwäche bei unseren Partnern*«.[1365]

15. Oktober 2023: Der Sekretär des Verteidigungsausschusses der Obersten Rada, Roman Kostenko, sagt in der *Frankfurter Allgemeinen Zeitung* (FAZ), dass die Ukraine nicht genügend Mittel habe, um die Ziele zu erreichen, die die Führung in Kiew vor Beginn der Gegenoffensive gesetzt habe:

»*Damit meine ich nicht nur Artillerie oder Panzer. Für eine Offensive müssten wir bei allen Waffentypen mindestens gleich stark sein. Wir haben aber viel weniger. Uns fehlen auch weitreichende Raketen, Luftunterstützung, Artillerie und Mehrfachraketenwerfer (…) Man kann damit eigentlich nicht gewinnen, sondern höchstens die Linie halten*«.[1366]

17. Oktober 2023: Die EU beschließt ein weiteres Milliarden-Paket: In den kommenden vier Jahren soll die Ukraine insgesamt 50 Milliarden Euro vom den EU-Steuerzahlern erhalten.[1367]

20. Oktober 2023: US-Präsident Biden bittet den Kongress um weitere 61,4 Milliarden Dollar für die Ukraine,[1368] die ein Fass ohne Boden ist.

24. Oktober 2023: Selenskij bekommt kalte Füße und wirbt um **lange** Hilfe für Ukraine:

»*Die Aufmerksamkeit der Welt für die Ukraine, für den Schutz der Freiheit und des Völkerrechts muss gewahrt bleiben – dafür tun wir alles*«.[1369]

25. Oktober 2023 (I): Selenskij **fordert** EU-Beitrittsgespräche bis Ende 2023.[1370]

25. Oktober 2023 (II): Doch genau diese EU scheint der Ukraine (vorerst, wie wir noch sehen werden) langsam aber sicher den Geldhahn abzudrehen, wie *RT.de* berichtet:
»*'Die EU ist bereit, der Ukraine nur die Hälfte der für das nächste Jahr geplanten Mittel zur Verfügung zu stellen. Es handelt sich um neun Milliarden Euro und nicht um 18 Milliarden Euro wie geplant', sagte der stellvertretende Wirtschaftsminister der Ukraine, Aleksej Sobolew, laut der russischen Nachrichtenagentur TASS im ukrainischen Fernsehen*«.[1371] Und weiter:

»*Die EU habe Kiew bis 2027 insgesamt 50 Milliarden Euro zugesagt, von denen 39 Milliarden Euro zur Deckung des Haushaltsdefizits bestimmt sind, erinnerte Sobolew. Aktuell arbeite man mit den Europäern daran, dass von diesen 39 Milliarden Euro genau 18 Milliarden Euro im nächsten Jahr zur Verfügung stehen. Das EU-Hilfsprogramm für die Ukraine in Höhe von 50 Milliarden Euro über vier Jahre sieht eine Hilfe von rund 1,02 Milliarden Euro pro Monat vor. Dies entspricht einer Halbierung der monatlichen Mittel für den ukrainischen Haushalt, die die EU bis 2023 bereitstellen wollte. Das Programm muss nach seiner Diskussion auf dem EU-Gipfel im Dezember von den Mitgliedsländern noch gebilligt werden*«.[1372]

30. Oktober 2023: Selenskij ist so gut wie fertig. Das jedenfalls muss man annehmen, wenn man die Äußerungen seines Beraters zur Kenntnis nimmt, die im US-Magazin *TIME* publiziert werden. Demnach fühlt sich der ukrainische Präsident vom Westen verraten, weil er nicht mehr so viel Aufmerksamkeit bekommt wie zu Beginn des Krieges. Unter Berufung auf ein Teammitglied des ukrainischen Präsidenten schreibt *TIME*:
»*Selenskij fühlt sich von seinen westlichen Verbündeten verraten. Sie haben ihm nicht die Mittel überlassen, den Krieg zu gewinnen, sondern nur Mittel, um ihn zu überleben*«.[1373]

Einer von Selenskijs engsten Vertrauten sagt gegenüber dem US-Magazin:
»***Er macht sich etwas vor. Wir haben keine Optionen mehr. Wir werden nicht gewinnen. Aber versuchen Sie, ihm das zu sagen***«.[1374]

Selenskij selbst erklärt angesichts des Überfalls der Hamas aus dem Gaza-Streifen in Israel am 7. Oktober 2023 mehr oder wenig eifersüchtig zu Reportern:
»*Es ist logisch*«, dass während Israel »*die Hilfe der Welt*« erhält, »*wir verlieren*« werden.[1375]

1. November 2023: In einem Artikel für die britische Zeitschrift *The Economist* schlägt der Oberbefehlshaber des ukrainischen Militärs, General Waleri Saluschny, indirekt Alarm. Er schreibt u.a.:
»*Der Übergang des Krieges in eine Positionsphase führt zu seiner Verlängerung und trägt bedeutende Risiken sowohl für die Streitkräfte der Ukraine als auch für den Staat insgesamt*«.[1376]

Außerdem weist Saluschny auf die hohe Effektivität der russischen Luftstreitkräfte und der elektronischen Kriegsführung hin und räumt ein, dass sich zahlreiche ukrainische Bürger der Mobilmachung entziehen.[1377] Der ukrainische Oberbefehlshaber räumt zudem ein, dass der Verlauf der Gegenoffensive bisher nicht dazu geführt habe, Putin zu signalisieren, dass sein Angriffskrieg nicht zu gewinnen sei. Dann sagt Saluschny das, was man im Westen – nach Milliardenüberweisungen nach Kiew – nicht hören will: **Zahlenmäßig, militärisch und wirtschaftlich sei Russland der Ukraine weit** überlegen.[1378]

2. November 2023: Selenskij ist immer verzweifelter. In einem *NBC*-Interview bettelt er förmlich um Geld:
»*Wenn ihr uns keine finanzielle Unterstützung geben könnt, okay. Okay, bitte gebt uns dann einen Kredit und wir werden euch nach dem Krieg das Geld zurückgeben*«.[1379]

Genau das glaubt der bankrotten und korrupten Ukraine aber keiner mehr, der normal denken kann.

3. November 2023: Unbeirrt dessen, dass sein eigener Oberbefehlshaber von einer katastrophalen ukrainischen Lage spricht, verkündet Selenskij trotzdem weiter Durchhalteparolen:
»*Die moderne Welt ist so gestaltet, dass sie sich zu schnell an den Erfolg gewöhnt. Als die Aggression in vollem Umfang begann, haben viele Menschen auf der Welt erwartet, dass die Ukraine nicht standhalten würde. Mittlerweile werden die kolossalen Leistungen unseres Volkes, aller unserer Soldaten, einfach als gegeben angesehen*«.[1380]

6. November 2023: Verzweiflung pur! Die Ukrainer versuchen es jetzt mit offener Erpressung, denn ihr Land steht vor dem Staatsbankrott: Das Haushaltsloch für 2024 beträgt 29 Milliarden US-Dollar. Ohne die Hilfe westlicher Verbündeter droht dem Land das Aus. Der ukrainische Finanzminister sagt, dass sein Land **dringend** finanzielle Unterstützung benötigt und setzt in unverschämter und schulmeisterlicher Weise hinzu:
»*Wir sind bereit, über Reformen zu diskutieren, aber wir sind nicht bereit, dass dies zu einer Verzögerung bei der Bereitstellung von Unterstützung für die Ukraine führen könnte. Wir brauchen das Geld ab Anfang nächsten Jahres*«.[1381]

Und dann droht und erpresst er:
»*Die Folgen der Wirtschaftskrise werden sehr, sehr traumatisch sein, nicht nur für die Ukraine, sondern für ganz Europa, auch wegen der Migration, wegen des enormen Preisanstiegs in ganz Europa, vor allem bei einigen Lebensmitteln, vielleicht auch bei Öl und Gas*«.[1382]

7. November 2023: Selenskij sagt in seiner aktuellen Video-Botschaft, dass im Frühjahr 2024 sicher keine Wahl stattfinden werde. Im August wollte er noch Geld von der EU und den USA dafür, dass er eine Wahl im Jahr 2024 abhält (siehe oben). Die EU-Spitze in Brüssel ignoriert das und empfiehlt sogar Beitrittsgespräche mit Kiew.[1383] Beim nächsten EU-Gipfel der Staats- und Regierungschefs im Dezember 2023 wird sich zeigen, ob alle Mitgliedstaaten der Kommission folgen wollen.[1384] Selenskij erklärt zudem:
»*Die Ukraine wird in der EU sein*«. Die Mitgliedschaft bedeute für die Ukraine »*wirtschaftliche Sicherheit und soziale Stabilität*«.[1385] Da hat Selenskij recht, denn die europäischen Steuerzahler (allen voran die Deutschen) müssten dann den korrupten und bankrotten Staat mit weiteren Milliardenzahlungen unterstützen.

8. November 2023: Selenskij kündigt an, die Gegenoffensive fortsetzen und bis Ende des Jahres »*Ergebnisse*« auf dem Schlachtfeld erzielen zu wollen.[1386]

9. November 2023: Der ukrainische Außenminister Dmytro Kuleba erteilt allen Forderungen nach Verhandlungen zwischen der Ukraine und Russland eine Absage:
»*Diejenigen, die behaupten, dass die Ukraine jetzt mit Russland verhandeln sollte, sind entweder schlecht informiert oder werden in die Irre geführt*«.[1387]

21. November 2023: Selenskij lehnt trotz der schwierigen Lage der ukrainischen Streitkräfte weiterhin Verhandlungen mit Russland ab. In einem Interview mit der britischen Boulevardzeitung *The Sun* erklärt er:
»*Ist es auf dem Schlachtfeld schwierig? Ja. Aber mit Russland Freundschaft schließen oder sich an den Verhandlungstisch setzen? Nein*«.[1388]

Demgegenüber signalisiert Moskau wiederholt Bereitschaft, Verhandlungen mit der Ukraine zu führen. Doch Selenskij hat Gespräche mit Moskau per gesetzlichem Dekret **verboten**.[1389]

22. November 2023: Ursula von der Leyen verkündet im sozialen Netzwerk *X*:
»*Heute haben wir 1,5 Milliarden Euro an Makrofinanzhilfe an die Ukraine überwiesen. Damit hat unsere Hilfe für die Ukraine insgesamt 85 Milliarden Euro erreicht*«.[1390]

24. November 2023: Die *BILD* berichtet unter Verweis auf Regierungskreise, dass sich die Bundesregierung inzwischen zum Hauptziel gesetzt haben soll, die Ukraine auf Basis des aktuellen Frontverlaufs in eine »*strategisch gute Verhandlungsposition*« zu versetzen. Aus dieser Position heraus solle Kiew mit Moskau über seine »*Souveränität und territoriale Integrität*« verhandeln. Washington und Berlin sollen sich dazu abstimmen. Allerdings wolle man Selenskij nicht direkt zu Friedensgesprächen auffordern:
»*Selenskij soll selbst zu der Erkenntnis kommen, dass es so nicht weitergeht. Ohne Aufforderung von außen. Er soll sich aus freien Stücken an seine Nation richten und erklären, dass man verhandeln muss*«.[1391]

Der deutsch-amerikanische Plan sei, Kiew genau jene Waffen in genau den Mengen zu liefern, dass die ukrainische Armee zwar die aktuelle Front halten könne, zu einer Rückeroberung ihrer verlorenen Gebiete militärisch jedoch nicht in der Lage sei. Dadurch solle Selenskij zu der Einsicht gelangen, dass eine Fortsetzung des Krieges entlang einer festgefahrenen Front für sein Land nicht mehr sinnvoll sei.[1392] Der Plan wird, wie wir im weiteren Verlauf sehen werden, jedoch nicht eingehalten. Ganz im Gegenteil sogar: immer mehr und immer weitreichendere Waffen werden geliefert.

27. November 2023 (I): Wer immer noch glaubt, die Amerikaner lügen *nicht*, wird an diesem Tag eines Besseren belehrt. Die US-Regierung hält Verhandlungen zwischen der Ukraine und Russland für eine Beendigung des Kriegs zum jetzigen Zeitpunkt nämlich für »sinnlos« und dann geht die Lüge los:
»*Wir sehen keine Anzeichen dafür, dass Russland bereit ist, substanzielle, echte Friedensverhandlungen zu führen*«.[1393]

Kein Wort darüber, dass die Ukraine Friedensverhandlungen per Dekret **verboten** hat, **kein** Wort über die Friedensbemühungen von Brasilien, Indien, China, Afrika und des Vatikan, die **alle** von der Ukraine abgelehnt wurden, **kein** Wort davon, dass die NATO einen Frieden bereits im März 2022 abgelehnt und die Ukraine zum Weiterkämpfen aufgefordert hatte. So sehen Lügen aus!

27. November 2023 (II): In einem Interview für den Podcast (Hörsendung) von Roseanne Barr sagt Rudy Giuliani, der frühere Bürgermeister von New York City und ehemaliger Anwalt von Donald Trump, dass US-Präsident Joe Biden und sein Sohn Hunter von Selenskij erpresst werden könnten. Selenskij soll über Kontonummern und Dossiers verfügen, die Biden schwer belasten. Und weiter:
»*Sein Mentor war der größte Geldwäscher der Ukraine,* [Igor] *Kolomoiski. Selenskij kennt die ganze Geschichte*«.[1394]

28. November 2023: Die NATO hat der Ukraine bisher reine Militärhilfe im Wert von 100 Milliarden Euro geleistet, sagt der Generalsekretär der Allianz Jens Stoltenberg und kündigt weitere Hilfen, bzw. kein Ende des Krieges, an:
»*Die NATO-Verbündeten haben sich verpflichtet, die Ukraine solange wie nötig zu unterstützen, weil das im Interesse unserer eigenen Sicherheit liegt*«.[1395]

4. Dezember 2023: Die bisher vom US-Kongress bewilligten Mittel für die Ukraine werden nach Angaben der Regierung zum Jahresende komplett aufgebraucht sein. Wenn das Parlament nicht handele, werde die Regierung dann keinerlei Mittel mehr haben, um weitere Waffen und Ausrüstung für die Ukraine zu beschaffen, schreibt die Direktorin des nationalen Haushaltsamtes, Shalanda Young.[1396]

5. Dezember 2023 (I): Selenskij bekommt neue Panik und soll per Videoschaltung in eine nicht-öffentliche Sitzung der US-Senatoren zugeschaltet werden, um weitere Unterstützung zu erbitten.[1397] Doch die Zuschaltung wird von Selenskij kurzfristig abgesagt.[1398] In letzter Minute sei »*etwas*« dazwischengekommen, sagt der demokratische Mehrheitsführer Chuck Schumer.[1399] Eine genaue Begründung gibt es nicht.

5. Dezember 2023 (II): Weitere Militärhilfen der USA stehen auf der Kippe. Republikanische Senatoren verlassen die Anhörung dazu aus Entrüstung über den Unwillen der befragten Regierungsbeamten, Fragen zur Sicherheit der Südgrenzen der USA zu beantworten. John Cornyn, im Senat für die texanischen Republikaner, sagt:
»*Sie wollen unseren Freunden und Verbündeten jenseits der Ozeane mit Milliarden von US-Dollars helfen, doch das Nötige tun, um eine mögliche Krise an der Grenze zu verhindern, wollen sie nicht. Die Biden-Regierung scheint sich dafür schlicht nicht zu interessieren*«.[1400]

6. Dezember 2023: Der Leiter des ukrainischen Präsidentenbüros, Andrij Jermak, warnt bei weiter ausbleibender US-Finanzierung vor einer drohenden Niederlage der Ukraine. Er **fordert** den Kongress auf, ein seit Oktober blockiertes Milliardenpaket auf den Weg zu bringen.[1401] Welche Anmaßung!

14. Dezember 2023: Endlich kann Selenskij wieder einmal triumphieren: Der EU-Gipfel macht den Weg frei für die Aufnahme von Beitrittsverhandlungen mit der Ukraine. Selenskij:
»*Ein Sieg, der motiviert, inspiriert und stärkt. Geschichte wird von denjenigen gemacht, die nicht müde werden, für die Freiheit zu kämpfen*«.[1402]

18. Dezember 2023: Doch der Untergang von Selenskijs Regime scheint unaufhaltbar. Jetzt beginnen EU-Mitglieder eine mögliche Niederlage der Ukraine im Konflikt mit Russland und deren Folgen zu »*bedenken*«. Das berichten Quellen, die mit den internen Diskussionen vertraut sein wollen, gegenüber *Bloomberg*.[1403]

19. Dezember 2023: Selenskij bleibt stur. Er setzt lieber sein eigenes Land aufs Spiel. Er lehnt die Idee eines Beitritts der Ukraine zur NATO **ohne** die russisch besetzten Gebiete ab. Die stärkste Sicherheitsgarantie für die Ukraine sei nämlich ihr Beitritt als **ganzes** Land.[1404] Doch angesichts der Tatsachen auf dem Schlachtfeld ist das unrealistisch. Jeder weiß das inzwischen, aber nur die wenigsten reden darüber.

21. Dezember 2023 (I): Selenskij appelliert vor Weihnachten an den Kampfgeist seiner Landsleute: Es brauche ein »*Maximum an Aufmerksamkeit für die Verteidigung, ein Maximum an Anstrengungen für den Staat, ein Maximum an Energie, damit die Ukraine ihre Ziele erreichen kann*«.[1405]

21. Dezember 2023 (II): Weihnachtsgeschenk für Selenskij: Westliche Gläubiger einigen sich mit der Ukraine darauf, eine bereits im September 2022 vereinbarte Aussetzung der Schuldenzahlungen noch einmal bis März 2027 (!) zu verlängern.[1406]

27. Dezember 2023: Die EU bereitet ein Hilfsprogramm von bis zu 20 Milliarden Euro für die Ukraine vor. Der schuldenfinanzierte Plan soll Ungarn umgehen, um das Geld schnell für die Regierung in Kiew freizugeben.[1407] Für die Fortsetzung des Ukraine-Krieges wird also auch der Bruch von EU-Reglementarien hingenommen.

29. Dezember 2023: Biden bettelt im Kongress um mehr Ukraine-Hilfe, denn es stehe mehr auf dem Spiel als nur die Ukraine. Es gehe um das gesamte NATO-Bündnis, die Sicherheit Europas und die Zukunft der transatlantischen Beziehungen. Mit der militärischen Hilfe hätten die USA dazu beigetragen, viele Menschenleben zu retten (!). Der Kongress müsse handeln, und zwar ohne Verzögerung. Zum Abschluss mahnt Biden, die Ukraine nicht im Stich zu lassen.[1408]

2. Januar 2024: Auch im neuen Jahr geht das Töten auf den Schlachtfeldern weiter. Das Ganze gleicht einem Ertrinkenden, der sich an einen Strohhalm klammert. Kiew will sich die drohende Niederlage nicht eingestehen. Stattdessen drängt die Ukraine ihre Verbündeten zu noch schnelleren Waffenlieferungen.[1409]

6. Januar 2024: Wie sehr die Ukraine am Ende ist, präzisiert der Abgeordnete der Werchowna Rada Alexei Gontscharenko: Das Militärressort verfüge nicht über Mittel, um mehr als ein Drittel der Ausgaben unter dem Artikel »Sold für das Militärpersonal« zu decken. Gontscharenko gibt an, dass das Defizit bei diesem Haushaltsposten 36 Prozent beziehungsweise 11,3 Milliarden US-Dollar betrage. Außerdem sieht der Haushalt der Ukraine für 2024 ein Defizit von 43,5 Milliarden US-Dollar vor. Kiew will das bankrotte Land mithilfe von neuem Kapital der westlichen Verbündeten retten.[1410]

7. Januar 2024: Selenskij schwelgt im Größenwahn. Die verheerende militärische und strategische Lage verkennend, sagt er, die Ukraine könne Russland besiegen:
»*Selbst Russland kann wieder dazu gebracht werden, internationales Recht zu wahren. Der Angreifer kann besiegt werden*«.[1411]

16. Januar 2024 (I): Die nächste Katastrophe für Selenskij: John Kirby, Sprecher der US-Regierung für die nationale Sicherheit sagt:

»Die von uns geleistete Hilfe ist nun zum Erliegen gekommen«.[1412]

Hintergrund ist ein Streit im Kongress über weitere finanzielle Unterstützung für die Regierung in Kiew.

16. Januar 2024 (II): Auf dem Weltwirtschaftsforum in Davos mahnt EU-Kommissionspräsidentin Ursula von der Leyen weitere Unterstützung für die Ukraine an:

»Die Ukraine benötigt Planbarkeit bei der Finanzierung im gesamten Jahr 2024 und darüber hinaus«. Kiew brauche zudem *»ausreichende und kontinuierliche Waffenlieferungen, um die Ukraine zu verteidigen und ihr rechtmäßiges Hoheitsgebiet zurückzuerobern«.* Die **Ukraine könne im Krieg gegen Russland bestehen** (Aufgepasst: Es heißt nun nicht mehr, die Ukraine könne siegen/MGR), betonte von der Leyen. *»Aber wir müssen sie in ihrem Widerstand weiter stärken«.*[1413]

Kriegsverlängerungsbefürworterin von der Leyen glaubt also an das Bestehen der gesamten Ukraine, will immer mehr Milliarden in das bankrotte Land pumpen und nimmt weitere Tausende Opfer und Verkrüppelte auf beiden Seiten in Kauf.

17. Januar 2024: Von der Leyen wirkt. Regierungschefsprecher Steffen Hebestreit teilt mit, Deutschland werde die Ukraine 2024 mit militärischen Gütern im Wert von mehr als sieben Milliarden Euro unterstützen.[1414] Sieben Milliarden neues Steuergeld.

20. Januar 2024 (I): Selenskij schwindelt in einem Fernsehinterview mit *Channel 4*:

»Er [Putin/MGR] *will keinen Frieden mit der Ukraine«.*[1415]

Der ukrainische Präsident sagt die Unwahrheit, wie ich schon mehrfach in dieser Publikation erwiesen habe. Putin hat immer wieder betont, dass er Friedensverhandlungen nicht abgeneigt sei. Selenskij hingegen hat per **Dekret** jegliche Verhandlungen mit Russland verbieten lassen. Wieso sagt er das nicht? Wieso berichten die einseitigen Mainstreammedien nicht über diesen **entscheidenden** Punkt?

20. Januar 2024 (II): Mychajlo Podoljak, Berater von Präsident Selenskij, fordert von den Verbündeten im Kampf gegen Russland mehr Waffen.[1416] Ein Ende des Krieges ist also auch im neuen Jahr nicht in Sicht.

28. Januar 2024 (I): Selenskij sieht, dass die Ukraine sich einer Niederlage nähert. Um seine Verbündeten zu immer mehr Waffenlieferungen zu drängen, warnt er erneut vor einem *»Dritten Weltkrieg«* und dass auch Deutschland in Gefahr wäre. Und trotz zig Milliarden, die Deutschland Kiew bereits überwiesen hat (für 2024 sind weitere sieben Milliarden Euro vorgesehen), fordert Selenskij erneut, dass Deutschland und andere Staaten zeigen müssten, ob die Ukraine aus ihrer Sicht *»recht hat und man Russland in die Schranke zurückweisen soll«.*[1417]

28. Januar 2024 (II): Selenskij wirkt. Olaf Scholz wirbt auf der Europadelegiertenkonferenz der SPD dafür, die Unterstützung für die Ukraine **auszuweiten.**[1418]

28. Januar 2024 (III): Dreist? In einem Interview in der Sendung *Caren Miosga*, sagt Selenskij, dass Deutschland die *»Hilfen«* (Bürgergeld und Sozialhilfe) für die Ukrainer direkt an die Regierung in Kiew überweisen sollte und die ukrainische Regierung dann das Geld verteilen könne, je nachdem, *»wo sich der Mensch«* aufhalte. Pikant: Im ursprünglichen Interview wurde diese Passage nicht gesendet, aber die Ukraine veröffentlichte das ganze Interview.[1419]

28. Januar 2024 (IV): Die EU plant, die Ukraine mit 50 Milliarden Euro zu unterstützen. Damit soll die Ukraine in die Lage versetzt werden, ihre Staatlichkeit aufrechtzuerhalten. Mit dem Geld sollen **Gehälter von Beamten und staatlichen Angestellten sowie Pensionen bezahlt** werden. Auch der **Sold der Soldaten** soll darüber finanziert werden. Für die Umsetzung benötigt die EU die Zustimmung aller 27 Mitgliedsstaaten. Ungarn blockiert die Entscheidung aber bisher.[1420] Das soll nicht mehr lange so bleiben, denn die EU kündigt an, Gelder an Ungarn zu streichen, sollte die Regierung in Budapest weiterhin stur bleiben. Die britische *Financial Times* berichtet sogar noch Unglaublicheres: Der Brüsseler Plan sieht vor, durch einen Vertrauensverlust unter Anlegern eine Schwächung der ungarischen Währung zu erreichen. Dabei würden die Zinsen für die Aufnahme neuer Schulden in die Höhe schnellen. **Die EU plane, ein griechisches Szenario für Ungarn künstlich auszulösen.** Um dies zu erreichen, sollen die Staatschefs der EU-Länder versichern, dass sie jegliche EU-Finanzierung für Ungarn dauerhaft einstellen. Damit soll ein Schock unter den Investoren ausgelöst werden, die dann aus ungarischen Anleihen fliehen würden. Verräterisch: Brüssel verweigert die Kommentierung mit dem Hinweis, man würde zu Leaks (Enthüllungen/Geheimnisse) grundsätzlich keine Stellung nehmen.[1421]

31. Januar 2024: Die EU-Staaten sagen der Ukraine für das laufende Jahr **weitere** 21 Milliarden Euro an bilateraler Waffenhilfe zu.[1422]

1. Februar 2024: Die 27 EU-Mitgliedsstaaten einigen sich auf ein zusätzliches Hilfspaket im Umfang von 50 Milliarden Euro für die Ukraine. Alleine für 2024 wird der Bedarf von Kiew an ausländischer Finanzierung mit mehr als 34 Milliarden Euro angegeben.[1423] Der Krieg kann also weitergehen. Mit dem Geld wird aber auch Selenskij, dessen Popularität in der Bevölkerung stetig sinkt (siehe unten), mehr oder weniger »künstlich« an der Macht gehalten.[1424]

2. Februar 2024 (I): Selenskij reichen die 50 Milliarden Euro nicht, die ihm zugesagt wurden. Er fordert die Staats- und Regierungschefs der EU auf, gemeinsam einen Fonds zur Unterstützung der Ukraine im Rahmen der Europäischen Friedensfazilität einzurichten.[1425]

2. Februar 2024 (II): Dem ehemaligen ukrainischen Botschafter in Deutschland, Andrei Melnyk, geht das noch nicht weit genug. Er **fordert** von der EU in der *Berliner Zeitung*, 160 Milliarden Euro **pro Jahr** an Hilfe für die Ukraine.[1426]

2. Februar 2024 (III): Es wird immer verrückter: Kriegsverlängerer NATO-Generalsekretär Stoltenberg wird für den Friedensnobelpreis nominiert. Begründung:
»*Niemand hat im vergangenen Jahr* ***mehr für Frieden*** *und Demokratie in Europa und weltweit getan als Jens Stoltenberg*«.[1427]

3. Februar 2024: Die Führung in der Ukraine wird immer realitätsferner: Alexei Danilow, der Leiter des Nationalen Sicherheits- und Verteidigungsrates, droht, eine entmilitarisierte Zone bis nach **Moskau und Sankt Petersburg** (!) vorzuschieben.[1428]

5. Februar 2024: Donald Trump hat die Abgeordneten seiner republikanischen Partei aufgefordert, im Kongress **gegen** den Entwurf für ein Ukraine-Hilfspaket in Verbindung mit einer besseren US-Grenzsicherung zu stimmen. Der Kompromiss zwischen Demokraten und Republikanern sieht jetzt endlich ein milliardenschweres Paket zur besseren Absicherung der US-Grenzen und erhebliche Änderungen in der Einwanderungspolitik vor. Unter anderem soll der US-Präsident dazu ermächtigt werden, künftig Asylsuchende zurückzuweisen, sofern pro Woche mehr als 5.000 irreguläre Grenzübertritte festgestellt werden. Das sogenannte »*Nationale Sicherheitszusatzgesetz*« umfasst insgesamt 118,3 Milliarden Dollar (109,8 Milliarden Euro), darunter 60 Milliarden Dollar zur Unterstützung der Ukraine, 14,1 Milliarden Dollar an Unterstützung für Israel, zehn Milliarden Dollar für humanitäre Hilfe sowie 20,2 Milliarden Dollar für die Grenzsicherung.[1429]

6. Februar 2024: Ursula von der Leyen ist völlig von der Rolle. Sie sagt (Hervorhebungen durch mich):
»*Wenn wir in die Zukunft blicken,* ***müssen wir die Verteidigungskapazitäten der Ukraine als Teil unserer eigenen Verteidigungskapazitäten betrachten****. Aus diesem Grund haben wir die Ukraine in die Vorbereitungen unserer eigenen Strategie für die Verteidigungsindustrie einbezogen. Das ist der erste Schritt, der dazu führen sollte, die* ***Ukraine in einige unserer Verteidigungsprogramme zu integrieren***«.[1430]

7. März 2024: US-Präsident Joe Biden sagt in seiner Rede zur Lage der Nation:
»*Wir müssen gegen Putin aufstehen. Wenn die USA sich abwenden, ist die Ukraine in Gefahr, ist Europa in Gefahr. Meine Botschaft ist klar: Wir werden nicht einknicken. Ich werde nicht einknicken*«.[1431]

10. März 2024: Selenskij schließt im Interview im *BFM TV* jeglichen Waffenstillstand aus.[1432]

14. März 2024: NATO-Generalsekretär Jens Stoltenberg verkündet bei der Vorstellung seines Jahresberichts über die Sicherheit der Organisation, dass **die NATO-Länder der Ukraine 99 Prozent der gesamten Militärhilfe zur Verfügung gestellt hätten**. Kiew brauche jedoch **noch mehr** und zwar dringend, denn es habe keine Munition mehr.[1433]

26. März 2024: Der EU-Außenbeauftragte Josep Borrell lässt in einem Interview mit *CNN* endgültig die Katze aus dem Sack und erklärt, **dass die EU eigentlich die Interessen der USA vertreten**:
»*Das ist keine Frage der Großzügigkeit, keine Frage der Unterstützung der Ukraine, weil wir das ukrainische Volk lieben. Dies liegt in unserem eigenen Interesse, aber auch im Interesse der USA als globaler Akteur, der als verlässlicher Partner wahrgenommen werden sollte, der die Sicherheit seiner Verbündeten gewährleistet*«.[1434]

20. April 2024: Endlich, nach sechs Monaten Tauziehen, stimmen die Abgeordneten im US-Repräsentantenhaus für das Paket im Umfang von 61 Milliarden Dollar (rund 57 Milliarden Euro), das zuvor monatelang von den oppositionellen Republikanern blockiert worden war.[1435] Der Krieg kann weitergehen!

21. April 2024: Mitgliedstaaten des Nordatlantikbündnisses haben in ihren jeweiligen Botschaften in Kiew Militärangehörige stationiert. Diese Offiziere sollen beratende Funktionen ausüben, das erklärt NATO-Generalsekretär Jens Stoltenberg gegenüber MSNBC News.[1436]

30. April 2024: Selenskij fantasiert angesichts der verheerenden Lage der ukrainischen Armee trotzdem weiter. Er sagt zum Thema NATO-Beitritt (Hervorhebungen durch mich):
»*Meiner persönlichen Meinung nach werden wir erst in der NATO sein,* ***nachdem wir gesiegt*** *haben*«.[1437]

EXKURS:
Selenskij feuert den Oberkommandierenden der Ukraine

8. Februar 2024: Geheimes Treffen von Generälen der Bundeswehr in Kiew: **Hochrangige deutsche Militärs sind in der Ukraine,** um sich mit ihren dortigen Amtskollegen auszutauschen. Das Verteidigungsministerium bestätigt:

»Der Generalinspekteur der Bundeswehr, General Breuer, ist derzeit, unter anderem in Begleitung von Generalmajor Dr. Freuding, in der Ukraine«.[1438]

Ziel der Gespräche, so eine Sprecherin des Verteidigungsministeriums, sei *»der weitere Austausch über die aktuellen Notwendigkeiten der Verteidigung sowie die zukünftigen militärischen Herausforderungen«.*[1439]

Breuer war im Mai 2023 schon einmal in Kiew (siehe oben).

Gleichzeitig entlässt Selenskij seinen wichtigsten General, den Oberbefehlshaber der ukrainischen Streitkräfte, Walerij Saluschnyj.[1440]

9. Februar 2024: Langsam kommen Hintergründe für den Rauswurf heraus. Sogar die *BILD*, die sich zeitweise liest wie ein Kiewer Regierungsblatt, in dem von Objektivität keine Rede sein kann, schreibt:

»Saluschnyj wollte seit langem den Abzug aus Bachmut im Osten des Landes, um seine Soldaten zu schonen und weitere große Verluste zu verhindern, aber Selenskyj wollte festhalten – auch aus symbolischen Gründen«.[1441]

Selenskij ist nach Meinung seines Oberkommandierenden also schuld am Sterben Tausender Soldaten!

BILD weiter: *»Der Ex-Schauspieler und der Berufsoffizier waren von Anfang an ein ungleiches Paar, das die Ukraine gegen Russland verteidigen sollte. Der eine aus dem TV quasi direkt in den Präsidialpalast, der andere mit sowjetischer Militärausbildung, der jetzt an vorderster Front gegen Russland kämpft«.*[1442]

Weitere Gründe, weshalb Selenskij seinen Rivalen rausschmiss, die gemutmaßt werden:

➔ Saluschnyj sprach Ende 2023 von einem *»Patt«* an der Front und dringend benötigten 500.000 weiteren Soldaten. Selenskij wies das zurück, er wollte offenbar die Bevölkerung beruhigen.[1443]

➔ Saluschnyj verwies intern immer wieder darauf, dass die Anzahl westlicher Waffen für eine Gegenoffensive nicht reiche. Selenskij drückte die Offensive durch. Eine kapitale Fehleinschätzung.[1444]

➔ Das Umfeld von Saluschnyj bemängelte, dass sich Selenskij immer mehr in militärische Fragen einmische.[1445]

➔ Der General wurde zu Beginn des Krieges zum Helden der Soldaten, aber auch des gesamten Landes. Ein National-Held. Während Selenskijs Umfragewerte gerade immer mehr litten, blieben die Werte von Saluschnyj konstant oder stiegen sogar. Er war teilweise bis zu 20 Prozentpunkte beliebter als der Präsident.[1446] Die Nachrichtenagentur *Bloomberg* meldet, die Beliebtheit von Saluschny liege in der Bevölkerung aktuell bei 90 Prozent.[1447]

➔ Das Politmagazin *Politico* nennt noch andere Gründe, die hierzulande natürlich nicht erwähnt werden:

➔ Einer der Gründe für die Absetzung von Waleri Saluschnyi könnten die Spannungen zwischen dem Oberkommandierenden und dem Pentagon gewesen sein. Der Ukrainer habe sich praktisch geweigert, den Empfehlungen [Anordnungen/MGR] der US-Berater zur Gegenoffensive zu folgen.[1448]

➔ Das Pentagon habe darauf bestanden, dass die ukrainischen Streitkräfte einen großen Durchbruch an einer Stelle unternähmen, wo er nach der Auffassung der US-Stabsoffiziere möglich gewesen wäre. Stattdessen habe Kiew eine Offensive in mehrere Richtungen gestartet. Letztendlich endeten alle Vorstoßversuche der Ukraine mit einem vollständigen Misserfolg.[1449]

➔ Unter Berufung auf eine Quelle in Washingtons Militärkreisen betont *Politico*, dass die Ukraine unter dem Oberkommandierenden Saluschnyi nach wochenlangen Meinungsverschiedenheiten offenbar an keinen Empfehlungen aus den USA Interesse gehabt hätte.[1450]

Paul Ronzheimer schreibt in der *BILD:*

»Ukraines Präsident Wolodymyr Selenskyj, den ich seit Kriegsbeginn mehrfach interviewt habe, steht massiv in der Kritik, weil er den Helden-General Walerij Saluschnyj entließ (...) Saluschnyj spielte das Spiel mit, um die Einheit des Landes nicht zu gefährden. Ihm werden jetzt politische Ambitionen bis hin zum Präsidentenamt nachgesagt. Bislang gab es kein öffentliches Wort, aber in dem General brodelt es. Ich höre aus seinem Umfeld, dass er eine andere Kriegs-Taktik verfolgt, dass er sehr offen über eine schnelle Mobilisierung sprach und gleichzeitig für Realismus eintrat (...) Für Saluschnyj ist seit langem klar: Das Selenskyj-Ziel, ALLE an Russland verlorenen Regionen zurückzuerobern, ist so nicht umsetzbar, und dies sollte auch öffentlich benannt werden«.[1451]

Ich rekapituliere: Der ehemalige Schauspieler Selenskij hat sich – ohne jegliche militärtaktische Ausbildung – immer mehr in höchst komplizierte strategische Entscheidungen eingemischt und dadurch die Ukraine in eine desolate Lage gebracht. Seine persönliche Rivalität zu seinem Oberkommandierenden, der sich zudem offenbar weigerte, eine Marionette des US-Militärs zu sein, kostete Tausende von Menschen das Leben.

Der neue Oberbefehlshaber der ukrainischen Streitkräfte Alexander Syrski, ist bei den Soldaten hingegen äußerst unbeliebt, schreibt die Zeitung *Politico* unter Berufung auf ukrainische Militärs. Syrski wird wegen seiner Neigung, das Leben seiner Soldaten zu riskieren, »*Schlächter*« und »*General der Toten*« genannt. Laut dem ehemaligen ukrainischen Premierminister Nikolai Asarow sei der neue Oberbefehlshaber unter den ukrainischen Militärs berüchtigt und eine äußerst unbequeme Figur. Syrski nehme keine Rücksicht auf Verluste und sei bereit, jeden Befehl aus Kiew und von westlichen »*Freunden des Kiewer Regimes*« auszuführen.[1452]

Der Generalinspekteur der Bundeswehr, General Breuer, trifft sich sogleich mit dem neuen Oberkommandierenden. Syrski berichtet dem deutschen Kollegen über die Lage an der Front. Außerdem werden die Bedürfnisse der Streitkräfte bei Bewaffnung, Munitionierung und Flugabwehrsystemen diskutiert. Beide Seiten konzentrieren sich auf eine fruchtbare Zusammenarbeit, effektive Kommunikation und den unmittelbaren Austausch von Erfahrungen.[1453] Der Krieg kann mit deutscher Unterstützung also weitergehen!

11. Februar 2024: Der bereits oben erwähnte *BILD*-Journalist Paul Ronzheimer schreibt angesichts von Saluschnyjs Rauswurf:

»*Es ist die wohl größte Kriegs-Krise der Ukraine seit dem russischen Angriff auf Kiew 2022 – und niemand weiß, wie schlimm es noch wird!*«[1454]

17. Februar 2024: Anstatt nach Hunderttausenden von Toten endlich an Verhandlungen mit Russland zu denken, bettelt Selenskij um weitere Kriegsunterstützung auf der Münchner Sicherheitskonferenz und bringt sein altbekanntes Panik-Argument ins Spiel:

»*Wenn die Ukraine alleine dasteht, dann werden Sie sehen, was passiert: Russland wird uns zerstören, das Baltikum zerstören, Polen zerstören – es ist dazu in der Lage*«.[1455]

23. Februar 2024: Selenskij kündigt eine **NEUE** Gegenoffensive an![1456]

24. Februar 2024: Selenskij sagt bei einer Gedenkveranstaltung auf dem Militärflugplatz in Hostomel nahe Kiew:
»*Wir werden siegen*«.[1457]

10. März 2024: Selenskij lehnt den Appell des Papstes zu Friedensverhandlungen ab.[1458]

18. März 2024: Die EU sagt der Ukraine weitere fünf Milliarden an Militärhilfe zu.[1459]

19. März 2024 (I): Beim Treffen der sogenannten »Ramstein-Kontaktgruppe« trällert US-Verteidigungsminister Lloyd Austin das übliche Mantra nach:

»*Die USA werden die Ukraine nicht scheitern lassen. Diese Koalition wird die Ukraine nicht scheitern lassen. Die freie Welt wird die Ukraine nicht scheitern lassen (…) Das Überleben der Ukraine ist in Gefahr. Und unser aller Sicherheit ist in Gefahr*«.[1460]

19. März 2024 (II): EU-Ratspräsident Charles Michel verbreitet die gleiche Panik:
»*Wenn die EU nicht richtig reagiert und die Ukraine nicht ausreichend unterstützt, um Russland aufzuhalten, sind wir die Nächsten*«.[1461] Michel setzt noch einen drauf:
»*Wenn wir Frieden wollen, müssen wir uns auf den Krieg vorbereiten*«.[1462]

22. März 2024: Selenskij kritisiert ausländische Partner und verlangt mehr Lieferungen von Flugabwehrwaffen:

»*Der russische Terror ist nur deshalb möglich, weil wir nicht über genügend moderne Luftabwehrsysteme verfügen, das heißt, um ehrlich zu sein, es fehlt der politische Wille, sie bereitzustellen*«.[1463]

28. März 2024: Selenskij sagt in einem Interview mit dem TV-Sender *CBS*, die Ukraine sei nicht dazu fähig, eine großangelegte Offensive der russischen Streitkräfte abzuwehren. Diese soll Selenskij zufolge in den kommenden Monaten beginnen. Er betont zudem, dass die ukrainischen Einheiten fast keine Artilleriemunition mehr hätten. Ohne Hilfe aus den USA werde die Ukraine in dem Konflikt mit Russland verlieren.[1464]

27. Mai 2024: Selenskij kann sich freuen: Auf ihrer Frühjahrstagung im bulgarischen Sofia nimmt die Parlamentarische Versammlung der **NATO mehrheitlich eine Erklärung** an, die es **Kiew erlaubt, die von Mitgliedern der Militärallianz gelieferten Waffen gegen Ziele in Russland einzusetzen**. Zudem wird die weitere Unterstützung der Ukraine bis zu ihrem »*Sieg*« bekundet.[1465]

11. Juni 2024: Selenskij redet im Deutschen Bundestag. Er verspricht:

»Wir werden diesen Krieg nicht an unsere Kinder vererben, sondern wir werden ihn beenden. Und wir werden diesen Krieg zu unseren Bedingungen beenden. Die Ukrainer verdienen Ruhe, und sie verdienen eine Beendigung des Krieges, die keinen Zweifel darüber lässt, wer gesiegt hat (...) Die Zeit der Kompromisse ist vorbei«.[1466]

Damit ist erneut klar, dass es mit Selenskij keinen Frieden geben wird. Viele Abgeordnete der AfD und des BSW bleiben der Rede aus Protest fern. Für die BSW trägt Selenskij dazu bei, eine hochgefährliche Eskalationsspirale zu befördern. Damit nehme er das Risiko eines atomaren Konfliktes in Kauf.[1467]

Die AfD-Faktion begründet ihren Boykott wie folgt:

»Wir lehnen es ab, einen Redner im Tarnanzug anzuhören. Selenskijs Amtszeit ist abgelaufen. Er ist nur noch als Kriegs- und Bettelpräsident im Amt. Die Ukraine braucht jetzt aber keinen Kriegspräsidenten, sie braucht einen verhandlungsbereiten Friedenspräsidenten, damit das Sterben aufhört und das Land eine Zukunft hat«.[1468]

13. Juni 2024: Die USA und die Ukraine schließen ein »Sicherheitsabkommen« mit einer Laufzeit von zehn Jahren. Die Amerikaner sagen darin unter anderem **weitere militärische Unterstützung**, Kooperation mit Blick auf die **Rüstungsindustrie** und den Austausch von Geheimdienstinformationen zu. Die USA unter Joe Biden wollen der Ukraine helfen, fit zu werden für eine NATO-Mitgliedschaft.[1469]

15. Juni 2024: EU-Beitrittsgespräche mit der Ukraine sollen am 25. Juni starten.[1470]

15.-16. Juni 2024: In der Schweiz findet eine sogenannte »Friedenskonferenz« statt, aber **ohne** Russland. Das Ergebnis scheint von vornherein festzustehen: Putin soll seine Truppen aus allen ukrainischen Gebieten abziehen, dafür müsse die Ukraine auf einen NATO-Beitritt verzichten. Auch Deutschland stimmt dafür. Wie scheinheilig das ist, zeigt die Tatsache, dass der Ukraine ein NATO-Beitritt bereits versprochen wurde – für nach dem Krieg. Demzufolge nehmen die Russen die Konferenz auch nicht ernst, und die BRICS-Staaten unterzeichnen die Abschlusserklärung nicht mit.[1471]

27. Juni 2024: Die EU unterzeichnet mit der Ukraine eine »Vereinbarung zur Sicherheitskooperation und langfristigen Unterstützung«. Mit diesem Abkommen verpflichten sich zum ersten Mal alle 27 Mitgliedstaaten, die Ukraine **unabhängig von internen institutionellen Veränderungen** umfassend zu unterstützen, und zwar weiterhin **jede erforderliche** politische, finanzielle, wirtschaftliche, humanitäre, militärische und diplomatische Unterstützung zukommen zu lassen. Das Abkommen gilt 10 Jahre lang.[1472] Eine Katastrophe für den deutschen Steuerzahler!

25. Juli 2024: Michail Podoljak, der Berater des ukrainischen Präsidialamts, spricht sich gegen den Abschluss eines Friedensabkommens mit Russland aus. In einem Interview an die US-Nachrichtenagentur *Associated Press* behauptet er:

»Es könnte zur Einfrierung des Konflikts für eine gewisse Zeit führen. Doch es würde bedeuten, dass Russland seine Fehler berichtigen und seine Armee modernisieren würde«.[1473]

Zuvor hatten der ukrainische Staatschef Selenskij und Außenminister Dmitri Kuleba von einer möglichen Bereitschaft zum Dialog mit Moskau gesprochen. Gleichzeitig besteht in der Ukraine **seit Oktober 2022 ein gesetzliches Verbot von Verhandlungen** mit Russland.

August 2024: Der ukrainischen Armee gelangt ein Überraschungsangriff bei **Kursk.** Einer Brigade von etwa 10.000 Soldaten gelingt es, sich in dem Gebiet festzusetzen, auch mit westlichem Militärgerät. Ein großer Erfolg für Selenskij, und eine Blamage für Putin, der mit aller Härte darauf antworten will.[1474]

Dazu schreibt *RT.de* auf ihrer Internetseite:

»Die USA und die EU haben der Ukraine grünes Licht für Angriffe auf russisches Territorium gegeben, berichtet die Nachrichtenagentur Bloomberg unter Verweis auf informierte Quellen. Kiew habe vor dem Angriff auf die Region Kursk am 6. August mehrere Angriffsoptionen gegen Russland diskutiert. Die USA und die EU hätten der Ukraine ‚ihre Zustimmung' für die erste militärische Präsenz auf russischem Boden seit dem Zweiten Weltkrieg gegeben. Die NATO-Verbündeten halten es jedoch für unwahrscheinlich, dass Kiew in der Lage sein werde, sich dauerhaft in den russischen Regionen zu etablieren«.[1475]

Den Ukrainern gelingt es, sich zunächst im Raum Kursk festzusetzen und wichtige Nachschubbrücken zu zerstören.[1476]

22. August 2024: Rückenwind für Selenskij kommt wiederum aus den Vereinigten Staaten. US-Vizepräsidentin Kamala Harris verspricht, dass sie im Falle ihres Sieges bei den Präsidentschaftswahlen im November die Ukraine und die NATO weiterhin unterstützen wird:

»Ich werde fest an der Seite der Ukraine und unserer NATO-Verbündeten stehen«.[1477]

23. August 2024: Auch die EU steht weiter unerschütterlich an der Seite der Ukraine. Der EU-Außenbeauftragte Josep Borrell gibt erstmals zu, dass die EU ein **Teil** des Konflikts ist. Wörtlich (Hervorhebungen durch mich):

»*Wir müssen an die Ukraine denken, wenn wir an diesem **Spiel** teilnehmen. **Wir sind Teil dieses Spiels.** Wir sind keine Kriegspartei, aber wir sind Teil des Konflikts, und der Ausgang dieses Konflikts wird sich auf die Welt und unsere Sicherheit auswirken*«.[1478]

Zuvor hatte Borrell angekündigt, zeitnah mit Außen- und Verteidigungsministern der EU-Mitgliedsstaaten die Aufstockung der Ukraine-Hilfe zu besprechen.

Ab 25. August 2024 (I): Russland antwortet mit »voller Härte« auf die ukrainische Grenzüberschreitung in der Region Kursk: Es setzt neben Drohnen auch Hyperschallraketen vom Typ Kinschal ein und bombardiert wichtige Militärflugplätze und Energieanlagen. Insgesamt werden 142 Orte mit Personal und Technik getroffen. Die schwersten Angriffe seit Beginn des Krieges. Die Energieversorgung in der Ukraine ist danach in einem kritischen Zustand.[1479] Angesichts der starken Beschädigungen warnt der ukrainische Energieminister vor dem »schwierigsten« Winter ihrer Geschichte.[1480]

26. August 2024: Wie abzusehen war, verschlechtert sich die Situation der ukrainischen Streitkräfte im Raum Kursk. Der stellvertretende CIA-Direktor David Cohen hofft:

»*Sie* [die Ukrainer/MGR] *bleiben in Russland, bauen Verteidigungsanlagen auf, und soweit wir aus unseren Gesprächen wissen, scheinen sie die Absicht zu haben, einen Teil des Territoriums für eine gewisse Zeit zu behalten*«.[1481]

Der russische Präsident Wladimir Putin erklärt, dass der Einmarsch in Kursk und der dadurch verursachte Schaden für die russische Zivilbevölkerung Verhandlungen mit der Ukraine unmöglich gemacht haben. Zuvor hat er im Gegenzug für politische und militärische Zugeständnisse einen Waffenstillstand angeboten.[1482]

Doch auch im Donbass wird die Situation für die ukrainische Armee immer brenzliger.[1483] Russische Truppen rücken dort auf breiter Front vor, nehmen mittlerweile täglich ein bis zwei Dörfer ein und legen bis zu drei Kilometer am Tag zurück. Die ukrainische Aktivistin Jana Skhidna, unterwegs mit der 110. Brigade in der ostukrainischen Großstadt Pokrowsk, beschreibt die militärische Lage in ihrem Frontabschnitt so:

»*Die Dinge sind nicht mehr schlecht, die Dinge sind beschissen* (...) *Einheiten werden abgezogen, Kommandeure werden entfernt, Menschen sterben, wir verlieren Hunderte Kilometer ukrainischen Landes – Städte, Dörfer, Minen, Mineralien, Geschichte*«.[1484]

27. August 2024 (I): Das »Spiel«, wie Borrell es nannte, verschärft sich ein weiteres Mal. Kiew bereitet eine Liste mit potenziellen Zielen in Russland vor, die nach Ansicht von Selenskijs Umfeld von den ukrainischen Streitkräften angegriffen werden sollten. Das Dokument soll hochrangigen Beamten in den Sicherheitskreisen der USA präsentiert werden. Das berichtet *Politico* unter Berufung auf drei Quellen, die mit den Vorhaben der ukrainischen Behörden vertraut sein wollen.[1485]

Michail Scheremet, ein Mitglied des russischen Komitees für Sicherheit und Korruptionsbekämpfung, erwidert daraufhin unmissverständlich:

»*Es besteht kein Zweifel, dass die USA versuchen werden, ihre weitreichenden aggressiven Pläne zur Übergabe von Marschflugkörpern an das Kiewer Regime zu verwirklichen. Möglicherweise werden sie versuchen, dies durch die Hände des von ihnen versklavten Europas zu tun. Aber in jedem Fall wird der Preis für diese Entscheidung für sie zu hoch sein und zum Verlust ihrer eigenen Staatlichkeit führen*«.[1486]

27. August 2024 (II): Angesichts der verheerenden Lage seiner Truppen an der Front, gibt Selenskij eine Pressekonferenz und offenbart Überraschendes: Er sei sicher, dass der Krieg letztlich durch einen **Dialog** enden werde. Bei der noch für dieses Jahr geplanten Friedenskonferenz müsse die Ukraine jedoch in einer starken Position sein, um ihre Vision vom Frieden voranzutreiben. Darüber hinaus teilt er mit, dass der ukrainische Plan zur Beendigung des Krieges bereits vorbereitet sei. Im September werden er den Plan US-Präsident Joe Biden präsentieren.[1487] Selenskij gibt Details bekannt (Hervorhebungen durch mich):

»*Kursk ist Teil unseres Plans. **Der Plan für den Sieg der Ukraine**. Einer der Punkte, von denen ein Teil bereits erledigt wurde, ist Kursk. Der zweite Punkt ist der strategische Platz der Ukraine in der globalen Sicherheitsinfrastruktur. Der dritte Punkt ist ein starkes Paket, um Russland mit diplomatischen Mitteln zur Beendigung des Krieges zu zwingen*«. Der vierte Punkt des Plans umfasse wirtschaftliche Schritte zur Beendigung des Krieges.[1488]

Selenskijs weitere Vorhaben: Er erklärt, dass Russland an dem zweiten Friedensgipfel teilnehmen könne. Die Ukraine sollte bereit sein, den Friedensgipfel im November auszurichten:

»*Wir werden einen Plan ausarbeiten. Und wenn die Vertreter Russlands am zweiten Gipfel teilnehmen wollen, dann werden sie auch teilnehmen. Andernfalls könnten wir eine große Anzahl von Ländern auf dem zweiten Gipfel verlieren*«.[1489]

Wenn Selenskijs Pläne allerdings darauf gründen, dass die Ukraine über Russland **siegt**, so wie er es vorgegeben hat, dürften sie alle zum Scheitern verurteilt sein. Keiner glaubt mehr an einen ukrainischen Sieg über das übermächtige Russland.

28. August 2024: Bei einer Sitzung des NATO-Ukraine-Rats wird der Ukraine zusätzliche Unterstützung im »Abwehrkampf gegen Russland« in Aussicht gestellt. Der Rat verkündet:

»Nach dem jüngsten russischen Angriff haben die Alliierten heute bekräftigt, dass sie ihre militärische Hilfe für die Ukraine verstärken«.[1490]

29. August 2024: Der Außenbeauftragte der EU Josep Borrell fordert von den Mitgliedern der Union, sämtliche Beschränkungen für den Einsatz von an die Ukraine gelieferten Waffen gegen russisches Territorium aufzuheben:

»Solche Einschränkungen müssen für die Selbstverteidigung der Ukraine vollständig aufgehoben werden. Ausrüstung, die wir der Ukraine liefern, muss im vollen Umfang eingesetzt werden, damit die Ukraine Orte angreifen kann, aus denen Russland sie angreift«.[1491]

Es hört einfach nicht auf, und die europäischen und deutschen Kriegstreiber machen es im Gegenteil immer schlimmer!

4. September 2024: Regierungsbeben in der Ukraine! Außenminister Dmytro Kuleba tritt zurück. Zusätzlich treten auch die stellvertretenden Ministerpräsidentinnen Iryna Vereshchuk und Olga Stefanishyna sowie der Leiter des staatlichen Vermögensfonds der Ukraine, Vitaliy Koval, von ihren Ämtern zurück. Rostyslav Shurma, ein ranghoher Berater im Büro von Präsident Selenskij, wurde bereits per Dekret des Präsidenten entlassen. Offiziell spricht man von *»Umstrukturierung der Regierung«*.[1492]

Was wirklich dahintersteckt, wird sich noch zeigen. Die russische Journalistin Tatjana Pop kommentiert auf *RT.de*, dass die *»Ratten das sinkende Schiff«* verlassen würden.[1493]

5. September 2024: Putin erklärt den ukrainischen Vorstoß in das russische Grenzgebiet Kursk für gescheitert:

»Das Ziel des Gegners bestand darin, uns nervös und hektisch zu machen, uns zu zwingen, die Truppen von einem Frontabschnitt an einen anderen zu verlegen und unseren Vormarsch an den wichtigsten Frontabschnitten zu stoppen – vor allem im Donbass. Seine Befreiung bleibt unser vorrangiges Ziel«.[1494]

Trotzdem sei das ukrainische Militär in diesem Vorhaben gescheitert. Außerdem habe sich der Gegner mit der Offensive auf das Gebiet Kursk selbst geschwächt, während das russische Militär seinen Vormarsch beschleunigt habe. Russland habe seit langem nicht mehr so viele Geländegewinne erzielt.

26. September 2024 (I): Ich zitiere an dieser Stelle die *BILD*, die Selenskijs »Friedensplan«, der eigentlich ein »Kriegsplan« ist, beschreibt (Hervorhebungen durch mich):

»Der ukrainische Präsident Wolodymyr Selenskij wirbt bei Gesprächen in den USA für den von ihm erdachten ***‚Siegesplan‘*** *im Kampf gegen den russischen Angriffskrieg. Der Plan solle eine Brücke schlagen zu einem zweiten Friedensgipfel, zu dem auch Russland eingeladen werden soll, sagte Selenskij vor einem Treffen mit US-Präsident Joe Biden. Er hatte sich für Gespräche mit Russland ausgesprochen. Das bisher nicht veröffentlichte Dokument ist aber auch Gegenstand von Kritik. Nach Medienberichten geht es um ein Papier aus vier bis fünf Punkten,* ***die sich weniger als ein Plan, als vielmehr wie eine weitere der regelmäßig von Kiew im Westen vorgelegten Wunschlisten lesen****. Der Chef von Selenskijs Büro, Andrij Jermak, bestätigte in New York, dass eine Einladung der Ukraine in die Nato ein wichtiger Punkt für das Land sei. Kiew erhofft sich die Ausweitung der Beistandsgarantien des westlichen Militärbündnisses auf die Ukraine. Es gilt aber als unwahrscheinlich, dass sich der Westen darauf einlässt. Dazu soll Kiew den unbestätigten Berichten nach auf* ***Lieferung von ‚spezifischen‘ Waffen bestehen****. Selenskij hat in den vergangenen Wochen regelmäßig auf eine Freigabe für den Einsatz von weitreichenden Raketen gegen Ziele auf russischem Staatsgebiet gedrängt – bisher ohne Erfolg. Zudem soll die Liste auch eine Ausweitung der westlichen Finanzhilfen beinhalten. Und Kiew will dem Vernehmen nach nicht zuletzt den* ***westlichen Segen für weitere Bodenoperationen im russischen Grenzgebiet Kursk****. Dort halten ukrainische Truppen Dutzende Ortschaften besetzt. Selenskij wollte so den Verhandlungsdruck auf Russland erhöhen«.*[1495]

26. September 2024 (II): US-Präsident Joe Biden sagt der Ukraine eine Ausweitung der US-Unterstützung zu, darunter fast acht Milliarden Dollar (rund sieben Milliarden Euro) an Militärhilfen sowie neue Munition für Waffen mit großer Reichweite. Zudem erklärte der greise Biden, die USA würden »eine Reihe zusätzlicher Maßnahmen« ergreifen, *»um der Ukraine dabei zu helfen, diesen Krieg zu gewinnen«*.[1496]

Den Krieg gewinnen, welch ein Realitätsverlust!

30. Oktober/1. November 2024: Jetzt ist es auch in den westlichen NATO-Propagandamedien nicht mehr zu leugnen: Die Russen brechen durch die Ukraine-Front.[V] Die Lage im Osten des Landes wird für Selenskij immer katastrophaler. Innerhalb nur eines Monats erobern die Russen 400 Quadratkilometer Land.[VI] Zudem droht die Einkesselung großer ukrainischer Armeeeinheiten.

Hintergrund: Der »Wagner-Aufstand«

Söldnerchef Jewgeni Prigoschin, gilt als enger Vertrauter des russischen Präsidenten Wladimir Putin. Doch das ändert sich im Laufe des Jahres 2023. Der Grund: Ein erbitterter Machtkampf zwischen Prigoschin und dem russischen Verteidigungsminister Sergej Schoigu.

23. Juni 2023: Prigoschin behauptet, Schoigu habe ein Ausbildungslager der Wagner-Truppe bombardieren lassen. Viele seiner Kämpfer seien dabei getötet worden. Der russische Generalstab und das russische Verteidigungsministerium bestreiten dies.

Doch Prigoschin schafft Fakten. Seine paramilitärischen Söldner marschieren in die russische Stadt Rostow (nahe der ukrainischen Grenze) ein und besetzen Gebäude des russischen Armeestabs. Ebenso bringen sie den militärisch wichtigen Flughafen der Stadt unter ihre Kontrolle. Die russischen Behörden reagieren und appellieren an die Kämpfer, sich dem Willen des russischen Präsidenten zu fügen und Besonnenheit zu zeigen.[1497]

Der russische Inlandsgeheimdienst FSB leitet Ermittlungen gegen Prigoschin wegen eines Militärputsches ein. Die Sicherheitsvorkehrungen in Moskau werden verschärft.

24. Juni 2023: Präsident Putin wendet sich aufgrund des *»bewaffneten Aufstandes«* des Söldnerchefs in einer Fernsehansprache an sein Volk. Er nennt die Vorkommnisse *»Verrat«*. Der Aufstand sei ein *»Stich in den Rücken«* des russischen Volkes.

Jeder, der an dieser Meuterei teilgenommen habe, werde bestraft, so Putin weiter und gibt zu, dass die Lage in Rostow am Don schwierig sei. Russland stehe am Rande eines Bürgerkrieges. Der Bestand der Russischen Föderation stehe auf dem Spiel.[1498]

Prigoschin gibt sich von den Worten des Präsidenten unbeeindruckt:
»Niemand wird sich auf Verlangen des Präsidenten, des FSB oder von sonst jemandem stellen, denn wir wollen nicht, dass das Land weiterhin in Korruption, Betrug und Bürokratie lebt«.[1499]

Natürlich triumphieren die Ukraine und die westlichen Ukraine-Unterstützerstaaten. Der Berater des ukrainischen Präsidenten, Michail Podoljak, sagt wohl ganz im Sinne der USA:

»Uns ist es wichtig, dass Russland aufhört, in seiner heutigen Form zu existieren«.[1500]

Der ukrainische Vize-Außenminister Andrij Melnyk sieht im Wagner-Aufstand eine *»einmalige Chance«* für die Gegenoffensive.[1501]

US-Präsident Joe Biden bestreitet jegliche Verwicklung des Westens in die Revolte der Söldnergruppe.[1502]

Für viele Beobachter überraschend, kehrt Prigoschin nach »Vermittlung« des weißrussischen Präsidenten Lukaschenko um und bricht seinen angekündigten Marsch Richtung Moskau ab.

Der angebliche Putschversuch gibt viele Rätsel auf. Der bestens vernetzte Journalist Boris Reitschuster hat diese zusammengefasst (gekürzt):

1. Noch am Morgen hatte Putin in einer Fernsehansprache erklärt, die Bestrafung der Aufständischen sei unabwendbar. Am Abend ließ er dann seinen Sprecher mitteilen, die bereits aufgenommenen Ermittlungen gegen Prigoschin wegen Hochverrats würden eingestellt, und er könne nach Weißrussland auswandern. Wie kam es zu dem Sinneswandel?

2. Warum hat sich Prigoschin zur Aufgabe entschlossen, die ihn zudem in den Augen vieler seiner Anhänger als Feigling aussehen lässt?

3. Die Söldner-Kolonne zog mehrere hundert Kilometer weitgehend unbehindert durch Russland Richtung Moskau, von einigen wenigen Schusswechseln abgesehen. Warum hat die russische Luftwaffe nicht beherzt eingegriffen? Mit einem Luftschlag hätte sie die Kolonne wohl sehr schnell und wirksam auflösen können. Warum tat sie es nicht?

4. In Moskau wurden Muldenkipper mit Sand zu den Stadteingängen gefahren, einige Fahrspuren wurden durch Müllwagen und Lastwagen blockiert. Ist das Verteidigungsministerium so blank, dass es in der Hauptstadt kein nennenswertes Aufgebo t von Panzern und gepanzerten Fahrzeugen mehr aufbieten wollte? Oder gab es andere Gründe dafür, dass man nur eher operettenhaft mit Muldenkippern und Müllwagen Barrikaden errichtete?

5. Warum schweigen die Generäle und Militärführer öffentlich?

6. Wie kann es sein, dass der US-Geheimdienst laut US-Medien schon einen Tag vor dem Putsch-Versuch Hinweise auf diesen hatte und auch dem Präsidenten mitteilte? Ist es realistisch anzunehmen, dass dann der russische Geheimdienst gleichzeitig nichts wusste? Wenn er aber etwas wusste – wieso war man dann in Moskau ganz offensichtlich so schlecht vorbereitet? Zumal laut US-Geheimdienst die Vorbereitungen seitens Prigoschins

schon lange liefen. Dies ist auch offensichtlich – eine Aktion wie der Marsch auf Moskau musste von langer Hand vorbereitet sein. Die Söldner waren schwer bewaffnet und mit schwerem Gerät unterwegs. Dass sich dieses mitsamt Panzern plötzlich von der Front weg Richtung Russland bewegte, kann kaum unbemerkt geblieben sein.[1503]

25. Juni 2023: Prigoschin zieht mit seinen Söldnern ins »Exil« nach Weißrussland und erhält von Putin Straffreiheit gewährt. Im Internet wird vermutet, dass dies ein Coup des Kreml-Führers gewesen sein könnte, um 25.000 Söldner nahe der weißrussisch-ukrainischen Grenze zu stationieren.[1504]

26. Juni 2023 (I): Prigoschin erklärt, dass er nicht die Absicht gehabt hätte, Putin abzusetzen, sondern er wollte lediglich die *»schwerwiegenden Sicherheitsprobleme«* aufzeigen und zudem seine Gruppe vor einer Auflösung retten. Unter seinen Kämpfern habe es mehrere Verwundete und zwei Tote gegeben. Alexander Lukaschenko habe Lösungen angeboten, wie Wagner rechtlich gesichert weiter betrieben werden könne. Daraufhin seien die Kolonnen in ihre Feldlager zurückgekehrt.[1505]

26. Juni 2023 (II): Putin bedankt sich in einer nur 6-minütigen Rede bei der russischen Bevölkerung, die sich nicht habe spalten lassen und die Verfassung des Landes in einer *»sehr gefährlichen«* Situation verteidigt habe. Den Söldnern der Gruppe Wagner verspricht er, dass sie unbehelligt nach Weißrussland ziehen oder sich der russischen Armee anschließen könnten. Diejenigen aber, die den Putschversuch organisiert und geplant hätten, würden für ihre kriminellen Handlungen zur Rechenschaft gezogen werden. Jewgeni Prigoschin erwähnt Putin mit keinem Wort.[1506]

27. Juni 2023 (I): Prigoschin trifft in Weißrussland ein.[1507]

27. Juni 2023 (II): Putin nennt Details zur bisherigen Zusammenarbeit mit den Wagner-Söldnern: Er teilt mit, dass die Militärfirma von Jewgeni Prigoschin vom Staat versorgt worden sei: Von Mai 2022 bis Mai 2023 habe die russische Regierung dem Unternehmen mehr als 86 Milliarden Rubel (920 Millionen Euro) gezahlt. Zugleich habe Prigoschin als Besitzer des Unternehmens *Konkord* innerhalb eines Jahres 80 Milliarden Rubel (850 Millionen Euro) verdient, weil die Catering-Firma die Versorgung der Armee übernommen habe.[1508]

29. Juni 2023: Allen westlichen Unkenrufen zum Trotz trifft sich Putin persönlich mit Prigoschin und mit den Kommandeuren der Gruppe Wagner. Der russische Präsident nimmt eine Bewertung der Handlungen der Militärkampagne vor und gibt seine Einschätzung des Wagner-Aufstandes ab. Putin bietet den Wagner-Kämpfern außerdem Beschäftigungsmöglichkeiten an. Die Kommandeure betonen, dass sie treue Anhänger und Soldaten des Staatsoberhauptes und des Oberbefehlshabers seien und auch weiter bereit, für das Vaterland zu kämpfen.[1509] Kann Putin wirklich verzeihen?

12. Juli 2023: Der Kommandeur der Wagner-Söldner, Prigoschin, kündigt an, dass seine Männer ab dem 5. August 2023 wieder auf dem Schlachtfeld sein werden.[1510]

23. August 2023: Prigoschin und sein gesamter Führungsstab stürzen mit Privatflugzeug auf dem Flug von Moskau nach Sankt Petersburg ab.[1511] Ursache: unklar. Zwar berichtet die *BBC*, dass der Jet von Luftverteidigungskräften abgeschossen worden sein soll, andere, dass eine Bombe an Bord explodiert sei, aber das kann nicht unabhängig verifiziert werden.[1512]

24. August 2023: Wladimir Putin bestätigt den Tod von Prigoschin[1513], führt seine vielen Verdienste für Russland auf und äußert sich zuversichtlich, dass die Voruntersuchung zu dem Vorfall in vollem Umfang durchgeführt und zu einem Abschluss gebracht werde. Zu deren Ergebnissen äußert er sich abwartend:
»Wir werden sehen, was die Ermittler in naher Zukunft sagen werden. Und jetzt wird das Gutachten, das technische und das genetische Gutachten erstellt. Das wird einige Zeit in Anspruch nehmen«.[1514]

25. August 2023: Der Sprecher des russischen Präsidenten Wladimir Putin hat Anschuldigungen über eine Verwicklung des Kreml in den mutmaßlichen Tod von Prigoschin zurückgewiesen:
»Das ist eine absolute Lüge«. Rund um den Flugzeugabsturz gebe es viele Spekulationen, die *»im Westen aus einer bestimmten Ecke befeuert werden«.*[1515]

29. August 2023: Prigoschin wird im kleinen Kreis in St. Petersburg beerdigt. Die Ermittlungen zum Flugzeugabsturz dauern derweil an.[1516]

31. August 2023: Söldner-Wagner verbreiten ein Video nachdem Prigoschin noch am Leben sei und sich *»irgendwo in Afrika«* aufhalte.[1517] Die Echtheit des Videos kann ebenfalls nicht verifiziert werden.

8. September 2023: Selenskij sagt:

»Er [Putin/MGR] *hat Prigoschin getötet. Das sind zumindest die Informationen, die wir alle haben, wir haben keine anderen Informationen«.*[1518]

2. Oktober 2023: Wagner-nahe *Telegram*-Kanäle berichteten, dass der 25-jährige Sohn des getöteten Jewgeni Prigoschin, Pawel Prigoschin, die Söldner künftig leiten werde. Pawel soll bereits mit der Nationalgarde verhandeln, die der Präsidialverwaltung untersteht. Waffen, Munition und Logistik für die Wagner-Gruppe soll zukünftig vom Verteidigungsministerium bereitgestellt werden.[1519] Offiziell ist das allerdings noch nicht.

5. Oktober 2023: Putin erklärt, der Leiter der Untersuchungskommission habe ihn vor wenigen Tagen darüber informiert, dass »*Fragmente von Handgranaten*« in den Leichen der Absturzopfer gefunden worden seien: »*Es gab keine äußere Einwirkung auf das Flugzeug*«.[1520] Außerdem sagt Putin:

»*Leider wurde kein Gutachten zu Alkohol und Drogen erstellt. Obwohl wir wissen, dass der FSB in dem Unternehmen in St. Petersburg nicht nur zehn Milliarden in bar, sondern auch fünf Kilogramm Kokain gefunden hat. Meiner Meinung nach wäre es notwendig gewesen, ein solches Gutachten zu erstellen*«.[1521]

*** Bis zur Manuskriptabgabe bleiben die genauen Umstände von Prigoschins Tod immer noch ungeklärt. Auch über ein Jahr danach vermelden die Medien, dass er »*unter mysteriösen Umständen bei einem Flugzeugabsturz*« ums Leben gekommen sein soll.**[1522]

EXKURS: Selenskijs Tage sind gezählt

Es scheint nur noch eine Frage der Zeit, ob der ukrainische Präsident abgesetzt oder gar einem Attentat zum Opfer fallen wird. Dabei könnten die USA ein größeres Interesse daran haben, Selenskij »auszuschalten«, als die Russen.

Wie ukrainische Sicherheitsbehörden vermelden, soll Selenskij seit Februar 2022 mehr als ein Dutzend Attentatsversuche überlebt haben. Der letzte Versuch ereignete sich erst kürzlich.

Sollte Selenskij von Attentätern mit einer Rakete ermordet werden?

Im Mai 2024 gab der Sicherheitsdienst der Ukraine (SBU) die Verhaftung von zwei Obersten der ukrainischen Staatssicherheitsdirektion (UGO) bekannt, die ein Attentat auf Selenskij vorbereitet haben sollen.[1523] Sie sollen zudem Teil eines Netzwerks sein, dessen Aktivitäten angeblich vom Russischen Föderalen Sicherheitsdienst (FSB) überwacht wird. Laut SBU sollen sie zu dem russischen Agentennetz gehören, hinter dem die fünfte Abteilung des Russischen Inlandsgeheimdienst FSB steht. Die Verdächtigen wurden verhaftet, ihnen wird Staatsverrat und Vorbereitung eines Terroranschlags vorgeworfen. Ihnen droht eine lebenslange Freiheitsstrafe.

Der Plan war angeblich, Personen zu suchen, die Selenskij nahestehen, die ihn als Geisel nehmen und töten könnten. Beide Offiziere wurden angeblich vor Beginn der speziellen Militäroperation im Februar 2022 von russischer Seite angeworben.

Der SBU behauptete: »*Ursprünglich sollte der angeworbene Agent die Bewegung der bewachten Person beobachten und Informationen übermitteln. Gemäß den Koordinaten des Hauses, in dem sich der Beamte aufhalten sollte, war ein Raketenangriff geplant. Danach sollten die Personen, die am Ort des Angriffs blieben, mit einer Drohne attackiert werden*«.

Wie ukrainische Medien berichteten, handelte es sich bei einem der Festgenommenen um Andrei Guk, den Leiter einer UGO-Abteilung, die für die Sicherheit der höchsten Beamten des Landes zuständig ist. Ihm wurde vorgeworfen, Daten über geschützte und Selenskij nahestehende Personen gesammelt zu haben. Die zweite Person soll FPV-Drohnen, RPG-7-Granaten und Antipersonenminen nach Kiew gebracht haben. Die Waffen wurden während der Durchsuchung bei den Festgenommenen aufgefunden und beschlagnahmt.

Was viele nicht wissen: Im Allgemeinen wird Selenskij nicht nur von seinem eigenen Sicherheitsdienst, sondern auch von Vertretern des britischen Geheimdienstes MI6 bewacht und beschützt.

Pikant: Nur ein paar Tage nach dem vereitelten Attentat, feuerte Selenskij den Chef seiner Leibwächter, Serhij Leonidowitsch Rud. Gründe für die Entlassung wurden nicht genannt.

Sind die Russen schuld?

Die Russen wiesen jegliche Beteiligung an Attentatsversuchen zurück. Wir erinnern uns: Putin gab dem ehemaligen israelischen Premierminister Naftali Bennett Anfang Februar 2023 das Versprechen, Selenskij nicht zu töten. Vielmehr will man ihn in Moskau vor Gericht stellen.

Unterstützung für die »Unschuldsvermutung« Russlands kommt ausgerechnet aus der Ukraine. Der Kiewer Politologe Wladimir Skatschko ist der Meinung, dass es sich bei dem jüngsten Attentatsversuch um einen spontanen Schritt der ukrainischen mittleren und höheren Offiziere handeln könnte: »*Sie haben erkannt, dass es keinen Waffenstillstand und keine Rettung der Ukraine vor der Entvölkerung geben wird, solange Selenskij an der Macht ist. Das ist ganz im Sinne der Verschwörungen gegen Hitler in der letzten Periode seiner Herrschaft«.*

Die USA hätten ein größeres Interesse, Selenskij auszuschalten

In Russland werden Stimmen laut, dass der Westen in erster Linie an der Beseitigung Selenskijs interessiert sei, denn dieser habe etwas über Boris Johnson, Joe Biden, seinen Sohn Hunter und deren ominösen Geschäfte in der Ukraine auszupacken.

Igor Schischkin, stellvertretender Direktor des Instituts für die GUS-Länder, sagte: *»Selenskij ist ein Feind Russlands. Wenn er stirbt, wird es uns bestimmt nicht schlechter gehen. Er treibt die Ukrainer schon seit zwei Jahren zur Schlachtbank. Für die USA stellt sich jedoch die Frage, ob er dies weiterhin so effektiv tun kann. Oder sollte er durch jemand anderen ersetzt werden?«* Und weiter:

»Und wenn die USA Selenskijs Zukunft in Frage stellen, bedeutet das, dass sie grünes Licht für eine Initiative von unten geben«.

Selenskijs Nachfolger sind offenbar schon benannt

Kurz nach dem jüngsten Attentatsversuch meldete die Nachrichtenagentur *RIA Nowosti* in Bezugnahme auf den russischen Auslandsgeheimdienst SWR, dass die USA bereits ihre Bemühungen intensiviert hätten, einen Nachfolger für den ukrainischen Präsidenten Selenskij zu finden. Washington solle demnach mehrere Kandidaten im Auge haben, den

- ➔ Vorsitzenden der ukrainischen Partei Europäische Solidarität, Pjotr Poroschenko.
- ➔ Bürgermeister von Kiew, Vitali Klitschko.
- ➔ Präsidentenberater Andrei Jermak.
- ➔ früheren Oberkommandierenden Waleri Saluschny.
- ➔ ehemaligen Vorsitzenden der Werchowna Rada, Dmitri Rasumkow.

Sie seien Kandidaten, den Staatschef zu ersetzen, wenn die Lage an der Front sich weiter stark verschlechtere. Die Nachrichtenplattform *RT.de* meldete dazu:
»Nach Angaben des russischen Geheimdienstes könnten die Misserfolge der ukrainischen Streitkräfte an der Front notfalls Selenskij ‚zugeschrieben' werden. Das höchste Staatsamt könne dann von einem der aufgeführten Kandidaten übernommen werden. Angesicht der misslichen Lage an der Front und der schwindenden Unterstützung der Bevölkerung für das Kiewer Regime bestehe die Hauptaufgabe Washingtons darin, zu verhindern, dass die Enttäuschung der Ukrainer weiter zunehme. In diesem Zusammenhang führte der SWR aus: ‚Die US-Amerikaner und Europäer möchten, dass Selenskij zunächst einmal im Amt bleibt, da die Programme zur Kriegsfinanzierung, die sowohl den Vertretern des Kiewer Regimes als auch den westlichen Waffenherstellern enorme Gewinne einbringen, sich generell auf ihn beziehen'«. Und weiter:

»Russlands Auslandsgeheimdienst betont zudem, die USA und ihre Verbündeten würden die Gegner Selenskijs in der Ukraine überreden, ‚vorerst die Zurückhaltung zu üben'. Dabei versuche die US-Regierung eigentlich nicht einmal, die Tatsache zu verbergen, dass es ihr im Allgemeinen egal sei, wer genau die Ukraine regieren werde. Für Washington gehe es vor allem darum, dass das ukrainische Staatsoberhaupt imstande sei, den Konflikt mit Russland fortzusetzen, damit der ‚Krieg bis zum letzten Ukrainer' nicht aufhöre«.

Kreml-Pressesprecher Dmitri Peskow setzte noch einen drauf. Er sagte, die USA und ihre Verbündeten werden den ukrainischen Staatschef Selenskij tolerieren, bis er seinen Zweck erfüllt hat, und ihn dann ablösen:
»Es ist klar, dass er abgesetzt wird. Es ist klar, dass die Herabsetzung des Mobilisierungsalters eine zunehmende Welle der Negativität in der ukrainischen Gesellschaft auslösen wird«.

Selenskijs »Staatsstreich«

Auch der russische Präsident Putin meldete sich zu Wort. Er sagte, Selenskij habe einen Staatsstreich durchgeführt, indem er seine Amtszeit über den 20. Mai 2024 hinaus verlängert habe, an dem sie rechtlich ablief. Selenskij hingegen argumentiert, dass das ukrainische Recht Wahlen während des Kriegsrechts verbiete, so dass er bis zum Ende des Konflikts im Amt bleiben müsse.

Doch es ist etwas faul im Staate. Mitte Mai 2024 bestätigte der ukrainische Justizminister Denys Malyuska in einem BBC-Interview, dass Selenskij seine Legitimität und seine Befugnisse behalten werde. Dies gelte so lange, bis die Kriegsvorschriften aufgehoben und ein neues Staatsoberhaupt gewählt werde. Jetzt kommt das große Aber:

Der Justizminister wies gleichzeitig darauf hin, dass »*bestimmte Bestimmungen der Verfassung offen für Interpretationen*« seien. Das Verfassungsgericht würde Malyuska für die Klärung etwaiger Unklarheiten jedoch nicht einschalten wollen. Warum nicht, erklärte er so:

»*Eine solche Berufung würde berechtigte Fragen und Zweifel implizieren, die eine Entscheidung durch das Verfassungsgericht rechtfertigen würden*«. *Die Legitimität des Präsidenten angesichts der Lage in der Ukraine infrage zu stellen, nannte der Justizminister einen* »*schweren Fehler*«.

Ob Selenskij als Präsident wirklich legitimiert ist, scheint also nicht so klar zu sein, wie man uns das in den Mainstreammedien einhämmert, sondern ganz im Gegenteil »*offen für Interpretationen*«. Aus Angst, dass das ukrainische Verfassungsgericht die Legitimität der Präsidentschaft Selenskijs doch noch anzweifeln könnte, will man es gleich gar nicht anrufen.

Ob Selenskij abgesetzt wird oder einem Attentat zum Opfer fällt, scheint immer wahrscheinlicher zu werden. Ich jedenfalls würde keine Lebensversicherung mehr auf ihn abschließen oder andersherum gesagt: Selenskijs Tage scheinen gezählt.[1524]

II.
Warum Selenskij keinen Frieden will – Die russische Sicht

Vorbemerkung:
Die russische Sicht wird in Deutschland verschwiegen

Entsprechende Internetseiten werden blockiert und Beiträge zensiert. Ich frage mich schon länger, **wie** ein objektiver Journalist arbeiten soll, wenn er nicht **beide** Seiten kennt? Doch das scheint dem deutschen »Qualitätsjournalismus« nichts auszumachen. Aus diesem Grunde möchte ich hier, wie ich das bereits in meiner Publikation »*Schlachtfeld Ukraine. Angriffs- oder Präventivkrieg*« getan habe, auch die russische Seite zu Wort kommen lassen. Bilden Sie sich selbst ein Urteil.

Andrei Suschenzow, assoziierter Professor am *Staatlichen Institut für Internationale Beziehungen* in Moskau, analysierte, **weshalb Selenskij keinen Frieden, sondern einen langen Krieg mit Russland will.** Suschenzows Überlegungen sind interessant, deshalb lohnt es, einen genaueren Blick darauf zu werfen:
Für den Analysten ist es unwahrscheinlich, dass die Ukraine erwartet, militärisch zu gewinnen. Die Ukraine verfüge nicht über die eigenen militärischen oder wirtschaftlichen Ressourcen, um einen Sieg zu erringen, und die vom Westen bereitgestellten Mittel würden niemals ausreichen, um Russland eine endgültige Niederlage zuzufügen.

Selenskijs Kalkül beruhe wahrscheinlich auf der Überzeugung, dass er, indem er der NATO die Ukraine als Werkzeug gegen Russland anbiete, ständig westliche Unterstützung mobilisieren und so sein eigenes Überleben und das seiner Mitarbeiter sichern könne.[1525]

Suschenzow weiter (Hervorhebungen durch mich):

»*Die beispiellose Härte des Krieges, mit der das Land jetzt konfrontiert ist, hätte erheblich verringert werden können, wenn Selenskij bereitgewesen wäre, die Krise auf diplomatischem Wege beizulegen.* ***Russland hat wiederholt diplomatische Initiativen ergriffen, um diesen Konflikt zu lösen. In der ersten Phase fanden beispielsweise Verhandlungen in Weißrussland und der Türkei statt. Unter dem Einfluss der USA und des Vereinigten Königreichs hat Kiew jedoch einen Kurs eingeschlagen, der auf eine Verlängerung des Konflikts abzielt und zur Erreichung seiner Ziele auf westliche Militärhilfe setzt.*** *Da die eigenen militärischen und wirtschaftlichen Ressourcen der Ukraine versiegt sind, ist das Land zunehmend von westlichen Lieferungen abhängig geworden und hat sich letztlich zu* ***einem Werkzeug im Kampf gegen Russland*** *entwickelt. Dennoch hat Kiew noch die Möglichkeit, Gespräche mit Moskau aufzunehmen*«.[1526] Weiter:

»*Doch die Regierung Selenskij tut so, als ob sie keinen Wert in der Erhaltung der ukrainischen Staatlichkeit sieht.* ***Die Regierung verschleudert das Leben der Bürger und das wirtschaftliche Gefüge des Landes im Glauben, dass dieses Opfer notwendig ist, um einen möglichen, eher unbestimmten Vorteil für die Zukunft zu erlangen.*** *Anstatt als Friedensstifter aufzutreten, als jemand, der bereit ist, Opfer zu bringen, um das Leben seines Volkes zu retten, handelt Selenskij wie ein Spieler, während er die Bevölkerung mit Militärpropaganda füttert*«.[1527]

Laut Suschenzow decke die beispiellose militärische, politische und wirtschaftliche Unterstützung, die die Ukraine aus dem Ausland erhalte, im Wesentlichen alle Fehler der Regierung Selenskij.

Im Inland habe der militaristische Kurs dem Präsidenten ermöglicht, eine politische Diktatur zu errichten und seine Gegner in allen Bereichen des staatlichen Lebens, einschließlich der Religion, zu verfolgen. Die Folge: Selenskij habe eine noch nie dagewesene Machtkonzentration erreicht und zum ersten Mal in der ukrainischen Geschichte alle Zentren der Opposition zum Schweigen gebracht.[1528]

Um das wirtschaftliche Wohlergehen der Ukraine müsse sich Selenskij kurzfristig keine Sorgen machen, so Suschenzow weiter: Die ausländische Wirtschaftshilfe, die der ukrainischen Regierung zur Verfügung gestellt werde, werde ausreichen. **Deshalb rechne Selenskij damit, dass er, selbst wenn er besiegt werde und einen Teil seines Territoriums verliere, als der militärische Führer an der Macht bleiben werde. Diesen brauche der Westen für die neue Ukraine, die dann der wichtigste antirussische Vorposten an den Ostgrenzen der NATO sein werde.**[1529]

Suschenzow abschließend:

*»**Ich glaube, dass Selenskij wirklich davon überzeugt ist, dass es ihm gelingen wird, die Ukraine in eine Art Israel zu verwandeln, in einen paramilitärischen Staat in einer feindlichen Umgebung, der mit dem Gefühl einer ständigen militärischen Bedrohung lebt.** Ich schließe nicht aus, dass Selenskij selbst im schlimmsten Fall, also selbst bei einem völligen Zusammenbruch seiner Regierung, damit rechnet, sich und eine Gruppe seiner engsten Mitarbeiter im westlichen Exil wiederzufinden. Dort werden sie sich aktiv für eine fortgesetzte Politik der Eindämmung und Niederlage Russlands einsetzen. Die Geschichte zeigt, dass diese Aussicht durchaus eine Chance hat, sich zu verwirklichen«.*[1530]

22. Februar 2023 (I): Maria Sacharowa, die Sprecherin des russischen Außenministeriums erklärt, keiner der US-Politiker, die Kiew vor ein paar Tagen besucht hätten, habe den Wunsch nach einer politischen Lösung des Konflikts in der Ukraine geäußert:

»Es ist bemerkenswert, dass die Amerikaner nicht einmal ihren Wunsch nach einer politischen Lösung der Krise erwähnt haben. All dies zeigt die unverantwortliche und abenteuerliche Absicht der USA, den Grad der Eskalation in der Konfrontation mit Russland zu erhöhen«.[1531]

22. Februar 2023 (II): Der russische Vizeaußenminister Sergei Rjabkow sieht das ähnlich und erklärt in seiner Rede im Förderrationsrat (im Unterhaus des Parlaments), dass die Tatsache, dass der Westen die Ukraine mit Panzern beliefere, aber auch die Übergabe von Kampfjets erwäge, die Entschlossenheit Russlands nicht beeinträchtige, alle Aufgaben in Bezug auf die Militäroperation in der Ukraine zu lösen:

»Diese Technik wird dem westlichen Block und seinen Marionetten in Kiew nicht helfen, ihre Ziele zu erreichen«.[1532]

Doch Tatsache sei, dass der Einsatz immer höher werde. Rjabkow spricht dabei von einem zutiefst feindlichen Kurs Washingtons gegenüber Russland. Die USA provoziere es, mache keinen Hehl daraus, dass sie dem Land eine strategische Niederlage zufügen wollten.[1533]

20. März 2023: Putin bekräftigt, er sei zu einer diplomatischen Lösung der Ukraine-Krise bereit, weist aber Ultimaten zurück.[1534]

23. März 2023: Die Sprecherin des russischen Außenministeriums, Maria Sacharowa, kritisiert bei einer Pressekonferenz, weitere Waffenlieferungen an die Ukraine, insbesondere die Entscheidung Londons, Uranmunition an Kiew zu übergeben:

»All dies ist ein weiterer Beweis für die aggressiven Absichten des Westens, der weder in der Ukraine noch in der Region oder in der ganzen Welt Frieden braucht. Er ist von der manischen Idee besessen, Russland eine strategische Niederlage zuzufügen. Sie sind bereit, das ganze Land, Nationen, Millionen von Menschenleben für dieses Ziel zu opfern. Sie sind bereit, alles zu tun, damit diese schmerzhafte Idee ihrer eigenen Exklusivität und Dominanz nun durch diese destruktive Logik und ihre Umsetzung eine praktische Bestätigung erfährt«.[1535]

29. März 2023 (I): Andrei Klimow, stellvertretender Vorsitzender des Ausschusses für auswärtige Angelegenheiten des russischen Föderationsrates, sagt:

»Um konstruktiv über eine Friedenslösung zu diskutieren, müssen wir zunächst das Dekret von Selenskij aufheben. Solange dieses Dekret in Kraft ist, hat es keinen Sinn, über einen Dialog zu sprechen. Zweitens können wir dieses Thema erst dann ernsthaft in Betracht ziehen, nachdem die Worte von Leuten wie Borrell, die sagen, dass man Russland auf dem Schlachtfeld besiegen muss, dementiert worden sind. Sobald diese beiden Positionen beseitigt sind, wird es möglich sein, über das Thema zu sprechen«.[1536]

29. März 2023 (II): Der stellvertretende Ständige Vertreter Russlands bei den Vereinten Nationen, Dmitri Poljanski, sagt in einem Interview mit der Nachrichtenagentur *RIA Nowosti*:

»*Ich denke, wir sind im Moment ziemlich weit vom Frieden entfernt. Derzeit ist es schwierig, voranzukommen, weil es keine sinnvollen diplomatischen Bemühungen seitens der westlichen Länder gibt*«.[1537]

6. April 2023: Jetzt sind auch die Russen nicht mehr bereit zu Friedensverhandlungen. Kreml-Sprecher Dmitri Peskow sagt:

»*Ausgehend von der offiziellen und inoffiziellen Position, die aus Kiew verkündet wird, gibt es für uns bisher keine anderen Möglichkeiten als die Fortsetzung der Sonderoperation*«.[1538]

20. April 2023: Russlands Außenminister Lawrow sagt auf einer Konferenz im Anschluss an ein Treffen mit dem kubanischen Außenminister Bruno Rodríguez in Havanna, der »*kollektive Westen*«, der sich »*unter dem Schirm des US-amerikanischen Exzeptionalismus*« versammelt habe, versuche, die Bildung einer multipolaren Weltordnung zu verhindern und »*seine Hegemonie durchzusetzen*«.[1539]

24. April 2023: Lawrow betont vor der UNO, dass das Ziel der speziellen russischen Militäroperation in der Ukraine die Beseitigung der Bedrohungen für die Sicherheit des Landes sei, die die NATO im Laufe der Jahre direkt an russischen Grenzen verursacht habe.[1540] Und weiter:

»*Und der Schutz der Menschen, die im Rahmen multilateraler Übereinkommen ihrer Rechte beraubt wurden, um sie vor den öffentlich ausgesprochenen direkten Drohungen des Kiewer Regimes mit Ausrottung und Vertreibung aus den Gebieten zu schützen, in denen ihre Vorfahren seit Jahrhunderten lebten. Wir haben offen gesagt, wofür und für wen wir kämpfen*«.[1541]

In diesem Zusammenhang fragt Lawrow rhetorisch, was Washington und die NATO eigentlich in Jugoslawien, Irak, Libyen zu tun hatten:

»*Gab es Bedrohungen für ihre Sicherheit, ihre Kultur, ihre Religion, ihre Sprachen? Von welchen multilateralen Normen ließen sie sich leiten, als sie die Unabhängigkeit des Kosovo unter Verletzung der OSZE-Prinzipien erklärten und die stabilen, wirtschaftlich wohlhabenden Staaten Irak und Libyen, 10.000 Meilen (rund 16.093 Kilometer) von den amerikanischen Küsten entfernt, zerstörten?*«[1542]

9. Mai 2023: Zum »Tag des Sieges gegen Nazi-Deutschland« sagt Russlands Präsident Putin u.a.:

»*Für Russland gibt es keine feindlichen Völker, weder im Westen, noch im Osten*«.[1543]

Und weiter: Russland wolle eine »*friedliche, freie und stabile Welt*«, aber: »*Heute befindet sich die Zivilisation erneut an einem entscheidenden Wendepunkt. Gegen unser Vaterland wurde ein echter Krieg entfesselt. Aber wir haben den internationalen Terrorismus zurückgeschlagen, wir werden die Einwohner des Donbass beschützen, und wir werden unsere Sicherheit gewährleisten*«.[1544] Die westliche Elite säe Hass auf Russen: »*Sie versuchen, unser Land zu zerstören*«.[1545]

Putin: *»Übertriebener Ehrgeiz, Arroganz und Straflosigkeit führen unweigerlich zu Tragödien. Dies ist der Grund für die Katastrophe, die das ukrainische Volk derzeit erlebt. Es ist zu einer Geisel des Staatsstreichs und des verbrecherischen Regimes seiner westlichen Herren geworden, zu einem Druckmittel bei der Umsetzung ihrer grausamen, eigennützigen Pläne«.*[1546]

17. Mai 2023: Russlands Außenminister Lawrow sagt, dass der Westen ausschließlich bereit sei, Kiews Friedensplan zu erörtern, und jegliche Initiativen ablehne, für die Moskau offen sei. Der Westen wolle lediglich den Zehn-Punkte-Plan (siehe oben) von Wolodymyr Selenskij unterstützen.[1547]

24. Mai 2023 (I): In einem Interview mit der Nachrichtenagentur *TASS* antwortet Kremlsprecher Dmitri Peskow auf die Frage, welcher von verschiedenen Ländern vorgeschlagene Friedensplan von Moskau favorisiert werde, und ob der Kreml eine eigene Variante habe:

»*Es ist zu früh, darüber zu sprechen. Voraussetzungen für einen Friedensprozess sind offensichtlich nicht gegeben*«.[1548]

Außerdem sei es kaum möglich mit Kiew zu sprechen, weil jegliche Verhandlungen mit Russland in der Ukraine verboten seien.[1549]

Ich wiederhole, weil es hierzulande tabuisiert wird: Bereits im Oktober 2022 erließ der ukrainische Präsident Wolodymyr Selenskij ein staatliches Dekret, das jegliche Gespräche mit Moskau verbietet. Selenskij erklärte, er sei nicht an einer Interaktion mit seinem russischen Amtskollegen Wladimir Putin interessiert.[1550]

24. Mai 2023 (II): Der russische Präsident Wladimir Putin betont:

»Ich bin sicher, dass wir gemeinsam eine gerechtere, multipolare Welt schaffen werden, und dass die Ideologie des Exzeptionalismus sowie das neokoloniale System, das die Ausbeutung der Ressourcen der ganzen Welt ermöglichte, unvermeidbar der Vergangenheit angehören werden«.[1551]

26. Mai 2023: Dmitri Medwedew, der stellvertretende Vorsitzende des russischen Sicherheitsrats, sagt: *»Dieser Konflikt dauert lange, vielleicht Jahrzehnte. Es ist eine neue Realität, neue Lebensbedingungen (...) Der Kern der Neonazi-Herrschaft in Kiew muss beseitigt werden«.*[1552]

27. Mai 2023: Der russische Vize-Außenminister Michail erklärt, dass die Positionen Moskaus zur Beilegung des Ukraine-Konfliktes unabänderlich seien. Dazu gehörten der Schutz der Donbass-Bevölkerung, die Demilitarisierung und Entnazifizierung der Ukraine sowie die Beseitigung der Gefahren für die Sicherheit Russlands. Der Diplomat nennt auch die Bedingungen für einen gerechten und langfristigen Frieden in der Ukraine: Verzicht auf einen Beitritt zur NATO und zur EU. Die Referenden auf der Krim und im Donbass sollen als Selbstbestimmungsrecht der Völker anerkannt werden. Russland sei davon überzeugt, dass eine Beilegung des Konfliktes möglich wäre, wenn die Ukraine die Kampfhandlungen einstelle, und wenn es keine Waffenlieferungen aus dem Westen mehr gebe.[1553]

3. Juni 2023: Putin ist nach wie vor offen für alle Mittel, die es ermöglichen, die Ziele »Militäroperation« in der Ukraine mit friedlichen Mitteln zu erreichen. Das teilt der Sprecher des russischen Präsidenten, Dmitri Peskow, mit. Er betont jedoch, dass *»die Länder des kollektiven Westens Russland im Moment keine andere Option lassen«*, als weiterzukämpfen.[1554]

7. Juni 2023: Der stellvertretende Vorsitzende des russischen Sicherheitsrates, Dmitri Medwedew, erklärt, dass das Regime in Kiew in einer künftigen russischen Offensive vollständig zu Fall gebracht werden müsse. Die Gegenoffensive der ukrainischen Truppen komme für Russland nicht überraschend, da Kiew das Geld und die Waffen, die es aus dem Westen erhalten habe, rechtfertigen müsse.[1555] Medwedew:

»Der Feind hat seit langem eine große Gegenoffensive angekündigt. Und es scheint, als hätte er bereits etwas begonnen. Keine Überraschung, denn das Kiewer Regime hat keine Wahl. Sie müssen in die Offensive gehen. Es ist notwendig, die erhaltene Kohle und die gelieferten Waffen zu rechtfertigen«.[1556] Und weiter:

»Deshalb hat das Kiewer Regime nur eine Wahl: Es muss alles tun, um tausende mobilisierte Menschen ins Verderben zu schicken«.[1557]

Medwedew fügt hinzu, dass der ukrainische Präsident Wolodymyr Selenskij den Westen nicht enttäuschen dürfe, da dies ihn nicht nur sein politisches Amt, sondern auch **sein Leben kosten** könne.[1558]

21. Juni 2023: Der Assistent des russischen Präsidenten, Wladimir Medinsk, erklärt gegenüber der Nachrichtenagentur *TASS*, dass Kiew im vergangenen Jahr beinahe bereit gewesen sei, einen Friedensvertrag und einen Vertrag über dauerhafte Neutralität und Sicherheitsgarantien der Ukraine zu schließen, doch habe der Westen diesbezügliche Verhandlungen bewusst sabotiert.[1559]
Alle Dokumente, die das beweisen, sind auf dieser Seite nachzulesen:
https://braveneweurope.com/michael-von-der-schulenburg-hajo-funke-harald-kujat-frieden-fur-ukraine

22. Juni 2023: Russlands Botschafter in den Vereinigten Staaten, Anatoli Antonow, stellt fest:

»Angesichts der beispiellosen Mittel, die für den Kauf von Waffen für das Kiewer Regime bereitgestellt werden, gehen die ärmsten afrikanischen, lateinamerikanischen und asiatischen Länder leer aus. Es gibt Orte auf dem Planeten, wo Menschen verhungern«.[1560] Und weiter:

»Mittlerweile halten es die Vereinigten Staaten aufgrund der faktischen Beteiligung des Westens an dem Konflikt für eine wichtigere Aufgabe, das Blutvergießen in die Länge zu ziehen und einen Dritten Weltkrieg anzuzetteln«.[1561]

13. Juli 2023 (I): Der russische Außenminister, Sergei Lawrow, betont in einem Interview mit Portal *Lenta.ru*:

»Das Kiewer Regime hat die Möglichkeit von Verhandlungen, basierend auf den von China, Brasilien und den Ländern Afrikas vorgeschlagenen Friedensinitiativen, direkt und von Anfang an abgelehnt«.[1562]

Lawrow beruft sich dabei auf die jüngste Erklärung des ukrainischen Verteidigungsministers, Alexei Resnikow, der von China als Vermittler bei der ukrainischen Beilegung verlangte, Russland davon zu überzeugen, seine Truppen aus der Ukraine abzuziehen. Andernfalls wären alle Kontakte mit chinesischen Unterhändlern *»Zeitverschwendung«*.[1563]

13. Juli 2023 (II): Wladimir Putin sagt in einem Interview, dass russische Soldaten weiterhin westliche Waffen zerstörten und diese Waffentypen hätten dabei sogar Vorrang. Die ukrainischen Soldaten hätten zwischenzeitlich Angst, in Leopard-Panzer zu steigen, weil sie wüssten, dass die russischen Soldaten sie zuerst zerstören würden.[1564] Putin weiter:

»*Allein vom 4. Juni bis gestern Abend wurden 311 Panzer zerstört, von denen ein großer Teil, ich glaube mindestens ein Drittel, aus westlicher Produktion stammt, darunter auch Leopard-Panzer*«.[1565]

16. Juli 2023: Der russische Präsident macht sich in einem Interview für den Fernsehsender *Rossija-1* über die unterwürfige Haltung europäischer Politiker gegenüber den USA lustig. Er sagt, wenn die Amerikaner sie auffordern würden, sich zu erhängen, würden sie es tun.[1566] Und dabei würde ihnen auch verwehrt werden, dies mit im Inland produzierten Stricken zu tun: *»Denn die Amerikaner werden einen so großen Auftrag für ihre Textilindustrie kaum ablehnen«.*[1567]

25. Juli 2023: Der Sekretär des russischen Sicherheitsrates Nikolai Patruschew sagt bei einem Treffen hochrangiger Vertreter der BRICS-Länder in Südafrika:

»*Ich möchte betonen, dass Russland zum Dialog bereit ist, wie es wiederholt erklärt hat. Die westlichen Kuratoren des Kiewer Regimes, das sich selbst verboten hat, mit unserem Land zu verhandeln, sollten jedoch zu Verhandlungen ermutigt werden (…) Die Vereinigten Staaten und ihre Satelliten tun alles, um den Konflikt zu eskalieren, indem sie die Waffenlieferungen an die Ukraine erhöhen – darunter Granaten mit abgereichertem Uran, Luft-Boden-Marschflugkörper mit großer Reichweite und jetzt auch Streumunition, die in vielen Ländern der Welt verboten ist*«.[1568]

24. August 2023: Russlands Botschafter bei den Vereinten Nationen, Wassili Nebensja, erklärt während einer Sitzung des UN-Sicherheitsrates, dass die Ukraine von einem verbrecherischen Regime beherrscht werde, das ausschließlich die geopolitischen Interessen der USA und ihrer Verbündeten bediene und den hybriden Krieg gegen Russland »bis zum letzten Ukrainer« führe.[1569] Nebensja fügt hinzu:

»*Unsere ehemaligen westlichen Partner spornen Selenskij und seine Clique nur an, geben ihnen Waffen und fordern eine Fortsetzung dieses Schlachtens (…) Den westlichen Sponsoren der Ukraine tut sie überhaupt nicht leid. Russland, so drückte sich der polnische Präsident Duda aus, könne jetzt billig besiegt werden, denn – ich zitiere – ‚US-amerikanische Soldaten sterben nicht‘*«.[1570]

25. August 2023 (I): Russlands Außenminister Sergei Lawrow sagt, dass sich die Politik vieler europäischer Länder komplett der US-Agenda untergeordnet habe und diese vorantreibe, und das zum Nachteil der Interessen ihrer eigenen Wirtschaft und Bürger.[1571]

25. August 2023 (II): Der russische UN-Botschafter Wassili Nebensja sagt vor dem UN-Sicherheitsrat, er verurteile nicht nur aufs schärfste, dass der Westen über die schrecklichen diktatorischen Zustände in der Ukraine schweige und das politische Regime weiter aufrüste, sondern auch, dass Andersdenkende dort systematisch schikaniert, verfolgt und ermordet, sowie junge Männer wissentlich in einen Fleischwolf getrieben werden, während das ganze Volk einer neonazistischen Gehirnwäsche unterzogen werde.[1572]

26. August 2023: Der stellvertretende Vorsitzende des russischen Sicherheitsrates, Dmitri Medwedew, erklärt in einem Interview mit *TASS* und *RT*:

»*Er* [Biden] *ist dort* [im Ukraine-Konflikt] *geistig, politisch und wirtschaftlich involviert, was ihm, abgesehen von seinen intellektuellen Fähigkeiten im Allgemeinen, die Hände gebunden hat. Er ist zu einer Geisel der Ukraine geworden. Das ist sein politischer Kurs, der sowohl für die USA selbst als auch für die Ukraine sehr tragisch ist, die sich deshalb weiterhin an diesem schwierigen Kampf beteiligt und eine große Zahl ihrer Soldaten in den sicheren Tod schickt. Und dafür gibt es einen Grund – die tiefe Verstrickung der Familie Biden in die ukrainische Situation*«.[1573]

Und weiter:

»US-amerikanische Unternehmen verdienen Geld, der militärisch-industrielle Komplex der USA entwickelt sich, er ist voller Aufträge. In diesem Sinne sind sie daran interessiert, diesen Krieg aufrechtzuerhalten, dafür zu sorgen, dass die Flammen dieses Krieges noch sehr lange nicht ausgehen. Ihre Soldaten sterben nicht **(…) [Die ukrainischen Soldaten]** ***tun ihnen nicht im geringsten leid. Und der Krieg bis zum letzten Ukrainer macht ihnen überhaupt keine Angst«.***[1574]

29. August 2023: Die Pressesprecherin des russischen Außenministeriums, Maria Sacharowa, betont gegenüber der Nachrichtenagentur *ANSA*, dass Russland »*die ausgeglichene Linie des Vatikan hinsichtlich des Ukraine-*

Konflikts und die Bemühungen des Heiligen Stuhls und des Papstes persönlich um eine diplomatische Lösung«, hoch einschätze. Diese Bemühungen würden allerdings von Kiew »*offen abgewiesen*«.[1575] Zuvor hat der päpstliche Nuntius, Kardinal Matteo Zuppi, im Rahmen einer Mission des Vatikan zur Regulierung des Ukraine-Konflikts Moskau und Kiew besucht.[1576]

4. September 2023: Der russische Präsidentenberater Juri Uschakow sagt im Fernsehsender *Perwy Kanal*: »*Es braucht immer zwei Seiten, um zu verhandeln. Bisher gab es von der anderen Seite keine Hinweise auf eine Verhandlungsmöglichkeit. Wir haben das nicht gesehen*«.[1577]

20. September 2023 (I): Der kolumbianische Präsident Gustavo Pedro spricht Klartext auf der UN-Vollversammlung. Er sagt u.a.:

> ***»Sie*** [die westlichen Länder/MGR] ***haben vergessen, dass unsere Länder mehrmals von denen überfallen wurden, die heute davon sprechen, gegen Invasionen zu kämpfen. Sie haben vergessen, dass sie den Irak, Syrien und Libyen wegen des Öls überfallen haben. Sie haben vergessen, dass sie aus denselben Gründen, die sie für den Schutz Selenskijs anführen, auch Palästina hätten schützen müssen«.***[1578]

Weiter: »S*ie haben keine 100 Milliarden US-Dollar, um anderen Ländern zu helfen und sie vor Überschwemmungen und Wirbelstürmen zu schützen, aber haben sie, um die Russen und Ukrainer dazu zu bringen, sich gegenseitig zu töten*«.[1579]

20. September 2023 (II): Der russische Außenminister Sergei Lawrow sagt in seiner Rede vor den Vereinten Nationen, dass die NATO-Länder »*Parolen*« einem substanziellen Dialog vorziehen, während sie in der Ukraine »*ein unverhohlenes Nazi-Regime fördern*«, das Washington unterworfen sei.[1580] Weiter: Der Westen wolle sich nicht ehrlich mit den Ursachen der Ukraine-Krise auseinandersetzen und schiebe die Schuld nur auf Moskau:

»*Aber kein einziges Wort über die eigentlichen Ursachen des Problems. Der Westen vermeidet eine substanzielle Diskussion auf der Grundlage von Fakten und der Achtung aller Grundsätze der* [UN-]*Charta. Offenbar hat er keine Argumente für einen ehrlichen Dialog*«.[1581]

Lawrow erinnert daran, dass Moskau gezwungen war, seine Militäroperation in der Ukraine im vergangenen Jahr zu starten, um die Menschen im Donbass zu schützen, und verweist auf **das Versäumnis Kiews, die Minsker Friedensvereinbarungen von 2014/2015 umzusetzen. Auch der Westen hat sich hinter die Nationalisten gestellt, die 2014 durch einen Putsch in Kiew an die Macht kamen.** Der russische Außenminister wirft den ukrainischen Behörden zudem vor, die Friedensverhandlungen zu blockieren. Er weist erneut darauf hin, dass der ukrainische Präsident im Oktober 2022 ein Dekret erlassen habe, in dem er die »*Unmöglichkeit einer Verhandlung mit dem russischen Präsidenten Wladimir Putin*«[1582] feststellte:
»*Wenn die USA an* [Verhandlungen] *interessiert sind, glaube ich, dass es für sie nicht schwierig wäre,* [Kiew] *den Befehl zu erteilen, Selenskijs Dekret aufzuheben*«.[1583]

Lawrow greift auch die von dem ukrainischen Präsidenten vorgetragene »*Friedensformel*« (siehe ➔ »27. Mai 2023« im Kapitel ➔ »Selenskij will nicht mit Putin verhandeln«) auf und fragt:

> ***»Sind sich diejenigen, die dies fordern, darüber bewusst, was die ukrainische Regierung mit den Bewohnern der betroffenen Gebiete*** [im Donbass/MGR] ***zu tun gedenkt? Immer wieder wird ihnen in der Öffentlichkeit, auf offizieller Ebene, mit juristischer oder physischer Vernichtung gedroht«.* Der russische Außenminister stellt fest, dass der Westen diese rassistische Politik *»mit Begeisterung«* unterstützt.**[1584]

22. September 2023: Kreml-Sprecher Dmitri Sergejewitsch Peskow sagt:
»*Unter den gegenwärtigen Umständen hat Moskau keine andere Wahl, als seine Militäroperation fortzusetzen*«.[1585]

Die deutschen Mainstreammedien unterstellen schnell, dass Putin keinen Frieden **will**. Natürlich wird nicht wahrgenommen, dass Selenskij per Dekret jegliche Gespräche mit Moskau verboten hat und der russische Standpunkt darauf gründet.

23. September 2023: Der russische Außenminister Sergej Lawrow wirft den westlichen Staaten wegen ihrer Unterstützung für die Ukraine vor, **direkt** gegen Russland zu kämpfen:
»*Sie können es nennen, wie Sie wollen, aber sie kämpfen mit uns, sie kämpfen direkt mit uns. Wir nennen es hybriden Krieg, aber das ändert nichts an der Wirklichkeit*«.[1586]

Lawrow verweist auf Militärausrüstung im Wert von Milliarden Dollar für Kiew sowie auf die Unterstützung des US- und des britischen Geheimdienstes und die Präsenz westlicher Militärberater in der Ukraine.

Der Westen *»kämpft de facto gegen uns, nutzt die Körper von Ukrainern«.*[1587]

26. September 2023 (I): Dmitri Medwedew, der stellvertretende Vorsitzende des russischen Sicherheitsrates, erklärt auf *Telegram*, dass Russland ein direkter Konflikt aufgezwungen werde:

»*Allem Anschein nach lässt man Russland immer weniger Optionen außer einem direkten Konflikt mit der NATO, die sich in einen offen faschistischen Block wie Hitlers Achse verwandelt hat, wenn auch in einer größeren Dimension. Wir sind bereit, obwohl das Ergebnis zu einem viel höheren Preis als 1945 erreicht werden wird*«.[1588]

26. September 2023 (II): Der russische Verteidigungsministers Sergei Schoigu erklärt während der Sitzung des Kollegiums des Verteidigungsministeriums, dass der Krieg noch zwei Jahre dauern kann (Hervorhebungen durch mich):

»*Die USA und ihre Verbündeten bewaffnen weiterhin die Streitkräfte der Ukraine. Das Kiewer Regime schickt unausgebildete Soldaten in sinnlosen Stürmen in den Tod. Solche zynischen Handlungen* ***des Westens und seiner Handlanger in Kiew*** *treiben die Ukraine nur weiterhin in die Selbstzerstörung. Unter diesen Bedingungen steigern wir die Kampffähigkeit unserer Streitkräfte durch Lieferungen von modernen Waffen und Verbesserung der Ausbildung unter Berücksichtigung der Erfahrung der speziellen Militäroperation. Eine konsequente Organisation von Maßnahmen des Aktionsplans wird es* ***ermöglichen, bis zum Jahr 2025 die gesetzten Ziele zu erreichen***«.[1589]

29. September 2023: Die Reaktion der Russen treibt dem Westen und der Ukraine Angstschweiß auf die Stirn: Moskau weitet seine militärischen Anstrengungen massiv aus, was sich zurzeit vor allem bei der Kriegsproduktion bemerkbar macht. Das Militär-Budget wird sich 2024 voraussichtlich fast verdoppeln und auf sechs Prozent des Brutto-Inlandsprodukts (BIP) steigen.[1590] Waren für den diesjährigen Haushalt noch 63,2 Milliarden Euro an Militärausgaben vorgesehen, so sollen es im kommenden Jahr 105,6 Milliarden Euro werden. Dazu kommt: Ein Drittel der russischen Wirtschaft wird auf militärischen Bedarf umgestellt, wie die *New York Times* unter Verweis auf Geheimdienstinformationen berichtet.[1591]

Die westlichen Geheimdienste räumen damit das ein, was hierzulande seit Beginn des Krieges verklärt wird: Trotz der Sanktionen sind die russischen Einnahmen aus Öl- und Gasimporten GESTIEGEN.[1592]

Westliche Geheimdienste müssen zudem einräumen: Russland ist von einer Erschöpfung weit entfernt.[1593]

30. September 2023: Russlands ehemaliger Staatschef Dmitri Medwedjew gibt als Ziel die Einnahme weiterer Gebiete in der Ukraine aus:

»*Die militärische Spezialoperation wird bis zur vollständigen Zerstörung des Nazi-Regimes in Kiew fortgesetzt*«.[1594]

1. Oktober 2023: Auf seinem *Telegram*-Kanal kommentiert Medwedew die Forderung der Vorsitzenden des Verteidigungsausschusses des Bundestages – eine der größten deutschen Kriegstreiberinnen –, Marie-Agnes Strack-Zimmermann (FDP), Kiew mit Taurus-Raketen zu beliefern:

»Sie sagen, dass dies im Einklang mit dem Völkerrecht stehe. Nun, in diesem Fall wären Angriffe auf deutsche Fabriken, in denen diese Raketen hergestellt werden, in vollem Einklang mit dem Völkerrecht. Schließlich treiben uns diese Idioten aktiv auf den Dritten Weltkrieg zu (…)«[1595]

3. Oktober 2023: Es kommt, wie es kommen muss:

Das erste Mal in der Geschichte: Russland lässt Moskau die erste landesweite Übung für einen Atomangriff durchführen.

Die Übung erstreckt sich über elf Zeitzonen. Bürger im gesamten Land werden damit auf einen möglichen Atomkrieg vorbereitet. Der Kreml hält eine nukleare Eskalation für zunehmend wahrscheinlich. Der Westen wird als nuklearer Aggressor dargestellt. Die Zerstörung von bis zu 70 Prozent des russischen Wohnungsbestands und der lebenswichtigen Einrichtungen wird simuliert:[1596]

»*Das Risiko, dass bewaffnete Konflikte zu lokalen und regionalen Kriegen eskalieren, einschließlich solcher, an denen Atommächte beteiligt sind, nimmt zu*«. Bedrohung für die Sicherheit der Bürger drohe vor allem durch »*moderne Fernkampfmittel*«, etwa Angriffe aus der Luft.[1597]

4. Oktober 2023: Die niederländische Verteidigungsministerin Kajsa Ollongren sagt:

»Natürlich ist die Unterstützung der Ukraine ein ***sehr billiger Weg****, um sicherzustellen, dass Russland mit diesem Regime keine Bedrohung für das NATO-Bündnis darstellt. Und es ist wichtig, diese Unterstützung fortzusetzen.* ***Es liegt in unserem Interesse****, die Ukraine zu unterstützen, denn* ***sie führen diesen Krieg, nicht wir****«.*[1598]

5. Oktober 2023 (I): Dmitri Peskow, Pressesprecher des russischen Präsidenten, teilt daraufhin folgendes mit: ***»Im allgemeinen werden die Ukrainer weiterhin als billige Soldaten benutzt, die Absicht, den Kampf bis zum letzten Ukrainer fortzusetzen, ist eigentlich nicht verborgen.*** *Früher oder später werden die Ukrainer selbst anfangen, diese Worte zu hören und ihre Bedeutung für sie selbst zu spüren, und es wird ihnen nicht mehr gefallen«.*[1599]

5. Oktober 2023 (II): Wladimir Putin sagt:

»Neun Jahre lang wurde [der Donbass] bombardiert, beschossen, es wurden Panzer eingesetzt. Ein Krieg, ein regelrechter Krieg gegen den Donbass wurde entfesselt. Und niemand hat die toten Kinder im Donbass gezählt. Niemand in den anderen Ländern, insbesondere nicht im Westen, hat um die Toten geweint«.[1600] Putin sagt außerdem:

»Seit dem Beginn der sogenannten Gegenoffensive am 4. Juni haben ukrainische Verbände nach jüngsten Angaben über 90.000 Mann verloren – das sind Verwundete und unwiederbringliche Verluste. Sie verloren 557 Panzer und fast 1.900 gepanzerte Fahrzeuge unterschiedlicher Klassen. Wir nähern uns ruhig dem Erreichen dieser Ziele [der militärischen Sonderoperation/MGR] *und sind uns sicher, dass wir die gestellten Aufgaben lösen werden«.*[1601] Putin weiter:

»Die Geschichte des Westens ist im Wesentlichen eine Chronik der endlosen Expansion (…) Wir haben den sogenannten Krieg in der Ukraine nicht begonnen. Im Gegenteil, wir versuchen, ihn zu beenden. Wir haben den Staatsstreich in Kiew nicht organisiert«.[1602]

Weiter:

»Wir waren nie gegen einen Beitritt der Ukraine zur EU, und was die NATO betrifft, so waren wir immer dagegen, weil es unsere Sicherheit bedroht«.[1603]

Putins Zukunftsvision sieht folgendermaßen aus (Hervorhebungen durch mich):

»Erstens ***will Russland in einer offenen Welt*** *leben, in einem Umfeld ohne Barrieren. Zweitens: Die Vielfalt der Welt muss erhalten bleiben. Der dritte Punkt ist die maximale Repräsentation (aller Länder).* ***Niemand kann stellvertretend für andere regieren****, die Welt der* ***Zukunft ist eine Welt der kollektiven Entscheidungen****. Der vierte Punkt ist die* ***universelle Sicherheit****, die vor allem darin besteht, die* ***internationalen Beziehungen vom Blockdenken zu befreien*** *und sich zu weigern, die internationalen Beziehungen als Nullsummenspiel zu verstehen«.*[1604]

Putin: »Die multipolare Welt hat gesiegt«.[1605]

13. Oktober 2023: Präsident Wladimir Putin erklärt während einer Rede auf der Sitzung der Oberhäupter der GUS-Staaten im kirgisischen Bischkek:

»Ich erinnere daran, dass die Ukraine-Krise im Jahr 2014 begann, als ein Staatsstreich organisiert und danach ein Krieg entfacht wurde. Alles begann mit Kämpfen im Südosten der Ukraine. Unsere spezielle Militäroperation ist kein Beginn des Kriegs, sondern ein Versuch, ihn zu beenden«.[1606]

18. Oktober 2023: Putin sagt:

»Wenn die ukrainische Seite in der Tat einen Verhandlungsprozess will, so muss sie dies mit keinen theatralischen Gesten tun. Das Erste, was sie tun muss, ist, das Dekret des ukrainischen Präsidenten außer Kraft zu setzen, das die Verhandlungen verbietet«.[1607]

20. Oktober 2023: Laut dem russischen Außenminister Sergei Lawrow geht die Ukraine vielen europäischen Partnern bereits auf die Nerven und weiter:

»Die Europäer reden sich ein, dass die Ukraine auf dem Schlachtfeld siegen wird, und deshalb müssen sie alles dafür tun. Nun, bitte, falls ihnen diese Selbsthypnose hilft, soll Gott ihr Richter sein«.[1608]

23. Oktober 2023: Russlands Botschafter in Berlin Sergei Netschajew sagt in einem Interview mit *TASS*:

»Wir orientieren uns schon lange nicht mehr an den roten Linien Berlins. Die meisten der einst unantastbaren Tabus für Deutschland sind gebrochen worden (…) Nach dem Scheitern der breit angekündigten Gegenoffensive der ukrainischen Armee im Sommer stellt sich die Frage, wie lange Berlin noch bereit ist, beträchtliche Ressourcen in die Unterstützung des Kiewer Regimes zu pumpen«.[1609]

25. Oktober 2023: Alexander Spakowski, Weißrusslands Botschaftsrat in Moskau, gibt Informationen preis, die im Westen verheimlicht werden. Er erklärt, dass die Ukraine im Jahr 2022, bevor sich der Westen eingemischt hatte, zum Abschluss eines Friedensvertrags mit Russland bereit gewesen, sei:

»*Wir wissen, dass solche Abkommen auf dem Tisch lagen. Die ukrainische Delegation hatte ihnen zugestimmt*«.[1610]

Spakowski zufolge war die Ukraine zu einem Abkommen bereit. Es sah einen blockfreien Status der Ukraine und die Einhaltung der Rechte der russischsprachigen Bevölkerung vor. Weißrussland verfüge über Dokumente, Video- und Audiomaterialien, die Kiews ursprüngliche Bereitschaft der Ukraine zum Abschluss des Vertrags belegen würde. Später allerdings hätten die USA und weitere westliche Staaten den Friedensprozess torpediert[1611] (siehe oben).

20. November 2023: Laut Sergei Naryschkin, der Chef des russischen Auslandsgeheimdienstes SWR, sagt:

»*Nach zuverlässigen Daten, die dem SWR vorliegen, weisen die Vereinigten Staaten die ukrainische Führung an, die Mobilisierungsmaßnahmen maximal zu intensivieren, um die enormen Verluste auszugleichen, die die ukrainischen Streitkräfte bei der gescheiterten Gegenoffensive erlitten haben. Die US-amerikanischen sowie britischen Kuratoren von Kiew empfehlen den militärisch-politischen Führungskräften der Ukraine, das Einberufungsalter auf 17 Jahre zu senken und es zugleich auf 70 Jahre anzuheben, aber auch eine zusätzliche Mobilmachung von Frauen durchzuführen*«. Naryschkin zufolge sei Kiew bereit, den Krieg im Namen westlicher Interessen »*bis zum letzten Ukrainer*« fortzusetzen.[1612]

30. November 2023: Putin sagt:

»*Die Ukraine bekommt Geld von Deutschland für Rüstung, Renten, Sozialleistungen und Gehälter, hat aber die nötigen Gaslieferungen aus Russland nach Deutschland fast eingestellt. Und die Deutschen schlucken das alles, weil sie was nicht haben? Souveränität*«.[1613]

1. Januar 2024: Putin meldet sich erneut zu Wort und benennt die wahren Feinde Russlands:

»*Der Punkt ist nicht, dass sie [der kollektive Westen] unserem Feind helfen, sondern dass sie unser Feind sind. Sie lösen ihre eigenen Probleme mit den Händen [der Ukraine], darum geht es*«.[1614]

9. Februar 2024: Wladimir Putin erklärt in einem Interview mit dem US-Journalisten Tucker Carlson, er wolle eine Verhandlungslösung für die Situation in der Ukraine erreichen.[1615] Doch das Dekret von Selenskij verbietet nach wie vor jegliche Verhandlungen.

Weiter erklärt Putin, dass er keinen Weltkrieg wolle und auch kein Interesse an den Baltischen Staaten habe. Der Westen veröffentliche immer wieder gegenteilige Informationen, um ihren Steuerzahlern klar zu machen, dass immer mehr Gelder in die Ukraine und in die Aufrüstung gezahlt werden müssen.[1616]

10. Februar 2024: Scholz nennt Putins Interview »*lächerlich*«.[1617]

14. Februar 2024 (I): Außenminister Sergei Lawrow sagt vor der Duma, dass Moskau zu einer politischen und diplomatischen Lösung des Konflikts in der Ukraine bereit sei, aber da die westlichen Länder die Interessen Russlands und die Realitäten, die sich auf der Erde entwickelt haben, nicht berücksichtigen wollen, gebe es noch keine Optionen für eine Einigung.[1618]

14. Februar 2024 (II): Putin legt in einem Interview noch einmal seinen Standpunkt dar. Jener, der hierzulande **nicht akzeptiert** und **nicht publiziert** wird:

»*Doch der unmittelbare Auslöser war die Weigerung der heutigen ukrainischen Regierung, die Minsker Abkommen umzusetzen – und die endlosen Überfälle mit zahlreichen Todesopfern gegen die von uns acht Jahre lang nicht anerkannten Republiken des Donbass, die Volksrepublik Lugansk und die Volksrepublik Donezk, die sich letztendlich an uns mit der Bitte wandten, sie anzuerkennen. Angesichts der Perspektivlosigkeit der Lösung der Fragen im Rahmen der Minsker Abkommen erkannten wir sie an, schlossen dann mit ihnen den bekannten Vertrag über Freundschaft und gegenseitige Hilfeleistung ab – und gemäß der Charta der Vereinten Nationen erfüllten wir unsere Verpflichtungen gemäß diesem Vertrag. Den Krieg haben wir nicht begonnen – sondern versuchen nur, ihn zu beenden*«.[1619]

7. März 2024: Der russische Außenminister Lawrow lädt **alle** EU-Botschafter zu einem Gespräch ein. **Alle** sagen ab.[1620] So viel zum Thema, Russland wolle **nicht** verhandeln!

15. März 2024: Präsident Putin bezeichnet Selenskijs Friedensformel (»Russland besiegen«) als »*Wunschdenken nach dem Konsum von Psychopharmaka*«.[1621]

19. März 2024: Putin warnt vor einem Dritten Weltkrieg. Nach dem Gewinn der Präsidentschaftswahl sagt er zu einer weiteren Zuspitzung des Konflikts zwischen Russland und der NATO:

»Ich denke, in der heutigen Welt ist alles möglich. Aber wie ich bereits gesagt habe – und das ist jedem klar – wären wir dann nur einen Schritt von einem vollständigen Dritten Weltkrieg entfernt. Ich denke nicht, dass irgendjemand wirklich daran interessiert ist«.[1622]

28. März 2024: Dmitri Peskow, der Sprecher des Kremls sagt, Moskau habe genügend politischen Willen für Gespräche mit Washington, sei für eine umfassende Diskussion aller Fragen. Er bezieht sich auch auf den russischen Präsidenten:

»[Präsident Wladimir Putin] *hat wiederholt gesagt, dass wir für einen Dialog offen sind und dass wir es für notwendig halten, alle Themen umfassend zu diskutieren. Man kann nicht einige Themen aus dem allgemeinen Kontext herausnehmen, der jetzt unsere bilateralen Beziehungen beherrscht«.*[1623]

2. Mai 2024: Die Sprecherin des russischen Außenministeriums, Maria Sacharowa, nennt noch einmal die Bedingungen Russlands für einen Frieden mit der Ukraine, die im Westen gänzlich ignoriert werden: Einstellung der Waffenlieferungen an das ukrainische Militär,

- Bestätigung des neutralen, blockfreien und nuklearfreien Status der Ukraine,
- Anerkennung der gegenwärtigen territorialen Tatsachen,
- die Gesetzwidrigkeit der Sanktionspolitik, das neonazistische Wesen des Kiewer Regimes,
- die Einhaltung der Menschenrechte, der Minderheitenrechte und der Rechte der russischsprachigen Bürger durch Kiew.[1624]

24. Mai 2024: Die Nachrichtenagentur *Reuters* berichtet, dass Wladimir Putin bereit wäre, einen Waffenstillstand entlang der aktuellen Frontlinien in der Ukraine zu verhandeln. Die Nachrichtenagentur beruft sich auf vier Quellen im Kreml-Apparat. Drei der Quellen, die mit den Diskussionen in Putins Gefolge vertraut sind, sagten *Reuters* zufolge, Putin sei frustriert: Der Westen behindere Verhandlungen und Ukraine-Präsident Wolodymyr Selenskij schließe Gespräche mit Russland aus.

Doch ein Sprecher des US-Außenministeriums betonte, dass jede Friedensinitiative die »*territoriale Integrität der Ukraine innerhalb ihrer international anerkannten Grenzen*« respektieren müsse. »*Der Kreml hat noch kein nennenswertes Interesse an einer Beendigung seines Krieges gezeigt, ganz im Gegenteil*«[1625] – und das, obwohl es zig Gesprächsangebote von Seiten der Russen gab. Die Haltung der USA wird damit wieder einmal bestätigt: Krieg bis zum letzten Ukrainer.

5. Juni 2024: Putin droht Deutschland! Wörtlich:

»*Wenn jetzt ihre Raketen benutzt werden, um Einrichtungen auf russischem Territorium anzugreifen, wird das die Beziehungen zwischen Russland und Deutschland vollständig ruinieren*«.[1626]

14. Juni 2024 (I): Putin nennt *RT.de* zufolge die Bedingungen für Friedensgespräche mit der Ukraine:

»*Die Ukraine muss ihre Truppen aus den neuen russischen Regionen abziehen, bevor sinnvolle Friedensgespräche beginnen können, so Russlands Präsident Wladimir Putin. Moskau bestreitet die von Kiew beanspruchte Souveränität über fünf ehemals ukrainische Regionen, von denen sich vier im Zuge der anhaltenden Feindseligkeiten Russland angeschlossen haben. Die Menschen in den Volksrepubliken Donezk und Lugansk sowie in den Regionen Cherson und Saporoschje haben Ende 2022 mehrheitlich in Volksabstimmungen für die Lostrennung von der Ukraine und den Anschluss an Russland gestimmt. In allen vier Regionen dauern die Feindseligkeiten in unterschiedlicher Schwere nach wie vor an. Zudem hat sich die Bevölkerung der Krim bereits im März 2014 in einem Referendum für die Wiedervereinigung mit Russland ausgesprochen, die kurz darauf erfolgte*«.[1627]

US-Vasall Ukraine weist Putins Friedensangebot noch am selben Tag als absurd und manipulativ zurück.[1628] Natürlich springt der große Bruder gleich an die Seite von Kiew: Nach den Worten von US-Verteidigungsminister Lloyd Austin kann Putin der Ukraine keine Bedingungen für einen Frieden diktieren.[1629] Somit ist das Thema innerhalb weniger Stunden abgebügelt.

Am **27. Juni 2024** reagiert US-NATO-Scholz auf Putins Friedensangebot im Bundestag und zwar genauso wie erwartet. Er sagt, Putin setze weiter voll auf Krieg und Aufrüstung, dies zeige sich am deutlichsten an seinem vermeintlichen Waffenstillstandsangebot. Wer glaube, »*dass daraus ein dauerhafter Frieden in Europa wird, der muss schon sehr viel Russia Today schauen. Leider will Russland keinen Frieden*«. Dagegen wolle die Ukraine »*einen gerechten Frieden ohne Unterwerfung und Angst vor neuer Aggression*«.[1630]

16. Juni 2024: Putin bekräftigt:

»*Wir sind dem Punkt, an dem es kein Zurück mehr gibt, unannehmbar nahegekommen. Rufe nach einer strategischen Niederlage Russlands, das über das größte Atomwaffenarsenal verfügt, zeigen den extremen Wagemut der westlichen Politiker*«.[1631]

24. Juni 2024: Die Eskalationsspirale dreht sich immer weiter: Bei einem Angriff mit US-ATACMS-Langstreckenraketen auf die Hafenstadt Sewastopol (Krim) kommen vier Menschen, darunter zwei Kinder ums Leben, mehr als 150 Zivilisten werden verletzt. **Russland erklärt die USA daraufhin zur Konfliktpartei.**

Moskau stellt fest, dass Washingtons Handlungen darauf abzielen, »*pronazistische Behörden der Ukraine*« zu weiteren Kämpfen »*bis zum letzten Ukrainer*« aufzufordern, indem ihnen Angriffe gegen Ziele tief auf russischem Territorium erlaubt würden. Diese Handlungen würden nicht unbestraft bleiben. Da alle Flugeinsätze mit den ATACMS-Flugkörpern von US-Spezialisten eingegeben würden, trügen sie die gleiche Verantwortung wie das Kiewer Regime für die Gräueltat.[1632] Diese wird vom Westen jedoch geleugnet: Die Russen hätten den Krim-Strand versehentlich **selbst** angegriffen.[1633]

4. Juli 2024 (I): Der russische Außenminister Lawrow erklärt noch einmal die Sicht der Russischen Föderation auf den Konflikt:

»*Die Ukraine lehnt jegliche Verhandlungen ab. Sie hat sich selbst durch ein Dekret von Selenskij die Verhandlungen mit Russland verboten* [das ist Fakt/MGR]. *Und der Westen will nicht, dass die Ukraine diesen Krieg beendet, den er mit ihren eigenen Händen gegen uns entfesselt hat*«.[1634]

4. Juli 2024 (II): Wladimir Putin sagt während einer Pressekonferenz im Anschluss an den Gipfel der Shanghaier Organisation für Zusammenarbeit:

»*Einfach jetzt einen Waffenstillstand zu verkünden in der Hoffnung, dass die andere Seite positive Schritte unternimmt, das können wir einfach nicht. Wir dürfen nicht zulassen, dass der Gegner nach einem Waffenstillstand diese Gelegenheit nutzt, um seine Position zu verbessern: sich wieder zu bewaffnen, sich mithilfe gewaltsamer Mobilisierung zu verstärken und bereit zu sein, den bewaffneten Konflikt fortzusetzen*«. Moskau begrüße jedoch grundsätzlich eine Vermittlung im Ukraine-Konflikt.[1635] Und weiter:

»*Mitte Juni haben wir eine weitere Option zur Beilegung vorgestellt, die, falls die ukrainische Seite und vor allem ihre westlichen Sponsoren bereit sind, sie zu akzeptieren, eine buchstäblich einstufige, unmittelbare Einstellung der Feindseligkeiten, die Rettung von Menschenleben und den Beginn von Verhandlungen ermöglichen würde*«.[1636]

27. August 2024: Laut russischem Außenminister Sergei Lawrow tut der Westen alles dafür, dass die Ukraine auch weiterhin auf Eskalation setzt. Man erhoffe sich, dass Russland auf die Provokationen reinfalle. Lawrow wörtlich:

»*Es wird nicht funktionieren. Wir werden unsere Ziele erreichen (...) Aber es wird nicht gelingen, uns zu provozieren*«.[1637]

16. September 2024: Putin unterzeichnet einen Erlass, der bestimmt, dass die Personalstärke der Streitkräfte der Russischen Föderation auf 2.389.130 Einheiten erhöht werden, einschließlich 1.500.000 Soldaten.[1638]

Bis heute: Der Konflikt verschärft sich Tag für Tag. Ein Frieden ist noch lange nicht in Sicht.

+++ Soweit also die russische Sicht, die in Deutschland mit Androhung von Strafgesetzen, Verfälschungen, Verkürzungen und Zensur, zu verheimlichen versucht wird. +++

EXKURS:
US-Militär-Expertin verrät das wahre »Endziel« im Ukraine-Krieg

Die Denkfabrik RAND, die großen Einfluss auf US-Militärs und Politikverantwortliche hat, gibt zu, dass der Krieg in der Ukraine **nicht** wegen der Ukrainer gewonnen werden muss, denn die Amerikaner brauchen die Europäer dringend für einen ganz anderen Krieg.

RAND, die militärische Denkfabrik der USA

Die RAND Corporation (englisch: »Research and Development«, deutsch: »Forschung und Entwicklung«) ist eine Denkfabrik (Think Tank) in den USA. Sie wurde nach Ende des Zweiten Weltkriegs gegründet, um die amerikanischen Streitkräfte zu beraten. RAND-Experten spielten eine nicht unwichtige Rolle im Koreakrieg und bei der Propaganda des Kalten Krieges. Im Laufe der Zeit wurde RAND zu einem der einflussreichsten Zentren der US-Kriegs-Hegemonie, die mit dem militärisch-industriellen Komplex Hand in Hand zusammenarbeitet und von letzterem großzügig finanziert wird.

Heute beschäftigt die Denkfabrik knapp 2.000 Angestellte aus 50 verschiedenen Ländern. 55 Prozent des Budgets werden vom US-Verteidigungsministerium bereitgestellt. RAND bearbeitetet aktuell die Themenschwerpunkte »*Strategieentwicklung zur Destabilisierung Russlands*«, den Ukraine-Krieg, den Nahost-Konflikt und »*Überlegungen zum Krieg mit China*«.

Kein »Verstecken« mehr

Nun hat Ann Marie Dailey, eine hochrangige RAND-Mitarbeiterin, die früher Captain bei den US-Pioniertruppen und dann als leitende Beraterin des stellvertretenden US-Verteidigungsministers für internationale Sicherheitsangelegenheiten mit Schwerpunkt Russland, Europa und Eurasien, tätig war, die »wahren« Ziele der USA in der Ukraine verdeutlicht und zwar ganz offiziell in einem Interview auf der Internetseite der RAND-Corporation. Dieses erschien unter dem Titel »*The United States, NATO, and Geopolitical Strategies*« *(dt.: »Die Vereinigten Staaten, NATO und geopolitische Strategien*«). Die amerikanischen Kriegs-Vordenker verstecken sich nicht mehr. Hier ein Auszug aus dem entlarvenden Interview mit Ann Marie Dailey:

Frage: »*Apropos US-Hilfe für die Ukraine: Sie haben davor gewarnt, dass das Ausbleiben der US-Unterstützung für die Ukraine eine ‚Serie von amerikanischen Niederlagen' einleiten würde. Inwiefern?*«

Antwort: »*Es gibt Leute in Washington, die sagen, dass wir die Ukraine nicht weiter unterstützen können, weil dies unsere Fähigkeit untergräbt, uns auf China vorzubereiten. Aber wenn wir uns auf einen möglichen zukünftigen Konflikt mit China vorbereiten, gibt es zwei Welten, in denen wir ihn austragen könnten:*

Das eine ist eine Welt, in der die Ukraine verliert. In dieser Welt werden alle unsere europäischen Verbündeten sich darauf konzentrieren, sich vor dem nächsten Angriff aus Russland zu schützen. Die Vereinigten Staaten werden diplomatisch isolierter sein, weil diese 31 NATO-Verbündeten viel mehr um ihre eigene Sicherheit besorgt sein werden als darum, den Vereinigten Staaten in einem Kampf gegen China zu helfen.

Die andere Welt ist eine, in der die Ukraine gewinnt. Dann haben Sie eine Ukraine, die die größte und fähigste Armee in Europa sein wird und als Bollwerk gegen russische Aggressionen dient. Die siegreiche Ukraine gibt den Vereinigten Staaten eine starke europäische Flanke im Osten. Dort haben wir Länder, die nicht nur von ihrer eigenen Sicherheit überzeugt sind, sondern auch von der kollektiven Fähigkeit der NATO, Aggressionen abzuschrecken und zu besiegen. Sie werden eher bereit sein, uns beizustehen, wenn sich die USA in einem Krieg im Indopazifik befinden. Die Vorstellung, dass die Hilfe für die Ukraine uns dabei behindert, uns auf einen Krieg mit China vorzubereiten, bedeutet, die Welt als flach zu sehen, obwohl sie rund ist«.

Das Endziel:
Der Krieg gegen China mit Unterstützung der Europäer

RAND-Analystin Dailey gibt also offen und direkt das Endziel der USA über den eigentlichen Sinn und Zweck des blutigen Krieges in der Ukraine zu: **den Krieg gegen China.** Aber sie weiß, dass die USA die ökonomische, politische und militärische Hilfe ihrer europäischen Vasallen benötigen, um gegen den chinesischen Giganten anzutreten. Doch wenn der Krieg in der Ukraine mit einem Sieg Russlands endet, dann werden die USA an Einfluss in Europa und somit einen Teil der dringend benötigten Hilfe verlieren.

»Frieden ist ein Gräuel«

Der Russland-Experte Rainer Rupp analysiert auf *RT.de*:

»*Um China zu bekämpfen, müssen die USA ihre Kontrolle über Europa stärken, unabhängig von den menschlichen und wirtschaftlichen Kosten auf dem europäischen Kontinent. Die globale Hegemonie der USA steht auf dem Spiel. Frieden ist für RAND und seine Geldgeber in Washington und im Militärisch-Industriellen Komplex ein Gräuel, weil er eine neue, multipolare Weltordnung einläuten würde, und dann könnte nichts die europäischen Vasallen davon abhalten, sich zu emanzipieren und vom amerikanischen Joch zu befreien*«.

Der Krieg in der Ukraine soll nicht wegen der Ukrainer gewonnen werden

Die Denkfabrik RAND, die großen Einfluss auf US-Militärs und Politikverantwortliche hat, gibt also unumwunden zu, dass der Krieg in der Ukraine nicht wegen der Ukrainer gewonnen werden muss, sondern damit die Ukraine so stark ist, dass sie keine Hilfe mehr braucht und die Europäer dann die Amerikaner in einem zukünftigen Krieg gegen China unterstützen können.[1639]

❼

Fazit

I.

Ich habe ausführlich dargestellt, dass seit Beginn des Ukraine-Krieges am 24. Februar 2022, die rot-grün-gelbe Bundesregierung keine ernsthaften Friedensbemühungen unternommen, sondern ganz im Gegenteil den Konflikt in enger Zusammenarbeit mit den USA und der NATO durch immer neue Waffenlieferungen und Versprechungen verlängert und eskaliert hat. Schlimmer noch: Rot-Grün nimmt sogar die Gefahr eines Nuklearkrieges in Kauf.

Das sieht auch der Journalist Uli Gellermann so. Er schreibt:

»Der imperiale Gestus der Grünen und ihrem deutschen Gefolge kann so mal eben zu einem atomaren Krieg auf deutschem Boden führen. Das ist den kaltschnäuzigen Grünen egal. Als treue NATO-Gläubige machen sie sich die US-Position zu eigen. Sie riskieren bedenkenlos das Ende Deutschlands. Das ist ihnen gleich. Ihr Größenwahn wird von einem Russen-Hass gefüttert, der sie blind für die Wirklichkeit macht«.[1640]

Zu Beginn des Krieges hieß es noch, man werde **keine** schweren Waffen liefern, um nicht das Risiko eines globalen Konfliktes einzugehen. Doch auf Druck der Amerikaner, aber auch der rotgrüngelben Kriegsverlängerungsbefürworter-Parteien schickt Deutschland mittlerweile Schützenpanzer, Patriot-Raketen, schwere Panzer und bildet ukrainische Soldaten aus. Taurus-Marschflugkörper werden folgen, da bin ich mir ganz sicher. Allen Ernstes will man uns dann auch noch erzählen, Deutschland sei **keine** Konfliktpartei.

Die Regierungskoalition, schließt einen Waffenstillstand und eine diplomatische Lösung solange aus, bis Russland sich vollständig aus der Ukraine zurückgezogen hat oder kapituliert. Dass dies nicht eintreffen wird, ist jedem NORMALDENKENDEN Menschen klar, nur nicht der Regierung.

II.

In der Bevölkerung finden der fortdauernde Krieg und die fortdauernde Kriegsverlängerungs-Politik der rotgrüngelben Bundesregierung immer weniger Unterstützung. Die Kriegshysterie der verantwortlichen Politiker ignoriert nämlich die fatalen sozialen Folgen des Krieges, die jeden Menschen hierzulande bitter treffen: hohe Inflation, immer mehr Entlassungen, mehr als eine Million ukrainische Flüchtlinge, die in unsere Sozialsysteme einwandern, rapider Sozialabbau und enorme Preiserhöhungen.

III.

Der Ukraine-Krieg ist ganz klar zum Stellvertreterkrieg der NATO gegen Russland geworden, mit dem Hauptinteresse der USA, einen ukrainischen Vasallen direkt an der russischen Grenze zu haben und später eventuell sogar dort Langstreckenraketen stationieren zu können.

US-Generalleutnant a.D. Keith Kellogg, ehemaliger Berater von Vizepräsident Mike Pence, räumt vor dem Streitkräfteausschuss des Senats am 20. März 2023 offen ein, dass die Ukraine nur benutzt werde, um Russland ohne Verluste für die USA zu besiegen. Dieses Vorgehen sei der *»Gipfel der Professionalität«*, denn: *»So können wir uns auf das konzentrieren, was wir gegen unseren Hauptgegner tun sollten, der im Moment China ist«*.[1641]

Der ehemalige US-Präsidentschaftskandidat Matt Romney behauptet:

»Wir verlieren keine Menschenleben in der Ukraine. Und die Ukrainer kämpfen heldenhaft gegen Russland, das 1.500 Atomwaffen auf uns gerichtet hat. Wir schwächen und vernichten also das russische Militär für einen sehr geringen Betrag«.[1642]

Senator Richard Blumenthal, ein Demokrat aus dem US-Bundesstaat Connecticut, pflichtet dem in der *Connecticut Post* bei:

> ***»Für weniger als drei Prozent des Militärbudgets unserer Nation haben wir es der Ukraine ermöglicht, die militärische Stärke Russlands um die Hälfte zu verringern. Wir haben die NATO geeint und die Chinesen dazu gebracht, ihre Invasionspläne für Taiwan zu überdenken. Wir haben dazu beigetragen, den Glauben und das Vertrauen in die amerikanische Führung – moralisch und militärisch – wiederherzustellen. Und das alles, ohne dass auch nur eine einzige amerikanische Soldatin oder ein einziger amerikanischer Soldat verletzt wurde oder ums Leben kam, und ohne dass amerikanische Hilfsgelder abgezweigt oder veruntreut wurden«.***[1643]

Eine weitere Tatsache **beweist**, dass der Ukraine-Konflikt ein **Stellvertreterkrieg** zwischen den USA und Russland ist: Die renommierte britische Zeitung *The Guardian* berichtet Ende August 2023 von einem Treffen hochrangiger NATO-Generäle mit dem obersten Militärkommandeur der Ukraine, General Waleri Saluschni, sowie dem ukrainischen Kommandostab – und zwar an einem **geheimen Ort in Polen.** Demnach ging es bei dem Treffen vor allem um eine gravierende Änderung der ukrainischen Strategie bei der Gegenoffensive, die bisher ohne größere Erfolge verlaufen war.[1644]

> **Das beweist, dass die US-geführte NATO die ukrainische Gegenoffensive befehligt und nicht der ukrainische Generalstab.**

Der Sekretär des russischen Sicherheitsrates, Nikolai Patruschew, sagt genau das, was viele auch hierzulande denken:

»*Mit dem Ziel, Russland zu besiegen, pumpen die USA und ihre Vasallen das ukrainische Regime weiter mit Waffen voll und sind faktisch bereits an dem Konflikt beteiligt*«.[1645]

Patruschew sagt außerdem:

»*Sie* [die USA und ihre Vasallen/MGR] *rüsten das Kiewer Regime mit Waffen aus, versorgen es mit Geheimdienstinformationen, bilden Neonazis aus und helfen bei der Planung von Militäroperationen. Zudem betrachten sie erhebliche menschliche Verluste seitens der Ukrainer nicht als ihr Problem. Und die Feindseligkeiten finden nicht auf ihrem Territorium statt*«.[1646]

Das chinesische Nachrichtenportal *Guancha.cn.* macht am **11. August 2023** eine nicht uninteressante Analyse (Hervorhebungen durch mich):

»*Die **Strategie der USA, Moskaus Militärmacht zu schwächen, indem sie Kiew instrumentalisieren**, ist völlig gescheitert. Jetzt **können Selenskij und seine Regierung nicht mehr kehrtmachen und finden deshalb aus lauter Angst keinen Ausweg** für sich*«.[1647]

Hintergrund:
Die drei größten Schwächen der Ukraine

❶ Der Ukraine-Krieg ist zu einem Zermürbungskrieg geworden. Die Seite mit den größten Reserven an Personal ist dabei im Vorteil. Russland hat dreimal so viele Einwohner wie die Ukraine.[1648] Russland hat die Zeit genutzt, um 300.000 Soldaten auszubilden, die nun an der Front eingesetzt werden und hat auch viele neue Reserveregimenter aufgestellt.[1649]

❷ Die Ukraine verfügt nicht über die industriellen Kapazitäten, um ihre Streitkräfte aufrechtzuerhalten. Ihre Kriegswirtschaft hängt vollständig vom Westen und insbesondere von den Vereinigten Staaten ab. Diese Abhängigkeit von ausländischen Staaten bei Waffen und Munition ist, wie der Munitionsmangel in der Ukraine zeigt, eine grundlegende Schwäche der Ukraine, die Putin einen weiteren Vorteil verschafft.[1650]

❸ Unter den Verbündeten der Ukraine gibt es bis jetzt keine Einigung über die Ziele des Krieges. Selenskij sagt, er werde kein ukrainisches Gebiet abtreten, auch nicht die Krim, Donezk oder Lugansk, was einen Waffenstillstand oder gar einen Friedensvertrag unmöglich macht.[1651] Beharrt Selenskij auf seinem unnachgiebigen Standpunkt, wird auch das Putin in die Hand spielen. Die Zeit spricht für Russland.

IV.

Wer sehen **will**, sieht folgendes:

➔ Selenskijs Regierung existiert nur noch wegen massiver finanzieller und militärischer Hilfe aus dem Westen (insbesondere der USA und Deutschlands).

➔ Wenn man die Waffenlieferungen und die Milliarden finanzieller Hilfen, die in das korrupte Land gepumpt werden, einstellt, ist der Krieg zu Ende.

➔ Die USA und ihre NATO-Vasallen **wollen** den Stellvertreterkrieg gegen Russland, weshalb die Waffenlieferungen immer weitergehen.

➔ Es geht **nicht** um die Ukraine (höchstens als US-Brückenkopf), es geht um die Hegemonie der USA und die **dortigen Ressourcen** (vor allem die gigantischen Gas-Felder). Apropos Gas: Am **30. August 2023** berichtet *Naftogaz Ukraine*, das größte Unternehmen der Ukraine (gemessen an seinem Anteil am BIP), über die Entdeckung eines neuen Gasfeldes von beachtlicher Größe. Die Reserven könnten bis zu einer Milliarde Kubikmeter Erdgas betragen.[1652] **Auch beim Weizen verfügt die Ukraine über ein fast unerschöpfliches Reservoir.** Ein Grund mehr für die Amerikaner, den Ukraine-Krieg bis zum letzten Ukrainer weiterzuführen. **Wassili Nebensja, der Ständige Vertreter Russlands bei den Vereinten Nationen, bestätigt genau dies am 11. Januar 2024. Er sagt, dass innerhalb des vergangenen Jahrzehntes US-Firmen Millionen (!) Hektar der landwirtschaftlichen Flächen der Ukraine unter ihre Kontrolle gebracht haben.**[1653]

Die *Washington Post* publizierte bereits im Jahr 2022 einen Artikel mit dem Titel »*Innerhalb des Ukraine-Kriegs tobt eine Schlacht um den Mineralien- und Energiereichtum des Landes*«. Darin hieß es:

»*Sollte es dem Kreml gelingen, das eroberte ukrainische Gebiet zu annektieren – was er nach Ansicht von US-Beamten in den kommenden Monaten versuchen wird –, würde Kiew dauerhaft den Zugang zu fast zwei Dritteln seiner Vorkommen [an Kohle/MGR] verlieren. Die Ukraine würde auch unzählige andere Reserven verlieren, darunter Erdgas, Erdöl und Seltene Erden, die für bestimmte Hightech-Komponenten unerlässlich sind und Westeuropa bei der Suche nach Alternativen zu Importen aus Russland und China behindern könnte*«.[1654]

Der Politblogger Norbert Häring dazu (Hervorhebungen durch mich):

»*Der Artikel beruht auf einer Analyse des geopolitischen Beratungsunternehmens SecDev. Deren Analyse zufolge waren schon im Sommer 2022 Energievorkommen, Metalle und* ***Mineralien der Ukraine im Wert von mindestens 12,4 Billionen Dollar*** *unter russischer Kontrolle, fast die Hälfte des Dollarwerts aller ukrainischen Lagerstätten. Neben 63 Prozent der Kohlevorkommen des Landes habe Moskau 11 Prozent der Erdölvorkommen, 20 Prozent der Erdgasvorkommen, 42 Prozent der Metalle und 33 Prozent der Vorkommen seltener Erden und anderer wichtiger Mineralien wie Lithium beschlagnahmt. Der Generaldirektor des ukrainischen geologischen Dienstes gehe angesichts der Tatsache, dass sich ein Großteil der ukrainischen Rohstoffe im Osten und Süden des Landes befindet, sogar davon aus, dass der Wert der verlorenen Rohstoffvorkommen noch größter ist, als von SecDev veranschlagt*«.[1655]

Nataliya Katser-Buchkovska, eine hochrangige ukrainische Strategieberaterin, veröffentlichte unlängst auf der Internetseite des Weltwirtschaftsforums (WEF)! einen **sehr** interessanten Artikel, ebenfalls zum Thema »Rohstoffe der Ukraine«. Hier Auszüge (Hervorhebungen durch mich):

»*Die Ukraine verfügt über ein* ***immenses Potenzial als wichtiger globaler Lieferant kritischer Rohstoffe, die für Branchen wie Verteidigung, Hightech, Luft- und Raumfahrt und grüne Energie unerlässlich sind****. Vor Februar 2022 war die Ukraine* ***ein wichtiger Titanlieferant für den militärischen Sektor****. Sie verfügt auch über eine der* ***größten bestätigten Lithiumreserven Europas (schätzungsweise 500.000 Tonnen)****, die für Batterien, Keramik und Glas unerlässlich sind. Die Ukraine ist der* ***fünftgrößte Galliumproduzent*** *der Welt, der für Halbleiter und LEDs unverzichtbar ist, und war ein* ***wichtiger Produzent von Neongas****, der 90 Prozent des hochgereinigten Neons in Halbleiterqualität für die US-Chipindustrie lieferte. Die Ukraine verfügt über bestätigte* ***Berylliumvorkommen, die für die Kernkraft-, Luft- und Raumfahrt-, Militär-, Akustik- und Elektronikindustrie von entscheidender Bedeutung sind****, sowie über* ***Uran, das für den Nuklear- und Militärsektor unerlässlich ist. Zirkonium und Apatit sind für die Nuklear- und Medizinproduktion unerlässlich***«.[1656]

Die Autorin betont weiterhin, der **Zugang zu ukrainischen Ressourcen** könnte demokratischen Ländern helfen, in den Bereichen Energie und Technologie eine größere Autonomie gegenüber nicht-demokratischen Regimen zu erreichen. **Deshalb sei ein Beitritt der Ukraine zur EU wichtig** für die industrielle Widerstandsfähigkeit der EU und den Erfolg der Energiewende.[1657]

Der republikanische US-Senator Lindsey Graham gibt ebenfalls zu, dass es den Amerikanern um die ukrainischen Rohstoffe geht. In einem Video auf *X* sagt er:

»*Ich bin hier mit Präsident Selenskij. Ich bin so ein Bewunderer von dem, was Sie und Ihr Land getan haben. Sie versuchen, die Russen zu stoppen, damit wir nicht gegen sie kämpfen müssen. Sie wollen keine amerikanischen*

Truppen. Sie brauchen nur Waffen, um ihr Land von einer schrecklichen Invasion zu befreien. ***Sie sitzen auf Mineralien im Wert von Billionen Dollar, die für unsere Wirtschaft gut wären. Daher will ich unseren Freunden in der Ukraine weiterhin helfen.*** *Wir können das gewinnen. Sie brauchen unsere Hilfe«.*[VII]

So nimmt der Krieg kein Ende – und zwar nur **vorsätzlich** wegen der Ukraine, Menschen- und Freiheitsrechten, es geht **hauptsächlich** um einen US-Brückenkopf und um die gigantischen Rohstoffe der Ukraine.

Der Buchautor und Professor Michael Schneider sagte auf einem Friedenskongress:
»*Wie viele Ukrainer und Russen müssen noch sterben, bis die USA ihr Ziel erreicht hat?*«[1658]

➔ **Der buckelnde Vasall Deutschland ist einer der größten Verlierer des Krieges, das spüren viele Millionen Deutsche jeden Tag.**

➔ Die rot-grüne Regierung fährt ganz im Fahrwasser der Amerikaner.

➔ Durch die Forderung »*Putin muss seine Truppen komplett zurückziehen*«, machen der Westen und die rot-grüne Bundesregierung deutlich, dass an einer für alle Seiten tragfähigen friedlichen Lösung und einer Beilegung des Konflikts kein Interesse besteht.

➔ Um Russland zu schaden, werden die vollständige Zerstörung der Ukraine und Zehntausende von getöteten Soldaten in Kauf genommen.

➔ **Die wirtschaftliche und politische Zerstörung der Ukraine und Europas, vor allem Deutschlands, ist der Preis für die Verlängerung der hegemonialen Vormachtstellung der USA.**

➔ Deutschlands wirtschaftliche Souveränität wird ganz nebenbei geopfert, was die nun fast vollständige Abhängigkeit von US-Gaslieferungen, die Produktionsstilllegungen und die Verlegung von hochtechnologischen Produktionsstätten deutscher Hersteller in die USA beweisen. BASF flieht, der Werkzeugmaschinengigant Siemens flieht, die Innovationsabteilungen von Mercedes, BMW, Porsche, Volkswagen und Evonik wollen folgen. Die Stahl- und die Aluminiumbranche stehen in den Startlöchern.[1659]

Der US-amerikanische Finanzexperte Michael Hudson stellte Ende Februar 2024 in einem Interview mit der *Berliner Zeitung* fest, dass es den USA gelungen sei, Deutschland und die EU dazu zu zwingen, von ihren eigenen Interessen abzusehen und US-Interessen zu dienen, obwohl sie damit ihre eigene Wirtschaft massiv schädigen.[1660] Dazu gehört sicherlich auch die Sprengung von Nord Stream 2 und die duckmäuserische Haltung der Deutschen Regierung dazu.

➔ Laut dem Generaldirektor für Energie in der Europäischen Kommission, Ditte Juul Jørgensen, wächst im Zusammenhang mit fossilen Brennstoffen die Abhängigkeit der EU gegenüber den USA – durch den Ukraine-Krieg.[1661] Im Klartext:

Die Sanktionen gegen Russland wegen des Ukraine-Konflikts treiben die EU in die Arme Washingtons.

Jørgensen sagt gegenüber der Wirtschaftszeitung *Financial Times*:
»*Wir werden die nächsten Jahrzehnte einige fossile Brennstoffe benötigen. Und in diesem Zusammenhang wird es einen Bedarf an amerikanischer Energie geben*«.[1662] Die EU müsse sich in den kommenden Jahrzehnten auf fossile Brennstoffe aus den USA verlassen, um die Energiesicherheit garantieren zu können. Pikant: Die Vereinigten Staaten sicherten der EU **nach** der militärischen Eskalation in der Ukraine zu, bis 2030 zusätzlich 50 Millionen Kubikmeter US-Flüssigerdgas (LNG) pro Jahr zu liefern. Laut der *Financial Times* hat sich der LNG-Import aus den USA in die EU im vergangenen Jahr mehr als verdoppelt.[1663] Ironisch gefragt: Warum wollen die Amerikaner keinen Frieden in der Ukraine?

➔ Berlin liefert nach wie vor schwere Waffen an die Ukraine und bildet ukrainische Soldaten in Deutschland daran aus. Damit macht sich die Bundesrepublik de facto zur Kriegspartei gegen Russland, und zwar in der Rolle eines Angreifers, denn Russland hat Deutschland nicht angegriffen, und es bestehen keine Bündnisverpflichtungen gegenüber der Ukraine.[1664]

Eine der gewichtigsten Folgen des Ukraine-Krieges, mit dem die westlichen Strategen allerdings nicht gerechnet haben, zeichnet sich in diesen Monaten ab: Die Achse Russland-Nordkorea-China-Iran. Zudem die Erweiterung der BRICS-Staaten, auch um die Dollar-Herrschaft zu beenden. Damit haben sich die Amerikaner selbst ins Knie geschossen.

V.

☑ Eine Lösung wäre etwa die, die bereits am 29. März 2022 in Istanbul ausgearbeitet wurde, bevor Selenskij sich plötzlich jeglichen Verhandlungen verweigerte (siehe oben):

»*Die Ukraine wird in den kommenden fünfzehn Jahren auf Versuche verzichten, die Krim und den Donbass mit militärischen Mitteln zurückzuerobern. Sie verspricht auch, sich keinen militärischen Bündnissen anzuschließen, ihren atomwaffenfreien Status zu bestätigen, keine ausländischen Militärstützpunkte und Kontingente zu stationieren sowie keine Manöver ohne Zustimmung der Garantiestaaten, einschließlich Russlands, durchzuführen*«.[1665]

☑ Der Politologe Herfried Münkler beschrieb im *SPIEGEL* ein weiteres mögliches Szenario zur Beendigung des Krieges:

»*Aber wie ist die Ukraine an den Verhandlungstisch zu bringen, solange sie ihre politisch defensiven Kriegsziele, die Wiederherstellung der territorialen Souveränität vor Kriegsbeginn, nicht erreicht hat? Vermutlich nur durch westliche Sicherheitsgarantien, die sicherstellen, dass die russische Seite, sollte sie nach einiger Zeit den Krieg wiedereröffnen, es mit stärkeren Kräften als nur denen der Ukraine zu tun hätte. Heißt: Wer im Westen den Krieg in der Ukraine wirklich beenden will, muss politische Risiken eingehen. Wer dazu nicht bereit ist, wird seinem Fortgang bloß tatenlos zuschauen müssen – auch wenn er sich im Schein-Aktivismus ergeht, den Angegriffenen zur sofortigen Kriegsbeendigung aufzufordern*«.[1666]

☑ Eine andere Lösung könnte in der Neutralität der Ukraine bestehen, unter Berücksichtigung russischer Sicherheitsinteressen.

VI.

Ein Artikel in der arabischen Zeitung *Asharq Al-Awsat* bringt die Lage auf den Punkt. Darin heißt es, dass die Kiewer Gegenoffensive ihre Ziele nicht erreicht habe. Sie sei nicht nur für die Ukraine, sondern auch für ihre Verbündeten ein völliger Fehlschlag gewesen. Selenskij sei weiterhin auf die Unterstützung des Westens angewiesen, aber der Westen sei seiner endlosen Bitten überdrüssig, und diese Ermüdung mache sich bereits bemerkbar.[1667] Und weiter:

»*Kiew ist auf die Hilfe seiner westlichen Verbündeten angewiesen, die seiner endlosen Bitten und der Folgen des langwierigen Konflikts bereits überdrüssig sind. Die USA und Europa leiden unter der Wirtschaftskrise, die durch die COVID-19-Pandemie, die hohe Inflation und die Lebensmittel- und Kraftstoffpreise verursacht wird. Der Konflikt dauert nun schon seit fast zwanzig Monaten an. Alle sind müde: die Ukrainer und ihre Verbündeten wie auch die Russen. Die Regierung Biden stößt auf den erbitterten Widerstand der Republikaner, die fordern, dass die Hilfsgelder für die Ukraine sofort gestoppt und für innenpolitische Belange umgewidmet werden*«.[1668]

George Beebe, der ehemalige Direktor der Russland-Analyseabteilung der CIA, bestätigt das:

»*Es gibt immer mehr Anzeichen dafür, dass er* [Putin/MGR] *recht hat. Das ukrainische Militär scheitert, die Wirtschaft des Landes erlahmt unter dem Druck des Krieges, und sowohl in den USA als auch in Europa schwindet der Enthusiasmus für die Beibehaltung eines Höchstmaßes an Hilfe für die Ukraine*«.[1669]

Douglas Macgregor, Oberst a.D. der US-Armee und Politikwissenschaftler, sagt am Ostertag 2024 das, was man sich hierzulande nicht zu sagen traut:

»*Selenskij ist am Ende, sein Regime ist am Ende. Die NATO ist in Auflösung, hat keine Führung und hat Angst, das Offensichtliche zuzugeben, von dem jeder weiß, dass der Krieg im Geheimen verloren ist*«.[1670]

Treffender kann man die Situation wohl nicht beschreiben.

Demzufolge melden verschiedene Medien am **6. April 2024** einen **informellen** NATO-Plan: Das »*Verteidigungsbündnis*« soll über die Möglichkeit nachdenken, die Ukraine im Tausch gegen abgetretene Gebiete an Russland in die NATO aufzunehmen. Das würde bedeuten, dass die Ukraine, die aktuell von den Russen besetzten Gebiete aufgeben würde, jedoch mit der Garantie, dass die verbleibende »*West-Ukraine*« sofort der NATO beitritt. Putin könnte angeboten werden, im Gegenzug die Krim und alle in den letzten zwei Jahren eroberten Gebiete zu behalten.[1671]

Am **17. April 2024** erschien auf der Seite *German-Foreign-Policy.com* ein bemerkenswerter Artikel. Er fasst die prekäre Situation der Ukraine wie folgt zusammen (Hervorhebungen durch mich):

»*Vor dem heute auf Capri beginnenden Treffen der G7-Außenminister werden in der Ukraine wie auch in westlichen Staaten* ***offene Warnungen vor einer ukrainischen Kriegsniederlage*** *laut.* ***Kiew sei ‚in ernster Gefahr', den Krieg im Lauf des Jahres zu verlieren****, erklärte am Wochenende ein hochrangiger britischer Militär. Bereits zuvor hatten ukrainische Offiziere gewarnt, die russischen Streitkräfte könnten schon bald fähig sein, die*

Front ‚an einigen Stellen zu zerschlagen'. ***Ein russischer Durchmarsch in weite Teile der Ost- und sogar der Zentralukraine wird nicht mehr ausgeschlossen. Experten kritisieren, im Westen habe man sich ‚die Lage der Ukraine von Anfang an schöngeredet'*** (...) *Die G7-Außenminister suchen nun nach Optionen, einen Kollaps der ukrainischen Front zu verhindern«.*[1672]

Auch jetzt, im Herbst 2024, ist die Lage so verfahren wie zuvor.

VII.

Die deutsche Kriegslüsternheit geht derweil munter weiter. Generalmajor Dr. Christian Freuding, der Leiter des Lagezentrums Ukraine der Bundeswehr und früherer Adjutant der jetzigen EU-Kommissions-Chefin Ursula von der Leyen (als diese noch Verteidigungsministerin war), sagt am 12. September 2023, **dass Deutschland mit neun (!) weiteren Jahren Krieg rechne**:

»In Deutschland hat das Parlament unsere militärische Unterstützung für unsere ukrainischen Freunde bis zum Jahr 2032 gegeben. Wir sind bereit, langfristige Unterstützung zu leisten. Und wir sind bereit, die Zeit zu unserem Verbündeten zu machen – und nicht die Zeit zum Verbündeten Putins zu machen«.[1673]

Doch eine vernünftige deutsche Politik muss sich **für Friedensverhandlungen** und **nicht für Waffenlieferungen** einsetzen. Aber das ist mit den roten und grünen Kriegstreibern nicht vorstellbar. Stattdessen führen sie das Land jeden Tag weiter an die Schwelle zum Dritten Weltkrieg und das mit einer de facto wehrlosen Armee. Mit ihrem Kriegsgeschrei riskieren sie lieber, dass Deutschland zum Schlachtfeld und ihre eigenen Bürger zu Opfern werden.

»Wir sollten uns für Frieden einsetzen, anstatt den Krieg zu finanzieren«.[1674]
(Marjorie Taylor Greene, US-Republikanerin)

***

»Die Stimme des Friedens muss verstärkt werden, denn es ist klar, dass mit jedem Tag und jeder Waffenlieferung das Eskalationsrisiko immer ernster wird«.[1675]
(Peter Szijjarto, ungarischer Außenminister)